지구법학

《 지구와사람 》

지구법학
자연의 권리선언과 정치 참여

제1판 제1쇄 2023년 11월 17일

지은이	지구법학회
엮은이	김왕배
펴낸이	이광호
주간	이근혜
편집	홍근철 김현주 최대연
마케팅	이가은 허황 최지애 남미리 맹정현
제작	강병석
펴낸곳	㈜문학과지성사
등록번호	제1993-000098호
주소	04034 서울 마포구 잔다리로7길 18(서교동 377-20)
전화	02) 338-7224
팩스	02) 323-4180(편집) 02) 338-7221(영업)
대표메일	moonji@moonji.com
저작권 문의	copyright@moonji.com
홈페이지	www.moonji.com

ⓒ 김왕배, 박태현, 오동석, 정준영, 안병진, 김준수, 최정호, 2023.
Printed in Seoul, Korea.
ISBN 978-89-320-4231-2 93360

《 지구와사람 》

지구법학

자연의 권리선언과 정치 참여

지구법학회 지음, 김왕배 엮음

문학과지성사

총서를 내며

지구와사람은 2015년 창립된 단체로, 꾸준히 지구법학Earth Jurisprudence을 소개해왔다. 지구와사람이 지구법학과 관련해 그간 출간한 책은 코막 컬리넌의 『야생의 법 *Wild Law*』(2016), 프리초프 카프라와 우고 마테이의 『최후의 전환 *The Ecology of Law*』(2019) 그리고 나와 일곱 연구자들이 함께 쓴 『지구를 위한 법학』(2020)까지 세 권이었다. 지구법학의 개념은 세번째 책, 『지구를 위한 법학』에서 구체적으로 다루었다. 간단히 말해 지구법학은 국가 정치체제와 법 시스템만으로는 인류가 직면한 전 지구적인 생태위기 문제를 대처하기에 미흡하다는 인식을 바탕으로, 지구와 인간이 공존하기 위해서는 새로운 법 제도와 정치 시스템이 필요하다는 주장을 담고 있다. 이를 인간중심주의에서 지구중심주의로의 전환이라고 표현하기도 한다.

『지구를 위한 법학』은 지구와사람에 소속된 연구 단체인 지구법학회 회원들이 집필한 지구법학 안내서였다. 이 책을 출간한 2020년은 코로나19 팬데믹을 겪기 시작한 시기였다. 지구온난화와 야생의 바이러스 공격을 전 인류가 마주하게 되면서 생태위기에 대한 우려가 대중적으로 커지기 시작한 때이기도 하다. 기후위기에 대한 각성은 더욱 높아졌다. 2021년부터는 경제계를 중심으로 ESG 열풍이 불었다. 핵심은, 기후위기에 대처하려면 이산화탄소 배출을 줄여야 하므로 주요 에너지 공급원을 화석연료에서 재생에너지로 전환하자는 데에 있다. 2022년에는 훼손된 육상과 담수, 연안과 해양 생태계의 30퍼센트를 2030년까지 복원하는 것을 주요 목표로 하는 새로운 '쿤밍-몬트리올 글로벌 생물 다양성 프레임워크Kunming-Montreal Global Biodiversity Framework, GBF'가 채택되기도 했다. GBF의 역사적 의미는 2015년 파리협약과 함께 인류가 지구온난화를 막고, 생태계를 보존하겠다는 약속을 현실화한 데에 있다고 볼 수 있다.

이제 우리는 인간 중심의 문명을 비판적으로 성찰하면서 지구를 보전할 필요성을 인식하고 보다 획기적으로 지구 보전을 실천해야 하는 패러다임 전환의 시기에 접어들었다. 새로운 미래를 위한 대안적 시스템과 법, 정치, 문화에 대한 고민이, 우리가 마땅히 안고 가야 할 숙제가 된 것이다.

지구와사람은 미국의 문명사학자 토마스 베리Thomas Berry(1914~2009)의 생태대 문명론Ecozoic Culture을 공부하면서 시작된 단체이다. 생태대 문명론은 신생대의 대멸종 시대를 끝나가므로 자연과 인간 모두 구성원으로 참여하는 새로운 지구 공동체의 비전과 제도문화를 갖춘 창조적 공존의 시대인 생태대를 만들어야 한다는 것이 그 요지이다. 지구와사람은 2001년 토마스 베리의 선언으로써 시작된 전 세계 지구법학 운동에 동참하고, 현재의 인본주의 법률을 지구 공존의 법으로 확장하는 법학 연구에 관심을 기울여왔다. 이에 더하여 민주주의보다 더 포괄적인 정치체제로서 바이오크라시biocracy까지 연구를 확장했다. 우리는 지구 공동체의 구성원으로서, 자연에 권리를 부여하고 공동체의 의사 결정에 자연을 참여시키기 위한 철학과 방법론이 필요하다는 인식을 공유한다.

한국 사회에서도 지구법학에 대한 관심이 점점 높아지고 있다. 지구와사람의 본격적인 학술활동의 성과를 꾸준히 발표하기 위해 총서의 필요성이 대두되었는데, 문학과지성사에서 흔쾌히 수락해주어 마침내 〈지구와사람〉 총서가 나오게 되었다. 이 책은 총서의 첫 책으로, 그동안 지구법학과 바이오크라시의 논의를 발전시킨 글들을 모았다.

문학과지성사는 내 개인사의 일부이기도 하다. 대학교 1학년 때 고故 김현 선생님의 생텍쥐페리 원서 독회 강의를 들은 적이 있다. 갈등과 혼돈의 시대 속에서도 명징한 지성의 긴장을 팽팽히 유지하던 그의 표정과 꼿꼿한 자세, 감정이 절제된 목소리가 지금까지 내 기억 속에 선명하게 남아 있다. 돌이켜

총서를 내며

보면, 당시 한국 사회는, 지금 전환이 요청되는 산업 문명으로 막 도약하던 참이었다. 주어진 시대적 상황을 성찰하고 해답을 찾아 가는 것이 지성의 몫이라면, 선생님의 명징함을 우리가 뒤좇아 가고 있기는 한지 되묻지 않을 수 없다.

〈지구와사람〉 총서의 출간을 맡아준 문학과지성사에 깊이 감사드린다. 총서의 출간을 논의하고자 문학과지성사를 방문한 한여름 어느 날이 생각난다. 골목 안에 다소곳하고 고요하게 자리 잡은 사옥 6층의 아카이브에서 이광호 대표와 편집부 여러분을 만나고 돌아오는 내내 '정신의 향기' 속에 머물러 있었다. 그렇게 오랫동안 변함없는 자리에서 향기로움을 유지하고 있는 문학과지성사에 다시 한번 감사드린다. 출간에 애써주신 편집부 모든 분께, 특히 직접 출간을 맡아준 홍근철 님께 깊이 감사드린다.

짧은 시간 안에 기획하고, 원고를 다듬느라 애써주신 김왕배, 박태현, 안병진 교수를 비롯한 필자 모든 분께도 감사드린다.

이 책을 읽는 모든 분께도, 감사의 마음을 담아.

2023년 11월
지구와사람 이사장

차례

서문

'인간 너머' 자연의 권리와 지구법학[1]

김왕배

1. 머리글

놀라운 물적 풍요에도 불구하고 인류 사회는 여전히 차별과 억압, 전쟁과 테러, 빈곤과 불평등 등 대립과 갈등의 구조적 모순을 고스란히 드러내고 있다. 게다가 지구온난화, 환경오염과 멸종 등 생태위기로 인한 '불길한 조짐'들이 지구 곳곳에서 발견되고 있다. 일군의 학자들은 오늘날의 시대를 자연에 대한 인간의 과도한 개입으로 인해 지구의 지질 경로가 변하고 있다는 의미에서 '인류세Anthropocene'라 부르기도 한다.[2] 이러한 시

---

1   이 글은 김왕배, 「'인간 너머' 자연의 권리와 지구법학」, 『사회사상과 문화』 25(1), 2022, pp. 1~41을 수정·보완한 것이다.

2   인류세라는 용어는 노벨상 수상자인 대기화학자 파울 크뤼천Paul Crutzen이 2000년

대적 상황 속에서 '인간은 과연 합리적 이성의 소유자인가, 역사는 진보하고 있는가, 우리는 어디로 가고 있는가, 새로운 정치경제의 질서는 무엇이어야 하는가' 등의 질문과 대안이 다양한 분야에서 제기되고 있다.

그동안 사회철학이 던진 질문은 인간의 존재와 인간의 역사 그리고 인간의 사회였다. 그러나 최근 일각에서는 '인간 너머 비非인간'의 존재, 즉 통칭 인공물과 동식물, 여러 무기물질을 포함하는 자연에 대한 새로운 존재론적 통찰이 진행되고 있다. 인간 너머 비인간에 대한 존재론적 성찰은, 인간이 상상을 초월하는 과학기술과 자연에 대한 지배력을 통해 지구 행성을 무참히 파괴함으로써 삶의 토대가 흔들리고 있다는 위기감에서 비롯된다.[3] 울리히 벡 같은 사회학자들이 이미 현대사회를

한 학술 대회에서 주창한 이래 오늘날 기후 환경 연구가들 사이에 널리 회자되고 있다. 그러나 아직 인류세 용례의 정당성, 인류세의 시기와 내용, 인류세에 대응하는 방식 등에 대해 여러 이견이 존재한다. 이에 대해서는 얼 C. 엘리스, 『인류세』, 김용진·박범순 옮김, 교유서가, 2021; 클라이브 해밀턴, 『인류세』, 정서진 옮김, 이상북스, 2018; 최명애·박범순, 「인류세 연구와 한국 환경사회학—새로운 질문들」, 『환경사회학연구 ECO』 23(2), 2019, pp. 7~41 등을 참조하라.

3   인간과 비인간에 대한 반성적 성찰은 최근 코로나19 사태에 직면하여 더욱 깊어지고 있다. 미물微物과의 관계 속에서 공생·공존할 수밖에 없는 인간은 과연 어떤 존재인가? 인간은 지구 행성의 타他 존재자들(비인간 자연)을 지배할 권리가 있는가? 그들과의 관계 설정을 어떻게 정립할 것인가? 김홍중, 「코로나19와 사회이론—바이러스, 사회적 거리두기, 비말을 중심으로」, 『한국사회학』 54(3), 2020, pp. 163~87; 박순열, 「'사회'는 코로나19에 대처할 수 있는가? 사회의 가능성과 변화에 대한 관찰」, 『공간과 사회』 30(3), 2020, pp. 62~98을 참조하라.

'위험 사회'로 명명한 바 있지만[4] 오늘날 지구온난화와 같은 위험은 인간뿐 아니라 모든 생명체의 삶의 지반을 위협한다는 점에서 더욱 근본적인 인식과 실천의 전환을 요청하고 있다. 이른바 '신新유물론'으로 불리는 급진적 사회철학이 기존 인간 중심의 존재론에 대한 비판을 주도하고 있고,[5] 한국 사회과학계에서도 그동안 인간 중심의 관점에서 논의되었던 '사회적인 것'을 재구성할 필요성과 함께 '물질의 귀환'에 대한 사유가 적극적으로 일어나고 있다.[6]

이미 우리 인간 사회의 삶 속에는 물질로 통칭할 수 있는 다양한 객체들, 예컨대 수많은 동식물, 곤충, 세균, 바이러스, 공기 등의 자연물은 물론 인공지능, 컴퓨터, 스마트폰, 전선줄, 자동차 등 수없이 많은 인공물이 개입되어 있다. 과학기술이 발달할수록 우리 인간은 더욱더 이들과의 촘촘한 관계망 속에 살고 있다. 이 객체들은 직간접적으로 인간은 물론 상호 간 영향을 미치는 행위의 주체로 작용하며, 따라서 인간 중심의 '사회

---

4   울리히 벡, 『위험사회』, 홍성태 옮김, 새물결, 1997.

5   과학기술과 인간의 결합체 그리고 이에 따른 인지적·신체적 변환에 집중하는 포스트휴먼론이나, 인간 이외의 존재자들, 즉 인간 너머 비인간 자연에 대한 관심을 불러일으키는 신유물론 등의 흐름을 보라.

6   김왕배, 「'사회적인 것'의 재구성과 '비인간 존재'에 대한 사유」, 『사회와 이론』 40, 2021, pp. 7~46; 김환석, 「새로운 사회학의 모색(1)―탈인간중심주의」, 『경제와 사회』 117, 2018, pp. 236~61; 김상민·김성윤, 「물질의 귀환―인류세 담론의 철학적 기초로시의 신유물론」, 『문화과학』 97, 2019, pp. 55~80.

적인 것'은 점점 더 의미가 사라져가고 있다. 최근 인공지능의 발달과 함께 '인간/기계 복합체'가 등장하는 시대 변화를 예의 주시하는 이른바 '포스트휴먼론'도 이러한 인식을 바탕에 깔고 있다.

그런데 문제는, 이러한 변화가 단순히 변화하는 데 그치지 않고 '어떤 위험'을 생산해낸다는 데 있다. 이미 인공지능의 지배로 인해 인간들의 관계가 교란되고 소외될지 모른다는 경고음이 여기저기에서 나오고 있다. 또한 자연을 무분별하게 파괴하고 오염시킴으로써 달성한 성장과 풍요가 지구온난화라는 부메랑이 되어 되돌아오는 위험 상황을 전 인류가 경험하고 있다. 특히 지구온난화로 인해 인간은 물론 지구상에 존재하는 모든 생명체가 파멸할지도 모른다는 종말론적인 파국의 서사들이 우리를 더욱 불안하게 한다.

사변적 실재론speculative realism, 신新유물론, 객체 지향 존재론, 이질성의 현상학 등 다양한 이름을 내건 철학 사조들이 기존 인간 중심으로부터 인간 너머 중심으로 패러다임의 전환을, 그것도 매우 급진적으로 시도하는 것도 이러한 위험 상황의 도래와 무관하지 않다. 이들의 질문은 대략 '인간과 비인간의 존재론적 지위를 수평적이고 평면적으로 볼 수 없는가? 인간 너머의 세계, 즉 인간이 의식하거나 경험하기 이전에도 존재했던 지구 우주의 존재를 어떻게 볼 것인가? 물질은 과연 생명이 없는가? 비인간 존재 역시 그들 나름의 의식과 감각을 지니고 있지 않은가? 비인간과의 소통을 위해 느낌과 같은 미학적 감성을 동원할 수 있지 않겠는가?' 하는 것들로 집약된다.

이와 함께 인간 너머 존재들에게 생명적 가치와 권리를 부여하고, 더 나아가 그들에게 법인격을 부여하고자 하는 이른바 '지구법학Earth Jurisprudence' 사유가 점차 확산되고 있다. 생태계 교란과 환경 파괴, 기후위기의 대안으로서 지구법학의 논의와 실천 운동이 세계 여러 곳에서 일어나며[7] 이미 일부 국가와 지역에서는 지구법학의 정신을 헌법이나 법률 조항, 혹은 조례에 담아 적용하고 있다. 남미의 일부 국가와 뉴질랜드가 이를 선도하고 있고, 미국의 환경 단체 등에서는 수차례에 걸친 법정 소송을 통해 동식물의 법적 권리를 인정받고자 노력 중이며, 유럽연합은 물론 한국에서도 지구법학 운동이 활발하게 고개를 들고 있다.[8]

---

[7] 에콰도르나 콜롬비아, 베네수엘라 등이 지구법학을 선도하는 대표적 국가다. 미국의 일부 주에서도 조례나 법으로 규정하고 있고, 인도는 갠지스강에 신성한 권리를 부여했다. 가장 잘 알려진 사례로는 뉴질랜드의 왕거누이강이 있다. 최근 코스타리카 산호세 옆 소도시 쿠리다바트Curidabat에서는 꿀벌, 나비, 식물에게 시민권을 부여하기도 했다.

[8] 한국에서는 재단법인 지구와사람의 활동이 대표적이다. 여기에서 펴낸 강금실 외, 『지구를 위한 법학』, 서울대학교출판문화원, 2020에 실린 저자들의 논의를 참고하라. 이외에도 기후위기와 연관 지어 지구법학의 내용과 현황을 소개하고, 시론적이지만 헌법적 해석을 시도하거나, 법률로의 정립 가능성 등을 검토하는 작업 등이 전개되고 있다. 이 책의 1부에 실린 박태현과 오동석의 글과 함께, 최정호, 「자연의 권리

그러나 인간과 비인간에 대한 존재론적 인식 전환의 어려움, 기존 환경법과의 경계와 충돌, 현실적인 적용 가능성의 한계 등 지구법학이 마주한 난제는 매우 다양하다. 과연 인간뿐 아니라 비인간 자연도 권리가 있는가? 인간 너머 존재들에게 법적 권리를 부여할 수 있는가? 예컨대 나무와 같은 자연물도 법정 소송의 원고 적격성을 갖는가?[9] 나무나 동물, 숲과 강에도 법인격을 부여할 수 있는가? 그렇다면 그 근거는 무엇이고, 어떤 내용을 어떤 식으로 부여해야 하는가? 동식물 혹은 자연을 참여시키는 새로운 정치체제와 거버넌스는 가능한가? 법인격체는 법적 권리와 의무의 주체로서 대표 또는 대리인 인간을 통해 그 권리와 의무가 행사되며, 법을 위반한 경우 처벌을 받

의 형법적 예방과 규제」, (재)지구와사람 6차 연례 콘퍼런스 발표문, 2022 등을 참조하라.

9   나무도 과연 법정 소송의 원고 자격이 있는가? 시에라 대 모턴 사건은 1972년 시에라 클럽이 월트 디즈니사의 삼림 벌채 공사를 저지하기 위해 나무를 원고로 법정에 세워 소송한 사건이다(크리스토퍼 D. 스톤, 『법정에 선 나무들』, 허범 옮김, 아르케, 2003). 이 소송은 대법원에서 최종 당사자(원고) 부적격 판정을 받아 기각되었지만, 이후 환경 운동론에서 상징적 사건으로 회자된다. 한국에서는 천성산 도롱뇽 사건이 이와 유사한 사례로 주목을 받았다. 대법원에서는 "당사자능력이란 일반적으로 소송당사자가 될 수 있는 소송법상의 능력(자격)을 말하는 것으로서 자기의 이름으로 재판을 청구하거나 또는 소송상의 효과를 받을 수 있는 자격을 말하는데 자연물이나 자연 그 자체에 대하여 당사자능력을 인정하는 현행 법률이 없고 이를 인정하는 관습법도 존재하지 않는다"라고 판시했다(최선호, 「자연의 권리소송에 관한 비교법적 고찰─천성산 도롱뇽 사건을 중심으로」, 제1회 가톨릭대학교 생명대학원 학술세미나 발표문, 2013).

'인간 너머' 자연의 권리와 지구법학

는다. 이미 일정한 조직체들, 예컨대 재단, 사단 조직, 선박이나 국가 등이 하나의 법인격체로서 자격을 획득해왔다는 점에서 그리 놀라운 일은 아님에도 불구하고, 비인간 자연에게 법인격을 부여하자는 주장은 여전히 생경스럽게 들린다.

이 글에서 나는 지구법학의 사상적 내용을 개괄적으로 소개하고, 향후 과제와 전망에 대한 탐색을 시도할 것이다. 지구법학의 역사가 짧은 만큼, 구체적인 내용이나 특수한 쟁점을 심도 있게 다루기보다는 ① 전반적인 내용을 요약하여 소개한 후 ② 권리의 근거와 생태적 책임 윤리의 문제, ③ 비인간 권리 대상의 범주 문제 ④ 생명주의 정치bioracy[10]와 거버넌스의 문제 등 지구법학과 연관된 사회철학적이고 정치사회적인 쟁점들을 제시할 것이다. 아울러 지구법학을 실천하는 하나의 대안으로서 소유의 재구성을 주장하는 '코먼스commons' 논의 소개로 향후 전망을 대신하고자 한다.

10 　나는 바이오크라시biocracy를 바이오폴리틱스biopolitics와 구분해, 모든 생명의 가치에 대한 존중과 이를 지향하는 정치체제를 의미한다는 점에서 '생명주의 정치'로 쓰고자 한다. 흔히 '생명 정치'로 번역되는 바이오폴리틱스는 푸코나 아감벤 등이 분석한, 생명(생체)에 대한 국가 및 사회의 지배, 억압, 통치 개념이 강하다. 이 책의 2부에 실린 김왕배의 글을 보라.

2. 지구법학의 내용

지구법학은 지구 생명체들에게 법인격을 부여하고자 하는 법사상 혹은 법률 체계의 학문이다. 지구법학은 자연의 권리를 근거 짓는 철학적 사유는 물론, 구체적 대상에 대한 실정법으로서 지구법 제정과 같은 일련의 '실천 행위'와 '다양한 절차'를 포함하는 학문 체계이다.[11] 지구법학의 핵심 전제는 지구 행성을 구성하는 모든 생명이 그 자체로 존엄성과 권리를 갖는다는 것이다. 즉 강은 강의 권리를, 나무는 나무의 권리를, 산은 산의 권리를 갖고 동식물은 각각 그들 나름의 권리를 갖는다. 지구법학은 인간 너머 존재자들의 권리를 법과 거버넌스 체제로 정착시키기 위한 사회철학으로서 이를 실현하기 위한 다양한 법적 장치와 정치제도, 소유권, 시민사회운동 등을 포괄하는, 복합적인 다多학문의 회집체라 볼 수 있다.

그동안 인간은 자연을 통제와 지배의 대상으로 간주했고,

---

11   지구법학에 대한 위키피디아의 정의는 다음과 같다. "인간은 더 넓은 존재 공동체의 한 부분이고 그 공동체에 속하는 각 성원의 안녕은 전체로서 지구의 안녕에 의지한다는 사고에 토대를 두고 있는 법과 인간 거버넌스에 관한 철학."(박태현, 「지구법학의 사상적 기원─토마스 베리의 지구법학론」, 강금실 외, 같은 책, pp. 1, 5에서 재인용) 법학jurisprudence은 정의juris와 성찰prudence의 개념이 결합된 것으로, 광의의 개념에 의하면 윤리학, 정치학, 사회학 등과 밀접한 관련을 갖는다. 그러나 협의의 개념에 의하면 법 지식의 학문인데, 법학의 개념은 물론 법학과 법의 연관에 대해서도 많은 성찰이 필요하다[R. H. S. Tur, "What is jurisprudence?," *Philosophical Quarterly* 28(111), 1978, pp. 149~61; Suri Ratnapala, *Jurisprudence*, Cambridge, 2009].

산업화 이후 자연에 대한 온갖 착취와 폭력을 행사해왔다. 자연보호를 위해 다양한 환경법이 작동해왔지만 여전히 인간의 권리와 의무를 강조하는 기존 환경법은 자연의 파괴를 막지 못하고 있고, 어떤 측면에서는 개발의 한계를 미리 설정해줌으로써 개발을 옹호하는 역설적인 기능을 하고 있다.[12] 따라서 인간에 의한 일방적인 지배와 억압을 막기 위해서라도 자연에 생명을 보존하고 존경받을 '권리'를 인정해야 하고, 한 걸음 더 나아가 이러한 권리를 실정법의 영역으로 명시해야 한다는 것이 지구법학론자들의 주장이다.[13] 지구법은 인간의 권리와 비인간의 권리를 총괄하고 인간의 법을 하위 범주로 간주하는 '위대한 법Great Law'인 것이다.

지구법학의 근거를 마련한 사상가는 토마스 베리 신부이다. 그는 종교적 심성, 신비주의와 영성적 사유를 강조하면서 지구 생명체는 모두 그 나름의 생명의 존엄성을 갖는다고 말한다. 우주는 서로 분리될 수 없고 상호작용을 하는 다양한 관

---

12 이계수, 「한국 환경법의 역사와 과제」, 『민주법학』 51(0), 2013, pp. 135~76. 예를 들어 기존 환경법은 다수가 환경영향평가를 포함한 일련의 법 규정을 통과했다는 이유로 오히려 기업의 자연 파괴를 합리화하기도 한다. 한국 환경법을 탐구한 이계수는 같은 글에서 환경법학이 성장주의에 조응한 기능주의적 입장을 취해왔다고 비판하면서, 시장주의와 이기주의, 배타적 소유권에 포박된 자유주의 환경법에 대해 체계적인 도전이 필요하다고 주장한다.

13 Anthony R. Zelle et al., *Earth Law: Emerging Ecocentric Law—A Guide for Practioners*, Wolters Kluwer, 2021; 강금실, 「지구를 위한 변론」, 김영사, 2021과 함께 이 책 1부에 실린 박태현의 글을 보라.

계망을 가진 존재자들의 공동체이며, 태초부터 물리적인 동시에 영적인 실재라는 것이다.[14] 베리에 따르면, 우주 생성의 법칙은 '주체성의 자기 조직과 친교 공동체communion 그리고 분화differentiation'이다(베리 2008; 2015). 우주로서의 지구는 스스로 창발·양육하고 규율하며 치유하고 가르치는 공동체이자 모든 생명의 원천으로서, 인간 역시 그곳에서 탄생한 존재이다. 우주는 객체들의 단순한 집합이 아니고 무수히 많은 생성물의 '관계 다발'로 구성된다. 분화는 복잡성과 관련된 것으로, 우주는 끊임없이 다양하게 분화하는 실체로서 이는 존재하는 모든 것이 서로 다르다는 것을 의미한다to be is to be different.[15]

베리에 의하면 존재가 기원하는 곳에 권리가 발생하는데, 지구 행성의 자연계는 인간의 것과 동일한 권리를 갖는다. 그 권리는 인간이 아닌 우주로부터 존재에게 주어지는 것이다. 그의 지구법학 권리장전은 모든 자연이 인간과 마찬가지로 생명의 권리, 서식할 권리와 더불어 각 종이 그 나름의 생활양식을 영위할 권리를 지닌다는 것으로 요약된다. 즉 지구 공동체의 모든 성원은 세 가지 권리를 가지는데, 1) 존재할 권리 2) 서식

14　'생명의 외경'이라는 슈바이처의 사유도 참고해볼 만하다.

15　Judith E. Koons, "What is Earth Jurisprudence: Key Principles to Transform Law for the Health of the Planet," *Penn State Environmental Law Review* 18, 2009, p. 47; Mike Bell, "Thomas Berry and an Earth Jurisprudence," *The Trumpeter* 19(1), 2003, pp. 69~96.

지에 대한 권리 3) 자신의 역할과 기능을 수행할 권리이다(베리 2015).[16] 모든 권리는 특정 종에 국한된 고유의 것으로, 강은 강의 권리를, 새는 새의 권리를, 곤충은 곤충의 권리를 갖는다. 나무나 물고기에게 곤충의 권리는 아무 소용이 없다(베리 2008). 간단히 말해 지구법학은 자연, 우주 그리고 인간의 법과 지구 거버넌스에 관한 새로운 철학으로서, 인간중심주의 생명관과 권리관을 벗어나 우주 전체를 구성하는 요소들의 권리를 인정해야 한다는 주장을 담고 있다.[17] 지구법학은 인간 중심을 넘어 지구 공동체의 존재들과 그들과의 관계성을 총체적으로 성찰할 것을 강조하는 사유 체계라고 할 수 있다.[18]

베리의 사상적 입장을 토대로 새로운 거버넌스와 법의 체제 확립을 주장하는 코막 컬리넌Cormac Cullinan은, 지구법학을

---

16 박태현은 베리의 지구법 정신이 중세 자연법사상에 기반을 둔 새로운 표현의 지구법학이라 말한다. 베리의 지구법학적 사유에 대한 자세한 내용은 박태현(2020; 2021)을 보라.

17 환경에 대한 '지속 가능성' 사유 역시 여전히 인간중심주의적인 사유 체계였다. 이러한 환경론적 사유를 '표피적 성찰'이라 비판하고, 인간 너머의 생명체에 대한 존중과 성찰 그리고 그 내면에 깔린 인간-인간, 인간-자연 간 지배와 폭력 문제로 파고들어간 사유가 심층생태학이다(Arne Naess, "The Shallow and the Deep, Long-Range Ecology Movement. A Summary," *Inquiry* 16, 1973, pp. 95~100; 머레이 북친, 『머레이 북친의 사회적 생태론과 코뮌주의』, 서유석 옮김, 메이데이, 2012; 조제프 데자르댕, 『환경윤리』, 김명식·김완구 옮김, 연암서가, 2017; 문순홍, 『생태학의 담론』, 아르케, 2006; 이상헌, 『생태주의』, 책세상, 2017).

18 베리는 '네 겹의 지혜'를 설파하고 있는데, 원주민의 지혜, 여성의 지혜, 전통의 지혜 그리고 과학의 지혜이다(베리 2008).

정립하기 위해서는 먼저 지구와 인간, 자연에 대한 과감한 인식의 전환, 즉 베리가 말한 대로 '회심에 가까운 인식의 변환'이 필요하다고 말한다. 지구 행성은 다양한 창조물로 구성되며 이들의 생존과 안녕, 번식할 권리는 인간이 아니라 지구 행성으로부터 주어지는 것이기 때문이다. 즉 권리 부여의 주체는 지구 행성이지, 인간이 아니다. 그렇다면 지구 행성의 살림살이를 꾸려나가기 위한 새로운 거버넌스 시스템이 필요하고, 이 거버넌스를 지탱하기 위한 새로운 법체계가 필요하다는 것이 그의 주장이다.

컬리넌은 '야생의 법Wild Law'이란 용어를 통해 지구법학의 정신을 함축적으로 표명한다.[19] 야생성은 인간에게 침해당하지 않은 공간으로서 자발성을 갖는 우주 자체가 물리적·영적으로 활동한다는 것을 상징하는 용어이다. 컬리넌은 야생과 법, 자연과 문명 등의 이분법적 사고를 벗어날 것을 주장한다. 이 양자는 우주 전체의 역동성을 구성하는 균형적인 존재로서 하나가 다른 하나를 일방적으로 지배하지 않는다. 베리가 주장하는 것처럼 제1의 입법자는 인간이 아니라 우주이다. 컬리넌에 의하면 인간법학은 더 큰 '위대한 법' 안에 깃들여야 하며, "인간과 법과 거버넌스 체계는 인간 사회뿐 아니라 더 넓은 생명 공동체와 지구 그리고 다양한 주체들을 통합하는 전체성의 유지에

---

19   코막 컬리넌, 『야생의 법』, 포럼 지구와사람 기획, 박태현 옮김, 로도스, 2016.

기여해야 한다."[20]

우주-자연은 우주를 구성하는 모든 주체의 집합임에도 불구하고, 인간과 자연의 이분법적 사유는 존재들의 차이를 무시하고 인간의 특권에 의한 폭력적 지배를 불러왔다. 지구법학은 이러한 이분법적 시각을 극복하고자 한다. 주디스 쿤스Judith Koons 역시 베리의 사상을 이어받아, 인간과 자연의 친교를 논의하는 과정에서 이분법적 사유를 비판한다. 지구법학의 핵심적 구성 요소를 지구의 내재적 가치, 관계적 책임성, 지구민주주의라는 관점에서 접근하는 쿤스는, 우주는 '분리와 위계'가 아니라 '권역의 춤dance of sphere' '궤도orbit' '순환circulation' 등으로 이루어진다고 말한다. 즉 지구상의 생명체들은 서로 원형적圓形的인 상호작용을 수행하고 있기 때문에 인간은 인간 중심이 아닌 더 큰 자연 공동체의 일원으로 활동한다는 것을 인식해야 한다.[21] 아울러 인간은 법과 거버넌스 시스템에서 자연을 위한 보호자로서의 관계적 책임, 즉 신탁-피신탁(공적 신탁) 등의 관

20　최선호, 「지구법학과 야생의 법—생명 공동체의 거버넌스」, 강금실 외, 같은 책, p. 53에서 재인용. 또한 야생의 법에 대해서는 Peter D. Burdon, "Wild law: The Philosophy of Earth Jurisprudence," *Alternative Law Journal* 35(2), 2010, pp. 62~65도 보라.

21　쿤스는 '공통성의 마루floor of commonalities'와 '한계의 천장ceiling of limitation'이라는 용어를 제시하는데, 전자는 베리가 제시한 존재할 권리, 서식의 권리, 지구 공동체에서 역할 수행의 권리를 나타내며, 후자는 종이나 역할에 따른 권리의 분화를 의미한다(Koons, 같은 글).

계를 고려하면서 자연에 대한 책임을 수행해야 한다고 본다.[22]

　자연에 대한(혹은 비인간에 대한) 인간의 돌봄과 배려, 책임성 등을 강조하는 지구법학의 윤리학은 실증주의적인 논리학보다는 심성 구조, 직감, 감정 들에 기반한 미학적 윤리성을 선호한다. 나는 잠정적으로 이를 '심미적 윤리학'이라 부를 것이다. 심미적 윤리학은 합리적 추론, 도덕적 의무 혹은 공리주의적 판단보다는 유연하고 직관적이며 감정에 기반한 윤리학으로서, 언어에만 의존하지 않고 언어를 초월한 표정이나 몸짓 등 행동 동기를 포함한다. 심미적 윤리학의 개념은 일부 신유물론자들이 주장하는 이른바 사변적 실재론의 방법론에 비유할 수 있다. 앨프리드 노스 화이트헤드Alfred N. Whitehead의 유기체론적 과정 철학을 비판적으로 수용하는 사변적 실재론자들 역시 윤리에 앞서 미학적 감성을 강조한다. 화이트헤드에 의하면, 윤리는 가치의 근거나 기반이 아니라 가치판단의 결과로서 오직 자율적인 미美적 결단의 결과이다.[23] 사변적 실재론자들은 인간이 만물의 척도가 아니라고 잘라 말한다. 그럼에도 불구하

22　Koons, 같은 글. 공적 신탁 원리는 단순히 공적 이용, 재산, 규제, 지구환경의 상품 개념을 벗어나 신성함의 흔적a trace of the sacred을 포함해야 한다(Koons, 같은 글). 대리인 제도, 경제, 기업 역할 등에 대한 지구법학적 가능성을 탐색하는 논의들로 강정혜, 「지구법학과 경제법」, 강금실 외, 같은 책을 보라.

23　스티븐 샤비로, 『사물들의 우주』, 안호성 옮김, 갈무리, 2021, p. 60.

고 그동안 인간중심주의적 세계관으로 인해 "인간은 그들 인식을 뛰어넘는 인간 바깥의 절대적 외부를 상실했다"고 본다.[24] 따라서 우리는 그 외부에 도달하기 위한 상상적 사변이 필요하다. 사변적 실재론자들은 "개별적인 주제에서 일반화를 거쳐 상상적으로 도식화하고 그 상상적인 도식을 직접적인 경험과 다시 새롭게 비교해보는 복잡한 과정"[25]을 거치면서 과학소설의 상상력과도 유사한 사변적 사유를 강조한다. 그들은 그동안 과학의 영역에서 추방되었던 형이상학적 사변을 실재론으로 다시 끌어들이려 하는데,[26] 이는 관찰과 실험을 통한 법칙의 정립, 엄밀한 논리와 언어 체계를 강조하는 이른바 실증주의적 과학관에 대한 도전이기도 하다.

컬리넌은 지구 거버넌스를 정립하고 수행하기 위해서는 근대의 기계론적 과학이 제거해버린 우리의 '감각'을 되살려야

---

24 쿼탱 메이야수, 『유한성 이후』, 정지은 옮김, 도서출판b, 2010, p. 22.

25 샤비로, 같은 책, p. 33.

26 심미적 윤리학은 직관, 감성, 미학, 아름다움, 즐거움, 초월성, 상상, 유연성 등을 추구한다는 점에서 성찰과 추론, 논리적 정합성, 엄밀성을 추구하는 기존 '윤리학적 접근'과 대비된다. 또한 이 글에서 상술하기는 어렵지만, 심미적 윤리성의 내용은 인간 내면의 양지良知(옳고 그름을 판단하는 진실한 분별력 혹은 도덕의식)를 강조한 '양명학陽明學'이나, 불교 화엄경의 핵심 사상이라 볼 수 있는 '공空,' 대승불교의 '중도中道'론 등에서 많은 암시와 통찰을 끌어낼 수 있다. 이는 차후의 과제로 남겨둘 것이다. 한편 브뤼노 라투르Bruno Latour의 관계론적 실재론을 비판하면서 관계 이전에 존재하는 객체 자체에 주목할 것을 주장하는 사변적 실재론자의 선구자인 그레이엄 하먼, 『네트워크의 군수』, 김효진 옮김, 갈무리, 2019를 참조하라.

한다고 주장한다. 기호와 수리, 법칙 등을 추구하는 근대과학은 인류가 경험해온 다양한 삶의 질적 속성들을 계량화하고 측정하며 평균화한다. 실증주의 과학관이 득세하는 가운데 인문사회과학마저 과학의 이름으로 외적인 관찰, 실험 등을 통해 취득한 지식만을 과학 지식으로 간주해왔다. 가치나 윤리, 철학 그리고 영성의 문제는 과학이 다루어야 할 사실의 영역과 과학과는 별개의 가치 영역으로 분리되어왔다. 실증주의 과학이 지배적인 조류가 되면서 사실과 당위(가치)가 이분법적으로 분리되고, 상상과 영성 등은 형이상학의 논변에 지나지 않는 것으로 취급되었다. 지구법학은 그동안 과학에서 배제된 심미적 윤리나 영성, 직관 등과 같은 가치들을 다시 끌어들일 것을 강조한다. 가치판단은 사실에 입각하든, 당위에 입각하든 지구와 생명을 성찰하고 지구법을 구축하기 위한 토대가 된다. 컬리넌이 『야생의 법』에서 말한 대로 "우주는 단순히 물리적 실체만이 아니라 영성의 주체다. 리듬과 음악, 그리고 시간은 지구 거버넌스와 관련되어 있으며 따라서 우주 행성의 리듬과 인간의 삶의 리듬을 조율하고 맞추어가는 영적인 활동이 전개되어야 한다. [우리는] 지구 공동체의 춤에 참여하며 박자를 주의 깊게 듣고 박자와 타이밍을 조절해야 한다."[27]

이처럼 지구법학은 인간이 아니라 지구, 나아가 우주를 실

---

27   컬리넌, 같은 책, p. 234. 대괄호([ ]) 안의 내용은 필자가 추가.

재와 가치의 시발점으로 사유하면서, 인간 너머 자연 총체의 질서와 존엄의 가치를 추구하는 법 윤리 체계이다. 이를 위해 인간은 자기중심성을 넘어 자연의 법칙과 존재, 가치를 경청하고 순응하는 심미적 윤리성을 갖출 것이 요청된다. 이러한 윤리성을 바탕으로 행위의 강제력이 동반되는 실정법상 법의 형태로 표출되는 것이 지구법이라 할 수 있다. 간단히 말해 근대법의 이념이 인간 공동체를 대상으로 천부설에 기초한 인간 존엄 사상에 기반한다면, 지구법은 지구 공동체를 대상으로 자연 존중과 인간 존엄의 사상에 근거한다.[28] 전자의 행위주체가 인간과 법인이라면, 후자는 인간, 법인, 자연(생물체)이다.[29] 근대법이 인간의 권리에 초점을 두고 있다면 지구법은 지구권, 자연과 인간의 권리에 주안점을 두고 있다. 근대법이 민주주의를 이상으로 한다면 지구법은 시민법이 아니라 지구법의 지배를 받는 생명주의 정치를 지향한다. 또한 근대법이 국가연합 체제와 같은 협의체를 둔다면, 지구법은 종種들 간의 연합과, 세계 평화를 넘어 지구 평화를 목표로 한다.[30]

---

28   지구법학 역시 '스스로 내재하는 권리'라는 측면에서 자연권적 사상에 영향을 받고 있다고 볼 수 있다. 다만 지구법학은 그 주체를 인간을 넘어 지구의 전 생명으로 확장한다는 점에서 인간 중심의 자연권을 초월한다.

29   생물체의 정의에 대한 논쟁은 앞으로도 계속될 전망이다. 제2의 자연이라 볼 수 있는 합성물이나, 로봇 같은 인공물을 법적 권리에 포함할지의 여부가 쟁점이 될 것이다.

30   강금실, 같은 책, p. 156.

3. 자연의 권리와 책임 윤리의 문제

자연의 권리

지구법학은 인간뿐 아니라 비인간 자연을 포괄하는 모든 지구 생명체의 존재가 권리를 갖는다는 존재론적 가치론을 제시한다. 토마스 아퀴나스의 자연법사상에 크게 영향을 받은 것으로 알려진 베리의 지구법 사상은, 인간에게 부여되던 자연권 사상을 지구 생명체 모두에게 부여한다고 해석되기도 한다. 실정법학자들에게 비판받아온 자연권이 보다 확대된 형태로 지구법학에 다시 소환되고 있는 것이다. 그러나 지구법학의 사유로부터 실정법이 제정되기 위해서는 법의 핵심인 '권리'에 대한 체계적이고 다면적인 접근이 요구된다. 지구법학 측면에서 본다면 주체는 자연의 내재적 가치 원리로 이해될 수 있으며, 자연의 모든 대상은 윤리적 대상이자 법적 고려의 대상이 된다. 그러나 권리는 의무, 책임, 특권, 면책, 부채, 청구권liabilities 등 매우 다양하고도 복잡한 요소로 구성된다. 더구나 법사회학적 측면에서 본다면 권리의 형식과 내용은 다양한 이해관계를 지닌 집단들의 상호작용, 지배와 저항의 산물이기도 하다. 지구법학이 실정법이나 사회운동의 규범으로 작용하기 위해서는 자연권 이외에 권리 근거에 대한 다양한 논의가 필요한 이유이다.

비인간 자연에도 권리가 있다면 그 근거는 무엇인가? 이는 기본적으로 윤리학의 범주에 속하는 질문이다. 윤리학은 무엇이 옳고 그른지, 무엇이 좋고 나쁜지, 무엇이 바람직하고 그렇지 않은지 등의 타당성 문제를 다룬다. 사실판단과 가치판단(당위 혹은 윤리)에 대한 논의는 과학의 객관성, 실천성의 문제와 관련되어 오랫동안 해결되지 않은 문제로 남아 있다. 사실의 차원이든 당위의 차원이든, 법적 영역이든 도덕의 영역이든 그 근거에 대한 논쟁은 피할 수 없다.[31] 비인간 자연에게 권리를 부여해야 한다면 그 근거는 과학적 사실에 기반을 둘 수도 있고, 윤리적 차원의 논증 또는 사회 구성원 간의 합의에 기반을 둘 수도 있다. 또한 그 근거를 언어화할 필요가 있을 수도 있고, 없을 수도 있다. 권리 근거에 대한 논쟁, 예컨대 동서양의 자연권이나 자연법,[32] 의무론, 공리주의 등 다양한 흐름이나 사

---

31 법학 이론에서는 고전적인 웨슬리 뉴컴 호펠드Wesle Newcomb Hohfeld의 논의, 즉 권리주체와 내용, 권리 상대에 대한 삼각관계에서 출발한다. 권리의 근거로는 의사설(한 개인이 타인에 비해 권리 행사 능력의 우월적 지위를 인정받는 것)과 이익설(권리의 본질이 개인의 이익을 증진하거나 보호하는 데 있다)이 고전적 구분이다(김도균, 『권리의 문법』, 박영사, 2008).

32 물리 세계physis로서의 자연, 신의 의지로서의 자연, 이성적 본성으로서의 자연 등 '자연'에 대한 인식은 매우 다양하게 전개되어왔다. 자연은 인간 외부의 물리적 존재를 지칭하기도 하지만, '스스로 있음'이라는 존재론적 의미를 나타내는 개념이기도 하다. 지구법학이 서양의 철학 사조를 이어받고 있다는 점에서 서양의 신학과 철학에서 파생되는 자연(법) 사상에 대한 탐구가 필요하지만, 인간의 본성을 인仁, 의義, 예禮, 지智의 덕으로 파악한 유교 사상, 무위無爲를 강조한 노장 철학의 자연 개념, 불교의 연기론緣起論에서도 지구법 사상의 철학적 기초가 되는 내용이 많이 발견된다. 참

실과 당위의 관계에 대한 논의는 다른 지면을 기약하고, 우선 이 절에서는 폴 테일러Paul W. Taylor의 사유를 통해 '자연의 권리 근거' 논쟁의 단초를 제공해보고자 한다.[33]

테일러는 모든 생명이 '본래 가치'를 지닌다고 말한다. 인간뿐 아니라 자연도 본래 가치를 지녔다면 그 가치는 보호되어야 하고, 가치의 잠재성은 실현되어야 한다. 그는 이러한 가치를 생물체에게만 국한하는데, 생물과 무생물을 나누는 기준은 스스로 어떤 목적성을 구현하는 잠재성에 달려 있다. 생명체는 스스로 자기 목적을 구현하려 하지만, 무생물(예컨대 모래 무덤)은 스스로의 목적성을 갖지 못하기 때문에 본래 가치가 없다는 것이다.[34] 어떤 존재 X에 본래 가치가 있다는 것은 ① 본질적으로든 도구적으로든 사람들이 X에 내리는 가치 평가와 상관없이, ② X가 인간이든 아니든, 의식이 있든 없든, 다른 존재의 선善, good을 실현하거나 의식적인 존재의 목표를 달성하

고로 동서양의 자연(법) 사상을 비교한 조천수, 「자연법과 사물의 본성」, 「저스티스」 77, 2004, pp. 157~75, 노장사상의 자연관을 논의한 정세근, 「노장과 그 주석자들의 자연 개념의 형성과 변천」, 「도교문화연구」 13, 1999, pp. 187~212 등을 보라.

33 환경 윤리에 대한 다양한 흐름에 대해서는 조제프 R. 데자르댕, 같은 책을 참조하라. 고통과 쾌락을 기준으로 하는 피터 싱어, 「동물 해방」, 김성한 옮김, 연암서가, 2012의 신공리주의적 윤리관이나, 최근 신유물론자들의 수평적 존재론, 종 횡단적 사유 등이 주장하는 '모든 객체 존재의 동등성'에 대한 논의를 참조할 만하다.

34 아마 이 점이 신유물론자들과 부딪칠 법하다. 돌, 유물, 로봇 등은 목적성이 없는가? 기능과 목적의 관계를 논의하면서, 한 대상이 반드시 목적을 가져야만 권리주체가 될 수 있는지 등을 질문할 수 있을 것이다.

'인간 너머' 자연의 권리와 지구법학

는 면에서 실제적인 유용성과 관계없이, X의 선이 실현되는 상황이 X의 선이 실현되지 않는 상황보다 낫다는 의미이다.[35]

인간이든 아니든 생명체들이 본래 가치를 지닌다는 것은 존중받을 기본적 가치가 있다는 뜻이며, 자연 존중의 태도란 지구 자연 생태계의 야생 동식물이 본래 가치를 지닌다는 점을 인정하고 수용하는 것을 말한다. 또한 인간과 다르더라도 모든 동식물은 그 고유의 선善을 지닌 존재이다. 생명체에게 바람직하거나, 이익이 된다고 간주할 수 있는 조건이나 환경은 그 생명체에게 선이다. 예컨대 나비에게는 나비 애벌레가 성충이 되는 과정을 거칠 수 있는 환경이 '좋은 것'이고, 성충이 되어 허공을 날아다니는 상태가 곧 선이다. 나비의 목적은 바로 이런 선이 실현되는 과정이다.

목적성을 갖는, 본래 가치를 지닌 생명은 도덕적 주체가 된다. 도덕적 주체는 보호받고 존중받아야 하는 대상이다. 이 지점에서 테일러는 도덕적 주체와 도덕적 행위자를 구분한다. 도덕적 행위자는 선을 인지하고 지각하며, 그것을 행동으로 옮길 수 있는 주체이다. 그러나 존중받아야 할 '도덕적 주체'가 반드시 '도덕적 행위주체'가 될 필요는 없다. 예를 들어 미성년자, 중증 정신장애인은 성인이나 비장애인과 똑같은 대우를 받아야 하는 도덕적 주체이지만, 그들이 도덕적 행위자여야 하는

---

35   폴 W. 테일러, 『자연에 대한 존중』, 김영 옮김, 리수, 2020, p. 83.

것은 아니다. 그들이 도덕적 행위를 수행하는 데는 성인이나 비장애인에 비해 제약이 따르기 때문인데, 그렇다 하더라도 존중받아야 할 도덕적 주체가 된다.

그렇다면 도덕적 주체로서 생물적 자연은 과연 도덕적 권리를 누릴 수 있는가? 테일러에 의하면, 도덕적 권리 소유자는 도덕적 행위자 공동체의 일원으로서 자기 존중과 자율적인 선택을 할 수 있으며, 권리 행사의 자유를 지니고, 타자의 권리 침해에 따른 처벌을 요구할 수 있다. 테일러는 이러한 도덕적 권리는 원칙적으로 동식물 자연과 같은 대상에게 주어질 수는 없지만, 이를 보다 확장해서 동식물의 권리 보유를 상상해볼 것을 주장한다. 도덕적 주체는 본래 가치를 지니기 때문에 그 가치를 대우받을 자격이 있으며, 그렇다면 그러한 가치를 존중받을 권리가 주어지는 것이고, 그렇기 때문에 동식물의 권리를 존중하도록 인간에게 일정한 의무를 부과할 수 있다는 것이다.[36]

비인간 자연은 도덕적 행위자는 아니지만 보호받고 존중받아야 할 도덕적 주체이고, 도덕적 주체로서 자연의 권리를 갖는다. 따라서 테일러는 인간이 자연을 다룰 때 몇 가지 기본 규범을 지킬 것을 강조한다. 이미 자연도 인간만큼이나 존중받아야 할 도덕적 주체로서의 권리가 주어져 있기 때문이다. 이

---

36   같은 책, p. 257.

과정에서 최우선적으로 고려되어야 할 것은 균형의 원칙이다. 지구상 모든 생명체의 존재론적 지위가 균형을 이루어야 한다. 다만 인간이 동식물의 자연을 부득이 파괴하거나 변형할 때에는 '심사숙고'를 해야 하며, 개입은 최소한이어야 하고, 개입에 대한 보상이 주어져야 한다.[37]

테일러의 자연의 권리론은 지구법학의 대전제인 지구 생명체의 권리와 매우 유사하다. 지구법학의 개념 차원에서 본다면 자연의 권리에 대한 그의 윤리학은 지구법학의 권리 근거를 정교화하는 데 도움을 준다. 그러나 테일러는 권리의 근거인 본래 가치를 지닌 대상을 동식물 같은 생물체로 제한하고, 권리 역시 법적 권리가 아닌 도덕적 권리로 국한한다. 대지, 들, 강, 숲 등을 포괄하는 지구법학의 대상보다 매우 협소하며 실정법상의 법적 권리와는 아직 거리가 멀다.

도덕적 규범이나 권리는 공적 영역에서 구성원들의 협의와 합의에 의해 법으로 제도화됨으로써 법적 권리로 전환된다(때로 실정법상의 법적 권리가 도덕적 권리로 전환되기도 한다). 그런데 도덕적 규범과 법은 분리 불가분적이면서도 구별되는, 때로 구별되어야 하는 매우 복잡하고 때로 모순적인 관계에 놓

---

37   같은 책. 엄밀히 말해 테일러의 자연 개념에서 무생물은 제외된다. 나는 테일러의 자연의 권리를 '종種의 권리'로 바꾸어 부르고자 한다. 자연의 권리에 대한 다양한 국가의 사례는 데이비드 보이드, 『자연의 권리』, 이지원 옮김, 교유서가, 2020을 참조하라.

여 있다. 다만 도덕적 권리 혹은 생명의 권리에 대한 지구법학적 사유로부터 구체적이고 제한적인 실정법을 도출하기 위해서는 더욱 전문적이고 체계적인 합목적성과 논리성, 타당성 등을 갖춘 법률화 과정이 필요하다.[38] 법학과 (실정법상의) 법 사이에는 일정한 거리가 있다. 지구법학의 관점에서 도덕적 권리나 법적 권리의 근거는 실정법의 토대로서 기여할 수 있다. 그러나 실정법으로서 법은 엄격히 제한된 형태로 표출되고 국가의 강제력이 적용된다는 점에서 법학과 법 사이의 가교架橋, 즉 다단계의 절차와 과정에 대한 정교한 논의가 필요하다.[39] 여전히 자연의 권리 근거에 대한 사상적 논의가 좀더 풍부하게 제기될 필요가 있는 것이다.

최근 자연의 권리에 대한 다양한 설說들이 제기되고 있지만 주류 담론은 아직 나타나지 않고 있다. 앞서 논의한 대로 자연의 생물은 스스로 선善을 이루게 하는 목적을 가지고 있기 때문에 그 선을 달성할 수 있는 권리가 부여된다는 이른바 '본래 가치'가 자연의 권리에 대한 도덕적·법적 권리의 근거가 될

---

38 이 지점에서 특정 전문 분야의 법학자나 법 연구가, 법 실행가(변호사) 등의 역할이 중요하다. 그러나 지구법(학)이 전문가의 영역으로 제한될 경우 시민들의 참여와 실천이 약화될 수도 있는 위험을 안고 있다. 한편 대륙법(독일)이 합리화되는 과정에는 기존 기독교, 로마법의 유산 외에 법 전문가들의 활동이 있었다는 막스 베버의 법사회학을 참조하라.

39 예컨대 기존 법학에서의 권리와 책임의 개념 문제, 환경법이나 동물보호법 등과의 경계 및 충돌 문제, 대리·신탁의 문제, 법인격 부여 이후의 전개 상황 등이 있다.

수 있을 것이다. 나는 이를 목적 가치론적 입장으로 부를 것이다. 다른 한편 인간의 이해관계에 해당하는 것이 곧 인간의 권리 기반이 된다는 이익설을 확대 적용하여 자연에게도 그 이해관계가 보장되어야 할 권리가 주어져야 한다고 주장할 수도 있다. 혹은 기업 등과 같은 조직에 법인격이 부여된 것처럼 자연을 조직으로 유추해봄으로써 법인격이 가능하다는 입장(기업 유추론), 미성년자나 중증 신경장애인들도 후견인 제도를 통해 권리를 행사하는 것처럼 자연도 그들의 이익과 상황, 권리를 대표할 수 있는 후견인 제도를 통해 권리 행사를 할 수 있다는 입장(후견인론 접근) 등 매우 다양한 측면에서 지구법학 권리론의 근거를 세워볼 수도 있다. 이 밖에도 인간과 자연 모두의 생태적 조화와 질서를 보존해야 할 필요성과 생태적 가치에 의해 자연 권리를 인정해야 한다고 하는 생태 목표론, 신의 피조물에 대한 동등한 권리 보장이라고 하는 신학 이론, 그리고 환경 보호가 곧 인간의 행복을 지속 가능하게 할 수 있다는 실용론적 접근 등도 자연의 권리 근거에 대한 기반이 될 수 있을 것이다.[40]

자연의 권리를 법제화하는 것에 대부분의 법학자들이나

40   Patrik Baard, "Fundamental Challenges for Rights of Nature," Daniel P. Corrigan & Markku Oksanen(eds.), *Rights of Nature: A Re-examination*, Routledge, 2021.

윤리학자들은 다소간의 '곤혹감'을 느끼거나 거부감을 보이기도 한다. 중요한 것은 그 가능성에 대한 논리적 진술이 아니라 자연에 대한 법적 권리의 존재가 오늘날 생태적 가치를 유지할 수 있는 실용적 수단이 되는가 하는 것도 매우 중요한 일이다. 존 드라이젝John Dryzek이 말한 바와 같이 기업은 도덕적 권리는 없지만 자본주의 법률 체제에서는 기업을 '법인legal person'으로 취급해오고 있다.[41] 생태환경을 위해 자연적 객체가 법적으로 인간화personhood되지 못할 이유는 없는 것이다.[42]

생태적 책임 윤리

지구법학은 지구 생명체의 고유한 가치가 실현되도록 그

---

[41] 기업에 대해 이 같은 특별한 대우는 시장 체제의 경제적 합리성을 향상시키기 위한 것이라고 본다. 자연의 법인격 가능성에 대한 존 드라이젝, 『환경문제와 사회적 선택』, 최승 외 옮김, 신구문화사, 1995를 참조하라.

[42] 참고로 톰 하트만Thom Hartmann은 미국의 경우 19세기 중·후반부터 기업의 법인화는 확실하고도 엄청난 부를 확보하려는 기업가들과 이들로부터 세금을 징수하려는 정치인들의 전략의 일환으로 탄생되었다고 말한다. 법인은 정부, 교회 및 영리기업에 법과 과세 제도의 효력을 미치게 하기 위한 것이었다. 미국의 경우 수정 헌법 13, 14조는 암묵적으로 기존의 헌법에 잔존했던 노예제를 철저히 파기하기 위해 제정되었는데, 오히려 14조의 인간을 기업으로 확대해석 함으로써 기업의 확장을 도모하는 데 이용되었다. 톰 하트만, 『기업은 어떻게 인간이 되었는가』, 이시은 옮김, 어마마마, 2014를 참조하라.

권리를 인정해야 한다는 전제를 내걸고 있다. 타자의 권리 인정은 권리 내용을 수행할 의무를 부과하는 것이고, 이는 책임 윤리 속에서 형성된다. 그런데 책임 윤리의 실질적 내용이 이미 지구법학 속에 녹아 있다 하더라도, 책임 윤리를 바탕으로 한 책임 소재의 문제나 특히 미래 세대에 대한 책임 등에 대해서는 좀더 체계적인 논의가 필요하다. 권리와 상응하는 윤리적 실천 중에서도 가장 핵심적인 것은 책임 윤리로서, 책임 윤리는 자연에 대응하는 인간의 태도뿐 아니라 후대에 대한 의무도 포함한다. 지구상의 모든 생명체는 각기 침해할 수 없는 권리를 보유한다는 지구법학의 명제나, 혹은 인간/비인간 할 것 없이 존재론적 지위는 수평적이고 평면적이라는 신유물론자들의 입장을 받아들인다 하더라도, 대상으로서 주체의 지위와 책임 행위자로서 주체의 지위는 서로 다르다. 책임에 관한 한 인간과 비인간 자연 사이에는 비대칭적 관계가 형성될 수 있다는 것인데, 그 논리의 전제는 매우 간단하다. 인간을 공격한 비인간(자연)은 없다. 인간(만)이 자연을 공격하고 파괴하며 변형해 왔다. 유일하게 인간만이 자연의 서식지에 침투하고 파괴했으며, 그들의 생명을 과학 실험과 상업적 이윤 추구에 이용해왔다. 따라서 인간(만)이 비인간 자연의 권리와 존재를 존중하고 배려해야 할 책임을 진다는 주장과 함께, 인간만이 책임을 지는 도덕적 행위주체라는 주장이 가능한 것이다.

이런 점에서 책임 윤리에 대한 다소 형이상학적이고 사변적인 한스 요나스Hans Jonas의 생태철학은 많은 시사점을 던져 준다. 요나스는 기존의 윤리학이 '배려와 존중의 감정'을 제대 로 다루지 못하고 있다고 비판한다.[43] 책임에 대한 합리적 근거 나 당위를 정당화하는 원칙을 세우는 윤리학은 이성을 강조하 는 객관적 관점과, 감정을 강조하는 주관적 관점으로 나뉠 수 있다. 그런데 객관적 명증성이 아무리 타당하다 하더라도, 인 간에게 그것을 수용할 수 있는 능력인 감정이 주어지지 않는다 면, 즉 그것을 경청하고 실행에 옮길 사람이 아무도 없다면 무 슨 의미가 있겠는가? 도덕적 본성은 책임의 감정이다.[44] "그 책 임의 대상은 덧없음과 결핍, 불안정 속에서, 그 순수한 실존으 로 말미암아 (어떤 소유욕과 관계없이) 나를 움직일 수 있는 '타 자'로 등장하는 주체들이다. 나를 구속하는 힘은 어떤 대상의 요청으로부터 나오며 나의 구속은 이 대상에 묶여 있다."[45] 칸 트가 말한 도덕법의 이념은 당위에 대한 경외의 감정과 책임의 감정이 수반될 때 비로소 실천으로 옮겨진다. 요나스는 "실존

---

43 신에 대한 경외, 플라톤의 에로스, 아리스토텔레스의 행복, 스피노자의 신에 대한 지 성적 사랑, 칸트의 존엄과 존중, 키르케고르의 관심, 니체의 의지의 쾌락 등 서양철학 의 전통이 윤리의 감정적 요소를 강조하긴 했지만, '책임의 감정'에 대한 논의는 없거 나 희박하다고 요나스는 비판한다. 한스 요나스, 『책임의 원칙』, 이진우 옮김, 서광사, 1994를 참조하라.

44 같은 책, p. 158.

45 같은 책, p. 161. 이는 마치 "나는 타자의 볼모"라 말한 에마뉘엘 레비나스Emmanuel Levinas의 타자성의 철학을 연상하게 한다. 한편 요나스는 베버의 책임 윤리를 각주 에서 길게 설명하고 있다. 같은 책, p. 163의 각주 5를 보라.

'인간 너머' 자연의 권리와 지구법학

에 대한 대상의 요청을 우리가 받아들이고 행위를 통해 대상을 지원할 수 있도록 하는 것은 다름 아닌 감정"이라고 주장한다. 그리고 이 책임의 감정은 자연뿐 아니라 후세대에 대한 배려로 이어진다. 후세대에 대한 염려는 도덕이나 법에 호소하지 않고 도 생겨나는 자발적인 것이다.[46]

또한 현시대를 살아가는 인류는 미래 세대에 대한 책임 윤리를 질 필요가 있다. 앞서 말한 바와 같이 기존 윤리학은 미래에 대한 책임 윤리를 간과하고 있다. 책임은 동시대를 살아가는 이웃이나 자연환경과 같은 직접적 대상뿐 아니라, 시공간적으로 멀리 떨어져 있는 미래 세대에 대한 책임까지 포함한다. 기존 윤리학은 요나스가 말한 대로 '지금/여기'의 인간 사회(미래가 없고, 인간 중심적인)에서 인간이 저지르는 잘못된 행위의 인과적 책임에만 관심을 둔다. 그러나 기존 윤리학이 인간의 자유에 기반한다면, 새로운 윤리학의 토대는 미래 세대에게도 삶의 정초가 되는 자연이다. 새로운 윤리학은 자연과 인간을 포괄하는, 즉 인간 대 인간에서부터 현세의 인간 대 미래의 인간, 인간 대 동식물 등을 모두 포괄하는 총체적 관계망으로서 유기체에 관심을 두어야 한다.[47]

---

46 같은 책, p. 167.

47 요나스는 현상학의 '의식의 지향성' 개념에 기대어, 의식의 지향성을 단순한 시선이 아니라 대상에 대한 관심과 배려, 사랑이라고 본다. 그가 제시한 염려라는 개념은 하이데거의 개념과 거의 유사하다. 의식은 대상에 다가서려는 합목적적인 활동으로서

미래의 불확실성에 대한 책임의 전략으로 요나스가 제시하는 것은 바로 '공포의 발견술'이다. 이는 토머스 홉스가 말하는 정치권력의 공포와는 다른 차원의 두려움과 걱정, 즉 지구 온난화, 북극 빙하의 소멸, 생물의 멸종, 전염병 증대 등에 대한 두려움이다.[48] 그는 과학기술의 발달과 그 결과들로 인해 나타날 불확실한 미래를 인간이 종말론적으로 예상해보고, 미래를 위한 책임 윤리를 제시할 것을 주장한다. 우리의 행위 결과에 대해 '합리적인 공포'를 갖고 이를 통해 미래의 불투명한 불확실성에 대비해야 한다는 것이다. 자연에 대한 총체론적 사유, 공포술의 발견 그리고 미래 세대에 대한 책임을 강조하는 요나스의 사상은 지구법학의 윤리철학적 근거에 힘을 보태고 있다. 앞서 말한 대로 지구법학의 내용 속에 이미 책임과 미래 세대에 대한 윤리가 녹아들어 있지만 구체적으로 드러나지 않는다는 점에서 더욱 그렇다. 특히 실정법으로서 지구법의 정립을 위해서는 책임의 근거, 책임의 주체, 책임의 방식, 책임 방기에 따른 처벌(지구법에서의 합당한 양형) 등 '책임'에 대한 보다 구체적인 논의가 필요하다.

'-하기 위하여'라는 목적을 서술한다. 요나스는 후설의 의식의 지향성을 충동, 본능, 성애의 영역으로 확장하는데 그 지향성의 확장을 통해 자연 중심의 생태학적 사유가 가능하다고 말한다(양해림, 『한스 요나스의 생태학적 사유 읽기』, 충남대학교출판문화원, 2017, p. 40).

48   요나스, 같은 책, p. 69; 양해림, 같은 책.

4. 비인간 자연의 범주

인간 중심 사유에서 인간 너머 비인간 중심 사유로 급진적인 인식론적 전회 혹은 단절을 추구하는 신유물론(포스트휴먼론 혹은 비인간론 등을 통칭)과 지구법학 사유는 많은 공통점을 갖는다. 두 흐름은 인간과 인간, 인간과 자연, 인간과 지구, 인간과 비인간 등의 총체론적 관계론을 강조한다는 점에서, 나아가 '자연'(비인간)의 주체성과 행위자성을 강조한다는 점에서도 서로 수렴하는 경향이 있다. 두 흐름은 명실공히 비인간에 대한 인간의 우월적 사고를 비판하고, 인간과 비인간의 '평면적, 수평적 존재론'을 강조한다(그러나 이러한 수렴 가능성에도 불구하고 아직까지는 서로 직접적으로 조우하지 않는다). 인간을 지구 생명을 구성하는 '하나의 인자'로 간주하고 他他 생명들, 나아가 사물 등의 존재론적 가치와 권리를 인정한다는 점에서 신유물론이나 지구법학의 시각은 기존의 인간 중심 패러다임에 대한 인식론적 전복을 꾀한다. 토머스 쿤이 말한 대로 패러다임의 혁명이며, 바슐라르나 알튀세르가 말한 대로 인식론적 단절을 꾀하고 있는 것이다. 물론 얼마만큼 이러한 사유가 과학계를 넘어 일반 시민사회의 구성원들에게도 호소력이 있을지는 아직 미지수이다. 자연의 생명뿐 아니라 인류와 미래 세대의 삶의 안녕을 위해서라도 비인간에 대한 폭력의 배제, 비인간들과의 공존과 공생이라는 '겸양론'은 수용 가능할지 모르지만, 한 걸음 더 나아가 비인간 자연에도 도덕적 권리나 법적 권리를 부여하자는 데는 머뭇거릴 수 있다. 비인간의 법적 권리를 받아들이는 것은 거의 '종교적 회심'에 가까운 일일지도 모른다. 그렇기 때문에 사유는 풍부하게 하되, 좀더 현실적이고 다단계적인 실천 전략이 요청된다.

지구법학은 권리주체를 생명체 종과 이를 포함하는 자연으로 국한하는 경향이 있다. 강, 들, 산, 숲은 많은 생명체를 품고 있는 동시에 스스로 생명적 기능을 수행한다는 점에서 마굴리스와 세이건이 말한 대로 지구 생명의 범주에 포함할 수 있다.[49] 생명체들의 보금자리이자 '집'으로서 이들과 불가분의 공간이기 때문이기도 하다. 하지만 지구법학은 (아직) 비인간론자들이 포괄하는 무생물체, 즉 컴퓨터, 인공지능 등의 인공물이나 사이보그 등의 하이브리드형 복합체 등은 포함하지 않는다.

동식물과 같은 생물체나 이들을 포괄하는 숲, 강 등에 대해서는 수평적 존재론의 확장과 권리 부여가 상대적으로 용이할 듯하다.[50] 그런데 무생물체인 것들, 특히 오늘날 인간의 삶과 밀접한 연관을 맺는 컴퓨터, 인공지능과 같은 로봇 등도 권

---

49 마굴리스와 세이건의 정의에 의하면, 생물체와 무생물체가 존재하는 지구 표면이 곧 생명이다(린 마굴리스·도리언 세이건, 『생명이란 무엇인가』, 김영 옮김, 리수, 2016).

50 이는 수직적 위계성과는 다른 문제이다. 많은 문제가 제기될 수 있다. 과연 생명체에 적용될 수 있는 자연의 권리 혹은 지구법학적 사유가 무생물까지 포함해야 하는가? 이 글 5장을 보라.

리의 대상이 되어야 하는가(될 수 있는가)? '사물 동맹'에 의한 신공화주의를 주장하는 브뤼노 라투르의 입장에서 본다면 충분히 그럴 수 있다. 그의 논리를 조금 더 확장한다면, 로봇도 존중받을 권리주체다. 거칠게 말해 지구법학이 자연 생명체로서 종의 권리를 주장한다면 신유물론은 이들을 포함한 일반 '사물의 권리'를 주장한다고 볼 수 있다.[51] 물론 신유물론자들이 물질이나 객체로 통칭되기도 하는 사물의 행위주체성을 인정한다고 해서 곧 그것이 권리주체로 이어진다고 말하는 것은 아니다. 다시 말해 인간 행위의 산물이지만 독자적으로 인간의 삶에 영향을 미친다는 의미에서 로봇의 행위주체성을 인정한다 하더라도, 곧 로봇이 권리주체가 되어야 한다는 것은 아니다. 실제로 신유물론에서 사물의 행위주체성에 대한 논의는 풍부하지만, 그것들에 도덕적·법적 인격이나 권리를 부여하자는 주장은 찾아보기 힘들다. 다만 '그것'들을 포함한 새로운 연합체의 정치, 혹은 사물의 정치에 대한 논의 속에서 잠정적으로 권리 부여의 가능성을 엿볼 수 있다. 또한 현행 법체계가 기업이나 선박 등에 법인격을 부여하는 것을 고려한다면, 사물에 대한 법인격의 부여도 불가능한 일은 아니다.

　　지구법(학)의 입장에서 본다면 권리주체는 생명체 중심

51　신체에 부착된 인공지능이 신체의 일부로 간주될지, 단순한 도구로 간주될지 법적 논쟁이 치열해질 전망이다. 굳이 논쟁의 가능성을 차단해둘 필요는 없을 것인데 여하튼 권리주체의 범주화는 순차적으로 진행될 필요가 있다.

으로 진행될 수밖에 없을 것이다. 무수히 많은 생명을 품고 있는 지구 행성, 혹은 지구 행성을 구성하는 숲이나 대지 자체를 권리주체로 상정할 수 있지만 아직 인공물이 여기에 포함될지는 미지수이다. 인간의 삶과 비인간 모두의 삶, 나아가 지구 행성의 생태적 순환과 공존을 구현하고자 하는 지구법학의 정신이 현실적으로 구현되기 위해서는 그야말로 '현실성'이 담보되어야 한다. 급진적인 인식론적 전회가 필요하다 하더라도 지구법학은 현실적 입장에서 자연의 권리를 재구성할 필요가 있다. 예컨대 지구법학의 적용 대상을 인간과 가장 유사한 종이나 반려동물 같은 생활 동반 종種에서부터 점진적으로, 동심원적으로 확대해갈 필요성이 있다. 물론 지구법학의 대상으로서 신유물론에서 말하는 '사물'에 대해 굳이 문을 닫을 필요는 없을 것같다. 상상은 무한대의 영역으로 확장될 수 있으며, 변화하는 사회적 상황이 새로운 '현실성'을 요청할 수 있기 때문이다.

오늘날 생물체와 무생물체의 확연한 경계도 점차 모호해지고 있다는 점에서, 권리 대상의 범주도 유동적일 수밖에 없다. 문제는 현실성이다. 인간 너머 비인간 자연과 인간의 존재론적 평면성이나 평등성을 주장한다고 해도 인간-비인간, 비인간들 사이의 법적 지위의 위계성은 여전히(혹은 당분간) 존재할 수밖에 없을 것이다. 도덕적·법적 인격이 부여되는 비인간 자연의 대상은 결국 인간의 시각에서 선정될 수밖에 없을 것이기 때문이다.[52] 현실적으로 인간에게 영향을 미치는 정도, 인간과의 관계성 평가 등에 따라 범주의 구분이 발생할 수밖에 없다. 역설적이고 모순적으로 들릴지 모르지만, 인간/비인간 자연, 비인간/비인간 자연 사이에는 수평적 평등성이 존재한다는 원칙에 위배되지 않으면서도 현실적으로 '차이'에 의한 우선성의 서열화가 발생할 수밖에 없으리라는 것이다.

쿤스와 같은 학자 역시 자연의 권리를 인간의 권리 담론에 성급히 편입시키기보다는, 일단 자연의 대상을 '법적 고려 대상으로 삼아보는 것'이 중요하다고 주장한다. 내가 보기에도 이러한 단계적 접근이 보다 현실적인 설득력을 갖는다. 지구 행성을 구성하는 모든 생명체가 저마다의 권리를 지닌다는 전제, 인간과 자연의 존재론적 공통성에도 불구하고, 차이를 인정해야 한다면 종들의 권리 간 벌어질 수 있는 충돌은 어떤 식으로 풀어나갈 것인가? 쿤스는 존재들마다 담지하는 권리는 다를 수 있지만, 그럼에도 법체계의 참여는 허용된다고 말한다. 그가 말하는 법체계의 참여는 그 내용이 불분명하지만, 설령 참여한다 하더라도 여전히 서로 간 권리의 영역을 침범할 수 없다는 권리 주장과 충돌을 빚거나 모순적일 수 있다. 과연 권리가 서로 다른 종들을 공통의 법에 포괄할 수 있겠는가?

한편 자연의 권리를 종 전체에 적용할 것인가, 특정 대상

---

52 개와 고양이 같은 반려동물, 침팬지와 지렁이, 야생 숲, 거리의 나무, 야생동물과 가축, 바이러스 등의 차이성과 이들 차이성의 연결 고리를 어떻게 정립해야 할지는 여전히 고민거리이디.

에 국한할 것인가는 이미 남미와 뉴질랜드의 사례에서 쟁점으로 떠올랐고, 그 장단점에 대한 지적도 등장하고 있다. 자연의 권리를 종 전체로 확장해 일반적으로 적용할 경우 보다 다양한 대상을 포괄한다는 장점이 있지만 그 적용 강도는 약해지는 반면, 특정 대상에 적용할 경우 대상은 줄어들지만 지구법의 실효성을 보다 강력하게 적용할 수 있다.[53]

인간 너머 비인간의 권리 혹은 법인격 권리 부여 대상의 선정, 생물/무생물의 대상 구분, 생물체 내에서의 차이와 위계성의 인정 등 향후 권리 범주와 관련된 논의는 매우 다각적인 측면에서 쟁점이 될 것이다. 중요한 것은, 도덕이든 법이든 비인간 자연에 권리를 부여[54]하는 사유와 작업은 공적 영역에서의 다양한 논쟁, 협의와 합의, 설득과 토론의 소통 과정을 통해 유동적이고 잠정적으로 결정된다는 점이다.[55] 비인간을 인간의 정치 혹은 사회적 과정에 끌어들이는 것은 결국 도덕적 행위주체로서 인간의 책임일 수밖에 없기 때문이다.

---

53   Zelle et al., 같은 책.

54   '부여'보다는 오히려 '복권'이 타당할 것이다.

55   공적 영역에서의 담론, 심의, 중첩적 합의 등 민주주의 과정이 필요하다는 것인데, 기존 심의민주주의에 대한 다양한 논의들을 참고하라.

5. 생명주의 정치와 거버넌스

지구법학 이론가들이나 신유물론자들은 모두 새로운 거버넌스 체제와 민주주의를 요구한다. 신유물론자로 분류되기도 하는 라투르는 다양한 행위소로서 작용하는 비인간과 사물 동맹에 의한 신공화주의를 주창하고,[56] 제인 베넷은 '생동하는 물질'들을 회집하는 새로운 민주주의가 도래해야 한다고 주장한다.[57] 새로운 민주주의 이론은 그동안 인간의 정치 영역에서 제외되었던 비인간들의 목소리에 귀를 기울이고, 이들의 참여를 적극 독려해야 한다고 주장한다. 한마디로 신유물론자들에게 민주주의란 기존 인간들만의 향연장이 되어서는 안 된다는 것이다. 베넷의 논의를 좀더 살펴보자. 베넷은 민주주의에 관한 존 듀이John Dewey와 자크 랑시에르Jacques Rancière의 이론을 생태계와 정치 시스템의 유사성(혹은 차이성) 차원에서 설명한다. 듀이는 인간 대중의 배후에 '비인간 육체'들이 움직이고 있다는 점을 환기했다. 랑시에르는 인간만이 정치 행위를 할 수 있다고 말하면서도 오로지 능력과 재능, 기술을 가진 육체로 구성된 사람만이 정치 행위를 할 수 있다고 주장한다. 베넷은, 이들 모두가 '생동하는 물질주의 정치'를 이해하는 데 중요하다

---

56   브뤼노 라투르, 『젊은 과학의 전선』, 황희숙 옮김, 아카넷, 2016.
57   제인 베넷, 『생동하는 물질』, 문성재 옮김, 현실문화, 2020.

고 말한다.[58] 베넷이 보기에 정치란 인간과 비인간이 육체(물질)적으로 연합된 행위로서, 그동안 정치에서 소외되었던 비인간들 역시 정치의 참여자가 되어야 한다. 예를 들어 지렁이와 같은 행위소들은 나름대로 선택의 자유를 통해 지구의 토양 질서를 만들어가고 있으며, 마찬가지로 전 지구적 생태계를 구성하고 있는 벌레, 나무, 알루미늄 들이 모두 정치에 참여하고 있는 것이나 다를 바 없기 때문이다.[59]

이러한 주장들이 한낱 몽상으로 끝나지 않고 실현될 가능성은 크게 열려 있다. 예컨대 인간은 동물의 습성과 소통 방식을 더 잘 알게 됨으로써 동물에게도 지능이 있다는 사실을 발견하고, 동물을 단순한 본능이 아닌 행위 수행자agency로 볼 수 있다. 이렇게 되면 동물이나 벌레의 행동 방식에 대한 인간의

---

58 분변토를 발생시키는 지렁이의 작은 행위(성)들은 때로 인간의 거대 행위성보다 더 많은 변화를 일으킨다. 지렁이는 알루미늄을 생산하고 토양의 규소를 점토질 토양으로 변화시켜 숲의 서식지를 풍요롭게 한다. 『생동하는 물질』에서 베넷은 아상블라주 assemblage 개념을 도입해, 지렁이가 자연의 생태계라 부를 수 있는 아상블라주에 참여한다고 본다.

59 같은 책, 7장을 참조하라. 물론 랑시에르는 비인간이 기존의 정치 질서를 붕괴시킬 수 있다고 보지 않았다. 다시 말해 정치적인 것의 개념을 비인간 영역으로 확장하고 싶어 하지는 않았다는 것이다. 오히려 랑시에르에 의하면 비인간은 데모스Demos의 참여자가 될 수 없다. 정치 질서에 참여하고 파괴하기 위해서는 일단 논리적인 토론에 참여할 수 있는 욕망desire을 동반해야만 하는데, 즉 불화와 감정의 동요가 있어야 하는데 비인간들은 이를 수행할 수 없다(자크 랑시에르, 『불화』, 진태원 옮김, 길, 2015). 그러나 베넷은 랑시에르가 '생동하는 물질주의 이론' 정립에 크게 기여하고 있다고 본다(베넷, 같은 책).

'인간 너머' 자연의 권리와 지구법학

평가를 수정해야 할 뿐만 아니라, 인간의 유일성(혹은 인간 특별주의)에 의문을 제기할 수 있다.[60]

인간의 활동이 생동하는 비인간 행위자들과 분리할 수 없이 얽혀 있고, 인간들의 행위가 비인간 '수행자'들을 동반하거나 그들을 통해서만(때로는 인간이 전적으로 의존함으로써) 발현된다면, 민주주의 이론의 분석 단위는 개별 인간이나 인간 집합체가 아니라 존재론적으로 서로 다른 '대중,' 즉 비인간과의 관계로 확장될 수밖에 없다. 즉 오늘날 정치 단위는 인간과 비인간의 아상블라주 세계가 되어야 하는 것이다. 최근 생명주의 정치로 통칭되는 '바이오크라시'에서 주장하는 내용들 역시 이 같은 인식을 기초로 한다. 인간들끼리 맺어왔던 사회계약은 비인간들과의 새로운 계약으로 갱신되어야 한다.[61] 이 같은 신

---

60   행위주체로서 동식물에 대한 다양한 연구들이 수행되고 있다. 고전적인 찰스 다윈, 『지렁이의 활동과 분변토의 형성』, 최훈군 옮김, 지식을만드는지식, 2014를 비롯하여 프란스 드 발, 『동물의 감정에 관한 생각』, 이충호 옮김, 세종, 2019; 야콥 폰 윅스퀼, 『동물들의 세계와 인간의 세계』, 정지은 옮김, 도서출판b, 2012; 샬럿 울렌브럭, 『동물과의 대화』, 양은모 옮김, 문학세계사, 2005 등을 보라.

61   Wayne Gabardi, *The Next Social Contract: Animals, the Anthropocene, and Biopolitics*, Temple University Press, 2017. 최근 바이오크라시에 대해서는 웨인 개버디의 책 외에도 Antonio A. R. Ioris, *The Political Ecology of the State: The basis and the evolution of environmental statehood*, Routledge, 2014; Rafi Youatt, *Interspecies Politics: Nature, Borders, States*, University of Michigan Press, 2020; Mark Whitehead et al., *The Nature of the State: Excavating the Political Ecologies of the Modern State*, Oxford University Press, 2007 등을 보라. 정치생태학적 입장에서 국가 정책과 비둘기의 관계를 분석한 김준수, 「한국의 발전주의 도

유물론자들의 민주주의론이나 신사회계약론의 내용은 지구법학의 논의 속에서도 유사하게 발견된다.

앞에서도 잠깐 언급했지만 베리의 지구법 사상을 거버넌스 차원에서 정교하게 다듬고 있는 컬리넌이나 쿤스 역시 새로운 민주주의의 가능성을 타진한다. 베리가 주창한 지구 행성의 분화 개념을 이어받은 쿤스는 지구 생명체들의 분화와 다양성이라는 차원에서 '지구민주주의 개념'을 제시한다. '인간의, 인간에 의한, 인간을 위한' 민주주의의 상징 구호는 '총체적인 지구 공동체를 위한' 정치 구호로 바뀌어야 한다는 것이다. 인간 중심의 평화, 정의, 지속 가능성 등의 개념을 기초로 했던 기존의 정치철학은 인간과 동식물, 생태계의 지구적 차원의 과정들을 고려해야만 한다. 한마디로 지구민주주의는 인간 중심이 아닌 인간-생태계의 거버넌스하에서 이루어져야 한다는 것이다.[62]

컬리넌은 좀더 정치하게 지구법학에 기초한 새로운 거버넌스(협치 체제)를 주장한다. 바로 지구법에 기초한 통치이다. 그는 그동안 권리의 영역에서 배제되었던 '것'들과의 유기적인 연합체 속에서 통치가 필요하다고 본다. 지구법학은 그러한 연합 혹은 공생 통치체의 추동물이며 결과물이기도 하다. 지구법

시화와 '국가-자연' 관계의 재조정—감응의 통치를 통해 바라본 도시 비둘기」, 『공간과 사회』 63, 2018, pp. 55~100과 이 책의 3부에 실린 김준수의 글을 보라.

62   Koons, 같은 글.

학은 인간과 비인간, 인간과 지구에 대한 사회철학의 영역과 과학적 탐구에 의한 사실, 시민사회의 윤리를 아우르는 동시에 새로운 정치체제를 구축해야 하는 임무를 안고 있다. 그런 점에서 비인간론 신유물론자들의 정치민주주의론이나, 이미 베리가 주창한 '바이오크라시,' 컬리넌과 쿤스 같은 지구법학자들이 주창한 거버넌스와 지구민주주의론을 적극 심도 있게 확대할 필요가 있다.

그런데 지구법학의 정치 이론을 체계화하기 위해서는 현존하는 거버넌스 체계나 기존 환경법의 확대 과정에도 주목할 필요가 있다. 많은 한계와 비판에도 불구하고 동식물 보호와 동물 학대 방지, 식용 금지 등의 법안들을 통해 인간 너머 존재자들이 일부 기존 정치의 거버넌스 시스템 안으로 들어와 있다.[63] 한편 국가 간 이해관계에 얽혀 균열과 한계를 보이고 있지만 탄소 배출 규제를 위한 글로벌 거버넌스 시스템도 불완전하게나마 작동하고 있고, 최근 등장한 '그린 데탕트green detente' 개념은 국지적 맥락 속에서 국가 간 거버넌스가 작용할 여지를 보여준다.[64] 특히 그린 데탕트 개념은 갈등과 긴장이 고조된 정

---

[63] 비록 여전히 인간중심주의라는 비판을 받긴 하지만 기존 환경법의 심화·확장 현상에도 주목할 필요가 있다. 예컨대 한국에서는 최근 '동물은 물건이 아니다'라는 인식 변화와 아울러 더욱 적극적으로 환경을 보호하려는 움직임이 일고 있다.

[64] 그러나 각국의 이해관계(북반구 국가 간 시장 확보 경쟁, 북반구와 남반구의 갈등 등)가 복잡하게 뒤얽혀 있고, 지구온난화와 같은 거대한 '잠행적 위험'의 대처 전략이 미흡한 데다 시민들의 무관심 등으로 인해 글로벌 정치의 한계를 드러내고 있다.

치·군사적 관계를 환경 이슈를 통해 평화적인 우호 체계로 유도하는 정책과 전략 등의 실천을 말하는 것으로, 여전히 냉전적 적대 관계가 온존하고 있는 한반도에 유용한 개념이 될 수 있다.[65]

그러나 기본적으로 이러한 정책과 거버넌스는 지구법학의 대전제와 달리 인간중심주의에 기반하며 인간으로부터 출발한다. 인간 너머 비인간 존재들은 여전히 주변적이거나, 예외적 혹은 수동적 배려의 대상일 뿐이다. 지구법학이나 신유물론자들이 주장하는 신공화주의나 지구민주주의는 획기적인 인식의 전환과 정책의 변화를 요구한다. 인간 너머의 그들이 권리주체로서 민주주의의 한 구성원으로 참여할 것과 그들 관계 속에서의 거버넌스와 정치 체제를 요청한다는 점에서 기존 환경법이나 거버넌스와는 출발을 달리한다고 볼 수 있다. 다만 지구법(학)의 단계적 실천을 위해서라도 기존 환경법 체계와의 협조 가능성을 적극 탐색해볼 필요가 있다.

아울러 지구법학의 생명주의 정치를 위해서 기존의 생태철학, 그리고 이를 바탕으로 한 민주주의 제도론들과 적극적인 교류가 필요하다. 생명과 평화, 다양성과 참여를 강조하는 녹

---

65   그린 데탕트는 여전히 군사·정치적으로 대치 중인 한반도에 적용 가능성이 크고 매우 의미 있는 개념이라고 평가된다. 추장민, 「한반도 「그린데탕트」 추진방안에 관한 연구」, 한국환경연구원 연구보고서, 2013; 손기웅, 「'그린 데탕트' 실천전략」, 통일연구원 보고서, 2014 등을 보라.

색당 강령이나,[66] 사회적 약자는 물론 인간 너머 존재들의 생명 가치 존중과 시민 자치 체제를 지향하는 생태민주주의,[67] 최근 일각에서 주창하는 생태법인 제도[68] 등은 실질적으로 지구법학이 주장하는 내용과 매우 유사한 점이 많다. 또한 지구법학론자들이 적극 수용하고 있진 않지만 자본주의의 자연 파괴적 축적 과정과 환경 불평등을 비판하는 마르크스주의 생태학[69] 혹은 '적–녹Red-Green'[70]의 사유 속에서 새로운 법과 거버넌스 확립

---

66 녹색당 강령에는 환경과 자연 존중을 바탕으로 평화와 다양성이 보장되는 지속 가능한 삶의 조건들이 구축되어야 한다는 사상이 들어 있다. 최근 한국에서 새롭게 이를 조명하고 있는 것으로는 녹색전환연구소, 『녹색 헌법』, 이매진, 2018이 있고, 한편 인권의 시각에서 탄소 사회와 기후위기를 분석한 조효제, 『탄소 사회의 종말』, 21세기북스, 2020의 논의 역시 참조할 만하다. 그리고 지구법학과 국제사회의 관계, 각국의 판례 등을 소개한 정혜진, 「지구법학과 유엔 그리고 국제시민사회」, 강금실 외, 같은 책, pp. 115~42; 김연화·조상미, 「국제시민법정에 선 자연의 권리」, 강금실 외, 같은 책, pp. 145~59 등을 참조하라.

67 구도완, 『생태민주주의』, 한티재, 2018. 구도완은 생태민주주의를 "사회경제적 약자와 미래 세대는 물론 인간 이외의 존재의 내재적 가치를 인정하고 이들의 대리인, 혹은 후견인들이 이들의 권리와 복지를 실현하기 위해 소통하고 숙의하고 생동하는 정치"로 규정한다(같은 책, p. 99).

68 진희종, 「생태민주주의를 위한 '생태법인' 제도의 필요성」, 『대동철학』 90, 2020, pp. 111~27. 생태법인이란 "미래 세대는 물론 인간 이외의 존재들 가운데 생태적 가치가 중요한 대상에 대해 법적 권리를 갖게 하는 제도"이다(같은 글, p. 113). 한편 생태적 공공성의 입장에서 법치주의를 논의한 박규환, 「생태주의, 생태민주주의, 법치주의 변화하는 정치·사회질서의 입법정책적 의미」, 『법제논단』, 2015, pp. 56~85를 보라.

69 김민정, 「인간과 자연 관계에 관한 생태 마르크스 이론」, 『환경사회학연구 ECO』 20(2), 2016, pp. 165~94; 제이슨 W. 무어, 『생명의 그물 속 자본주의』, 김효진 옮김, 갈무리, 2020.

을 위한 유의미성을 찾아볼 수 있다.

그런데 지구법학의 운동 주체는 결국 사회를 구성하는 시민이다. 자유와 평등, 인권의 자격, 즉 시민권을 소유한 시민은 한 걸음 더 나아가 생태 시민으로 성숙할 필요가 있다. 생태 시티즌십ecological citizenship은 생태의 문제를 특정한 영토(국가나 사회)를 넘어 전 인류 공동체의 이슈로 인식하고, 민주주의 가치에 참여하고 헌신하는 주체로서의 자격이다. 생태 시티즌십 개념은 지구법학의 원리와 마찬가지로 인간 중심의 관점을 떠나 "시민이 환경과 어떤 관계를 맺을지, 개별 시민이 동료 시민이나 자신이 속한 정치 공동체와 인류 사회, 나아가 비인간 주체들과 어떤 관계를 맺을지"를 고민하고 있다.[71] 지구법학은 이들 영역과의 긴밀한 소통을 통해 더욱 풍부한 사유와 현실적인

---

70 마르크스주의 생태학에 대해서는 김민정의 글 외에도 김종환, 「마르크스와 생태학」, 『마르크스21』 11, 2011, pp. 276~301; 서영표, 「영국의 생태마르크스주의 논쟁─테드 벤튼과 케이트 소퍼를 중심으로」, 『동향과 전망』 77, 2009, pp. 318~51; Ted Benton, "Biology and Social Science: Why the Return of the Repressed should be given a (Cautious) Welcome," *SAGE Journals* 25(1), 1991, pp. 1~29. 또한 생태 이론의 전반을 두루 검토하고 있는 문순홍, 『생태학의 담론』, 아르케, 2006; 강수택, 「생태주의 사상의 연대적 관점」, 『사회와 이론』 2(39), 2021, pp. 7~51을 보라.

71 박순열, 「생태 시티즌십 논의의 쟁점과 한국적 함의」, 『환경사회학연구 ECO』 14(1), 2010, p. 175. 내가 보기에 생태 시티즌십의 관건은 "탈영토" "탈인간"(인간 너머)이다. 생태 시티즌십에 대한 논의로 Andrew Dobson, *Citizenship and the Environment*, Oxford University Press, 2003; Simon Hailwood, "Environmental Citizenship as Reasonable Citizenship," *Environmental Politics* 14(2), 2005, pp. 195~210을 보라.

실천 전략을 도출해낼 수 있을 것이다.

6. 전망

　지구온난화와 생태의 교란, 인류의 종말에 대한 서사가 확산되고 있는 오늘날의 상황은 미래 지향적이면서도 현실성 있는 새로운 사회철학과 정치경제의 질서를 요청하고 있다. 최근 인간 너머 비인간 자연의 권리와 법인격의 부여를 모색하는 지구법학은 그러한 움직임 중 하나이다. 그러나 지구법학은 권리의 근거나 책임 윤리 등의 사회철학, 전문적 법률 제정과 범주, 새로운 거버넌스와 정치체제 등 여러 방면에서 다양한 주제들을 논의해야 할 과제를 안고 있다.

　지구법학은 기존의 인간 중심적인 권리 근거나 법률 체계, 그리고 민주주의 정치 체계 등에 대해 인식론적 단절을 요구하는데, 그중 하나가 '소유의 재구성'이다. 지구법학의 이념이 표방하는 새로운 거버넌스나 민주주의에 걸림돌이 되는 핵심 요소는 바로 '소유'이다. 인간의 역사는 공동체적인 집단 소유에서 개개인의 소유로 분화되는 역사, 즉 사적 소유의 발달 과정이라 해도 과언이 아니다. 소유와 경영의 분리, 점유권의 등장, 개인소유와 법인 소유, 국가 소유, 집합 소유 등 소유의 형태는 다양하게 분화되어왔지만, 소유는 신성불가침의 권리로까지 인식될 만큼 자연권 사상의 기초가 되기도 했다. 시장경제의 골간이 되는 사적 소유 체제로 구성된 자본주의를 재구성한다는 것은 거의 불가능한 일로 여겨지곤 한다.

그럼에도 불구하고 지구법학에 기초한 새로운 환경 거버넌스는 소유의 획기적인 전환을 요청한다. 지구법학의 거버넌스는 지구 행성을 국가, 집단, 기업, 개인이 소유하는 것이 아니라, 공동 자원 혹은 '코먼스'의 대안을 통해 소유를 제한하거나 공통의 것으로 만들었을 때 가능하기 때문이다. '코먼스'의 사유에 의하면, 지구 행성의 공간은 모두의 소유가 아니거나 혹은 비인간과 함께 중층적으로 사용하는 공간이다.[72] 따라서 자연의 권리를 인정하기 위해서는 무엇보다 인간의 소유를 거의 절대적으로 인정하는 기존 법체계의 논리를 전복할 필요가 있다. 서구의 법과 철학 및 과학 이론의 발달 과정을 두루 살피면서 현행 법체계에 일침을 가한 프리초프 카프라Fritjof Capra와 우고 마테이Ugo Mattei는 많은 시사점을 던져준다.

불변의 보편 법칙을 추구했던 자연과학은 이미 기존의 틀에서 벗어나, 상대적이고 불확실하며 상호 연관적이고 비예측적인, 혹은 확률에 의거한 인과성, 나아가 복잡계나 시스템 이론처럼 비선형적 (비)인과론 등으로 사유 체계를 바꿔왔다. 그런데 법은 그 기본 정신이나 체계, 역할이 거의 변하지 않았다.

---

72   이런 점에서 마르크스주의 생태학은 여전히 강한 설득력을 갖는다.

법은 두 가지 양가적 기능을 가지고 있는데 하나는 국가의 통치성과 연관되어 있고, 다른 하나는 소유권을 안정적으로 보장해주는 것이다. 기본적으로 이러한 두 요소, 즉 사회 구성원을 통제하는 통치권과 소유권을 정당화하는 법의 생태는 오늘날에 이르기까지 변하기는커녕 오히려 더욱 강화되는 추세이다. 법이 민주주의를 보장한다고 하지만 거대 기업과 상류계급의 소유 독점을 정당화하고, 오히려 기업에 의한 대규모 자연 개발과 파괴를 합리화해주고 있다.[73]

카프라와 마테이는 이러한 법의 생태계를 무너뜨리지 않는 한 자연 파괴는 불을 보듯 뻔하다고 주장한다. 따라서 법이 보증하고 있는 '사적 소유'의 대전환이 필요하다. 그들은 소유 전환의 가능성을 '코먼스'에서 찾는다. '코먼스'란 글자 그대로 어떤 사물을 특정한 개인이나 집단이 소유하는 것이 아니라 공동의 소유 혹은 공동의 것으로 구축한다는 의미이다. 코먼스는 자연의 권리를 실현하기 위한 하나의 조건이며 맥락이라고 볼 수 있다.[74]

---

73 프리초프 카프라·우고 마테이, 『최후의 전환』, 박태현·김영준 옮김, 경희대학교출판문화원, 2019. 이 책의 원제는 'The Ecology of Law'인데, 역자들은 이를 '최후의 전환'이라 번역했다.

74 카프라와 마테이는 이탈리아의 몇몇 도시에서 실험적이고 도전적으로 시행 중인 코먼스화를 하나의 '대안'으로 제시한다. 코먼스에 대해서는 최근 한국에서도 많은 연구들이 나오고 있다. '공유지의 비극'에 대한 개릿 하딘의 글은 코먼스의 논의를 불러일으켰는데, 실제로 이 논문은 생태학자인 하딘이 지구의 대기와 같은 환경 자원

이처럼 지구법학에 대한 성찰의 지평은 매우 넓고 다양하다. 중간 단위의 공동체 활동 등에 대한 논의 역시 지구법학의 실천적 전략 영역에 포함될 수 있다. 예컨대 지역화폐나 슬로머니 운동 등 새로운 가치 운동을 지구법학의 정신과 연계해 전개할 수 있다. 오늘날 지구법학의 문제는 단순히 생태환경과 법이라는 좁은 영역으로 제한될 수 없다. 인식의 단절과 혁명, 인간과 비인간에 대한 사유의 전환, 생태환경과 연관된 총체적인 제도, 법 그리고 새로운 민주주의와 거버넌스에 대한 전 방위적 성찰과 논의가 요구된다. 지구법학의 정초를 다지기 위해서는 인문학과 자연과학, 법학은 물론 정치학, 경제학, 사회학 등의 범汎학제적 교류가 필요하다. 무엇보다 시민사회운동과의 접맥이 이루어질 때 지구법학의 생동성이 살아날 것이다.

과 인구 증가 및 오염 등을 염두에 두고 쓴 것이었다(Garrett Hardin, "The Tragedy of the Commons: The population problem has no technical solution; it requires a fundamental extention in morality," *Science* 162, 1968, pp. 1243~48). 코먼스의 정신으로 지구를 공동의 자산으로 보호할 필요가 있다. 오스트롬의 코먼스 논의를 비판적으로 점검하고 생태정치학적 가능성을 논의한 정영신, 「엘리너 오스트롬의 자원관리론을 넘어서—커먼즈에 대한 정치생태학적 접근을 위하여」, 『환경사회학연구 ECO』 20(1), 2016, pp. 399~442, 그리고 기업 협동조합에 관해서는 강정혜, 『기업법의 도전』, 서울시립대학교출판부, 2021을 참조하라. 그리고 이 책 1부에 실린, 지구법학적 차원에서 소유 문제를 논의한 정준영의 글을 참조하라.

1부

지구법학의 이론과 전개

인류세에서 지구 공동체를 위한 지구법학[1]

박태현

1. 들어가며

우리는 인류세 시대에 접어들었다. 인류세라는 용어는 첫째, 지구는 홀로세Holocene라 불리는 현 지질시대를 경과하고 있다는 것, 둘째, 홀로세를 탈출한 원인의 상당 부분은 인간의 행위에서 비롯되었다는 것을 시사한다. 이제 인류는 스스로의 능력으로 지구적 차원의 지질학적 추동력a global geological force이 된 것이다.[2] 클라이브 해밀턴Clive Hamilton과 파울 크뤼천을 포

---

1   이 글은 박태현, 「인류세에서 지구 공동체를 위한 지구법학」, 『환경법과 정책』 26, 2021, pp. 1~35를 수정·보완한 것이다.

2   Will Steffen, Jacques Grinevald, Paul Crutzen & John Mcneill, "The Anthropocene: conceptual and historical perspectives," *Philosophical Transactions of the Royal*

함해 많은 학자가 지적하다시피, 홀로세와 인류세의 분절에서 매우 주요한 요인으로 꼽을 수 있는 것은 역시 '이산화탄소 농도의 증가'이다. "이산화탄소 농도의 급격한 증가는 지구 시스템Earth System 전반에 연쇄적인 영향을 미치기 때문"이다.[3]

지구 시스템 안에서 인류는 나머지 지구 성원들과 '운명 공동체'로 묶여 있다. 그런데 인류가 자신의 능력으로 전 지구에 걸친 지질학적 힘이 되면서 이 운명 공동체의 지속 가능한 존립을 결정하는 종이 된 것이다. 인류는 자신과 나머지 지구 공동체 성원의 생존을 위하여 지구 시스템에 미치는 자신의 영향력을 적절한 수준과 방식으로 통제해야 한다. 이제 '집합적 자기 규율 체계'로서 '지구 거버넌스'가 절실히 요청되고 있다.

규범적 규율 체계로서 법은 인류세 시대에 조응해 자기 변화를 꾀해야 한다. 토마스 베리는 "지구는 새로운 법학을 필요로 한다"고 말했고, '지구법학'이라는 용어는 그렇게 만들어졌다. 지구법학은 "인간은 더 넓은 존재 공동체의 한 부분이고, 그 공동체에 속하는 각 성원의 안녕은 전체로서 지구의 안녕에 의지한다"는 사고에 기초한 '법과 인간 거버넌스에 관한 철학'을 이른다. 나는 이 글에서 인류세 시대에 적합한, 아니 긴요한 인간 법철학으로서 지구법학을 이야기할 것이다. 다만 그에 앞

Society A 369, 2011, p. 843.

3   신진환·김진선·홍용희, 「인류세Anthropocene와 지속 가능한 생존」, 『윤리연구』 124, 2019, pp. 163~64.

서 왜 우리는 인류세 시대에 지구적 차원에서 법철학을 말해야 하는지를 간단히 언급하고자 한다. 이어서 지구 공동체를 위한 인간의 법 지향을 지시하는 지구법학의 내용과 법적 의미를, 지구법학의 기본 사상을 주조한 베리의 논의를 중심으로 살펴볼 것이다. 그리고 지구법학에 대한 구체적 이미지를 형성하는 데 기여할 수 있는 지구 공동체 성원의 권리를 존중하는 입법 사례를 살펴보고자 한다.

2. 인류세론—거대한 전환 앞에 선 인간과 지구 시스템[4]

지구 시스템의 균열과 인간의 책임

클라이브 해밀턴에 따르면, 인류세 개념은 인간 활동이 지구 시스템 전반에 미친 영향으로 인해 지구 역사에서 일어난 가장 최근의 균열을 지구 시스템 과학자들이 포착해 창안한 것이다.[5] 인류세는 지구 시스템이라는 새로운 연구 대상에 적용

---

4   클라이브 해밀턴, 『인류세』, 정서진 옮김, 이상북스, 2018. 원제는 'Defiant Earth: The Fate of Humans in the Anthropocene'이다.

5   같은 책, p. 28. "인류세는 지구 시스템 전반의 기능에 생긴 균열을 설명하는 용어라는 것과 이 균열로 인해 현재 지구가 새로운 지질학적 시대에 접어들었음을 이해하는

되는 개념이므로 먼저 지구 시스템이라는 개념을 정확히 파악하는 것이 필요하다.

해밀턴에 따르면, 지구 시스템 개념은 "지구를 복잡하고 진화하는 단일한 시스템으로 이해하는 통합적 메타 과학"으로서의 지구 시스템 과학의 출현과 함께 1980~90년대가 되어서야 등장했다.[6] 이 새로운 개념은 '지형' '생태계' '환경'과 같은 이전의 연구 대상을 망라하면서 이를 넘어선다. 지구 시스템 과학에서 지구는 행성의 중심핵에서 대기, 달에 이르기까지 서로 연결된 주기와 힘에 의해, 그리고 태양의 에너지 흐름에 의해 끊임없이 움직이는 상태에 놓인 전체로서 역동적이고 통합적인 시스템을 뜻한다(이 점에서 생태학에서 말하는 지역 환경이 모두 모여서 구성되는 이른바 '지구환경' 개념과 다르다).[7]

인류세 개념은 인간 활동이 지구 표면을 바꾸는 결정적 힘으로 작용하고 있음을 가리키는 과학적 개념인 동시에, 인류세적 위기를 통해 인간과 자연의 존재론적 지위에 대한 새로운 성찰을 요구하는 실천적 개념이기도 하다. 특히 후자와 관련해서는 인간과 자연이 개별자로서 존재하는 것이 아니라, 상호 의존적이고 상호 형성적인 과정에 놓여 있음에 주목하고, 이들의 관계성에 대한 성찰과 새로운 물질적·사회적 관계 형성이

것이 매우 중요하다."(같은 책, p. 29)

6   같은 책, p. 30.

7   같은 책, p. 32.

요구되고 있음을 강조한다.[8]

지구 시스템의 균열에 따라 진입한 인류세에, 지구에 대한 인간의 책임을 논하는 것이 이 글의 목적이다. 인류세에 대한 인간의 책임을 놓고는 학자들이 서로 다른 철학적 견해로 갈리고 있다. 하나는 인간의 특권적 자연 지배를 포기하고 인간과 자연 간의 대등한 공생 관계를 추구해야 한다는 이른바 '탈脫인간중심주의'와, 지구적 생태위기를 초래한 인간에게 황폐화된 지구환경을 치유해야 할 책임이 있다는 '신新인간중심주의'다.[9]

탈인간중심주의는 기존의 인간중심주의적 사고가 인간에 의한 자연의 지배를 정당화한 결과 오늘날과 같은 지구적 생태위기를 초래하게 되었다고 비판하며, 인간과 자연 간 상호 관계를 전제로 급진적이고 사회생태적인 의제를 정치화하고 실천해야 한다고 주장한다.[10] 반면에 신인간중심주의는 기존의 인간중심주의에 대한 비판을 어느 정도 수용하면서도, 생태위기의 해결책은 결국 도덕적 존재로서 인간에게서 나올 수밖에 없다는 입장이다. 지구 전체에 대한 책임감을 강조하며 신인간중심주의를 주창하는 해밀턴은 "인간중심주의의 포기는 가능

---

8   김준수·최명애·박범순, 「팬데믹과 인류세 자연—사회적 거리두기와 '인간 너머'의 생명 정치」, 『공간과사회』 30(4), 2020, pp. 53~54.

9   최병두, 「인류세를 위한 녹색전환」, 『공간과 사회』 30(1), 2020, pp. 31~32.

10   같은 글, p. 31. 탈인간중심주의에 관해서는 우선 송정은, 「자연의 권리와 동물의 권리 담론의 법적 고찰」, 『환경법과 정책』 25, 2020, pp. 3~11을 참조하라.

하지도 않고, 설사 가능하다 할지라도 이미 너무 늦었다"고 본다. "인간이 자연의 거대한 힘들에 필적할 만한 지질시대가 이미 도래했기 때문"이라는 것이다.[11]

한편 인간의 책임성 강조는 결국 모든 인간(인류)에게 책임을 부과하는 오도된 결과를 낳는다며 인류세 개념에 부정적인 견해도 제기된다. 이 견해에 따르면, "사회적 요인에 의해 발생하는" 기후변화의 근원은 같은 종에서가 아니라 인간들 사이의 구분을 통해 찾아야 하며, 종을 언급하면 "신비화와 정치적 마비 상태"에 빠져들 위험이 있다.[12] 일례로 시각문화학자 T. J. 데모스T. J. Demos는 생태위기의 근원이 "종species으로서의 의미에서 '인간'보다는 사실상 인류세 담론에서 보편적으로 포함되지 않는 분야인 기업의 산업적 '활동'이 대부분"이라면서, 인간 종을 이름의 일부로 넣는 것은 그들의 책임과 의무를 은폐하는 결과로 이어질 수 있다고 우려한다. 이러한 문제의식은 관련 담론 속에서 상당히 적극적으로 공유되고 있으며 많은 경우 자본세Capitalocene라는 대안 용어와 연결된다.[13]

---

11 최병두, 같은 글, pp. 31~32.

12 해밀턴, 같은 책, p. 101. 인류세를 초래한 특정 인간 활동이 기술 산업주의에 뿌리를 두고 있다는 점에서 이러한 비판은 근거도 탄탄하고 타당하다고 해밀턴은 평가한다(같은 책, pp. 102~103).

13 자본주의가 워낙 방대하다 보니 이 용어를 채택한 학자마다 각기 다양한 맥락에 초점을 맞춘다. 대표적으로 안드레아스 말름Andreas Malm은 근대 증기기관의 발명에 따른 화석연료와 자본주의의 결합으로 거슬러 올라가며, 제이슨 무어Jason Moore는 자

이 글에서는 인류세 개념의 수용을 전제로, 인간-지구 관계에서 그 개념이 제기한 인간 종의 책임성에 관해 논하고자 한다. 다만, 인류세 개념에 내재된 무분별한 책임론에 따른 위험을 극복하고 인류세론이 보다 실천적 함의를 가지려면, 지구적 생태위기를 극복하고 진정한 인류세의 도래를 위해 사회-자연 관계 속에서 녹색 전환을 실천할 인간 행위자들은 누구인지 성찰하고 이를 구체화하는 일이 필요할 것이다.[14]

인류세의 철학적(·법적) 함의

인류세에서 말하는 '자연'에서 '지구 시스템'으로의 전환에 담긴 철학적 함의는 무엇일까? 해밀턴은 다음과 같이 설명한다. "현재 인류세에서 지구의 운명은 인간의 운명과 얽혀 있으며, 우리의 책임감은 더 높은 차원으로 올라선 새로운 책임감이다. 우리 자신의 복지, 미덕, 서로에 대한 의무에 앞서 지구에 대한 피할 수 없는 책임감은 우리를 도덕적 존재로 규정한다.[15]

본주의로 인해 자연이 값싼 자원이 되면서 손상된 경위를 설명한다. 그러나 기본적으로 자본세는 인류세의 용어적, 담론적 비판의 차원에서 자본주의가 기후 변화 등을 이끌어낸 핵심 동력이자 체계라는 의미를 갖는다(심효원, 「인류세와 21세기 간학제적 접근론—차크라바르티, 파리카, 해러웨이를 중심으로」, 『비교문학』80, 2020, pp. 241~42).

14   최병두, 같은 곳.

이 책임감과 의무는 우리 인간에게만 해당되는데 이는 '세계를 만드는 존재'로서 인간이 지닌 힘에서 생겨난다. 이러한 힘은 인간에게 지구에 대한 권리가 아니라 고유한 책임감을 부여한다."[16]

인류세론에서 우리가 얻을 수 있는 함의는, 인간과 인간을 포함한 지구 공동체 전체의 번영을 위해 우리가 역할을 할 수 있고 또 그렇게 해야 한다는 것이다.[17] 여기서 인류세론은 기존 환경 윤리에서 도출되는 자연에 대한 책임론과 차별점을 갖는다. 인간의 운명과 지구의 운명이 함께 얽혀 있다는 인식을 전제로 '지구 공동체'에 대한 책임을 이야기한다는 것이다.

따라서 지구적 생태위기에 인간의 책임성을 강조하는 데는 사회-자연 관계에 대한 인식의 전환이 전제되어야 한다. 이러한 인식의 전환 없이 인간의 책임성을 강조한다면 결국 기존의 이원론(주체 대 객체 또는 자연 대 문화, 인간 대 그 밖의 비인간 존재 따위)으로 회귀할 수 있기 때문이다.[18] 오슬로선언[19]에서 표

---

15   지금까지 이어져온 칸트의 윤리설과 대조적으로, 도덕은 자유의 영역에서 발견되는 게 아니라 필요의 영역에 뿌리내리고 있다. 지구를 보살필 의무가 다른 무엇보다 선행하기 때문이다(해밀턴, 같은 책, p. 92).

16   같은 책, pp. 94~95.

17   같은 책, p. 170. 인간이 자신의 역할을 다하고, 막중한 책임감을 지속하기 위해 그 가운데에 '고통에 대한 고려'를 둘 것을 제안한다.

18   최병두, 같은 글, p. 32.

19   Oslo Manifesto for Ecological Law and Governance. 이 선언에 따르면, 오늘날 생태위기의 원인으로 지목되는 것은 경제성장의 동학, 인구 증가, 과소비 등 다양하지

명된 바와 같이 오늘날 생태위기의 원인에는 데카르트의 주체-객체 이분법의 인식론도 있다. 이 글에서는 지구에 대한 인간의 책임을 논하되 사회-자연 관계에 대한 인식의 전환이 선행되어야 한다는 관점에서 지구법학을 이야기하고자 한다.

3. 지구법학 ─ 지구 공동체를 위한 인간의 법철학

지구법학

2009년 요한 록스트룀과 윌 스테픈 교수가 주도한 일단의 지구 시스템 과학자와 환경과학자 들은 인간 개발과 안녕에 유익한 지구환경을 유지하려면 우리가 존중해야 할 "안전한 활동 여지safe operating space"가 있다고 주장하며, 이를 행성적 한계planetary boundary로 명명했다.[20] 그 뒤 2011년 그들은 행성적 한

만, 현행 환경법을 떠받치는 철학이나 존재론 및 방법론 또한 그중 하나다. 근대 서양법에 바탕을 둔 환경법은 종교적으로 인간중심주의, 인식론적으로 데카르트의 주체/객체 이분법, 철학적으로는 개인주의, 윤리적으로는 공리주의에 그 기원을 두고 있고, 이러한 세계관이 환경법을 인식, 해석하는 방법(론)을 계속 지배하고 있다는 것이다. 이러한 세계관은 생태적 상호 의존성ecological interdependencies 및 인간-자연 간의 상호 관계성human-nature interrelations을 간과하고 자연을 "객체화 또는 대상화"하는 데서 가장 두드러진다[박태현, 「에콰도르 헌법상 자연의 권리, 그 이상과 현실」, 「환경법연구」 41(2), 2019, pp. 129~30]. 원문은 다음 사이트에서 찾아볼 수 있다. https://elgaworld.org/oslo-manifesto.

계를 아홉 개 영역의 지구 시스템 과정Earth system process으로 구분하고 각기 매개변수를 정한 다음, 한계 초과 여부를 측정했다. 측정 결과 기후변화와 생물 다양성 상실 그리고 생물지구화학(질소) 영역은 2011년 당시에 이미 한계를 초과한 것으로 나타났다.[21]

지구 시스템 과정	매개변수	한곗값	현재 값	산업화 이전 값
1. 기후변화	대기 중 이산화탄소 농도(ppm)	350	387[22]	280
2. 생물 다양성 상실	멸종률(매년 100만 종당 멸종 종 수)	10	>100	0.1~1
3. 생물지구 화학[23]	대기에서 인위적으로 제거된 질소	35	121	0
	바다로 인위적으로 유입된 인	11	8.5~9.5	~1

20 Johan Rockström et al., "Planetary Boundaries: Exploring the Safe Operating Space for Humanity," *Ecology and Society* 14(2), 2009, pp. 472~75. 이 개념에 관한 기본 사항은 다음 사이트를 참고(https://en.wikipedia.org/wiki/Planetary_boundaries).

21 Will Steffen, Johan Rockström & Robert Costanza, "How Defining Planetary Boundaries Can Transform Our Approach to Growth," *Solutions* 2(3), 2011, p. 60.

4. 해양 산성화	표층 해수에서 탄산칼슘의 전 세계 평균 포화 상태	2.75	2.90	3.44
5. 토지 이용	농지로 전환된 표토	15	11.7	low
6. 담수	전 세계 물 소비(km^3/yr)	4,000	2,600	415
7. 오존 고갈	성층권 오존 농도(돕슨 단위)[24]	276	283	290
8. 대기 에어로졸	지역별 대기 중 미립자 농도	아직 정량화되지 아니함		
9. 화학 오염	독성 물질, 플라스틱, 내분비교란물질, 중금속 환경 축적 및 방사능 환경오염	아직 정량화되지 아니함		

«그림1-1» 행성적 한계. 자료: Steffen et al., 같은 곳.

인류세에 인간이 생존하고 번영하려면, 자연을 존중하며 지구 시스템에 과도하게 간섭하지 않고 행성적 한계 내에서 살아가야 한다. 그러자면 자발적으로 우리 자신을 규율할 '책임'을 가져야 한다. 인류와 지구의 상호 증진적 관계를 유지·발전

---

22 이는 2020년 412까지 상승했다.
23 생태학의 한 분야로 생태계에서 일어나는 에너지와 물질의 분포 및 순환을 연구한다.
24 대기 중 오존의 함량비를 측정하는 데 사용되는 단위를 말한다.

시켜야 할 책임의 이행으로서, 법으로 인간의 행동에 자기 규율을 부과하고자 하는 법철학이 지구법학이다.

지구법학은 인간이 더 넓은 존재 공동체의 한 부분이고, 또 공동체 각 성원의 안녕은 전체로서 지구의 안녕에 의존한다는 사고에 바탕을 둔 법과 인간 거버넌스에 관한 철학으로 정의할 수 있다.[25] 그런데 이러한 철학은 생태주의, 생명주의 등 기존의 환경 윤리 내지 환경철학에서도 받아들이고 있다. 그렇다면 지구법학이 하나의 사상 내지 철학으로서 생태주의 등 다른 환경 윤리와 차별성을 갖는 지점이 어디일까. 그것은 '목적'으로서 지구 공동체의 안녕을 설정하고, 이를 위한 인간의 자기 규율의 도구로서 '법'을 내세우는데, 이때 인간의 법이 우주의 기능 방식을 규율하는 근본 법 내지 원칙(위대한 법)에 부합해야 함을 강조하는 데 있다.[26]

이러한 지구법학의 근본 사상 내지 이념은 신학자이자 문화사학자인 토마스 베리의 사유 체계에서 기원한다. 아래에서 법에 대한 베리의 사유를 고찰[27]하고, 이어 인간의 법이 따라야

---

25 Cormac Cullinan, "A History of Wild Law," Peter D. Burdon(ed.), *Exploring Wild Law: The Philosophy of Earth Jurisprudence*, Wakefield Press, 2011, pp. 12~13.

26 이후에 보겠지만, 인간의 법이 법 위계상 상위법에 부합해야 한다는 사고방식은 토마스 아퀴나스의 법사상에서 연유한다. 그러나 이는 어디까지나 법의 (형식적) 위계 체계의 아이디어를 차용했을 뿐이다. 우주물리학이나 생물 진화론, 생태학 등 현대 과학이 밝힌 사실을 종합적으로 고찰해 이를 우주의 근본 법 내지 원칙으로 정립한 것은 베리의 지적 성취로 돌려야 한다.

할 위대한 법으로 우주의 근본 원칙과 그것의 법적 함의를 차례로 살펴보기로 한다.

법(학)에 대한 베리의 사유 체계

베리는 2001년 4월 가이아 재단이 주최한 에어라이 콘퍼런스Airlie Conference에 참석해, 당시 잠정적으로 'Earth jurisprudence'로 이름 붙인 법학의 발전 가능성에 관해 자신의 생각을 담은 「권리의 기원과 분화 그리고 그 역할」[28]을 발표한다.[29] 당시 베리는 "지구가 새로운 법학을 필요로 한다Earth needs a new jurisprudence"고 강조했다. 오늘날 지구법학의 기본 아이디어는 바로 이 발표문에서 발원한다.

지구 공동체의 건강과 안녕을 위한 인간 행위 제한 필요성
앞에서 본 인류세에 관한 해밀턴의 논의 내용을 몇 가지

---

27   이에 관해서는 강금실 외, 『지구를 위한 법학』, 서울대학교출판문화원, 2020, 제1장 참고.

28   토마스 베리의 법학의 10가지 원칙Thomas Berry's Ten Principles of Jurisprudence 으로도 불린다. 베리는 이 원칙들이 국가의 헌법과 법정에서 인정되어야 한다고 믿었다.

29   Mike Bell, "Thomas Berry and an Earth Jurisprudence," *The Trumpeter* 19(1), 2003, p. 71.

주제어로 정리하면, '지구 시스템과 그 균열' '행성 차원의 행위자로서 인간(의 힘)' 그리고 '지구에 대한 인간 고유 책임(감)'이 될 것이다. 법에 대한 베리의 사고도 기본적으로 지구 시스템의 황폐화와 이에 대한 인간의 책임에서 비롯되었다. 베리는 인간의 현 상황을 단 두 가지 문장으로 기술할 수 있다고 본다. 첫째, "21세기 인간의 영광은 곧 지구의 황폐화를 이르게 되었다"는 것, 둘째, "지구의 황폐화는 점점 인간의 운명이 되고 있다"는 것이다(이는 인간의 운명과 지구의 운명이 함께 얽혀 있다는 인류세론의 기본 인식과 궤를 같이한다). 그리하여 베리는 이제 "모든 인간의 제도와 직업, 프로그램 및 활동은 기본적으로 그것이 인간과 지구 사이의 상호 증진적 관계[30]를 방해하는지, 무시하는지 혹은 육성하는지에 따라 판단되어야 한다"고 한다.[31] 이것이 지구법학이 필요하다는 베리의 주장에 깔려 있는 기본적 문제의식과 바탕 인식이다.

그런데 베리는 자신의 이러한 주장을 우주의 창조 과정과 지구의 생명 창발·진화 과정에 대한 근원적인 사유에서 이끌어내고 있다. 이를 베리가 정립한 우주의 12원칙을 통해 살펴

---

30 피터 버던에 따르면, 인간의 선이 더 큰 지구 공동체의 희생으로 성취될 수 있다는 사고는 환상이며 지구 공동체의 건강과 번영이 인간 생존을 위한 전제 조건이라는 점에서 상호 이익 증진 향상mutual enhancement이라는 사고가 지구법학의 요체이다(Peter D. Burdon, *Earth Jurisprudence: Private Property and the Environment*, Routledge, 2017, p. 81).

31 「토마스 베리의 우주의 12원칙」 참고.

보자. 베리가 정립한 우주 원칙 가운데 제7원칙은 다음과 같다. "태양계 내에서 지구는 스스로 창발하고, 양육하고, 규율하고, 치유하고, 가르치는 공동체다. 자신의 존재와 양육, 규율, 치유 및 가르침에서 모든 특정 생명 시스템은 자신의 기능을 더 크고 복잡한 상호 의존적 지구 시스템 안으로 통합해야 한다."

「토마스 베리의 우주의 12원칙」[32]

1. 우주와 우리 태양계 그리고 행성 지구는 자신 안에서 또 자신의 진화적 창발성 안에서 인간 공동체를 조성한다. 이는 모든 것이 거기서부터 존재로 창발되는, 궁극 신비의 제1의 계시다.

2. 우주는 단일체로 시공간 안에서 분리될 수 없는 관계성으로 함께 결합된 존재들의 상호작용하는, 본원적으로 관계 맺어진 공동체다.

3. 태초부터 우주는 물리적이면서 동시에 영적인 실재이다.

4. 우주는 조화로운 측면과 폭력적인 측면을 두루 갖고 있다. 그러나 더 큰 발전의 궤적에서 보면 늘 창조적이다.

5. 실재의 모든 차원에서 세 가지 우주의 기본 법칙 내지 우주 생성의 원칙은 분화differentiation, 자기 조직autopoiesis 내지 주체성subjectivity, 그리고 친교communion다.

6. 우주의 창발 과정은 불가역적이고 되풀이될 수 없다. 행성 지구에서 비-생명에서 생명으로의 전이는 단 한 번의 사건이고,

---

32　1984년 한 강의에서 우주와 우주 안에서 인간의 역할을 위한 12가지 원칙Twelve Principles for Understanding the Universe and the Role of the Human in the Universe Process을 기술했다.(http://thomasberry.org/publications-and-media/thomas-berry-the-twelve-principles)

이는 생명에서 인간 형태의 의식으로의 전이도 그러하다.

7. 태양계 내에서 지구는 스스로 창발하고, 양육하고, 규율하고, 치유하고, 가르치는 공동체다. 자신의 존재와 양육, 규율, 치유 및 가르침에서 모든 특정한 생명 시스템은 자신의 기능을 더 크고 복잡한 상호 의존적 지구 시스템 안으로 통합해야 한다.

8. 유전적 코딩 과정을 통해 살아 있는 세계는 진화하고, 교육하며 자기 자신을 규율한다. 인간 차원에서 유전적 코딩은 유전을 넘은 문화적 코딩으로 나아간다. 문화적 코딩에 의해 인간의 특질이 표현된다. 문화적 코딩은 교육 과정을 통해 계속된다.

9. 지구는 주체의 친교이지 단순한 객체의 집합이 아니다.

10. 우주는 인간 안에서 자신에 대한 성찰 의식을 획득한다.

11. 지구가 원천이다. 인간은 거기서 파생되었다.

12. 인간의 현 상황은 단 세 가지 문장으로 기술될 수 있다.

   ① 21세기 인간의 영광은 곧 지구의 황폐화를 이르게 되었다.

   ② 지구의 황폐화는 점점 인간의 운명이 되고 있다.

   ③ 모든 인간의 제도와 직업, 프로그램 및 활동은 기본적으로 그것이 상호 증진적인 인간과 지구의 관계를 어느 정도로 방해하는지, 무시하는지 아니면 육성하는지에 따라 판단되어야 한다.

13. 이상의 진술에 비추어보면, 우리 시대의 역사적 과업은 늦지 않게 생명 공동체 시스템 안에서 인간을 종의 차원에서 재창조하는 것이다.

　베리도 '복잡한 상호 의존적 지구 시스템'이라는 용어를 사용한다. 하지만 생명 존재와 비생명 존재로 구성되는 전체로서 '지구 공동체Earth Community'라는 표현을 더 즐겨 쓴다. 이러한 지구 시스템 내지 지구 공동체가 인간이라는 종에 의해 황폐화하고 있다는 것이다. 베리는 "동식물뿐 아니라 인간의 거주권 또한 거주에 관한 생물학적 기본 법칙에 따라 제약되어야 하고, 어떤 종이나 종들이라도 다른 종들을 압도하지 않도록 이를 제한하는 법이 있어야 한다"고 본다. "인간 아닌 생명체는 자신의 유전적 구성에 따른 행동 양식으로 제약을 받는 반면, 인간은 의식적 인식과 자유로운 동의에 따라 그 제한을 준수한다는 차이는 있어도 인간 역시 이 법에 예속되는 것으로 인식해야 한다."(베리 2015: 140) 이처럼 베리는 법을 통한 인간의 자기 규율의 필요성을 계속 강조하고 있다.

지구 공동체 각 성원의 권리의 기원과 내용

「권리의 기원과 분화 그리고 역할」에서 베리는 지구 공동체의 모든 성원이 ① 존재할 권리 ② 거주할 권리 ③ 지구 공동체의 공진화 과정에서 자신의 역할과 기능을 수행할 권리라는 세 가지 기본적 권리(Earth rights)를 가진다고 명시한다. 베리에게 이는 인간의 권리와 같은 연원을 갖는데 그것은 바로 존재의 기원인 '우주'이다. 이 권리는 특정한 종에 국한된 고유의 것으로서 "강은 강의 권리를, 새는 새의 권리를, 곤충은 곤충의 권리를 그리고 인간은 인간의 권리"를 갖는다. 그리고 이러한 권리를 통하여 "지구 공동체의 다양한 성원이 다른 성원과 갖는 관계를 정립한다." 그러면서 "인간의 권리는 다른 존재 양식이 자연 상태로 존재할 권리를 파기할 수 없"음을 특별히 강조한다.

「권리의 기원과 분화 그리고 역할」

1. 존재가 기원하는 곳에서 권리가 발생한다. 존재를 결정하는 것이 권리를 결정한다.

2. 현상 질서 속에서 우주를 넘어서는 존재의 맥락은 없으므로 우주는 자기 준거적 존재로, 스스로 활동 속에서 규범을 만든다. 이러한 우주는 파생하는 모든 존재 양태의 존재와 활동에서 일차적인 준거가 된다.

3. 우주는 객체들의 집합이 아니라 주체들의 친교이다. 주체로서 우주의 모든 성원은 권리를 가질 수 있다.

4. 지구 행성의 자연계는 인간의 권리와 동일한 연원에서 권리를 갖는다. 그 권리는 우주로부터 존재에 주어진 것이다.

5. 지구 공동체의 모든 성원은 세 가지 권리를 가진다. 존재할 권리, 거주할 권리, 지구 공동체의 공진화 과정에서 자신의 역할과 기능을 수행할 권리.

6. 모든 권리는 특정 종에 국한된 제한적인 것이다. 강은 강의 권리를 갖는다. 새는 새의 권리를 갖는다. 곤충은 곤충의 권리를 갖는다. 인간은 인간의 권리를 갖는다. 권리의 차이는 양적이지 않고 질적이다. 나무나 물고

기에게 곤충의 권리는 아무 소용이 없다.

7. 인간의 권리는 다른 존재 양식이 자연 상태로 존재할 권리를 파기할 수 없다. 인간의 재산권은 절대적이지 않다. 재산권은 단지 특정한 인간 '소유자'와 특정한 일부 '재산' 간의, 양쪽 모두의 이익을 위한 특별한 관계일 뿐이다.

8. 종은 개체적 형태 내지 양, 우마나 물고기 떼 등과 같은 집합적 형태로 존재한다. 따라서 권리는 단순히 일반적인 방식으로 종이 아니라 개체나 집단과 관련된다.

9. 여기서 제시된 권리들은 지구 공동체의 다양한 성원이 다른 성원과 갖는 관계를 정립한다. 행성 지구는 상호 의존적인 관계로 상호 밀접하게 연결된 하나의 공동체다. 지구 공동체의 모든 성원은 직간접적으로 스스로 생존에 필요한 영양 공급과 조력·지원을 위해 지구 공동체의 다른 성원에 의존한다. 포식자와 먹이 관계를 포함하는 이 상호 영양 공급은 지구의 각 요소가 포괄적인 존재 공동체 내에서 가지는 역할에 필수 불가결한 것이다.

10. 특별한 방식으로 인간은 자연 세계를 필요로 할 뿐 아니라 자연 세계에 접근할 권리도 가진다. 이는 물리적 요구는 물론 인간의 지성이 요구하는 경이로움

과 인간의 상상력이 요구하는 아름다움 그리고 인간의 감정이 요구하는 친밀성을 충족하기 위한 것이다.

이처럼 베리가 제창한 새로운 법철학으로서 지구법학은 지구 공동체 각 성원의 권리론을 중심 내용으로 하고 있다. 권리의 본질에 관한 전통적 법학(이익설)에 따르면, 권리란 한마디로 특정 공동체 내에서 법으로 보호할 가치가 있다고 여겨지는 '이익'을 말한다("권리를 부여하는 법의 본질적 특성은 개인의 이익이나 선의 보호와 증진이라는 특별한 목적에 있다").[33] 하지만 베리는 권리를 지구 공동체 내에서 자신들의 (진화적) 기능과 역할을 실현할 자유를 가지는 자격으로 본다. 2001년 콘퍼런스에서 발표문에 사용한 권리 용어에 관해 질문을 받았을 때 베리는 다음과 같이 설명했다.

우리는 권리라는 개념을 인간의 의무, 책임 및 핵심 본성을 이행하고 실현할 수 있는 인간의 자유를 의미하는 것으

---

[33] 김연미, 「권리의 본질에 관한 세 가지 시험적 고찰」, 『법학논총』 26(4), 2009, p. 28. 벤담은 최초로 이익설을 주장했다. 김연미에 따르면, 이익설은 의사설이 설명하지 못하는 많은 부분을 해명한다는 점에서 다수의 지원군을 갖는다. 예컨대 무능력자나 어린아이의 권리를 설명하고, 권리자의 포기할 수 없는 생명권 등도 해명한다는 점에서는 일견 그럴듯한 이론으로 보인다는 것이다. 그러나 이익설은 정치사회의 기본적인 제도적 도덕성과 권리의 중층적 합의 산물인 헌법의 가치를 유지하지 못한다는 점에서 받아들이기 어렵다(같은 글, p. 29, 각주 23).

로 사용한다.[34] 여기서 유추해보면 다른 자연적 실체도 지구 공동체 내에서 자신들의 기능과 역할을 추구·실현할 권한·자격entitlement이 있다는 원칙을 의미한다.[35]

베리는 비인간 존재도 지구 공동체의 한 성원으로서 역시 지구 공동체의 한 성원이 갖는 그러한 자유로서의 권리를 가질 자격이 있다는 의미에서 권리를 가진다고 한다. 그리고 이러한 자유를 가질 자격으로서 권리는 인간법학human jurisprudence에 의해 창설되는 것이 아니라 궁극적으로 "우주"에서 기원한다고 한다. 이제 베리는 우주의 맥락에서 다음과 같은 권리론을 정립한다. "우주는 '객체들의 집합이 아니라 주체들의 친교'이다. 우주의 모든 성원은 권리를 가질 수 있는 주체이고, 인간들이 권리를 갖는 만큼 권리를 가질 수 있는 권리를 가진다."

이러한 베리의 권리 개념은 인간법학에서 통용되는 권리 개념에 익숙한 법률가들에게 상당히 낯설어 쉽게 받아들이기

---

34 법학자 호펠드에 따르면, "권리를 갖는다"는 진술은 다음과 같이 네 가지 종류의 지위, 곧 청구권으로서의 지위, 자유권으로서의 지위, 권능권(내지 형성권)으로서의 지위, 그리고 면제권으로서의 지위 중 하나이거나 이들의 조합을 의미한다고 한다(W. N. Hohfeld, *Fundamental Legal Conceptions as Applied in Judicial Reasoning*, New Haven, 1917[(김도균,「권리담론의 세 차원―개념분석, 정당화, 제도화」,『법철학연구』7(1), 2004, pp. 183~84에서 재인용]). 베리는 '자유권으로서의 지위'로서 권리를 말하고 있다.

35 코막 컬리넌,「야생의 법」, 포럼 지구와사람 기획, 박태현 옮김, 로도스, 2016, p. 166.

어려울 수 있다. 하지만 마이크 벨의 다음과 같은 말을 상기한다면, 우리는 관점을 바꾸어 지구의 권리 개념에서 인간의 권리 개념을 한번 바라볼 필요가 있다. "인간의 권리에 대한 이해를 통해 지구의 권리를 이해할 수는 없다. 그러나 지구의 권리에 대한 이해를 통해서는 인간의 권리를 이해할 수 있다."[36]

「권리의 기원」과 지구법학

지구법학은 과연 어떠한 내용을 지니고 있을까? 오스트레일리아 지구법연맹Australian Earth Law Alliance, AELA의 창립 멤버인 미셸 멀로니 박사는 지구법학이 다음과 같은 네 가지 요소를 갖고 있다고 한다. 첫째, 지구법학이 우주가 제1의 입법자임을 인정한다. 둘째, 지구법학은 지구를 상호 연결된 공동체로 보고, 인간과 지구 공동체 나머지 성원 간의 관계에 기반한 존재성을 주장한다. 셋째, 지구 공동체와 지구 공동체를 구성하는 모든 존재는 존재할 권리, 서식지 내지 존재할 장소에 대한 권리, 지구 공동체의 진화 과정에 참여할 권리를 포함한 권리를 가진다. 마지막으로, 지구민주주의의 아이디어다.[37] 이러한 지구법학의 핵심 요소를 베리의 권리의 기원론과 연결 짓는다면

---

36 Mike Bell, 같은 글, p. 74.

37 Michelle Maloney, "Rights of Nature, Earth Democracy and the Future of Environmental Governance," *Rebalancing Rights: Communities, Corporations and Nature*, Green Institute, 2019, pp. 16~17.

다음 표와 같을 것이다.

지구법학 핵심 요소	「권리의 기원과 분화 그리고 역할」
제1입법자: 우주	원칙 1~4
지구 공동체 성원의 권리	원칙 5~8
성원 간 관계성에 기반한 지구 공동체	원칙 9~10
지구민주주의	-

《그림1-2》 지구법학과 권리의 기원.

지구법학의 원칙과 토마스 아퀴나스의 영향

지구법학의 원칙

이처럼 「권리의 기원과 분화 그리고 역할」을 통해 우리는 지구법학에 관한 베리의 사유를 확인할 수 있다. 베리는 지구 공동체의 모든 성원이 갖는 근본 권리는 "존재가 기원하고 또 존재를 결정하는" 우주에서 기원하므로, 우주의 존재 및 법칙이 최고의 법이며 인간의 법은 거기에 맞춰야 할 필요가 있다고 주장했다. 인간의 법은 우주의 법칙에 맞춰야 한다는 사고에서 지구법학이 나왔는데 이는 법학에서 매우 중요한 함의를 가질 수 있다. 코막 컬리넌은 이 점을 지구법학의 원칙으로 더 자세하게 서술하고 있다.[38]

- 제1의 입법자law-giver는 우주이지, 인간이 아니다.
- 지구 공동체와 그 모든 구성 존재는 근본 '권리'를 가진다. ① 존재할 권리, ② 서식지 내지 존재할 장소에 대한 권리, ③ 지구 공동체의 진화 과정에 참여할 권리.
- 각 존재의 권리는 각 존재가 거하는 해당 공동체의 통합, 균형과 건강을 유지하는 데 필요하다고 인정되는 범위에서 다른 존재의 권리에 의해 제한될 수 있다.
- 이러한 근본 권리를 침해하는 인간의 법률 내지 법은 '지구 공동체를 구성하는 근본 관계성과 원칙'(위대한 법)을 침해하는 것이다. 그 결과 그러한 법률 내지 법은 부정당不正當하고 불법이다.
- 인간은 자신의 법, 정치, 경제 및 사회 시스템을 '위대한 법'에 부합하도록 조정하여야 하고, 인간이 거기에 맞춰 살도록 안내해야 한다. 이는 인간 거버넌스 시스템이 언제라도 전체 지구 공동체의 이익을 고려하여

---

38   Cullinan, 같은 글, p. 13.

야 함을 의미한다.

- 또한 인간 행동의 '합법성lawfulness'은 그것이 지구 공동체를 구성하는 관계성을 강화하는지 혹은 약화하는지에 따라 판단되어야 한다.
- 전체로서 지구를 위한 최선이 무엇인지에 근거하여 인간 권리와 지구 공동체 다른 성원의 권리 간 역동적 균형을 유지한다.
- 처벌(응보)보다는 회복적 정의(손상된 관계성의 회복에 초점을 맞추는)를 증진해야 한다.
- 법 앞에서 지구 공동체 모든 성원을, 법의 보호를 받을 권리와 자신의 근본 권리를 침해하는 인간 행위에 맞서 실효적 구제를 받을 권리를 갖는 주체로 인정하여야 한다.

이상의 내용은 컬리넌의 『야생의 법』에서 더 간결하게 표현된다. 컬리넌에 따르면, 지구법학의 구체적 적용 양상은 각 사회마다 다를 수 있지만 다음과 같은 공통 요소를 공유한다.[39]

1. 지구법학은 그것을 형성하고 또 그것의 기능 작용에 영향을 미치는 더 넓은 맥락 내에 존재하고 있음을 인

---

39   컬리넌, 같은 책, p. 202.

정한다.

2. 지구 공동체 모든 성원의 기본적 권리의 원천은 우주이고, 따라서 이러한 권리는 인간들이 만든, 인간을 위한 법학(인간법학)에 의해 유효하게 제한되거나 폐기될 수 없음을 인정한다.

3. 지구법학은 지구 공동체 모든 성원 간 역동적 평형의 유지와 호혜성reciprocity에 관심을 가진다. 인간 행위가 지구 공동체를 구성하는 (성원 간) 유대를 강화하는지 혹은 약화하는지에 따라 인간 행위를 승인하거나 불승인하는 접근 방식을 취한다.

4. 지구 공동체 내 비인간 성원의 역할과 권리를 인정하고 그 역할 수행을 부당하게 방해하는 인간(행위)을 금지하는 수단과 방법을 가진다.

각국의 법체계는 국가 안전보장·질서유지 또는 공공복리를 위하여 필요한 경우에 한하여 인간의 자유와 권리를 (법률로써) 제한할 수 있다는 점을 널리 인정하고 있다. 한국의 헌법도 제37조 제2항[40]에서 이를 명시하고 있다. 이러한 사고방식에서 유비한다면 지구법학의 이러한 기본 관점이 낯설지만은 않다.

---

40   제37조 ② 국민의 모든 자유와 권리는 국가 안전보장·질서유지 또는 공공복리를 위하여 필요한 경우에 한하여 법률로써 제한할 수 있으며, 제한하는 경우에도 자유와 권리의 본질적인 내용을 침해할 수 없다.

다만 인간의 자유와 권리의 제한 사유로, 국가의 안전보장이나 공공복리에 상응하는 것으로서 지구 공동체를 구성하는 근본 관계성과 원칙(위대한 법), 좀더 구체적으로 표현하자면 '지구 공동체의 안녕'—이는 다시 공동체의 통합, 균형과 건강으로 구체화할 수 있을 것이다—의 의미 내용이 모호하다. 따라서 전체적으로 지구법학의 접근법이 난해하다고 느껴지는 것이다.

지구법학에 따르면, 지구 공동체의 근본 관계성과 이익이 유지되는 범위에서 인간의 권리와 다른 성원의 권리 간 균형을 잡아야 한다. 그 결과 인간의 권리는 제한될 수 있는 한편, 이 근본 관계성과 이익(위대한 법)에 어긋나는 인간의 법률과 법은 부정당하고 불법적이라 선언될 터이다. 그런데 여기서 이러한 판단의 잣대가 되는 '지구 공동체의 근본 관계성과 이익'을 어떻게 파악할 수 있을지가 문제가 된다.

제한 규범	제한 근거(사유)
헌법	• 국가 안전보장·질서유지 또는 공공복리
지구법학	• '지구 공동체를 구성하는 근본 관계성과 원칙(위대한 법)' • '지구 공동체의 안녕': 공동체의 통합과 균형과 건강

《그림1-3》 인간의 자유와 권리의 제한 근거(사유).

토마스 아퀴나스의 법사상과 지구법학

그러면 인간의 법은 상위법인 우주의 법 내지 원칙에 맞춰야 한다는 지구법학의 사유 방식은 어디서 기원하는 것일까. 베리는 "지구에 대한 인간의 모든 활동의 기준은 지구라는 전체 공동체를 다스리는 원리에서 나와야 한다는 (지구법학의) 사고는 중세기의 자연법 관점에 대한 우리 시대의 새로운 표현"이라고 했다(베리 2015: 78). 이 진술을 통해 우리는 지구법학에 관한 베리의 사유가 토마스 아퀴나스의 법사상에 상당한 영향을 받았음을 확인할 수 있다.[41]

『지구법학』을 저술한 피터 버던Peter D. Burdon에 따르면, 베리는 '법'의 존재 형식을 둘로 구분한다. 제1의 법질서는 위대한 법으로, 이는 지구 공동체의 원칙을 가리킨다. 제2의 법질서는 인간의 법으로, 이는 인간 권위에 의하여 정해진 구속력 있는 규정이다. 위대한 법에 부합하고 포괄적 지구 공동체의 공동선을 위하여 시행된다.[42]

버던에 따르면, 위대한 법과 인간의 법 간의 서열 관계에

---

41 토마스 아퀴나스가 베리의 지적 계발에 미친 영향은 여러 작가가 연대기순으로 기록해왔는데, 베리 자신도 자주 이를 인정했다. 참고로 베리의 원래 이름은 윌리엄 네이선 베리William Nathan Berry다. 그는 1934년 예수고난회라는 가톨릭 수도회에 입회하고, 1942년 사제 서품을 받는다. 이때 도미니코회 규율에 따라 자신이 기리고자 하는 가톨릭 사제인 토마스 아퀴나스의 이름을 베리가 선택함으로써, 윌리엄 네이선 베리에서 토마스 베리가 되었다(Burdon, 같은 책, p. 84).

42 같은 책, p. 81.

따라 다음과 같은 두 가지 내용이 정립될 수 있다.

첫째, 인간의 법이 갖는 법으로서의 적격성과 양심을 구속하는 힘은 위대한 법에서 유래한다. 포괄적인 공동선을 지향하는 규정만이 법으로서 적격성을 가지며, 환경 또는 인간-지구의 상호작용에 관한 결정에서도 위대한 법에 준거하여 인간의 법을 해석하는 것이 타당하다.

둘째, 위대한 법을 위반하는 어떤 법도 법의 부패로 여겨지고 도덕적으로 대중에게 구속력을 갖지 못한다.[43]

법에 관한 베리의 사유 체계에 영향을 준 토마스 아퀴나스의 법 이론은 서열 체계를 갖는 네 가지 유형의 법을 포함한다. 법체계의 정점에는 영원법eternal law이 있다. 이는 신이 수여한 규정 내지 신성한 섭리로 이루어지며 모든 자연을 규율한다. 다음 서열의 법은 자연법natural law이다. 이는 영원법의 한 부분으로 직관과 연역을 포함하는 특별한 추론 과정을 통하여 발견할 수 있다. 이어 성경에서 계시되는 신의 법을 가리키는 신성한 법divine law이 있다. 이 서열 체계의 맨 아래에 바로 인정법human law이 위치한다. 인간의 법인 인정법은 이성에 의해 지지되고 입법자에 의해 공포되는 인간 사회의 공동선을 위한 규칙들로

---

43   같은 책, p. 82.

구성된다.[44] 버던은 토마스 아퀴나스의 법의 서열 체계와 지구법학이 제안하는 그것 간의 관계를 다음과 같이 정리한다.[45]

자연법	지구법학
영원법	없음
자연법	'위대한 법'
신성한 법	없음
인정법	인간의 법

《그림1-4》토마스 아퀴나스의 법체계와 토마스 베리의 지구법학.

　　지구법학의 관점에서는 자연법과 인정법의 관계를 토마스 아퀴나스가 어떻게 이해했는지가 무엇보다 중요하다.[46] 토마스 아퀴나스는 자연법, 그리고 이 자연법의 법칙을 수시로 일어나는 소여에 적용한 결과를 통찰함으로써 인간은 구체적인 법질서, 즉 인정법을 만든다고 본다. 그에 따르면 개물의 존재는 고유의 본성을 가지고 있으며, 이 본성을 실현하는 것이 그 목적

44　같은 책, p. 84.

45　같은 책, p. 85.

46　이 부분은 신치재, 「토마스 아퀴나스의 자연법과 정의 사상―그의 법사상의 신학적·철학적 기초와 관련하여」, 『중앙법학』16(3), 2014, pp. 425~28에서 인용.

이다. 자연법이란 본성(자연)의 실현이라는 목적에 도달하도록 인간의 행동을 조화하는 규칙 또는 질서인 것이다. 이러한 자연법의 궁극적 근거는 우주에 질서를 부여하는 신의 이성, 즉 영원법이다.

인정법은 추리, 세부적 규정, 실생활의 필요에 따라 보충하는 방법 등에 의하여 도출되는 자연법의 구체적인 적용이다. 따라서 인정법은 본성(자연)에서 인간 이성을 통하여 도출된다는 점에서 이성적 산물인 동시에, 입법 권력에 의해서 고정된 성문 형태를 가진다는 점에서 의지의 산물이다.[47] 인정법은 자연법에서 도출되는 한에서만 법의 본질을 가지므로 그것은 자연법에 근거하여 '공동선'[48]을 지향하여야 하며, 그 한도에서 복종의 의무와 구속력을 갖게 된다. 따라서 토마스 아퀴나스에게 자연법에 위반되는 인정법은 법이 아니고 법의 부패이다.

지구법학은 토마스 아퀴나스의 이러한 법 이론적 사유 체계를 계승하고 있다. 다만 토마스 아퀴나스의 자연법은 지구법

---

47   토마스 아퀴나스는 자연법의 내용을 일차적 규칙과 이차적 규칙으로 구분한다. 불변의 보편적 성격을 지니는 일차적 규칙은 "선을 행하고 악을 피하라"는 것으로 이는 인간 본성의 결과로 생긴다. 그러나 이차적 규칙인 구체적인 선의 내용은 구체적 상황에 따라 달라질 수 있다(같은 글, pp. 427~28).

48   토마스 아퀴나스의 법사상에서는 '공동선'이 핵심 내용으로 등장한다. 공동선이 개인과 사회의 공동행위에 목적을 부여하고, 법적 의무(론)의 기준이 되며 독재(또는 압제)에 대한 저항권 이론의 근거가 되어 궁극적으로 이것에 근거하여 인정법을 설명하기 때문이다(같은 글, p. 428).

학에서 (뒤이어 살펴볼) 위대한 법으로 대체되었고, 또 인정법이 지향하는 공동선은 인간 사회의 공통 이익이라는 제한적이고 부분적인 지평에서 벗어나 오늘날 생태위기의 상황 속에서 '지구 공동체의 안녕'으로 확장되었을 따름이다.

우주 생성의 원칙 — 분화, 주체성, 친교

인간의 법은 더 상위법인 위대한 법을 따라야 한다는 것이, 지구법학이 던지는 핵심 메시지다. 그렇다면 위대한 법이 과연 무엇인지를 파악하는 것이 지구법학 이해의 절대 관건이다. 베리는 우주 생성의 원칙, 곧 우주의 기본 법칙으로 분화, 자기 조직 내지 주체성, 친교 세 가지를 말하고 있다. 베리에 따르면 "우주 생성의 원리에 따라 우주의 진화는 모든 시공간과 존재의 모든 단계에서 분화, 자기 조직, 친교라는 특성을 가지며, 이것들은 모든 실존을 지배하는 주제이고, 모든 존재의 기본 의도이며, 단순하고 명료한 정의 그 이상을 의미한다."[49]

여기서 분화는 다양성, 복잡성, 변형성, 부동성disparity, 다형성, 이질성heterogeneity, 명료성articulation과 동의어다. 자기 조직은

---

[49]　토마스 베리·브라이언 스윔, 『우주 이야기』, 맹영선 옮김, 대화문화아카데미, 2010, p. 123. 이 세 가지 특성은 어떤 거대한 이론 체계 안에서 연역된 '논리' 또는 '공리'가 아니다. 이 특성은 우주 진화에 대한 사후 평가에서 나온 것이다(같은 곳).

주체성, 자기 표명, 지각력sentience, 경험의 역동적 중심, 현존, 정체성, 존재의 내적 원리, 목소리, 내면성 등으로 다양하게 표현된다. 그리고 친교는 상호 관련성, 상호 의존성, 친족 관계, 상호 관계, 내면적 관계성, 호혜성, 상보성, 상호 연결성, 친화성affiliation 등으로 표현된다. 베리는 이것들이 우주 진화에서 동일한 원동력을 가리킨다고 본다.[50]

분화(다양성), 자기 조직 내지 주체성(자기 표명) 그리고 친교(상호 관계성)라는 특성은 우주의 기본 질서로, 이 질서의 규율 내에서 자발적 존재가 생겨나고 사건의 발생에 관여함으로써 우주의 가장 중요한 의미를 확립할 때 이 질서가 구현된다고 한다.[51] 즉 분화, 자기 조직, 친교는 우주의 실재와 가치를 나타낸다.[52] 베리는 말한다.

> 우주 생성은 분화에 의해 질서가 잡히고, 자기 조직에 의해 구조화되며, 친교로써 조직화된다.[53]

우주 생성의 특성은 우주의 실재와 가치를 나타내며 곧 우주의 기본 질서가 된다. 우주 내에서 생성, 유지 그리고 발전하

50 　같은 곳.
51 　같은 책, p. 124.
52 　같은 책, p. 126.
53 　같은 책, pp. 125~34.

는 존재들은 이 질서를 존중하고 따라야 한다. 이로써 이 질서는 규범으로서의 법이 된다. 위대한 법은 바로 이러한 우주의 기능·작용 방식을 규율하는 근본 법 내지 원칙을 가리킨다.

각 원칙의 법적 함의[54]

그렇다면 지구법학은 이러한 우주 생성의 원리를 인간의 법이 존중하고 이를 따라야 한다는 이론이다. 이 원리는 규범적으로 어떠한 함의를 가지는 것일까. 여기에서는 이를 지구 공동체의 본원적 가치와 지구 공동체 성원 간의 관계적 책임성 그리고 지구민주주의로 고찰하고자 한다.

주체성의 원칙—지구의 본원적 가치

타자화othering 내지 대상화objectification는 모든 폭력의 근원으로 볼 수 있다. 이는 주체로 여겨지는 존재만이 인식 가능한 피해를 겪을 수 있다는 믿음이 우리에게 내재되어 있기 때문이다. 베리에게 우주의 주체성은 도처에 명백하다. 우주의 모든 것에는 지속적인 창조 이야기에 참여할 수 있는 힘을 함축하는

---

54 이 부분은 Judith E. Koons, "Key Principles to Transform Law for the Health of the Planet," Peter D. Burdon(ed.), *Exploring Wild Law*, pp. 48~54에 전적으로 의지하고 있다.

'존재의 내적 원리'가 내재한다. 이러한 우주론에서 지각력과 잠재적 지각력은 세계에 충만하다.

자연의 주체성을 말할 때 가장 도전적인 사례 가운데 하나는 암석 형성 과정에서도 주체성을 인정할 수 있느냐는 것이다. 러시아 생물학자 블라디미르 베르나츠키Vladimir Vernadsky는 암석이 흩어지거나 스스로 재조직/재배열한다는 점에서 생명으로 정의한다. "지구의 지각은 신진대사 활동metabolic action을 통해 피동적인 지질 부분이 살아 있는 부분으로 변환될 수 있는 충분한 에너지를 갖고 있다"고 그는 본다.[55] 베리

---

55   이에 대해 생명이 있는 것이건 없는 것이건 행위성agency 개념을 부여하는 신유물론의 주장—이런 점에서 신유물론과 관련된 여러 이론적·철학적 흐름은 '존재론적 전환ontological turn'이나 '비인간적 전환nonhuman turn'으로 불리기도 한다—을 검토할 필요가 있다. 신유물론의 대표적인 경향들로는 브뤼노 라투르의 행위자-네트워크 이론Actor-Network Theory, ANT, 캉탱 메이야수 등의 사변적 실재론, 그레이엄 하먼의 객체 지향 존재론, 도나 해러웨이, 로지 브라이도티, 애나 칭 등의 페미니즘적 포스트휴머니즘, 제인 베넷의 생기론적 유물론Vitalist Materialism 등을 꼽을 수 있는데, 이들의 가장 중요한 공통 지점은 아마도 물질, 객체, 자연, 비인간의 행위성에 있을 것이다. 인간이 아닌 것, 즉 비인간이나 물질이 인간과 마찬가지로 행위자로서의 행위능력을 가지고 있다는 것이다(김상민·김성윤, 「물질의 귀환—인류세 담론의 철학적 기초로서의 신유물론」, 『문화과학』 97, 2019, pp. 64~65).
비인간 존재, 비생명 존재에 행위성을 부여하는 이러한 신유물론의 태도에 비판적인 견해도 있다. 예컨대 해밀턴은 인간의 전유물이던 행위성을 자연 과정이나 경쟁 개체에 부여하는 포스트휴머니즘의 기조를 강하게 비판한다. 그는 결과를 가져오는 무생물, (지각과 소통을 통한) 목적을 지닌 비인간 생물체, (의도가 목적에 반영될 수 있으므로) 의도를 지닌 인간을 구분해 각각의 차이점을 세밀하게 부각한 알폰 호른보그의 논의가 인간의 행위성을 되찾았다고 호평하며, "어떠한 경우에도 목적이 있는 행위성과 단순히 결과를 가져오는 행위성 사이에 중요한 차이를 없애는 것은 정당화될 수

에 따르면, 우주의 모든 존재는 우주의 지속적인 창조 과정에 참여할 수 있는 내적 힘을 갖고 있다('존재의 내적 원리'). 이 내적 힘을 주체적 행위성으로 이해한다면 인간은 물론 비인간 생물체 나아가 무생물체까지 주체적 행위성을 인정할 수 있을 것이다.

여하튼 이러한 주체성은 자연의 본원적 가치 원리로서 지구법학으로 전환될 수 있다. 자연의 본원적 가치 주장은 또한 자연 안의 존재와 시스템 및 실체는 정당한 법적 고려 대상이 되고 또 법적 승인이 주어져야 한다는 전제에 서 있다. 법 이론에서 일상적으로 인간 존재가 아닌 'person'이 법 시스템에 참여할 것을 허용하고 있다. 이 person에는 영리기업은 말할 것도 없고 선박과 신탁trust, 지방자치단체municipalities, 부동산, 합작사업joint ventures, 대학, 철도, 교회 및 국가까지 포함된다.

친교의 원칙—관계적 책임성

우주의 기능은 위계 또는 분리에 반영되어 있지 않다. 구, 궤도 및 번갈아 감의 순환에 반영된다. 베리는 이러한 우주의 경향을 친교로 언급한다. 상호 의존성의 순환 안에서 인류는 전체의 한 부분이다. 지구와 우리 사이의 적절한 관계성은 분리와 개발의 관계가 아니라 지구 공동체 내 한 성원으로서의

없다"고 주장한다(해밀턴, 같은 책, p. 161).

관계다. 건강한 자연 시스템은 '전체 기능 유지적' 특성에 따라 작동하며, 따라서 시스템의 각 부분은 전체 시스템의 안녕을 지지하는 방식으로 작용한다.

우주 안에서 친교라는 주제는 법학에서 관계적 책임성relational responsibility의 원칙으로서 논할 수 있다. 더 구체적으로 지구와 인간의 관계는 신탁 및 수탁자trustee로서 우리의 책임으로 잘 표현될 수 있다. 이와 관련하여 공공 신탁 법리public trust doctrine는 친교의 관념과 관계적 책임성에 법 효과를 부여한다.[56] 메리 크리스티나 우드는 공공 신탁 법리에서 지구와 인간의 관계를 다음 국면—인간의 법과 거버넌스는 신탁으로서 지구의 안녕을 보호하고 지킬 우리의 책임을 명시한다—으로 촉진할 잠재력을 확인하고 있다.[57]

분화의 원칙—지구민주주의

현재 헌법적 민주주의는 '인간의, 인간에 의한, 인간을 위한of the people, by the people, and for the people' 거버넌스를 명시하고 있

---

56   윌킨슨Wilkinson은 이 법리를 몇 가지 건전한 신념 체계로 언급한다. 단기의 사적 이익은 더 넓은 공공 가치를 수용하는 것이 적절하다는 믿음, 재산권은 책임 있는 구제(조치)에 순응해야 할 필요가 있다는 이해, 강을 오염시키는 행위는 그릇되었다고 인정하는 것은 물론, 우리의 강과 협곡이 상품 이상의 것으로서 성스러움의 흔적을 지닌다는 믿음이 그것이다.

57   Mary Christina Wood, *Nature's Trust: Environmental Law for a New Ecological Age*, Cambridge University Press, 2013.

다. 그렇다면 오늘날 상황에서 '인간을 위한' 거버넌스가 얼마나 잘 작동하는지 물을 수 있을 것이다. 인간은 경제적 이익이라는 단기적 이익에 초점을 맞추면서 지구의 생물권, 종 그리고 생태계를 위험에 빠뜨리고 있다. 지구 거버넌스의 다양한 시스템은 인간의, 인간에 의한, 그리고 '지구 공동체 전체를 위한for the whole Earth community' 것이 되어야 할 것이다.

인류의 역할은 지구민주주의Earth Democracy[58]로 불리는 거버넌스에 접근함으로써 지구 가족 내에서 재맥락화하는 것이고, 또 그 역할에 더 넓은 지구 공동체를 보호하는 목적이 부여된다. 지구민주주의는 지방 거버넌스를 강조한다. 또한 지구민주주의는 결정이 가장 적절한 단위에서 이뤄져야 한다고 제안한다. 이때 지구민주주의는 보조성 원칙principle of subsidiarity의 지도를 받아야 한다. 보조성 원칙에 따라 도시 내 대기오염은 지방의 통제가, 월경성 대기오염은 광역 통제가, 전 지구적 대기

---

58 지구민주주의는 생태 중심 윤리ecocentric ethics를 더 깊은 형태의 인간민주주의 및 대중 참여와 융합하려는 시도로 정의된다. 이는 모든 인간 및 비인간 생명체가 지구에서 태어나 '진화의 동반자'로서 각자 존재하고, 번성하고, 진화할 권리가 있다는 생각을 장려한다. 인간관계 측면에서 지구민주주의는 권력, 특권 및 불평등을 검토하고, 모든 사람이 자기 결정권을 가지며 특히 각자의 지역사회 내에서 지구에 대한 선량한 관리인으로서 책무Earth stewardship를 갖는다는 생각을 우선시하여 이러한 권력 등을 거부하는 개념이다. 지구법학적 접근에 따르면 인권은 지구권Earth rights의 상호 의존적이며 상관성을 가진 하위 집합의 권리로 인식된다. 지구의 고갈과 과잉 추출이 가속화한다면 인류는 더 이상 건강할 수 없고, 인간으로서 우리의 권리는 보장될 수 없다고 본다(Maloney, 같은 글, p. 17).

오염은 전 지구적 통제가 적절하다고 인정받게 될 것이다.

이러한 지구민주주의는 환경철학일 뿐 아니라 정치철학이기도 하다. 지구에 대한 우리의 의무를 받아들인다면 인류는 거버넌스를 향해 다양한 민주적 접근 방법을 창출해낼 것이다. 결과적으로 지구 공동체의 보전은 지역과 광역 그리고 전 세계 거버넌스의 재창출과 결부되어 있다.

4. 지구법학과 인간의 법
―지구 공동체 성원의 권리를 존중하는 사례

우주의 생성 원리이자 기본 질서로서 위대한 법을 존중하고 따르는 것으로 인간의 법이 적극적으로 자기 조정해야 한다는 지구법학의 핵심 메시지는, 고도로 추상적이면서도 다른 한편 공허하다는 인상을 줄 수 있다. 여기서는 인간 이외의 생명 존재로서 지구 공동체 성원을 존중하는 인간의 법을 몇 가지 살펴봄으로써, 지구법학의 메시지에 대한 구체적 상을 형성하는 데 기여하고자 한다.

생태·자연도 및 도시생태현황지도(비오톱)

자연환경보전법

"생태·자연도"라 함은 산·하천·내륙 습지·호소湖沼·농지·도시 등에 대하여 자연환경을 생태적 가치, 자연성, 경관적 가치 등에 따라 등급화하여 자연환경보전법 제34조[59] 및 법 시행령 제27조[60]에 따라 작성된 지도를 말한다(제2조 제14호). 특

---

[59] 제34조의2(도시생태현황지도의 작성·활용) ① 특별시장·광역시장·특별자치시장·특별자치도지사 또는 시장(지방자치법 제2조 제1항 제2호에 따른 시의 장을 말한다. 이하 이 조에서 같다)은 환경부장관이 작성한 생태·자연도를 기초로 관할 도시지역의 상세한 생태·자연(이하 "도시생태현황지도"라 한다)를 작성하고, 도시환경의 변화를 반영하여 5년마다 다시 작성하여야 한다. 이 경우 도시생태현황지도는 5천분의 1 이상의 지도에 표시하여야 한다. ② 특별시장·광역시장·특별자치시장·특별자치도지사 또는 시장(이하 "도시생태현황지도 작성 지방자치단체의 장"이라 한다)은 도시생태현황지도를 작성하기 위하여 관계 행정기관의 장에게 필요한 자료의 제공을 요청할 수 있다. ③ 제2항에 따른 요청을 받은 관계 행정기관의 장은 특별한 사유가 없으면 이에 따라야 한다. ④ 도시생태현황지도 작성 지방자치단체의 장은 도시생태현황지도를 환경부장관에게 제출하여야 한다. ⑤ 환경부장관 또는 도지사는 도시생태현황지도 작성 지방자치단체의 장에게 그 작성에 필요한 비용의 일부를 지원할 수 있다. ⑥ 제1항부터 제5항까지에서 규정한 사항 외에 도시생태현황지도의 작성·활용에 필요한 사항은 환경부령으로 정한다.

[60] 제27조(생태·자연도의 작성 방법 등) ① 환경부장관은 법 제34조 제4항의 규정에 따라 관계 중앙행정기관 및 시·도지사와 협의하여 생태·자연도의 작성 지침을 정하고, 그에 따라 생태·자연도를 작성하여야 한다. 〈개정 2007. 4. 4〉 ② 관계 중앙행정기관의 장 및 시·도지사는 제1항의 규정에 따라 작성된 생태·자연도의 권역별 구분 등에 대한 수정·보완을 환경부장관에게 요청할 수 있다. 이 경우 현지 확인의 내역 또는 객관적 자료 등을 첨부하여야 한다. 〈개정 2007. 4. 4〉 ③ 환경부장관은 생태·자연도를 작성함에 있어 기초 자료로 활용하기 위하여 녹지의 자연적 상태 및 인위적 변

별시장 등은 환경부장관이 작성한 생태·자연도를 기초로 관할 도시지역의 상세한 생태·자연도를 작성하여야 하는데 이를 "도시생태현황지도"라 한다(제34조의2). 지방자치단체의 장은 토지이용 및 개발계획의 수립·시행을 위하여 관할 도시지역의 상세한 생태·자연 정보가 필요한 경우에는 도시생태현황지도를 활용할 수 있다(제19조 제1항).

한편 환경부장관, 관계 중앙행정기관의 장 또는 지방자치단체의 장은 환경영향평가 대상사업 등의 계획을 수립하거나 개발 사업[61]을 협의하고자 할 때에는 생태·자연도의 등급 권역별로 기준을 고려하여야 한다.[62]

법 시행규칙 제19조 제3항에 의거해 마련된 '도시생태현황지도의 작성방법에 관한 지침'(이하 '지침')에 따르면, "도시생태현황지도"라 함은 각 비오톱biotope의 생태적 특성을 나타

화 상황 등을 나타내는 녹지자연도를 작성할 수 있다. ④ 제3항의 규정에 따른 녹지자연도의 작성 등에 관하여 필요한 사항은 환경부장관이 정한다.

61 제28조(생태·자연도의 활용 대상 등) ① 법 제34조 제4항의 규정에 따른 생태·자연도의 활용 대상은 다음 각 호와 같다. 1. 환경정책기본법 제14조·제17조 및 제18조에 따른 국가환경종합계획·환경보전중기종합계획 및 시·도환경보전계획 2. 환경영향평가법 제9조 및 제43조에 따른 전략환경영향평가협의 대상계획 및 소규모 환경영향평가 대상사업 3. 환경영향평가법 제22조에 따른 영향평가 대상사업 4. 그 밖에 중앙행정기관의 장 또는 지방자치단체의 장이 수립하는 개발계획 중 특별히 생태계의 훼손이 우려되는 개발계획

62 1등급 권역: 자연환경의 보전 및 복원, 2등급 권역: 자연환경의 보전 및 개발·이용에 따른 훼손의 최소화, 3등급 권역: 체계적인 개발 및 이용(법 시행령 제28조 제1항, 제2항)

내는 "기본 주제도," 그리고 비오톱 유형화─시가지 비오톱, 농촌형 비오톱, 자연형 비오톱─와 평가 과정을 거쳐 각 비오톱(공간)의 생태적 특성과 등급화된 평가 가치를 표현한 "비오톱 유형도" 및 "비오톱 평가도" 등을 말한다(제1장 제3조 제5호). 여기서 "비오톱"이란 "인간의 토지이용에 직간접적인 영향을 받아 특징지어진 지표면의 공간적 경계로서 생물군집이 서식하고 있거나 서식할 수 있는 잠재력을 가지고 있는 공간 단위"를 말한다. 비오톱 유형 평가 등급별 생태적 가치는 평가 등급에 따라 도시의 환경친화적 개발 및 관리에 활용되어야 한다('지침' 제21조 제6항).

도시생태현황지도 비오톱 1등급 지역으로 지정된 토지 소유자의 지정 취소 소송

• 사실관계

국토의 계획 및 이용에 관한 법률(이하 국토계획법) 제11조, 제13조, 제18조, 제20조에 의하면 시·도지사나 시장 또는 군수 등은 광역도시계획, 도시군기본계획을 수립하거나 변경하려면 미리 인구, 경제, 사회, 문화, 토지이용, 환경, 교통, 주택 그 밖에 대통령령이 정하는 사항을 조사하여야 하고, 같은 법 시행령 제11조 제1항 제1호는 기후·지형·자원·생태 등 자연적 여건을 기초 조사 사항으로 정하고 있다.

이 같은 국토계획법의 위임에 따라 제정된 서울특별시 도시계획 조례 제4조 제4항에서 시장은 지속 가능한 도시기본계획의 수립에 필요한 기초 조사 내용에 도시 생태 현황 등을 포함시킬 수 있다고 정한다. 또 제24조에서 국토의 계획 및 이용에 관한 법률 시행령 별표1의2에 따른 개발 행위 허가의 기준 등을 정하고 있다.

검토 분야	허가 기준
가. 공통 분야	**(4) 제4조 제4항에 따른** 도시생태현황 조사 결과 비오톱 유형 평가 1등급이고 개별 비오톱 평가 1등급으로 지정된 부분은 보전하여야 한다. ㈎ "비오톱"이란 **특정한 식물과 동물이 하나의 생활공동체**를 이루어 지표상에서 다른 곳과 명확히 구분되는 **생물 서식지**를 말한다. ㈏ 비오톱 유형 평가는 5개의 등급으로 구분하여 서식지 기능, 생물 서식의 잠재성, 식물의 층위 구조, 면적 및 회귀도를 종합하여 평가한다. ㈐ 개별 비오톱 평가는 자연형 비오톱 유형과 근자연형 비오톱 유형을 대상으로 평가하여 3개의 등급으로 구분하며 자연성, 생물 서식지 기능, 면적, 위치 등을 평가 항목으로 고려한다.

«그림1-5» 개별 행위 허가 기준(제24조 관련).

서울특별시장이 도시계획 조례 제4조에 따라 도시생태현황지도를 작성한바, 원고 소유 토지는 비오톱 유형 평가 1등급 및 개별 비오톱 평가 1등급으로 지정되었다. «그림1-5»에 따르면, 해당 지역은 보전되어야 하므로 앞으로 소유자의 개발 행위는 사실상 제약을 받을 수 있는 상황에 놓이게 되었다.

• 원고의 주장과 법원의 판단

원고는 첫째, 개발을 금지하는 도시계획 조례는 국민의 재산권을 침해하는 위헌적 규정이고, 둘째, 양서파충류가 출현한 기록이 없음에도 양서파충류가 출현한 비오톱과 그 유형이 같다는 이유만으로 비오톱 유형 평가에서 '주요 서식지 기능' 등급을 1등급으로 결정한 것은 잘못이라고 주장하며 도시생태현황지도 무효 확인의 소를 제기했다.

이에 법원은 다음과 같이 판단했다. 먼저 "자신의 토지를 장래에 건축이나 개발 목적으로 사용할 수 있으리라는 기대 가능성이나 신뢰 및 그에 따른 지가 상승의 기회는 재산권의 보호 범위에 속하지 않는다"며, "비오톱 1등급으로 지정된 토지 보전은 생태환경의 보전이라는 공익을 위하여 수인해야 하는 사회적 제약의 범주에 속한다"고 보았다.

비오톱 유형 평가 기준인 '주요 서식지 기능' 항목에 따르면 양서파충류가 출현한 경우 1등급, 양서파충류의 잠재 서식지의 경우 2등급으로 정한다면서도, ① 등급 결정은 지리적, 생물적 지식에 근거하여 결정되는 전문 영역이라는 점, ② 비오톱은 특정 생물군집의 서식 공간을 의미하는 것으로 양서파충류의 출현 내지 잠재성을 포함하는 것은 합리적이며, ③ 비오톱 유형 평가는 서울특별시 권역 내 동일한 비오톱 유형에 대한 평가를 포괄하고 있다는 점에서, 양서파충류가 실제 출현하지 않았더라도 1등급으로 평가한 것은 명백히 부당하지 않다고 했다. 비오톱 유형 및 개별 비오톱 평가에서 이익 형량을 그르친 하자가 없다며 원고의 청구를 기각했다.[63]

비오톱—비인간 생명 존재의 서식지의 공정한 보장 장치

지구의 지표면은 인간에게 국토이지만 인간 이외의 존재에게는 자연 서식지이다. 비인간 존재를 지구 공동체의 성원으로서 동등한 자격을 인정한다면, 일정한 공간을 서식지로 보전하여 인간 간섭을 스스로 배제 또는 제한하여야 한다. 이것이 다른 지구 공동체 성원이 갖는 서식지에 대한 권리를 존중하는 것이다. 그런 점에서 도시생태현황지도를 제작하여 도시계획을 수립하거나 개발 사업을 허가할 때 이를 고려하도록 하는 환경법과 국토계획법은 지구법학이 인간의 법과 법률에 제안하고 권장하는 것이다. 지구법학은 자연환경 보전에서 한발 더 나아가, 다른 지구 공동체 성원의 서식지에 대한 권리 보장을 말한다.

서울시 조례는 "비오톱"을 "특정한 식물과 동물이 하나의

---

63   서울행정법원 2017. 9. 8. 선고 2016구합 7033 판결.

생활 공동체를 이루어 지표상에서 다른 곳과 명확히 구분되는 생물 서식지"로 정의한다. 양서파충류가 출현하거나 출현할 잠재성이 있는 곳을 비오톱으로 보전하자는 발상이 널리 확산되어야 한다. "비오톱 1등급으로 지정된 토지 보전은 생태환경의 보전이라는 공익을 위하여 수인해야 하는 사회적 제약의 범주에 속한다"는 법원의 판시도, 인간에 의한 실효성 있는 자기 규율의 한 표현으로 볼 수 있다.

하천유지유량과 환경생태유량

관계 법령

하천법 제51조는 환경부장관으로 하여금 같은 법 제50조 제1항에 따른 생활·공업·농업·환경개선·발전·주운 등의 하천수 사용을 고려하여 하천의 정상적인 기능 및 상태를 유지하기 위하여 필요한 최소한의 유량(이하 '하천유지유량instream flow')[64]을 정하여 고시하도록 하고, 하천관리청에는 하천유지유량의 확보를 위한 노력 의무를 부과하고 있다.

한편 물환경보전법 제22조의3에 따르면, 환경부장관은 수

---

[64]　제51조(하천유지유량) ② 환경부장관은 하천 유수의 상황을 대표할 수 있는 주요 지점을 하천별로 선정하여 기준 지점별로 하천유지유량을 정하여야 한다.

생태계 건강성[65] 유지에 필요한 최소한의 유량(이하 '환경생태유량environmental ecological flow')의 확보를 위하여 하천의 대표 지점에 대한 환경생태유량을 고시할 수 있다(제1항). 환경부장관은 하천법 제51조 제1항에 따라 하천유지유량을 정하는 경우 환경생태유량을 고려하여야 한다(제2항). 또한 소하천정비법 제2조 제1호의 소하천, 그 밖의 건천화乾川化된 지류支流 또는 지천支川의 대표 지점에 대한 환경생태유량도 고시할 수 있다(제3항). 하천 또는 소하천 등의 유량이 환경생태유량에 현저히 미달하는 경우에는 관계 기관의 장 등에게 환경생태유량의 확보를 위한 협조를 요청할 수 있다(제4항). 환경생태유량을 산정할 때는 대표 어종을 정하여야 한다.[66]

---

65 "수생태계 건강성"이란 수생태계를 구성하고 있는 요소 중 환경부령으로 정하는 물리적·화학적·생물적 요소들이 훼손되지 아니하고 각각 온전한 기능을 발휘할 수 있는 상태를 말한다(물환경보전법 제2조 제15호의2).

66 물환경보전법 시행령 제29조의4(환경생태유량의 산정 등) ① 환경부장관은 법 제22조의3 제1항 및 제3항에 따라 수생태계 건강성 유지를 위하여 필요한 최소한의 유량(이하 "환경생태유량"이라 한다)을 정하기 위하여 하천, 소하천정비법 제2조 제1호에 따른 소하천, 그 밖의 건천화된 지류 또는 지천의 대표 지점(이하 "대표 지점"이라 한다)을 정할 때에는 다음 각 호의 사항을 고려하여야 한다. 1. 법 제9조의3 제1항에 따른 수생태계 현황 조사를 정기적으로 할 수 있는 지점 2. 대표 어종 선정이 가능한 지점 3. 건천 또는 건천화로 인하여 수생태계 건강성이 현저히 훼손된 지점 4. 그 밖에 환경부장관이 수생태계 건강성 유지를 위하여 환경생태유량의 확보가 필요하다고 인정하는 지점 ② 환경부장관은 제1항에 따라 정한 대표 지점에 대한 환경생태유량을 산정할 때에는 다음 각 호의 사항을 검토하여야 한다. 1. 하천 현황 조사 항목 및 조사 주기 2. 대표 어종 선정 기준 및 방법 3. 그 밖에 환경부장관이 환경생태유량의 산정에 필요하다고 인정하여 고시하는 사항 ③ 환경부장관은 제2항에 따라 환경생태유

환경생태유량 — 강의 흐를 권리 보장 장치

환경 유량이란 인간만이 아니라 하천 및 강에 의지하여 살아가고 있는 생물, 무생물의 에너지 흐름 및 물질 순환, 계의 발전과 진화 및 제어를 위해 필요한 유량이다. 그리고 이를 위해 하천의 생태계 건전성과 하천 고유의 기능을 유지하고, 더 나아가 하천이 소속된 유역의 생태 가치 유지·제고 기능을 담당하도록 산정하고 관리해야 한다고 주장된다. 하천유지유량 제도는 인간을 위한 제도라고 규정하면서, 이와는 차별되는 생물·무생물의 보호까지도 배려하는 환경 유량의 도입이 필요함을 강조한다.[67]

하천유지유량과 환경생태유량은 둘 다 하천의 (정상) 기능을 유지하기 위해 확보하고자 하는 유량이다. 둘의 차이는 하천의 기능을 유지하려는 목적에 있다. 전자는 인간의 하천수 사용에 지장이 없도록 하기 위함이다. 반면 후자는 수생태계 건강성이 목적이다. 하지만 수생태계의 건강성도 그 자체를 본원적 가치로 보지 않고 인간의 편익을 위한 도구적 가치로 본다면 둘의 질적 차이는 없을 것이다. 따라서 자연의 본원적 가치에 대한 인정을 전제로, 수생태계를 생물과 무생물적 환경이 복합적·상호 의존적으로 얽혀 있는 한 공동체로 보는 시각이 필요

량을 산정할 때에는 미리 관계 행정기관의 장과 협의하여야 한다.

67   김현준, 「환경생태유량의 법적 문제」, 『토지공법연구』 68, 2015, pp. 363~87.

하다. 나아가 이런 수생태계(강)를 통합된 자연적 실체로 보고 그 주체성을 인정하는 전제하에 흐를 권리right to flow를 인정하고 이를 인간의 법에 반영하자는 것이 지구법학의 메시지다.

공동체 성원으로서 동물에 대하여

수 도널드슨과 윌 킴리카의 논의

수 도널드슨Sue Donaldson과 윌 킴리카Will Kymlicka는 동물의 권리를 해당 종이 속하는 부류—사육동물, 야생동물, 경계성 동물(까마귀나 미국너구리, 다람쥐처럼 인간들 가운데 섞여 사는 데 적응한 야생동물)—에 따라 크게 셋으로 구분해야 한다고 보았다. 사육동물은 인간에게 의존적이지만, 도널드슨과 킴리카는 이들을 우리 공동체의 '동료 시민'으로 대할 것을 제안한다. 이는 사육동물에게는 폭넓은 적극적 권리를, 사람은 그에 상응하는 의무를 의미한다. 이러한 적극적 권리에는 먹이, 물, 보금자리, 의료적 보살핌, 정상 행동, 연민, 존중에 대한 권리가 포함된다.[68]

야생동물은 인간에게 간섭받지 않을 때 번성하므로 그들의 권리는 주권 및 자기 결정권에 가깝다. 다만 이 권리에는 단

---

68   데이비드 보이드, 『자연의 권리』, 이지원 옮김, 교유서가, 2020, pp. 98~99.

순히 방해받지 않는 데 그치지 않고, 그들의 권리를 증진하면서도 그들의 독립성은 보호하는 인간의 적극적 개입(이를테면 서식지 복원이나 환경 정화 사업)이 포함된다. 야생동물의 영역은 인간이 정착하고 개발하지 않은 모든 서식지를 의미하므로, 사실상 인간은 정착지와 농경지를 확대해 야생동물의 서식지를 파괴하는 행위를 중단해야 한다. 경계성 동물 종에 대해서는 그들과 인간이 공통된 영역에서 공존하고 있다는 데 근거해 일군의 혼성적인hybrid 동물 권리와 인간 의무를 제시한다. 그것은 때로 동료 시민으로서 사육동물이 갖는 것으로 인정되는 권리보다 느슨할 수 있지만, 기본적 자유권과 자주성에 관한 권리가 확보되는 것은 분명하다.[69]

송정은은 "인간의 사회집단이 사회적 타자인 소수자를 만들어내고, 위계적 차이를 만들어 주변 집단에 차별과 지배라는 관계를 형성했듯이, 기존 우리의 사상은 인간중심주의라는 질서에서 사회적 타자로 동물을 구성했다"고 하면서도, "역사적으로 인간은 사회적 타자를 '우리'라는 범주 안에 포섭하기 위한 노력을 하고 있으며, 마찬가지로 동물도 우리가 속한 '공동체' 안에 포함하고 위계에 기반을 둔 인간의 지배와 착취의 정당성을 거부하는 노력이 필요하다"고 본다.[70]

---

69   송정은, 「동물의 법적 지위와 권리에 관한 연구」, 강원대학교 대학원 박사학위 논문, 2021, p. 182.
70   송정은, 같은 글, p. 126. "동물은 그들 자신을 위해 존재하며, 그 자체로서 고유한 가

동물과 사회적 타자의 관련성에 대하여 법원은 다음과 같이 말하고 있다.

> 최소한 우리 곁에 살고 있는 개, 고양이 등 반려동물을 우리 사회 공동체의 일원에 포함시킨다고 가정하면 반려동물은 우리 사회에서 가장 지위가 낮은 존재일 것이다. 동물학대 행위는 사회에서 가장 지위가 낮은 존재에 대한 혐오 내지 차별적 행동으로 볼 수 있다. 그러한 혐오 내지 차별적 행동을 용인하거나 그 위법성을 낮게 평가한다는 것은, 우리 사회가 그 밖의 사회적 소수자들에 대한 혐오 내지 차별적 행동, 폭력적 행동까지 간과하거나 심각성을 인식하지 못하는 것을 보여주는 방증이 될 수도 있다. […] 따라서 동물 보호와 학대 방지는 단지 인간이 만물의 영장으로서 지닌 도덕적 의식과 의무감에서 필요한 것을 넘어서서 전체 사회 구성원의 존중과 배려 및 보호라는 관점에서 인간 자신에게 필요한 것이다.[71]

치를 가지는 것이고 이는 인간 이익의 함수로 평가되어서는 안 되기 때문이다."

71　울산지방법원 2019고단3906 판결.

반려동물—인간 사회 구성원으로서 지위와 권리

통상 동물 학대로 기소된 사안에서 법원은 벌금형을 선고한다. 그런데 이 사안에서 울산지방법원은 동물 학대 행위를 단순히 권리의 객체인 물건의 손괴 행위로 인식할 수 없고, 생명체에 대한 심각한 경시 행위에 해당하기에 더욱 엄격히 죄책을 물어야 한다고 하여 징역형을 선고했다. 이는 동물을 재물로 여기는 기존의 인식에서 벗어나 (가정적이었지만) 사회 구성원으로서 보고자 했기 때문이다.

동물을 지구 공동체의 성원으로 인정한다면 동물을 물건(재물)으로 볼 수 없다. 따라서 동물이 물건임을 전제로 하는 현행 법체계는 동물이 갖는 근본 권리를 부정하는 것으로, 지구법학의 관점에서 보면 법으로서 적격성이 결여된 불법이자 법의 부패다. "이러한 근본 권리를 침해하는 인간의 법률 내지 법은 지구 공동체를 구성하는 근본 관계성과 원칙(위대한 법)을 침해하는 것이다. 그 결과 그러한 법률 내지 법은 부정당하고 불법"이라고 지구법학은 분명히 말하고 있다. 다행히 최근 법무부는 "동물을 물건에서 제외하고 반려동물을 질권의 대상에서 제외"하는 것으로 민법을 개정한다는 입법 계획을 수립했다.

5. 나가며

니컬러스 로빈슨Nicholas A. Robinson 교수는 인류세의 기본적인 법 원칙으로서 협력의 원칙, 생명 사랑biophilia의 원칙, 자연에 대한 선량한 관리자로서의 책무 원칙, 회복력resilience의 원칙, 예측의 원칙, 나눔의 원칙, 만족성의 원칙, 안녕(행복)의 원칙, 인간과 자연을 위한 정의의 원칙을 들었다.[72] 이 가운데 마지막 원칙, 곧 인간과 자연을 위한 정의의 원칙이 지구법학의 바탕 철학과 그 맥을 같이하고 있다.

지구법학은 인간을 더 큰 지구 공동체의 한 부분으로 인정하며, 인간 중심의 법과 거버넌스 시스템에서 지구 공동체 중심의 시스템으로 전환하는, 곧 지구 공동체와 지구 공동체의 모든 성원의 안녕을 상위의 공동선으로 상정하는 법과 거버넌스의 필요성을 강조한다. 이러한 맥락에서 지구 공동체 각 성원의 기본적 권리로서 존재할 권리와 서식지에 대한 권리 등을 주창하며 인간의 법에 이를 반영할 것을 제안하고 있다. 지구법학의 이러한 강조와 제안은 기본적으로 인간 사회가 더 넓은 지구 공동체의 일부로 자신을 규율하고, 우주의 작동 방법을 규율하는 근본 법 내지 원칙(위대한 법)에 부합하는 방식으

---

72   Nicholas A. Robinson, "Fundamental Principles of Law for the Anthropocene?,"
      44 *Environmental Policy and Law* 13, 2014, pp. 17~24. http://digitalcommons.
      pace.edu/lawfaculty/964/

로 행동할 때만 생존과 번영이 가능하다는 관점을 반영하는 것이다.

인간의 권리에 대한 기존의 통념과 이해로써 지구의 권리, 자연의 권리를 이해하기는 어려울 것이다. 그러니 이제 관점을 바꿔 지구의 권리를 이해하는 데서 출발하여 인간의 권리, 비인간 존재의 권리를 이해하도록 노력해보자. 지구법학은 이러한 시도를 위한 훌륭한 안내자로서 역할을 할 수 있으리라 생각한다.

지구법학 관점에서 한국 헌법의 해석론[1]

오동석

1. 서론

기후위기 또는 '기후 비상사태climate emergency'는 모든 사람이 체감할 정도로 심각하다. 사계절이 여름과 겨울로 수렴하는 경향만으로 쉽게 느낄 수 있다.[2] 그러나 코로나19 팬데믹으로 인해 일상생활이 파격적으로 변화했음에도 환경 파괴와 기후위기의 연관성을 절감하지 못하는 듯하다.[3] 지구의 위기가 돌

---

1   이 글은 오동석, 「지구법학 관점에서 한국 헌법의 해석론」, 『환경법과 정책』 26, 2021, pp. 63~85를 수정·보완한 것이다.

2   산림청은 지구온난화의 영향으로 4월 5일 식목일을 3월로 변경하기로 방침을 정했다. 1946년 제정한 식목일의 날짜는 조선 성종이 직접 논을 경작한 날 등에서 유래한다(『경향신문』, 2021. 3. 1). 식목일을 3월 21일로 변경하는 산림기본법 일부 개정안이 계류 중이다(2022. 10. 28. 안병길 의원 대표 발의).

이킬 수 없는 시간으로 흐르고 있음에도[4] 국가 차원의 절박한 인식과 대응도 보기 어렵다.

　한국에서 기후위기에 대처하는 법과 제도, 정책의 변화는 느슨하고 더디다. 개별 법제의 변화조차 기존 법체계의 장벽에 가로막혀 있다. 법학 패러다임의 변화를 논의함으로써 지구 차원의 생태평화주의 헌법 체제를 고민하는 이유다. 생명 유지의 신진대사에서는 삶의 경향성이 죽음의 경향성보다 높아야 하는데, 지구의 운명은 그 반대 방향으로 급속하게 흘러가고 있다. 생태계 개념은 물질 순환과 에너지 흐름에서 출발하여 인류세와 시스템의 파국 등에 대한 문제의식으로 흐르고 있다.[5] 헌법 체제의 근본 상황Grundsituation이 변화하고 있다. 인류의 역사는 해방과 자유 그리고 평화 확장과 심화의 역사다. 기후위기는 인류에게 다시 큰 전환의 과제를 부여한다. 패러다임을 전환하려는 법학jurisprudence에서의 넓고 깊은 통찰력prudentia이 필요하다. 지구법학의 관점은 그 실마리다.[6]

　헌법의 문구를 고치는 일만으로는 현재 지구가 처한 위기에 대처하기 어렵다. 문재인 정부의 개헌은 실패했을 뿐 아니

3　감염병과 기후변화에 대한 인권적 접근의 개요는 조효제, 『탄소 사회의 종말』, 21세기북스, 2020, pp. 8~18의 「들어가며」를 참조하라.

4　지구온난화를 보여주는 그래프는 Timothy Morton, *Hyperobjects*, University of Minnesota Press, 2013, p. 3을 참조하라.

5　강호정, 『다양성을 엮다』, 이음, 2020, p. 10.

6　입문서로는 강금실 외, 『지구를 위한 법학』, 서울대학교출판문화원, 2020.

라 그 내용 또한 시대적 상황에서 헌법이 선언해야 할 전망과 방향·원칙을 제시하지 못했다.[7] 개헌의 밑그림을 그리기 위해서는 지구법학 관점에서 헌법 체제의 생태평화주의 전환이 필요하다.[8] 다른 한편 지구법학의 실천적 함의를 전개하는 헌법 해석을 함께해야 한다. 때로는 사법司法이 입법보다 빠를 때가 있다.[9] 민주주의보다 법치주의가 우선할 때도 있다. 사법은 개별 사안을 해결하는 동시에 법의 원칙을 선언한다. 법을 매개로 입법자의 의사와 연결되어 법을 정립하는 데 이바지한다. 헌법재판소의 결정은 입법을 구속할 수도 있고, 의회에 권고·지침을 제시할 수도 있다. 특히 헌법재판에서 입법의 부재, 즉 입법의 부작위를 지적하는 일이 중요하다. 지구법학의 패러다임에서 헌법 해석을 시도하는 것은 입법적 전환을 촉구하기 위함이다.

인류 멸망의 위기를 말하기 시작한 지는 꽤 오래되었다. 그것을 말하는 사람들도 많아지고 있다. 인류세는 그 용어에서부터 논란이 있고 다양한 스펙트럼에 걸쳐 있어서 그에 대

---

7   기후변화에 대한 우려와 대응을 선언·규율하는 법제는 적지 않다. 예를 들면 '기후변화에 관한 국제연합 기본 협약'(발효일 1994. 3. 21)이 있다.

8   지구법학 관점에서 헌법적 고민을 풀어낸 것으로 오동석, 「지구법학과 헌법」, 강금실 외, 같은 책, pp. 164~203을 참조하라.

9   자연의 권리에 대한 평가가 다양할 수 있지만, 소송을 통한 생태주의 노력은 여러 나라에서 발견할 수 있다. 일례로 데이비드 보이드, 『자연의 권리』, 이지원 옮김, 교유서가, 2020, p. 225 아래를 참조하라.

해 일률적으로 말하기는 어렵다. 다만 법학의 관점에서는 인류세가 제기하는 긴 시간의 관점으로 현재를 보게 하는 면이 있다.[10] 인류세 논의는 인간의 활동과 능력에 따른 결과로 지구 생태계가 변화하고 파멸할 지경이라는 문제를 제기한다.[11] 파국으로 치닫는 지구 생태계를 생명이 우선하는 방향으로 전환하려면, 파괴의 시간보다 훨씬 긴 전환과 회복의 시간이 필요하다. 그 장정을 서둘러 시작해야 하는 까닭이다. 토마스 베리는 지구법학을 주장함으로써 종교와 과학을 아우르는 관점에서 지구와 우주로 법의 시야를 넓힐 것을 제안했다. 이 글은 인류세와 지구법학의 문제 제기를 바탕으로 한국 헌법을 해석하는 통로를 찾는 시론이다.

2. 지구법학과 헌법 해석 방법론

지구법학은 인간이 지구라는 존재 공동체의 구성 부분임을 인정하고 인류를 비롯한 모든 존재의 가치와 생명을 존중하는 법규범의 사고 체계다. 베리는 우주의 우선성, 그리고 생명

---

10   인류세의 시작 시점에 대한 논의는 김지성·남욱현·임현수, 「인류세Anthropocene의 시점과 의미」, 『지질학회지』 52(2), 2016, pp. 163~71을 참조하라.

11   김상민·김성윤, 「물질의 귀환―인류세 담론의 철학적 기초로서의 신유물론」, 『문화과학』 97, 2019, p. 57.

이 의존하고 있는 모태로서 지구의 우선성을 강조한다. 우주는 객체들의 집합이 아니라 주체들의 친교라고 이해한다.[12] 기존 법학의 체계로 지구법학을 어떻게 수용할지 고민이 깊을 수밖에 없는 이야기다. 지구법학의 요청은 기존 헌법 이론과 헌법 체제를 수정하는 선에서 해소할 수 없다. 기존의 헌법 또는 헌법학에 대하여 그 존재 의의와 지향을 달리하는 패러다임 전환을 요청한다.[13]

클라우스 보셀만Klaus Bosselmann은 인간중심주의의 한계를 논하며 새로운 법학으로서 지구법학을 말한다.[14] 그는 현실적으로 작동하는 법체계로서 지구법과 지구 거버넌스를 모색하기도 한다. 근대국가의 시민 헌법 체제가 현대의 국제 인권법 체제로 확장했다면, 지구법학은 지구 차원으로 그 규범 영역을 넓힘으로써 인간 아닌 생명체와 비非생명 존재의 관계까지 아우른다. 국민국가 단위의 인간 사회를 규율 대상으로 하는 현행 헌법에 지구법학의 관점을 수용하는 일은 벅찬 면이 있다. 헌법을 개정해서 지구법학의 문제의식을 담는 것도 사회적 합의 과정에서 한계에 봉착할 수 있다. 한편에서는 지구법학의 담론을 전개하고, 다른 한편에서는 헌법 해석의 실천적 변화를 꾀하면

---

12   박태현, 「지구법학의 사상적 기원」, 강금실 외, 같은 책, p. 19.
13   오동석, 같은 글, pp. 166~67.
14   클라우스 보셀만, 『법에 갇힌 자연 vs 정치에 갇힌 인간』, 진재운·박선영 옮김, 도요새, 2011.

서 거시적 접근과 미시적 접근을 연결하는 경로가 필요하다.

　지구법학의 헌법 해석 방법론 논의는 헌법 텍스트 안에서 미시적인 변화의 가능성을 탐구하는 일이다. 논리적으로 전제되고 있지만 인간 중심의 사고방식 탓에 드러나지 않은 헌법 규범을 드러냄으로써, 사법부가 지구법학의 관점을 수용할 수 있는 통로를 내보는 것이다. 전통적인 헌법 해석 논쟁에서는 두 가지 견해가 대립한다. 헌법 문언을 통해 헌법 제정자의 이해와 의도를 탐구하는 견해가 한편에 있다. 다른 한편에는 '살아 있는 헌법'의 기반 위에서 헌법이 변화하는 사회관계에 적응하도록 해석해야 한다는 견해가 있다.[15]

　이 글은 헌법이 터 잡은 현실의 토대 위에서 객관적 헌법 해석을 지향한다. 헌법 개정권자가 당대에 인식하지 못했던 시공간의 여백을 조금씩 채색해보려는 시도다.[16] 사법 관념은 시대 연관적·개방적 이해가 가능하고 필요하다는 논거에 따라 판결과 법관의 역할을 확장했다. 그것은 법의 흠결에 따라 법

15　권혜영, 「헌법 해석론으로서 "살아 있는 헌법The Living Constitution" 개념의 전개와 의의」, 『헌법학연구』 21(2), 2015, p. 73.

16　인류세 시대의 '인간 너머를 향한 접근'은 동물, 무생물, 사물 등과 인간의 상호 관계에 주목한다(김준수, 「인류세 시대의 국가 공간 다시 읽기」, 『문화과학』 97, 2019, p. 82). 이러한 상호 관계는 헌법 문언에 명시적으로 나타나지 않아 헌법의 바깥에 있는 것으로 생각하기 십상이다. 그러나 이는 이미 헌법 체계가 전제하고 있다. 단지 포착하지 않았을 뿐이다. 헌법 해석을 통해 그 관계를 드러낼 수밖에 없는 상황이 헌법적 과제를 부과한다.

형성의 여지를 찾는 것이다.[17] 예를 들면 소수자의 권리를 보장하지 못하는 입법에 대응하여 사법은 정의를 실현하고 인권을 보장하는 적극적 해석론을 전개하면서 법 원리를 발견한다. 사법의 적극적인 태도는 민주주의 합의 과정과 그것의 결과로서 입법에 필요한 원동력을 제공한다.

사법부는 소의 제기가 있어야 발언하고 결정할 기회를 얻는다. 해석은 헌법 문언에 구속된다. 과거의 판례도 고려 대상이다. 현재의 헌법재판도 개별 사안을 해결하는 데 중심이 있다. 그러나 헌법재판은 개별 사안을 해결하면서도 동시에 법의 원칙을 선언하는 이중적이고 모순적인 작용이다.[18] 헌법재판에서의 입법 지침과 입법 제안은 입법자에게 전달되어 입법에 영향을 미친다. 헌법재판소의 판례는 법의 원칙을 형성한다.[19]

인류세 논의가 제기하는 시간과 비교할 때 헌법의 역사적 시간은 매우 짧다. 헌법의 등장 배경을 단순화하면, 신분적 특권에서의 해방과 자유를 향한 의지와 행동이 근대의 헌법 체제를 낳았다고 이해할 수 있다. 경제적 불평등에서의 해방과 자

---

17 임미원, 「법관의 법 형성에 관한 일 고찰」, 『공법연구』 41(1), 2012, pp. 165~96을 참조하라.

18 법 해석과 법 형성의 구분 그리고 법 형성의 방법론적 체계에 대해서는 이계일, 「법관의 법 형성의 체계 구성에 관한 탐구」, 『법과 사회』 56, 2017, pp. 297~350을 참조하라.

19 법 원리에 대한 논의로는 변종필, 「법규칙과 법원리 구별의 유용성과 한계」, 『강원법학』 34, 2011, pp. 295~324를 참조하라.

유를 향한 의지와 행동은 현대의 사회국가 헌법 체제로 변화를 낳았다. 전쟁과 인권 유린의 역사가 국제 인권법 체제를 싹틔웠다. 지구헌법은 지구의 생태를 파괴하는 개발주의에서의 해방과 자유를 지향한다. 많은 사람이 지구의 위기 상황을 진단하고 증언했다. 베리는 '쓰레기 세계'라고 진단했다(베리 2015: 27~28). 제임스 러블록James Lovelock은 지구의 기후 시스템이 돌이킬 수 없는 지점을 넘어 인간 생명에 적대적일 수 있는 상황 체제로 멈출 수 없는 질주를 하고 있다고 평가했다.[20]

거대한 전환이 필요하다는 지적이다. 코막 컬리넌은 현행 거버넌스 시스템을 약간 수정하는 것만으로는 21세기에 직면한 환경적 도전 과제를 해결할 수 없다고 말했다.[21] 인간의 최우선적 관심은 지구 시스템을 온전히 보전하는 것이다.[22] 한국의 성문헌법에서 헌법 해석을 통해 지구법학에서 말하는 지구의 권리를 직접 도출하기는 쉽지 않지만, 지구의 권리를 확인하고 보장하게 하는 국가의 책무를 끌어낼 수는 있다.

학리해석도 헌법 문언에서 완전히 자유로울 수 없다. 그런데 입법은 추상적이면서 보편적이다. 입법 자체가 포괄적인 사태를 규율할 뿐 아니라 미래의 변화를 포섭할 수 있는 표현 방

---

20   코막 컬리넌, 『야생의 법』, 포럼 지구와사람 기획, 박태현 옮김, 로도스, 2016, p. 9에서 재인용.

21   같은 책, p. 9.

22   박태현, 같은 글, p. 23.

식을 취한다. 법률의 진보가 헌법 규범을 선도할 수 있다. 지구법학의 문제의식을 수용하여 법률을 다듬고, 그것을 헌법적 차원으로 고양하는 것이다. 헌법 문언 자체에 매몰되지 않으면서도 헌법 문언이 담고 있는 가치를 훼손하지 않는다면, 헌법 해석의 경계를 지구법학의 영역까지 넓힐 수 있다. 헌법의 개념 자체가 확장과 심화의 역사를 담고 있다. 역사의 시계를 거꾸로 돌리지 않는다면, 이제까지 인류가 정립한 보편적인 이념과 가치를 훼손하지 않는다면, 헌법 해석의 확장과 심화는 해석의 범주를 벗어나지 않는다.

헌법은 근대 국민국가에서 출발하여 국제 관계까지 규범적 의미 내용을 확장했다. 국제 평화(헌법 제5조 제1항)는 물론 국제법과 조약의 법적 효력을 인정한다(헌법 제6조 참조). 지구 온난화와 기후변화에 대한 각종 협약을 헌법 규범의 내용으로 수용할 수 있다. 지구 차원에서 외국 헌법은 한국 헌법과 정면으로 충돌하지 않는 이상 한국 헌법을 해석할 수 있는 원천으로 삼을 수도 있다. 인류 차원의 법규범 세계를 상정하고 형성해나가는 것이다.[23] 정치·경제·사회·문화·환경 등 모든 영역에서 긍정적이든 부정적이든 지구상 국가들의 법은 연결망 구조를 형성하고 있다. 한국 헌법의 규범으로 인정하기 이전에 다

---

23 당장 지구법 체계를 구축하기는 어렵지만, 생태주의적 법 원칙의 국제화에 이바지할 수 있다. 비교헌법학의 의미에 대해서는 이부하,「비교헌법학의 기능과 방법」,『법학연구』26(3), 2016, p. 95를 참조하라.

른 나라의 법리를 '형성 중인 헌법 원칙'으로 원용할 수 있다. 더욱 필요한 것은 몇몇 중요한 법적 원칙을 한국 헌법의 기본 원칙으로 인정하고 그 규범 내용을 정립하는 일이다.

3. 한국 헌법의 지구법학적 해석

한국 헌법의 여러 개별 조문을 지구법학 관점에서 해석할 수 있을 것이다. 크게 네 가지 주제를 정했다. 헌법이 지향하는 가치의 중요성 그리고 개념 또는 관념의 확장성을 고려하여 지구의 보전이라는 목표와 지구의 다른 존재 및 인류의 미래 세대와 지구에서의 공존이라는 목표를 설정했다. 첫째는 지구 위 모든 존재의 존엄과 그 존재와의 관계에서 평화다. 둘째는 지구상에서 미래 세대와 공존하기 위한 목표다. 셋째는 영토·국토·토지로부터 변주할 수 있는 지구 보전의 목표다. 마지막 넷째는 지구법학의 구현 수단으로서 직접적인 연관성이 깊은 환경권과 환경 보전 의무의 확장과 심화다.

인간의 존엄과 가치 그리고 평화주의

헌법 제10조에 규정된 "인간으로서의 존엄과 가치"는 인간과 인간의 관계에서 그 동등성을 인정하는 규범이다. 테렌티우스의 희곡에서 노예 크레메스는 "나도 한 인간이다. 인간인 한, 인간사 그 어떤 것도 나와 무관하지 않다고 생각한다"고 말한다. 신분상 노예이지만 평등한 인간으로 대할 것을 주인에게 요구한다. 인본주의humanismus의 등장이다.[24]

인본주의는 세 단계의 의미 변화가 있었다. 먼저 고대 로마에서 존엄성 개념은 공적인 삶에서 특별한 인물이 지닌 두드러진 지위를 표현하는 것이었다. 다음으로 중세 신학에서 인간에게 보편적인 존엄성 개념이 등장한다. 신과 같은 형상을 한 모든 인간에게는 다른 생명체와 구별되는 특권적 역할이 부여된 것으로 이해했다. 마지막으로 계몽주의 시대에 이르러 인간은 이성과 자기 결정 능력이 있는 존재로 규정되기 때문에 존엄성을 지닌다.[25]

다른 생명체에 대한 인간의 '우월성'은 '하등의 인간'을 상정한다. 계몽주의적 인간상도 결국은 여성, 아동, 장애인, '비유럽인' 등을 배제하는 것이었다. 그러나 인류의 역사는 모든 인간이 존엄함을 확인하는 확장과 보편화의 과정이었다. 존엄하지 않은 인간이 있다면, 인간인 나는 당연히 존엄하지 않은 것

---

24   안재원, 「해제―키케로 수사학, 서양 인문학의 새로운 지평」, 마르쿠스 툴리우스 키케로, 『수사학』, 안재원 엮고옮김, 길, 2006, p. 35.

25   크리스토프 멘케·아른트 폴만, 『인권 철학 입문』, 정미라·주정립 옮김, 21세기북스, 2012, pp. 162~63.

이다. 나의 존엄은 존엄하지 않은 사람이 없어야 보편적으로 존중받는다. 존엄은 지속해서 추구해야 할 과제로서, 일시적 상태가 아니라 장구한 역사적 과정이다.

존엄성 관념은 역사성을 지닌다는 점에서 실천적 의미가 있다.[26] 즉 존엄성 자체가 역사적으로 확장하는 관념이라면, 지금 시점에서는 인간의 범주를 넘어서야 한다. 생태위기의 심각한 사태를 반영하여 이제 헌법 규범에서 존엄성 개념은 인간중심주의 포기의 뜻을 담고 있다고 보기도 한다.[27] 인류 자신은 물론 지구상 모든 존재의 멸종 위기를 불러일으킨 것이 인간이라면, 그 배경에 인간의 광적인 우월주의가 있다면, 이제 지구상 모든 존재의 존엄함을 인정하고 인류가 책임져야 할 의무를 인식하고 실천함으로써 인간의 존엄함을 증명해야 할 때다.

포스트휴먼 이론은 인류세에 인간을 지시하는 기본 준거 단위를 재점검한다. 지구 행성 차원에서 인간 행위자와 비인간 행위자 사이의 상호작용 관계를 고려하는 것이다.[28] 인간과 인간의 관계에서와 마찬가지로 종적種的 차원에서 자기와 타자의 파멸을 불러오는 존재가 존엄할 수는 없다. 인류세와 포스트휴먼 이론이 제기하는 관계성을 바탕으로 존엄의 원칙을 형성하는 것은 시간이 필요하다. 인간의 존엄과 가치는 인간 세계에

---

26   차수봉,「인간 존엄의 법사상사적 고찰」,『법학연구』16(2), 2016, p. 17.

27   이덕연,「환경 정의 개념의 외연과 내포」,『환경법연구』35(2), 2013, p. 169.

28   로지 브라이도티,『포스트휴먼』, 이경란 옮김, 아카넷, 2015, pp. 13~14.

머물지 않고 인간 아닌 존재의 존엄과 가치를 인정하고 공존하는 규범으로 고양한다. 인류세는 지구 위 모든 존재가 평화 상태에 있어야 지구 관점에서 인간이 존엄한 존재로 인정받음을 의미한다. 이러한 관점을 헌법 해석으로 녹여내고 헌법 원칙으로 정립하여 구체적인 법규범 또는 재판의 준거로 삼을 수 있어야 한다.

헌법 제5조 제1항은 국제 평화를 내세웠고, 전문에서는 세계 평화와 인류 공영을 천명했다. 20세기 전반에 일어난 두 번의 세계대전과 파시즘 체제는 신분·경제의 속박에 더하여 전쟁과 폭력에 의한 속박 문제를 제기했다. 그것을 뚫고 인간의 존엄과 함께 평화주의가 국제 법규범의 중심으로 등장했다. 현실에서는 국가 간 침략 전쟁의 금지 원칙에 머물러 있고, 국가 간에 침략 전쟁이 여전히 일어난다. 소설이나 영화에서 지구 평화를 위협하는 것은 대개 지구 외부의 존재다. 그러나 현실에서 지구의 존속을 위협하는 것은 지구 안의 여러 존재 중 하나일 뿐인 인간이다. 지구 생태계에 미치는 인간의 파괴와 교란이 막대하다.[29] 지구의 생명 시스템을 파괴한 종자 학살biocide

---

29 역설적이게도 법은 생태계 교란에 핵심적 책임이 있는 인간을 누락한다. 예를 들어 '생물 다양성 보전 및 이용에 관한 법률'만 보더라도 외래생물, 생태계 교란 생물, 생태계 위해 우려 생물 등을 지정하고 조사하며 인간의 생명체 거래 등 일정 행위를 규율할 뿐, 인간이 초래한 생태계 교란의 효과를 측정하고 그에 상응하는 인간의 책임을 묻지는 않는다.

과 지구 학살geocide의 책임이 있다(베리 2015: 55).

지구법학 관점에서 평화주의는 국가와 국가, 인종과 인종, 민족과 민족 등의 관계에 머무르지 않고, 인간과 다른 생명체 그리고 모든 존재의 평화를 지향하며 약탈과 훼손을 반대한다. 국제 인권법이 국가 주권보다 인권을 우선하려 하듯이 지구평화주의는 지구(자연)의 권리 또는 주권과 지구 자체의 평화를 그 무엇보다 우선하여 지향한다. 지구에서 벌어지는 자연 생태 파괴, 그에 따른 인간을 비롯한 모든 생명의 파괴를 중지하도록 하는 것이 지구평화주의의 시급한 과제다.

국가 안보의 개념 전환을 주장하는 의견이 나오고 있다. 국가주의 범주를 넘어 인류의 존립과 평화를 향한 지구 안보로 전환해야 할 때라는 것이다.[30] 지구 평화는 기존의 안보 관념과 전혀 다른 접근이어서 안보라는 용어를 빌리는 것이 적절치 않지만, 그 문제의식은 공유할 만하다. 헌법 전문에서 말하는 우리와 우리 자손의 안전은 곧 지구의 안전이다. 평화를 위협하는 요인은 '지구의 밖'에 있지 않다. 현재의 인간들이 자신들은 물론 미래 사람들의 생명을 위협하고 있다. 군대는 전쟁을 대비한 가상의 안전장치다. 국방 예산을 생태 예산으로 전환하는 것이 우리의 목숨줄이다.

베리는 '종의 연합United Species'을 말한다(베리 2015: 31). 보

---

30   표명렬, 「포스트코로나, 국가 안보의 개념부터 바꿔가야」, 『한겨레』 2021. 1. 19.

셀만은 자연이 평화롭게 존속할 권리가 있으므로, '그대로' 보호하기 위해서는 '종species 이기주의'를 탈피해야 한다고 주장한다.[31] 국제 평화, 아니 종간 평화가 헌법의 새로운 목표다. 인류스스로 만들어낸 인류세가 지구의 평화를 위협한다. 지구 위모든 존재의 존엄과 가치를 존중하는 것이 인간의 존엄과 가치를 존중하고, 인간의 존엄성을 실현하는 길이다. 이는 한 국가안에서 평화를 보장하는 헌법체제, 국제(국가 간) 평화를 추구하는 국제법체제를 넘어, 지구 안에서의 종간 평화를 지향하는지구법체제로 나아가는 것이다.

우리와 자손의 안전, 자유, 행복

헌법 전문은 "우리들과 우리들의 자손의 안전과 자유와 행복을 영원히 확보"한다는 내용을 규정한다. 먼저 '우리들의 자손'은 국가 관점에서 국가의 연속성을 담보하는 주체의 표현이다. 현존하는 인구 집단에 후속하여 출생하는 미래 인간의 집합체를 의미한다고 해석할 수 있다.[32] 독일 기본법은 미래 세대를 위한 책임을 규정한다.[33] 한국의 법률에서도 미래 세대라는

---

31   보셀만, 같은 책, p. 18.
32   미래 세대 개념에 대해서는 김성수, 「미래 세대 보호를 위한 법리적, 헌법적 기초」, 『법학연구』 29(4), 2019, p. 4를 참조하라.

용어를 적지 않게 사용한다.[34] 헌법을 현재 세대와 미래 세대가 공유하는 근본 가치로서 세대 간 계약의 토대로 이해하기도 한다.[35] 지구법학 관점에서 미래 세대는 지구라는 공간에서 시간 차를 두고 삶을 사는 사람이다.

안전, 자유, 행복은 삶의 기본 요소다. 지구법학 관점에서는 생태환경의 범주로 확장하여 비인간 존재와 세계까지 포함하는 관념이다. 독일 기본법은 자연적 생활 기반과 동물을 보호하는 것이 미래 세대를 위한 책임이라고 규정한다. 인간 아닌 존재 또한 지구에서 공존해야 미래 인간이 생존할 수 있으므로 인간 존엄과 마찬가지로 미래 '세대'는 비인간적 요소들, 예를 들어 미래의 동식물이나 생물 다양성 등을 포함한다.[36] 안전·자유·행복은 지구라는 공간 안에서만 성립할 수 있다. 유럽연합 기본권 헌장은 지속 가능한 발전의 원칙에 따라 높은 수

---

33 박진완, 「미래 세대를 위한 세대 간 정의 실현의 문제로서 지속성의 원칙—독일에서의 논의를 중심으로」, 『법과 정책』 24(2), 2018, pp. 115~52를 참조하라.

34 '생물 다양성 보전 및 이용에 관한 법률'은 현재 세대와 미래 세대의 동등한 기회를 말하고 있다(제2조 제5호). '물환경보전법'은 물 환경을 미래 세대에게 물려줄 수 있도록 함을 목적으로 한다(제1조). '건축기본법'은 "미래 세대에 계승될 문화 공간의 창조 및 조성"(제2조 제3호)을 법의 기본 이념 중 하나로 삼는다. 그 밖에도 '경제자유구역의 지역 및 운영에 관한 특별법 시행령' 등 많은 법률에서 미래 세대 용어를 발견할 수 있다.

35 배건이, 「국가의 미래 세대 보호 의무 실현을 위한 입법론적 연구」, 『국가법연구』 10(1), 2014, pp. 79~81.

36 김성수, 같은 곳.

준의 환경보호와 환경의 질적 개선을 보장해야 한다고 규정한다.

미래 세대와 지속 가능성 또는 지속 가능 발전의 개념은 다양한 법률에 수용되었다. 대표적으로는 '지속가능발전법' '저탄소 녹색성장 기본법' '환경정책기본법' '자연환경보전법' 등이다. 지속가능발전법에서 지속 가능성은 "현재 세대의 필요를 충족시키기 위하여 미래 세대가 사용할 경제·사회·환경 등의 자원을 낭비하거나 여건을 저하低下시키지 아니하고 서로 조화와 균형을 이루는 것"이다. 지속 가능 발전은 "지속 가능성에 기초하여 경제의 성장, 사회의 안정과 통합 및 환경의 보전이 균형을 이루는 발전"을 말한다. 지속 가능성은 인류 전체를 대상으로 하는 생태 친화적인 생활 강령이다.[37]

그런데 개발은 지속 가능성과 분리해야 한다. 일단 지구 자체를 지속할 수 있는 원칙이 중요하다. 지금 상황에서 경제 개발과 성장은 지구 생태의 조절과 회복의 가능성이 있는지를 충분히 따진 다음의 일이다. 세계적으로 경제 개발과 성장의 불균등 문제가 누적되어 있다. 이러한 선결 과제를 풀기 위해서는 동질성을 전제로 수량화한 다수 지배의 민주주의로는 역부족이다. 모든 지구 구성원의 관점에서 생태주의를 옹호할 수

---

37 이덕연, 「헌법 명제로서 '살림'의 패러다임과 경제와 재정의 '지속 가능성'」, 『법학연구』 21(4), 2011, p. 204.

있는 사람들에게 더 많은 발언권을 부여해야 한다. 생태민주주의 이념은 지속 가능한 생태계를 유지하기 위해서 현재 세대의 의사 결정 과정에 미래 세대는 물론 인간 이외 존재의 이해를 고려하는 것이다.[38] 헌법의 구체적인 국가 목표로서 안전과 자유, 행복은 국가의 재해 예방 및 국민 안전 보호의 의무를 포섭한다. 입법자에게 관련 법제의 적극적인 개정을 요구할 수 있는 구체적인 헌법적 근거다. 문제는, 입법자를 추동할 수 있는 헌법적 역량이다.

생산·생활 기반으로서 국토 그리고 국토 보전·보호와 공공복리

헌법 제122조는 국가가 국민 모두의 생산 및 생활의 기반이 되는 국토의 효율적이고 균형 있는 이용·개발과 보전을 위하여 법률이 정하는 바에 의하여 그에 관한 필요한 제한과 의무를 과할 수 있다고 규정한다. 헌법의 국토 관념은 이중적이다. 한편에서 국토는 국민의 생산 기반으로서 효율적으로 이용·개발되는 대상이다. 다른 한편에서 국토는 국민 모두의 생활 기반으로서 균형 있는 보전의 목표다. 현실은 소수의 국토

38 　진희종, 「생태민주주의를 위한 '생태법인' 제도의 필요성」, 『대동철학』 90, 2020, p. 112.

소유와 지배 그리고 경제적 이용이 압도적이다. 그러나 환경 또는 생태주의와 결합하여 국토에 대한 권리를 주장하는 견해도 있다.[39]

근대에서 현대에 이르는 인류 역사는 기독교-유럽 중심주의의 역사다. 국제법 근본 질서의 실제 의미와 핵심은 지구상에 있는 비유럽인의 땅을 점령하고 약탈하여 식민지로 삼는 데 있었다. 근대는 서구 유럽의 세력이 '불법'을 동원하여 땅을 취득하고 영토를 축적한 시대다.[40] 오늘날 국제 관계의 결정적 지형을 형성한 시대이기도 하다. 인간중심주의 내부의 한편에 서구 유럽 중심주의가 자리 잡고 있다.[41]

헌법의 기본 개념과 법리 또한 서구 유럽 중심 역사의 결과물이다. 카를 슈미트는 국가의 영토를 구체적인 질서와 법의 근원으로 이해한다.[42] 존 로크는 땅의 관할권에서 정치권력의 본질을 찾았다. 그것은 고권Hoheit과 지배권력Herschaftsgewalt의 원천이다. 그 땅에 거주하는 인간에 대한 지배이기도 하다.[43]

---

39 이국운, 「'국토에 대한 권리'의 헌법적 정당화를 위하여」, 『"국토에 대한 권리" 세미나 자료집』, 국토연구원·한국공간환경학회·서울대학교 아시아도시사회센터 주최·주관, 2020, p. 41.

40 칼 슈미트, 『땅과 바다』, 김남시 옮김, 꾸리에, 2016, p. 93.

41 프리초프 카프라·우고 마테이, 『최후의 전환』, 박태현·김영준 옮김, 경희대학교출판문화원, 2019, p. 104.

42 칼 슈미트, 『대지의 노모스』, 최재훈 옮김, 민음사, 1995, p. 22.

43 같은 책, p. 21.

베리는 헌법 체제가 민주주의보다 포괄적인 생명주의 정치에 기초한 인간 공동체의 구조여야 한다고 본다. 참고로 네덜란드 헌법은 인간 생활에 적합하게 국토의 환경을 유지하고 환경을 보호·개선해야 한다고 규정한다.

우리 헌법은 국가가 지구의 일부분으로서 국토를 보호하고, 보전과 이용·개발 사이에 균형을 이루도록 계획을 세워 필요한 제한과 의무를 과하도록 규정한다(헌법 제120조 제1·2항, 제122조). 자연력을 경제적으로 이용하는 데는 특허가 필요하며, 땅은 생존에 필요한 경작 활동을 하는 사람들이 사용해야 한다고 규정한다(헌법 제120조 제1항, 제121조). 그동안 헌법 문언을 충실하게 구체화하는 해석 작업이 없었던 탓에 사적 소유권 중심의, 개발 중심의, 인간의 종적 이기주의에 기초한 법외적法外的 요소가 더 크게 작동했다. 한국의 경제성장 전략은 시민과 자연의 생태적 관계를 파괴함으로써 헌법 규범을 훼손했다는 점에서, 그 수정과 함께 생태주의 회복이 필요하다.[44]

생태주의 개헌안에는[45] 국토의 자연환경이 인간을 포함한 생명 공동체의 기반이며, 국가가 그 보호와 지속성을 확보해

---

44 이론적인 접근은 황진태·박배균, 「한국의 국가와 자연의 관계에 대한 정치생태학적 연구를 위한 시론」, 『대한지리학회지』 48(3), 2013, pp. 348~65.

45 김문현 외, 『대화문화아카데미 2016 새헌법안』, 대화문화아카데미, 2016; 박태현, 「생태 헌법의 제안」, 『헌법, 환경을 어떻게 담을 것인가?』, 시민환경연구소·환경법률센터 주최, 월드컬처오픈코리아 W스테이지, 2017, p. 13.

야 한다는 내용을 담고 있었다. 이러한 개헌안은 문언을 명확히 하는 면이 있지만, 이미 헌법의 국토 관련 조항에 충분히 담겨 있다. 해석은 개별 사안에 적용할 수 있는 내용을 발견하는 작업이다. 물론 헌법을 제정하거나 개정할 때 생태주의 인식이 분명하지는 않았을 것이다. 그렇지만 국토를 경제적 소유 또는 개발의 대상으로만 보는 현재의 인식과는 달랐을 것이다. 국토와 지구의 관계, 그리고 그 위에 사는 인간과 다른 존재의 관계를 고려한 헌법 해석이 인식의 차이를 넘어 양자를 연결하는 구실을 한다.

지구는 고도로 다양하게 분화되어 있으면서도 단일한 공동체다(베리 2015: 62). 앨도 레오폴드Aldo Leopold는 땅이 흙, 식물, 동물의 회로를 거쳐 흐르는 에너지의 원천이라고 주장한다.[46] 인류는 지구 공동체의 정복자가 아니라 구성원으로서 동료 구성원과 땅의 공동체 자체를 존중해야 한다는 것이다(베리 2015: 37).[47] 헌법이 규범화한 생산·생활 기반으로서 국토의 보전·보호 의무는 지구 위 모든 존재의 생활·서식 기반인 지구의 일부분을 한국이 책임지겠다는 헌법적 책무를 확인한 것이다.

인류세라는 말은 인간이 만들었으나 감당할 수는 없는 세상이 되었다는 고백이다. 국민국가 단위의 주권과 그 독립성

---

46   진희종, 같은 글, p. 112.

47   또한 파블로 솔론 외, 『다른 세상을 위한 7가지 대안』, 착한책가게, 2018, pp. 156~57.

은 역사적 형성물로서, 오늘날 국제사회에서 국가 주권은 이미 제한적이다. 국가 주권은 모든 것을 대상화하고 그것을 처분할 수 있는 권력이 아니다. 지구법학의 관점에서 주권의 소명은 인간과 인간, 인간과 다른 존재의 관계에서 최선의 책임성을 담아내는 것에 있다. 국민 주권은 지구 주권으로 확장된다. 주권자 국민이 정치적·이념적 통일체라면, 지구야말로 생태적 통일체로서 주권자의 자격이 있다. 현실에서는 지구의 모든 구성원이 주권자의 지위에 있다. 현실에 존재하는 다양한 지구 위 존재들의 일반적 의사를 형성하고 보편적 이익을 추구하는 것이 인류에 부여된 책무다. 카를 슈미트의 주권론을 규범적으로 전환한다면, 기후위기의 시대야말로 인간 아닌 존재들이 인류세의 구체제에 저항하며 주권자로서 부상한 것으로 볼 수 있다.

지구 보전을 전제로 한 국토 보전의 원칙은 입법자에게 관련 법제의 지속적 혁신을 명령하는 헌법적 근거다. 다른 나라의 경우 한국 헌법과 같은 헌법 조항이 없다고 해도, 국토 보전은 국가의 존재 이유이기 때문에 한국 헌법의 지구 보전 원칙은 지구적 보편성이 있다. 그렇다면 모든 나라의 대의민주주의 체제에서 국민 대표 외에 지구 대표가 필요하다. 구체적으로는 입법부에 생태주의 상원을 설치하는 방안을 고민해야 한다. 생태주의 상원의 역할은 지구의 생태계를 위협하는 각종 개발 관련 법안의 재의를 요구하는 거부권 또는 지구의 생태계 보호를 위한 법안의 발의권을 행사하는 일이다. 각 국가의 생태주의 상원은 필연적으로 국제기구로서 자리매김해야 한다. 한 나라의 생태주의 상원은 다른 나라의 지구생태주의 관련 법안에 대해 찬성 또는 반대 의견을 제출할 수 있어야 한다. 이러한 관계의 형성은 지구생태주의 법 체제를 구축하는 출발점이다.

건강하고 쾌적한 환경에서 생활할 권리와 책무

헌법 제35조 제1항은 건강하고 쾌적한 환경에서 생활할 국민의 권리를 인정하면서 국가와 국민에게 환경 보전의 의무를 부여한다. 권리 기반 접근은 기본권의 구체적 권리에 기초해 사법적 구제를 청구할 수 있는 장점이 있다. 그러나 사법부는 정작 중요한 사회권적 측면을 적극적으로 인정하지 않는다. 과소 보호 금지 원칙에서 벗어나지 못하는 것이다. 헌법재판소는 "환경권이 건강하고 쾌적한 생활을 유지하는 조건으로서 양호한 환경을 누리는 권리"[48]이자, 자유권과 사회권의 종합적 기본권이라고 이해한다. 그러나 일정한 요건이 충족될 때 환경권 보호를 위한 입법이 없거나 현저히 불충분하여 국민의 환경권을 과도하게 침해하는 경우, 즉 과소 보호의 경우에만 헌법

48　헌법재판소 2017. 12. 28. 2016헌마45.

재판소에 구제를 구할 수 있다고 해석한다.[49]

생태주의 헌법으로 참고할 만한 비교법적 모델은 프랑스의 헌법이다. 프랑스는 헌법에 환경 전문前文을 추가하여 현재의 생산과 소비 형태, 과도한 자연 개발 등의 문제점을 예시하면서 자연과 인류의 공존 원칙, 미래 세대에 대한 책임, 생물 다양성, 지속 가능한 개발 원칙 등을 천명했다.[50] 생태주의 개헌안에서도 환경권에 미래 세대에 대한 책임을 명시한 개정안이 있다. 미래 세대에 대한 현세대의 책임 부여는 개헌 이전이더라도 헌법 해석론으로 전개할 수 있는 내용이다. 관건은 그것을 구체화하여 입법하는 일이다.

프랑스 헌법에서 주목할 것은 두 가지다. 하나는 모든 사람이 환경의 보존과 개선에 참여할 권리와 의무가 있다는 것이다. 다른 하나는 사전 예방 원칙이다. 환경권에서 환경 침해의 예방 또는 제한의 근거로 확인하고 있기도 하다. 사전 예방 원칙은 1992년 브라질 리우데자네이루에서 열린 지구정상회의 선언의 원칙 중 하나다.[51] 사전 예방 원칙과 시민 참여권은 '기후변화에 관한 국제연합 기본 협약' 제3조 제3항에서 당사국의 의무로 규정한 사항이다. 국가의 정책과 조치는 서로 다른 사

---

49   헌법재판소 2008. 7. 31. 2006헌마711.

50   이광윤, 「프랑스 환경 법전에 관한 연구」, 『환경법연구』 31(1), 2009, p. 228.

51   프랑스에서 사전 예방 원칙을 최소로 축소했다는 지적도 있다. 이브 코셰, 『불온한 생태학』, 배영란 옮김, 사계절, 2012, pp. 201~202.

회경제적 상황을 종합적으로 고려해야 하고, 기후변화에 대한 대응은 이해 당사자가 협동하여 수행할 수 있다. 기후변화 문제는 시민의 공통 문제이며, 시민은 모든 공적 문제의 이해 당사자이기도 하다.

일단 파괴된 환경은 되돌리기 어려우므로, 사전 예방 원칙은 환경권과 환경 보전 의무의 속성에서 출발할 수 있다. 협약은 당사국에게 기후변화의 원인을 예견·방지하고 최소화하며 그 부정적 효과를 완화하는 예방 조치를 취해야 한다고 의무를 부과한다. 그 결과로 심각하거나 회복할 수 없는 손상의 위험이 있는 경우에는 충분한 과학적 확실성이 없더라도 예방하는 조치를 할 수 있어야 한다는 것이다. 침해 이후에는 복구 또는 그에 상응하는 조치를 해야 하는 책임이 뒤따른다.

헌법재판소가 인정했다가 부정한 평화적 생존권도 마찬가지다. 헌법재판소는 "오늘날 전쟁과 테러 혹은 무력 행위로부터 자유로워야 하는 것은 인간의 존엄과 가치를 실현하고 행복을 추구하기 위한 기본 전제가 되는 것이므로, […] 헌법 제10조와 제37조 제1항으로부터 평화적 생존권이라는 이름으로 이를 보호하는 것이 필요하다. 그 기본 내용은 침략 전쟁에 강제되지 않고 평화적 생존을 할 수 있도록 국가에 요청할 수 있는 권리"라고 인정했었다.[52] 그러나 3년 뒤 헌법재판소는 한미 연

---

52   헌법재판소 2006. 2. 23. 2005헌마268.

합 군사훈련 관련 헌법 소원 심판에서 "평화란 헌법의 이념 내지 목적으로서 추상적인 개념에 지나지 아니하고, 개인의 구체적 권리로서 국가에 대하여 침략 전쟁에 강제되지 않고 평화적 생존을 할 수 있도록 요청할 수 있는 효력 등을 지닌 것이라고 볼 수 없다. 따라서 평화적 생존권은 헌법상 보장되는 기본권이라고 할 수는 없다 할 것이다"라고 판례까지 변경하면서 평화적 생존권을 부정했다.[53] 평화적 생존권을 인정한다고 해도 한미 연합 군사훈련이 평화적 생존권을 침해하지 않는다고 판단할 여지는 충분했다. 헌법이 국제평화주의를 지향하고 있음에도 헌법재판소가 평화 또는 평화적 생존권의 인정에 그렇게 인색할 까닭이 없다. 헌법재판소의 임무는 추상적인 헌법 문언을 구체화하는 것인데, 평화에 대한 해석을 포기한 것이다.

핵무기 시대에 평화는 사전 예방적일 수밖에 없다. 핵전쟁은 회복할 수 없는 상황을 초래하므로 핵무기의 전면 폐기가 평화적 생존권의 목표일 수밖에 없다. 피해 발생 이후 피해자에게 배상·보상하는 것을 비롯한 사후 조치는 평화적 생존권과 환경적 생존권의 보장에서 실질적 효과를 발휘할 수 없다. 인류세의 시사점은 회복 불가능성을 피하는 일이고, 그 시점 이전에 권리든 법익이든 그 형식을 떠나 사전 예방의 방안을 꾀해야 한다는 것이다. 지구법학은 기존의 법체계와 법리가 회

---

53 헌법재판소 2009. 5. 28. 2007헌마369.

복 불가능의 선을 넘지 않도록 하는 데 한계가 있다고 보기 때문에 법학 패러다임의 전환을 주장하면서 그에 상응하는 법체계를 구성하고자 고민하는 것이다.

시민 참여권은 한국 헌법에서 국민의 환경권과 국가와 국민의 환경 보전 의무 안에 포함된 것으로 해석할 수 있다. 환경권에 내포한 기본권의 개념 또는 효력의 문제이기도 하다. 기본권은 주관적 공권이지만, 객관적 법규범의 의미도 있다. '주관적'이라는 말도 단순히 사익이라는 의미가 아니라 불가침의 기본권 주체로서 개인을 중시한 것이다. 단순히 공익을 동원해서 법률과 헌법 해석으로 모든 인간의 권리라는 의미를 쉽게 재단해서는 안 된다. 환경권이 공익을 향한 객관적 공권이라면, 모든 사람은 환경 보전을 위한 입법에 참여할 자격과 권리가 있다.[54]

참여권은 환경 보전의 의무 주체와도 연결된다. 환경 보전 의무가 국가와 국민에게 부여되었다면, 기업 또한 의무 주체의 예외일 수 없다. 특히 기업에 대한 환경권의 구속력이 중요하다. 헌법 제126조는 국민경제상 긴급하고 절실한 필요가 있어 법률이 정하는 경우를 제외하고는, 사영 기업을 국유 또는 공유로 이전하거나 그 경영을 통제 또는 관리할 수 없다고 규

---

54   참가권의 주관적·객관적인 이중적 성격은 법 원칙으로서 협력의 원칙과 연결된다. 박수혁, 「행정법에 있어서의 협력의 원칙」, 『한독법학』 8, 1990, pp. 407~408을 참조하라.

정한다. 하지만 이는 반대해석을 하면 긴급하고 절실한 필요가 있을 경우엔 법률로써 사영 기업을 국유 또는 공유로 이전하거나 그 경영을 통제 또는 관리할 수 있다고 규정한 것이기도 하다. 지구 생태의 위기 극복은 국민경제의 긴급하고 절실한 필요에 우선한다. 헌법의 과제는 지구 생태 관점에서 기업의 경영을 통제 또는 관리하는 것이다.

지구의 위기를 초래한 핵심적인 요인 중 하나는, 자연은 물론 인간까지 도구화하고 희생하면서 이윤을 무한으로 추구하는 자본주의 체제다.[55] 서구 국가의 제국주의적 팽창은 자본주의와 긴밀하게 얽혀 있기도 하다. 사적私的 권력으로서 자본은 개인과 동일시되어 자유를 구가하는 한편, 사적私的 자치와 계약 자유의 명목으로 개인에 대한 억압과 착취를 은폐한다. 20세기 이후 현대의 헌법들은 경제적 불평등 해소를 선언했지만, 사회적 불평등 해결은 물론 성장·개발주의적 자본주의를 탈피하지 못했다.

새로운 환경권의 패러다임은 자본과 국가의 권력 체제를 넘어서야 하는 과제에 직면해 있다. 지구는 모든 존재에게 불가결·불가침의 모태이므로, 국가와 기업 그리고 개별 인간은 지구의 보전이 곧 생명의 원천임을 서로 각인하는 일이 필요하다. 그리고 각 주체는 서로 지구의 보전에 책임을 지도록 국가

---

55   솔론 외, 같은 책, p. 11.

는 권한을 발동하고 기업은 책무를 다하며 개인은 권리를 행사해야 한다. 누구나 모든 생명을 포함한 지구의 훼손을 방지할 책무와 함께 지구를 방어할 수 있는 권리가 있다.

한스 요나스는 인간이 모든 환경문제에 대해 권력을 가지는 동시에 그 권력으로 위해를 가할 수 있으므로 자연에 대한 책무가 있다고 이해한다.[56] 그에게 자연 개념은 세계, 우주, 인간 등을 포괄하는 광의의 개념과 자연을 인간에 대한 상대개념으로서 물질적으로 보는 협의의 개념을 포괄한다.[57] 기존의 환경권 논의가 협의의 개념이었다면, 지구법학 관점의 환경권은 광의의 개념으로 확장한다.

환경권은 곧 환경 보전의 책무라고 말할 수 있을 정도로 권리의 성격보다 의무의 성격이 더 강하다. 국가는 과학기술, 경제 등 모든 영역에서 지구 생태 보전에 대한 무해성無害性 또는 최소 침해성을 입증하지 못하면 개발을 멈춰야 한다. 기업은 지구 생태에 대한 영향 평가에 따라 생산과정 자체를 통제받아야 한다. 그 부담을 소비자 또는 시민에게 전가해서는 안 된다.

생태 기본권 논의는 환경권의 발전 개념으로 이뤄진다. 주

---

56 양해림,「한스 요나스의 생태학적 사유 읽기」, 충남대학교출판문화원, 2017, pp. 52~54 참조.

57 변순용,「자연과 미래 세대에 대한 책임의 정당화에 대한 연구」,「철학연구」62, 2003, p. 257.

관적 권리의 최대한 보장은 물론 객관적 생태 질서의 보전을 주장함으로써 생태적 책무성을 강조한다.[58] 환경권의 확장해석 이든 생태적 기본권이든 지구의 권리 또는 자연의 권리를 구성하는 차원에서 지구와 자연 또는 동물에 법인격을 부여하고, 국가와 기업 그리고 시민의 환경 보전 책무를 실효적으로 이행할 수 있게 하는 법제가 필요하다. 그것은 다른 한편 누구나 지구를 위하여 방어권과 청구권을 행사할 수 있는 제도이기도 하다.[59] 기업 또는 법인은 권리의 주체가 아니라 헌법적 책무의 주체, 즉 수범자다. 환경권의 확장 개념으로서 지구의 권리는 시민의 투쟁 개념에서 국민의 자율 규범으로, 그리고 헌법적 차원의 입법 지침에서 법적 권리로 부단히 진보해야 할 국가의 목표이자 헌법적 과제다.

4. 지구법학 관점에서 헌법재판소의 역할

2020년 3월 환경 단체 '청소년기후행동'의 청소년 19명이

---

58 박규환, 「생태적 기본권 도입에 관한 연구」, 『공법학연구』 19(1), 2018, p. 116.

59 미래 세대의 환경권 관점에서 국가의 행위 지침이자 법규범의 해석 지침으로 환경권을 확장하는 견해도 있다. 배건이, 「미래 세대 환경권에 관한 헌법적 연구」, 『비교법연구』 11(3), 2011, p. 173; 구승회, 「환경윤리학에서 미래 세대의 문제」, 『윤리연구』 47, 2001, pp. 63~81을 참조하라.

한국 정부를 상대로 헌법 소원을 청구했다. 정부와 국회가 기후변화의 치명적 위험을 인정하면서도 관련 법령에서 더 높은 수준의 온실가스 감축 목표를 설정하지 않는 것을 그 대상으로 했다. 성인이 됐을 때 기후변화로 인해 회복 불가능한 피해를 보게 될 것이며, 그것이 생명권, 행복추구권, 인간다운 생활을 할 권리 등의 기본권을 침해하는 것이라고 주장했다.[60]

　　기후 관련 헌법 소원 심판은 기후변화에 임박한 현실 위험이 있는지, 국제 공동체에서 합의한 감축 수준을 판단 기준으로 삼을 수 있는지, 그리고 그것을 바탕으로 국가의 기본권 보호 의무 위반이라고 판단할 수 있는지가 쟁점이다. 구체적으로는 생명과 신체의 안전, 생존과 공동체의 존속에 이르지 못하는 감축량을 설정하는 조치가 국가의 재량 범위를 넘어섰는지도 문제다.[61]

60　같은 해 10월, 한국 정부는 헌법에 온실가스 감축 목표에 대한 입법 의무가 명시되어 있지 않으며, '저탄소녹색기본법'이 2010년 제정되어 청구 기간 90일이 지난 데다, 해당 법령의 적용을 받는 것은 정부이지 국민이 아니므로 청소년은 청구인 적격이 없다는 의견서를 냈다(『한겨레』 2021. 1. 21).

61　네덜란드, 미국, 덴마크, 스위스, 영국, 캐나다 등에서도 청소년과 농부 들이 기후변화에 대한 정부의 책임을 묻는 소송을 제기해 일부 승소 판결을 받았다. 네덜란드에서는 '우르헨다Urgenda'라는 시민 환경 단체가 정부의 2020년 온실가스 감축 중기 목표는 위법행위라고 주장하면서 법원에 소송을 제기했다. 이들은 그 목표가 국제 수준에 못 미치는 수준이며, 이는 기후변화라는 인류가 처한 위기를 대처하는 데서 국가의 주의의무를 다하지 않은 것이라고 주장했다. 2015년 6월 네덜란드 지방법원은 시민단체의 손을 들어주며 네덜란드 정부에 감축 목표치를 추가 상향하도록 명령했다. 법원은 기후변화가 초래할 심각한 부정적 영향을 고려할 때, 국가는 온실가스를

헌법재판소가 현재 원용할 수 있는 헌법적 근거는 헌법 제10조의 국가의 기본적 인권 확인과 보장 의무다. 판례는 그다지 적극적이지 않다. 그 범위를 구체적으로 확정하고 재판규범으로 원용하기가 쉽지는 않을 것이다. 현재 지구의 파괴를 멈추도록 국가의 작위의무를 인정할 수 있는 유력한 법적 원칙은 사전 예방 원칙이다.[62] 구속력을 강화하려면 현재 기후위기에 대한 상황 판단과 정부 정책의 진단, 그리고 그에 맞춰 헌법 해석에 따른 구체적 작위의무 도출 등의 논증이 필요하다.

사전 예방 원칙의 핵심은 위험의 심각성이다. 그리고 우리가 현재 마주한 위험은 확증할 수는 없지만 상당한 과학적 증거가 있는 위험이다.[63] 아직도 인류는 미래의 파급 효과를 증명하는 데 한계가 더 많다. 위험에 대한 입증의 책무를 전환하여, 지구에 부정적 영향을 미치는 행위를 하려는 측이 미래에 위험이 없음을 증명하게 해야 한다. 헌법재판소는 사전 예방 원칙과 국제 규범을 원용하여 국가의 적정한 작위의무를 인정해야

감축하는 조치를 할 주의의무가 있다고 인정했다. 이때 국가의 의무는 네덜란드 헌법과 유럽인권협약에 근거하여 도출되었다. 2018년 10월 헤이그 고등법원은 다시 원고 승소를 인정하며 하급심 판결을 확정했다. 박시원·박태현, 「기후변화와 국가의 책임」, 『환경법과 정책』 15, 2015, pp. 167~207을 참조하라.

62 사전 예방 원칙을 강조하는 것으로는 세계화국제포럼, 『더 나은 세계는 가능하다』, 이주명 옮김, 필맥, 2005, pp. 146~47을 참조하라.

63 이상헌, 「신생 기술들에 대한 사전 예방 원칙 적용의 윤리적 근거 연구」, 『생명연구』 35, 2015, pp. 181, 183.

한다. 지구가 처한 존립의 위기 상황으로 시야를 넓혀야 한다. 지구 위기의 임계점을 논의하는 시점이므로 헌법재판소는 기후위기 대응 입법에 만족하지 못해서 불충분하다고 주장하는 사람들이 있다면, 그 입법은 위헌이라고 판단해야 한다. 그래야 환경권 관련 사안에서 사전 예방 원칙을 헌법 원칙으로 인정하고, 국제 규범이 부여한 적정한 예방 의무를 국가가 이행했는지 입증하도록 하는 결정을 축적할 수 있을 것이다. '기후변화에 관한 국제연합 기본 협약' 제3조 제3항의 당사국 의무는 물론, 파리협정도 원용할 수 있다. 파리협정은 신기후변화 체제에서 법적 구속력이 있는 문서로서 주기적으로 이행을 점검할 것을 요청한다.[64]

사전 예방 원칙은 평화적 생존권과도 연관이 있다. 헌법재판소는 평화적 생존권을 기본적 인권으로 인정했다가 판례 변경을 통해 기본권으로서의 위상을 부정한 상태다. 평화적 생존권은 사전 예방 원칙에 적합한 기본적 인권이다. 또한 국가 간 평화를 넘어 종간 평화의 의미를 담을 수 있기도 하다. 국가 간 전쟁은 물론 지구온난화로 인한 지구의 위기를 방지하기 위해 가장 적극적으로 전개해야 할 헌법 원칙이자 기본적 인권이다. 이미 심각하거나 돌이킬 수 없는 피해의 위협이 존재한다. 그

---

64 박병도, 「신기후변화 체제의 국제법적 쟁점 — 준수 메커니즘을 중심으로」, 『국제법학회논총』 62(1), 2017, pp. 57~58.

위협이 과학적으로 완전히 입증되지는 않았지만, 그 위협이 확실하고 시간이 거의 없다는 의견과 행동 그리고 연구가 차곡차곡 쌓이고 있다. 헌법재판소는 예방 조치를 확보할 수 있는 헌법 원칙을 정립하고 그것을 기본권의 보호 영역으로 흡수하는 논증 작업을 적극적으로 해야 한다.

5. 결론

헌법재판소 또는 법원이 헌법 해석을 통해 헌법 원칙을 발견 또는 창조함으로써 입법자의 작위의무를 끌어내는 일은 과거의 판례 경향을 고려할 때 쉽지 않다. 사법부가 혁신적 전환의 모습을 보일 가능성도 현재로서는 높지 않다. 그렇지만 현재의 기후위기 상황은 사법부가 지구 생태와 관련한 사안에서 헌법 해석을 통해 입법 프로그램 또는 입법 방침을 시도하고 축적함으로써 헌법 원칙을 제시할 것을 요청한다. 헌법재판소는 지구 생태의 위기를 직시하고 국회와 정부의 지구 생태 보전 의무를 확인함으로써, 기후위기 또는 생태 관련 사건에서 적극적으로 헌법 불합치 결정 또는 (아직은 합헌이지만 위헌을 방지하는) 입법 촉구 결정을 전개해야 한다. 이러한 변형 결정은 논란이 있을 수 있지만, 지구 생태의 헌법 해석론을 공론화할 수 있는 헌법적 대화의 실마리다.[65]

학계와 시민사회에서는 지구법학의 법리를 정교화하고 입법안을 제시하며 입법 운동을 벌이는 동시에 지구 보전 관점에서 공익·인권 소송을 통해 사법부에 성찰과 전환의 기회를 제공할 필요가 있다. 지구의 위기를 치유하는 책무 부담에서도 조세 책무의 진보에서처럼 원인 제공자 부담 원칙에서 이익에 비례한 응익應益 원칙으로, 그리고 책무에 비례한 응능應能 원칙으로 그 책무를 배분함이 타당하다. 기업과 자본은 이제 국가를 매개하지 않고 그 헌법적 책무를 져야 할 직접적이고 핵심적인 수범자다.

기업과 자본은 국가 못지않게 중요한 지구 생태주의 헌법의 규율 대상이다. 국가는 기업의 헌법적 책무를 구체화함과 아울러 기업이 그 책무를 이행하도록 적절하게 규율하거나 촉진하는 역할을 해야 한다. 지구의 모든 국가가 생태 평화주의에 바탕을 둔 문명으로 전환하는 길에서 생산적 경쟁을 할 때다. 헌법재판소가 지구와 그 위에 서식하는 모든 존재가 처한 위기 상황에 대한 인식을 바탕으로 생태적 방향을 제시하는 적극적인 결정을 내리는 것은 시대적 소명이다. 헌법 조항의 문언과 조항 간 관계 그리고 전체 법체계 너머에서 길을 찾아야 한다. 우주와 지구의 관점에서 실정법 체계의 여집합 영역인

---

65   헌법재판소의 변형 결정이 모든 국가기관과 국민을 헌법 해석의 대화 과정에 참여하게 할 가능성을 제공한다는 견해는 김선택, 「헌법적 대화에 있어서 헌법재판소의 역할─한국 헌법재판, 제3의 길, 가능한가?」, 『공법연구』 41(4), 2013, p. 58.

지구법학의 영역으로 헌법 해석의 범위를 확장하지 않으면 안 될 시대 상황이다.

지구법학과 사유재산권[1]

정준영

1. 지구를 위한 법학의 등장

오늘날 인간은 지구 밖 행성으로의 이주를 감히 상상해볼 수 있는 시대에 산다. 하지만 그런 발상이 보여주는 바는 역설적이게도 지구야말로 "가장 핵심적인 인간의 조건"이라는 점이다.[2] 전 우주에서 지구만이 유일하게 인간이 인공물 없이도 생명을 유지할 수 있는 거주지를 제공하기 때문이다. 인간의 조건에 관한 이런 인식과 사유는 '지구법학'의 주창자인 토마스 베리의 사상에서도 나타난다. 베리는 인간의 실존에 한 가

---

1 이 글은 정준영, 「지구법학의 원리와 사유재산권」, 『환경법과 정책』 26, 2021, pp. 87~114를 수정·편집한 것이다.

2 한나 아렌트, 『인간의 조건』, 이진우 옮김, 한길사, 2019, p. 68.

지 필연적인 사실은 "병든 지구 위에서는 건강한 인간이 살 수 없다"는 점이라고 말한다(베리 2015: 125). 우리는 더 큰 전체에 속한 작은 일부분으로서 필히 다른 존재자들과 서로 의존하는 관계를 맺으며 존재한다. 현재 인류가 처한 위기는 바로 그 '더 큰 전체'인 지구가 '작은 일부분'인 인간 자신의 손에 의해 병들고 있다는 데에서 기인한다.

지구법학은 베리의 사상·이론 체계에서 맨 앞자리를 점하는 실천적인 이론이다. 다시 말해, 그는 법과 통치에 관한 새로운 철학을 무기로 삼아 세상의 변화를 도모했다. 베리는 인간 문명의 구성 요소들 중에서도 법체계를 향해 비판의 목소리를 높였다. 그것은 인간이 세계 전체 혹은 타자에 대해 가지는 인식, 그리고 그것과 맺는 관계의 양식이 법규범에 고스란히 반영되어 있고, 동시에 법규범에 의해 강화되기 때문이다. 그에 따르면, 현재 인간의 법체계는 철저히 인간 중심적이다. 베리는 지구가 스스로를 다스리는 생태 시스템에 부합하도록 법률 시스템을 만드는 일, 그리고 인간이 지구를 마음대로 착취하지 못하도록 방지함으로써 여러 종種이 함께 받아들일 수 있는 내용의 법적 구조를 수립하는 일에 우리가 실패했음을 강조한다(베리 2015: 47). 베리의 사상에 기초하여 지구법학의 원리에 합치하는 인간의 법을—하나의 지향점으로서—'야생의 법'이라는 개념으로 제시한 코막 컬리넌 역시 "우리의 법적·정치적 제도는 지구의 지속적 훼손을 영속화하고, 보호하며, 정당화한

　　　　　　　　지구법학과 사유재산권

다"라고 평가한다.[3] 법이 지구의 파괴를 규범적으로 뒷받침하고 있다면, 지금의 위기에 직면하여 우리는 마땅히 법을 다시 사유하는 데에서 출발해야 할 것이다. 여기에 지구법학의 본령이 있다.

지구법학은 인간중심주의에 바탕을 둔 인간 법체계를 비판하는 새로운 담론이고, 특히 인간만을 주체로 상정하고 자연은 객체로 한정하는 사유재산권 체계를 문제 삼는다. 이 글은 지구법학의 등장을 조심스럽게 마주하면서 그것에 담긴 원리에 따라 사유재산권 제도가 어떤 방향으로 변화할 수 있을지를 논한다. 먼저 지구법학의 핵심 요소인 '자연의 권리' 주장을 이론적으로 살펴본다. 이어서 '21세기의 자연법' 이론이라 할 법한 지구법학이 현대 민주주의 정치 공동체의 견해 불일치 disagreement라는 조건 속에서 어떤 방식으로 다뤄질 수 있는지를 논한다. 다음으로 사유재산권의 정당화 근거를 제시하는 주요 논의를 일별한 후에, 지구법학의 원리에 기초하여, 인간이 역사적으로 구성해온 사회제도인 사유재산권 체계의 변화를 모색할 수 있는 몇 가지 가능성을 검토한다.

---

3   코막 컬리넌, 『야생의 법』, 포럼 지구와사람 기획, 박태현 옮김, 로도스, 2016, p. 108.

2. 자연이 권리를 가진다는 주장

지구법학의 권리 이론

베리가 주창하고 컬리넌이 구체화하고자 한 지구법학의 요체는 단연 권리 이론이다.[4] 지구법학의 권리 이론은 모든 존재자의 권리를 인정한다. 무언가 세상에 존재한다는 전제에서 그것이 권리를 가진다는 규범적인 결론을 도출하는 이런 사유를 '권리에 관한 존재 이론'이라 부를 수도 있을 것이다. 베리는 「권리의 기원과 분화 그리고 역할」에서 아래에 인용한 명제들을 포함하여 법체계의 변화를 위한 열 가지 원리를 제시한다 (베리 2015: 167~68).[5]

그 명제들을 전제로 채택하여 논변을 구성해보면 다음과 같다. 우주는 모든 존재의 가장 큰 맥락으로서 스스로 준거하는 존재이고 규범의 원천이다. 그러한 우주에서 그것의 질서에 속한 개체들의 존재가 기원하며, 그러한 우주의 구성 요소들은 하나의 주체로서 권리를 가질 수 있다. 지구의 모든 구성 요소는 존재할 권리를 비롯하여 기본적인 권리를 가진다. 인간은

---

4 박태현, 「지구법학의 사상적 기원」, 강금실 외, 『지구를 위한 법학』(서울대학교출판문화원, 2020), p. 35.

5 박태현, 같은 글, p. 36. 「권리의 기원과 분화 그리고 역할」 전문은 이 책 pp. 80~82를 참조하라.

지구에 속하는 하나의 주체에 불과하며 인간이 가지는 재산권은 또 다른 주체인 자연의 다른 존재자들이 가지는 권리에 의하여 제한된다.

　이러한 논변에 따르면 인간 법체계의 근본적인 이분법인 행위/권리주체로서의 **인격**person과 행위/권리객체로서의 **사물**thing 사이에 놓인 장벽이 무너지게 된다. 이로써 자연물은 소유·지배·사용의 대상이라는 굴레를 벗어나게 되고, 지구 공동체의 모든 구성 요소가 권리의 주체로 등장한다(베리 2015: 167). 지구의 모든 존재자가 가지는 가장 기본적인 권리들은—기본적 인권human rights이라는 용어에 상응하여—기본적 '지구권Earth rights'[6]이라고 표현된다. 이렇게 지구법학의 권리 이론에서 제시되는 지구권 혹은 '자연의 권리'[7] 개념은 고전적인 주체·객체의 이원론을 거부함으로써, 바로 그 자연을 객체로 삼는 인간의 사유재산권을 강력하게 제한하거나 부정하는 논리를 직접적으로 제공한다(베리 2015: 126, 168).[8]

6　컬리넌, 같은 책, p. 169.

7　'자연의 권리Rights of Nature'는 2008년 에콰도르 헌법에 명문으로 포함된 용어이다. 이 글에서 '지구권'과 '자연의 권리'는 교환 가능한 표현으로 사용한다.

8　Peter D. Burdon, *Earth Jurisprudence: Private Property and the Environment*, Routledge, 2017, p. 101 이하; 강금실 외, 같은 책, pp. 133, 225.

주요 권리 이론에 따른 검토

지구법학이 말하는 자연의 권리 개념을 권리의 본질과 근거를 설명하는 기존의 주요 이론들에 비추어 검토해보고자 한다. 권리에 관한 고전적인, 그리고 현대적인 논의는 모두 '의사 이론will theory of rights'과 '이익 이론interest theory of rights'의 대립을 기본 구도로 하여 펼쳐져왔다.[9] 의사 이론에 따르면 권리의 본질은 무엇보다 권리 보유자의 의사 혹은 선택에 의한 처분의 권능power에 있다. 반면 이익 이론에 따르면 권리의 본질은 타인에게 의무를 부과할 정도로 중요한 이익interest을 보호하는 데에 있다. 이 두 가지 이론은 '누가 권리의 주체가 되는가' '무엇이 어떤 근거에 따라 권리로 인정되는가' '권리를 가지고 행사한다는 것은 무엇을 의미하는가' 등의 질문에 대해 서로 다른 대답을 내놓는다.

(1) 의사 이론의 적용

의사 이론의 핵심 명제는 다음과 같다. 누군가 권리를 보유하기 위한 필요충분조건은, 타인의 의무에 대하여 그가 그러한 의무의 이행을 강제할 수 있거나 포기할 수 있도록 하는 권능을 보유하고 있다는 점이다.[10] 이러한 관점에 따르면 합리적

---

9   김도균, 『권리의 문법』, 박영사, 2008, pp. 45~48.

으로 사고하고 그에 따라 의사를 표현할 수 있는 능력을 가진 존재들만이 권리주체가 될 수 있다.[11] 이 입장을 일관되고 강하게 밀고 나가면, 인간 중에서도 그러한 능력을 결여하고 있다고 판단되는 존재들은 권리를 가질 수 없다는 결론에 도달하게 된다.

의사 이론은 인간에게 고유하다고 여겨지는 특정한 내용의 행위주체성agency을 권리주체성의 전제로 삼고 있다. 그러한 능력은 근본적으로 인간 중심적인 것이다. 따라서 의사 이론으로는 자연의 권리를 조금도 설명할 수 없을뿐더러, 그 이론에 기초하면 의사능력이 없는 자연물은 원천적으로 권리를 가질 수 없다.

(2) 이익 이론의 적용

조지프 라즈Joseph Raz가 대표하는 권리에 대한 현대적인 이익 이론은 어떤 주체가 가지는 도덕적으로 중요한 이익에 기초하여 권리를 설명하고 정당화한다.[12] 그것으로 '자연의 권리' 주장을 다음과 같이 정식화할 수 있을 것이다. 비인간 주체가 가지는 어떠한 이익이 그것을 침해하지 않을 의무를 인간 주체에게 부과할 만큼 충분히 중요하다면, 비인간 주체가 가지는 그

---

10   같은 책, p. 52.
11   같은 책, p. 53.
12   같은 책, p. 56 참조.

이익은 권리로 인정되어야 한다. 최근 한국 사회에서도 활발한 토론의 주제가 되고 있는 '동물의 권리animal rights'에 대해서도 이런 방식으로 정당화 논변이 제시될 수 있다.[13]

그런데 우리는 여기서 동물의 권리와 자연의 권리 사이에 놓여 있는, 생각보다 큰 간극을 놓쳐선 안 된다. 조엘 파인버그는 그 자신만의 이익을 가지는 종류의 동물들은 권리를 가질 수 있음을 논증한다.[14] 그에 따르면, 이익을 가지는 존재는 대리인을 통해 대변될represented 수 있다. 따라서 자신만의 이익을 가지는 어떤 동물이 가지는 권리는 충분히 요구·주장·행사될 수 있다. 이렇게 권리의 보유자는 반드시 ─대리인 등을 통해 ─대변될 수 있어야 하는데, 어떠한 이익도 가지지 않는 존재는 대변되는 것이 불가능하다. 이러한 '이익 원칙interest principle'을 식물에 적용하면, 무언가를 의식적으로 원할 수 없고 따라서 그 자신만의 이익을 가지지 않는 나무들은 권리를 가질 수 없다. 따라서 이익 이론으로 동물의 권리를 주장할 수 있다 하더라도, 그것이 자연의 권리에까지 곧바로 적용될 수 있는 것은 아니다.

베리는 온갖 자연물이 '존재함에 관한 이익interests in being'

---

13   자연의 권리와 동물의 권리에 대한 법학적 접근으로는 송정은, 「자연의 권리와 동물의 권리 담론의 법적 고찰」, 『환경법과 정책』 25, 2020, pp. 1~34.

14   Joel Feinberg, "The Rights of Animals and Unborn Generations," *Rights, Justice, and the Bounds of Liberty*, Princeton University Press, 1980, pp. 161~67.

을 가진다고 주장한다.[15] 결국 자연의 권리를 이익 이론으로 설명하고 정당화하려 한다면 자연(물)이 과연 '이익interests'('이해관심'으로도 번역된다)을 가지는지, 만약 그렇다면 자연이 가진다는 이익이 무엇을 의미하는지, 그리고 '타자에게 상응하는 의무를 부과할 만큼 충분함'이 어느 정도를 뜻하는지가 다시 중대한 쟁점이 될 것이다. 이런 식으로 정당화되어 법체계 안에서 승인된 '자연의 법적 권리'를 결국엔 인간 대리인이 대변하여 소송의 형식으로 보호해야 한다면, 자연이 가진다는 모종의 '이익'이 의미하는 바가 사법 과정에서 중요해지기 때문이다. 이에 대해 사회 구성원들이 합의할 수 있는 토대를 만들지 못하여 그때마다 각자의 도덕적 판단에 맡겨둬야 한다면, 이는 명확성과 예측 가능성의 측면에서 법의 지배 원리를 훼손할 것이다. '자연의 법적 권리'에 의해 특정 권리를 제한당하는 당사자의 입장에서는, 상대방 자연물을 대리하는 개인 또는 단체의 주장이 그저 그 사람의 정치적 선호에 불과하다고 의심할 수도 있다. 이처럼 이익 개념을 매개로 하여 자연의 권리를 설명하려는 시도는 이론적으로 큰 부담을 지게 된다.[16]

---

15   박태현, 같은 글, p. 22.
16   김도균, 같은 책, p. 64 참조.

본성을 실현할 자유로서의 권리?

앞서 검토한 것처럼 자연의 권리는 기존의 권리 이론들로는 충분히 뒷받침되기 어렵다. 그렇다면 그것을 어떻게 이해해야 하는가? 그것은 '권리'라는 개념의 잘못된 사용에 해당하는가? 크리스토퍼 스톤Christopher D. Stone은 자연물이 인간도 동의할 수 있는 이익을 가지며, 그러한 이익을 후견인을 통해 대변할 수 있다는 점에 근거하여 자연물의 **법적** 권리를 인정해야 한다고 주장했다.[17] 이처럼 스톤은 분명하게도 자연물이 **법적** 권리와 소송 원고 적격성을 가진다고 주장했다. 그와 비교하여 베리가 사용한 권리 개념의 기본 성질은 우선 **도덕적**인 것으로 보인다. 존재의 기원으로서 우주가 가지는 근원적 가치를 근거로 삼고 있기 때문이다. 그리고 그것은 '지구(더 넓게는 우주) 내의 존재자 혹은 구성 요소'라는 지위에 수반하는 것으로 나타난다.

먼저 이 지점에는 도덕적 **지위**와 도덕적 **권리**에 관한 쟁점이 존재한다. 도덕적 고려의 대상이 되는 도덕적 지위의 유형은 다양하고, 그 유형에 따라 상대방 행위주체에게 서로 다른 의무들을 부과한다. 또 도덕적 지위를 판단하는 기준은 단일하지 않다. 메리 앤 워런Mary Anne Warren은 도덕적 지위를 판단하

---

17   박태현, 같은 글, pp. 32~34 참조.

기 위한 다중 기준 접근법을 제시하는데,[18] 이에 따르면 어떤 존재가 어떤 도덕적 지위를 가진다는 사실은 그것이 도덕적 권리를 가진다는 점을 곧바로 함축하지는 않는다. 도덕적 권리는 특정한 도덕적 지위에 한하여 인정되는 것이다. 따라서 자연물의 경우에도 무엇이 어떤 기준들에 따라 어떠한 유형의 도덕적 지위를 가지며, 그러한 지위에 도덕적 권리가 수반하는지 여부가 따로 섬세하게 논의되어야 한다. 예컨대 나무는 일정한 도덕적 지위를 가지면서도 도덕적 권리를 가지지는 않을 수 있는 것이다.

그런데 지구법학의 실천적 요점은 그러한 자연물이 가지는 비-법적 권리를 한발 더 나아가 법규범에 의해 인정되는 법적 권리로 전환하는 것이다. 이 지점에는 **도덕적** 권리와 **법적** 권리 사이의 간격이 존재한다. 하나의 도덕적 권리는 어떤 근거에 의하여 실정법적으로 제도화된 권리로 승인될 수 있는가? 이 질문에 답하기 위해 우리는 앞서 언급한 의사 이론과 이익 이론에 다시 호소할 수밖에 없을 것으로 보인다. 하지만 자연의 권리는 두 이론으로는 설명되기 어렵다. 이것이 바로 자연의 권리 개념이 부딪치게 되는 권리 이론상의 난점이다.

이러한 문제와 관련하여 지구법학의 권리 개념이 "전통적

---

18 M. A. Warren, *Moral Status: Obligations to Persons and Other Living Things*, Oxford University Press, 1997.

인간법학에서 말하는 권리와는 '존재의 지평'을 달리한다"고 평가하는 입장도 있다.[19] 컬리넌은 이와 관련하여 아래와 같이 밝힌다.

> 인간을 포함한 지구 공동체 모든 성원의 '권리'를 기술하기 위한 적절한 대안 용어가 부재한 가운데, 나 또한 지구 공동체의 다른 성원들과의 관계에서 그 개념을 사용하고 있다. […] '권리'라는 어휘의 사용이 때때로 거슬리거나 부적절하게 들린다면, 그것은 우리의 법적 사고나 용어 사용법에 한계가 있음을 가리키는 것이다.[20]

요컨대 자연의 '권리'를 표현할 수 있는 다른 용어가 당장 없기 때문에 불가피하게도 그 개념을 잠정적으로 사용하고 있다는 것이다. 법학에서 널리 받아들여지는 호펠드의 권리 결합체bundle로 분석할 수 있는 전통적인 법적 권리의 개념[21]과, 베리가 말하는 자연물을 비롯한 지구 공동체 성원의 권리 개념은 질적으로 다른 것이다. 베리는 "우리는 권리 개념을 인간의 의무, 책임 및 핵심 본성을 이행하고 실현할 수 있는 인간의 자유를 의미하는 것으로 사용한다"는 전제에서 자신의 특유한 권

---

19   박태현, 「역자 후기」, 컬리넌, 같은 책, pp. 337~38.
20   컬리넌, 같은 책, p. 169.
21   호펠드의 권리 분석에 대한 기본적인 연구로는 김도균, 같은 책, pp. 3~42.

리 개념을 도출한다.[22] 즉 권리란 본성에 의해 부여된 의무를 다하기 위한 자유라는 것이다. 이를테면 자연의 일부인 인간 종에게 지구권(또는 자연의 권리)이 적용되면 그 내용은 인간 종의 본성에 고유한 것으로서 '생명권을 비롯한 기본적 인권들'로 구체화되고, 강에 지구권이 적용되면 강의 본성에 고유한 '흐를 권리'로 나타난다.[23]

그렇다면 인간에게 부여되고 있는 소유권은 어떠한가? 베리가 사용한 권리 개념에 따라 이 문제를 판단하기 위해서는 인격 바깥의 사물을 소유하는 것이 인간의 자연적 본성·기능·역할에 과연 부합하는 일인지를 질문해야 할 것이다. 그리고 이에 대한 답은 어떠한 인간학적anthropological 입장에 서느냐에 따라 크게 갈릴 것이다. 만약 베리가 주장한 바와 같이 인간의 본성이 어떤 객체를 나의 것으로 삼아 **지배·사용**하는 것이 아니라 지구 공동체의 성원인 다른 주체들과 **친교**하는 것이라면, 소유권은 '지구권의 한 가지 특수한 종류로서의' 인권에서는 제외될 것이다.

베리의 권리는 한마디로 '본성·기능·역할을 실현할 자유'라고 설명할 수 있고, 이는 "자유를 가질 자격으로서의 권리"라고 규정되기도 한다.[24] 이에 대해 컬리넌은 권리에 관한 인간

---

22   컬리넌, 같은 책, p. 166.

23   같은 책, pp. 178~79.

24   박태현, 「역자 후기」, 컬리넌, 같은 책, pp. 337~38.

중심의 개념과 언어가 가지는 한계를 지적한다. 새로운 관념을 담아내기가 어렵다는 것이다. 그러면서도 컬리넌은 "**법적으로 인정되는 '권리'를 갖는 두 주체 간의 쌍방향적 관계의 출현**"을 언급하는데,[25] 이는 모순적이다. 왜냐하면 앞서 컬리넌은 인간에게만 인정되어온 '권리'와 자연에도 인정되는 '권리'가 동일한 용어를 공유하고 있을 뿐이지, 그 내용은 다른 것이라고 말했기 때문이다. 더하여 권리의 의미와 본질에 대한 기존의 이론적·경험적 가능성의 범위를 뛰어넘는 '혁신적인' 개념·언어 사용을 통해 그것의 의미 자체가 변하게 된다면, 컬리넌이 현시점에 진술하는 "권리"에 관한 명제의 의미도 달라지고 말 것이다. 컬리넌의 주장은 "자연의 권리는 법적으로 인정되어야 한다"라는 명제로 표현될 수 있지만, 그가 어쩔 수 없이 사용했다고 밝힌 "권리"라는 말이 가지는 현재의 의미와 새로운 의미 사이의 애매함으로 인해 그러한 명제는 이해하기 어려운 것이 되어버린다.

물론 이런 개념·용어 사용법을 두고, 지구법학이 인간의 법에 한계를 부여하고자 하는 자연법학natural jurisprudence의 위치에서 '인간의 권리'에 우선하는 근본 원리를 법체계 내부의 요소로 도입하기 위하여 법(학)적인 개념의 언어를 전략적으로 전유appropriate하고자 한다고 해석할 수도 있을 것이다. 지구법

---

25   같은 책, pp. 187~88. 강조는 필자.

학에서 실천적으로 중요한 것은 자연물이 가지는 '자기 존재에 따른 본성을 실현할 자유'를 보장하기 위해 인간의 법적 권리를 적절히 제약하는 일이기 때문이다.[26] 그러한 목표를 위한 수단으로 의미의 소통보다는 균열을 택했다고 볼 수도 있겠지만, 그런 전략이 얼마나 효과적일지는 여전히 의문이 남는다. 지구법학의 원리는 여러 난점을 감수하면서까지 권리 명제의 형식으로 제시되어야만 하는가?

3. '21세기 자연법'이 처하는 문제

자연법학과 견해 불일치

지구법학은 스스로 표방하건대 이 시대의 '자연법학'이다. 우고 마테이와 프리초프 카프라는 '공동의 것'으로서의 코먼스가 사유화되는 과정에서 서구 법사상이 '신에 의해 정당화되는 체계로서의 중세 자연법'에서 '인간 이성에 의해 정당화되는 체계로서의 근대 자연법'으로 이행했다는 점을 강조한다.[27] 베리

---

26   물론 베리의 "권리"를 이런 식으로 재서술하여 이해한다고 해도, 다시 여기서 사용된 "자유"가 어떤 의미를 가지느냐는 문제가 뒤따른다.

27   카프라·마테이, 『최후의 전환』, 박태현·김영준 옮김, 경희대학교출판문화원, 2019, p. 98.

는 "지구에 대한 모든 활동의 기준은 지구라는 전체 공동체를 다스리는 원리들에서부터 나와야 한다"고 주장하면서, "이것이 중세 자연법 관점에 대한 우리 시대의 새로운 표현"이라고 밝힌다(베리 2015: 78). 따라서 지구법학을 '**신**의 자연법'이나 '**이성**의 자연법'과 대비하여 '**지구**의 자연법'이라 일컬을 수 있을 것이다. 피터 버던은 지구법학을 토마스 아퀴나스의 자연법 체계에 대응시키며, 지구법학 체계 내의 상위법을 '위대한 법'이라 부른다.[28] 그러한 법은 곧 '지구 공동체의 원리'를 가리키며, 그 아래에 구속되는 인간의 법에 효력과 한계를 부여한다. 지구법학의 체계 속에 있는 인간의 법은 '위대한 법'을 따르며, 포괄적인 지구 공동체의 공동선을 위해 제정된다. 입법자는 실정법을 제정하는 데에서 '생태의 원칙principles of ecology'을 따라야 한다.[29] 컬리넌이 '야생의 법'이라고 일컫는 대상은 바로 이런 체계와 원리에 의해 만들어진 인간의 법을 의미한다.

'인간의 사유재산권' 대 '자연의 권리'라는 대립 구도는 서로 구별되는 상이한 자연법학들 간의 대립이라는 더 큰 맥락 속에서 다시 파악될 수 있다. 17~18세기 서구에서 받아들여진 전통적 자연법에서 소유권을 비롯하여 인간이 가지는 **자연적 권리**가 도출되었다면, 21세기 들어 등장하여 지구 공동체의 원

---

28   Burdon, *Earth Jurisprudence*, Routledge, 2017, p. 81 이하 참조.

29   Burdon, "The Great Jurisprudence," Peter D. Burdon(ed.), *Exploring Wild Law: The Philosophy of Earth Jurisprudence*, Wakefield Press, 2012, p. 68.

리에 기초한 새로운 자연법에서는 **자연의 권리**가 도출되는 것이다. 그리고 양자의 권리는 실천적으로 충돌한다.

법체계 내 위상	이성의 자연법	지구의 자연법
상위법	자연법	위대한 법(버딘)
하위법	실정법	야생의 법(컬리넌)
핵심 권리	인간의 자연적 권리	자연의 권리

《그림1-6》 자연법학의 구별과 그에 따른 권리의 대립 구도.

여기서 자연법이라는 관념idea의 힘은 시대마다 우주와 인간 존재를 어떻게 이해하느냐에 따라 거듭 새로운 형태로 나타나 인간의 제도를 개혁하는 근거가 될 수 있다는 점에 있다. 그러나 자연법은 바로 그런 종류의 질문, 다시 말해 우주와 인간 존재를 논하는 심오한 질문에 대한 특정 답을 전제로 삼기 때문에 근원적 견해 불일치의 대상이 될 수밖에 없다. 로널드 드워킨은 『생명의 지배 영역』에서 그런 종류의 질문에 답을 제공하는 믿음을 종교적 신념의 영역으로 분류한다.[30] 지구법학이 하나의 자연법론으로서 기초를 두는 믿음의 성격에 대해서는

---

30 Ronald Dworkin, *Life's Dominion*, Alfred A. Knopf, 1993, p. 163.

별도의 논의가 필요하겠지만,[31] 적어도 베리의 사상에서 영적 차원이 중요하다는 점만큼은 분명해 보인다.

이언 샤피로Ian Shapiro는 자연법 전통에 언제나 존재했던 근원적 견해 불일치에 주목하면서, 존 롤스John Rawls 이론의 독창성은 바로 그러한 도덕적 견해 불일치의 정치적 함의를 이해하고 이른바 '중첩적 합의overlapping consensus'에 호소했다는 점에 있다고 평가한다.[32] 롤스가 말하는 중첩적 합의란 달리 표현하면 '공통분모에 이를 가치,' 공공적 논의의 공통 전제를 의미한다.[33] 한편 제러미 월드론은 자연법에서 출발하는 존 로크의 재산권 이론이 부딪치게 되는 문제를 지적한다.[34] 로크는 재산권을 통치 이전의 자연 상태에서 형성되는 것이라 설명함으로써, 재산권을 규율하는 입법에 실질적인 제약이 구성되게 한다. 그러나 재산권 발생에 대한 로크의 설명은 온갖 견해 불일치에서 벗어날 수 없다. 결국 로크는 실정법이 자연권에 기초한 실질적 제약에 종속된다고 주장함으로써, 입법부를 불확실성의 규

---

31 컬리넌, 같은 책, p. 349. 「역자 후기」에서 박태현은 "지구의 권리론에는 천체우주학과 진화생물학, 생태학 등 최신 과학적 연구 성과에 기반한 '형이상학적 이야기story'로서 '우주론'이라고 하는 사상 기반이 있다"면서, "나는 이 우주론이 기본적으로 자연과학적 연구 결과에 바탕하기에 신뢰를 한다"고 밝히고 있다.

32 이언 샤피로, 『정치의 도덕적 기초』, 노승영 옮김, 문학동네, 2017, pp. 157~59.

33 김도균, 「공정으로서의 정의관에서 본 남녀평등」, 『법철학연구』 5(2), 2002, pp. 233~60. 여기서는 p. 258 참조.

34 Jeremy Waldron, *The Rule of Law and the Measure of Property*, Cambridge University Press, 2012, p. 38 이하 참조.

율 아래에 두게 된다. 재산에 대한 자연적 권리는 논쟁적이고, 재산권을 보호하기 위해 입법을 제약하는 일은 실정법의 제정을 그러한 논란에 얽히게 하기 때문이다.

두터운 규범적 전제를 내용으로 포함하는 상위법을 통해 실정법의 효력을 판단하고 법 자체의 내용을 구성하고자 하는 자연법론의 기획은 자칫 '도덕주의적 자연법론'의 위험에 처할 수 있다. 가치 다원주의 사회라는 현실 정치의 조건에서 초실정적인 상위법을 뒷받침하는 도덕적 전제가 공적으로 입증되거나 합의에 이르기 쉽지 않은 가치 관련 명제라면, 공적 정당화public justification 가능성의 문제가 제기될 것이다.[35]

지구법학이 자연법 프레임워크 안에서 가장 정확하고 명료하게 제시되는 것이라면,[36] 더욱이 그것을 실정법과의 관계 속에서 진지하게 이해하는 일은 견해 불일치라는 조건을 고려해야만 한다. 그렇다면 여기서 제기되는 질문은 다음과 같다. 견해 불일치가 피할 수 없는 것일 때, 우리는 위대한 상위법의 존재를 받아들여야만 지구법학이 표방하는 가치를 제도적으로 실천할 수 있는가? 도덕적 믿음에 대한 동의라는 높은 문턱을 피해 가면서도 그러한 기본 가치에 대한 '중첩적 합의'에 호소할 수 있는 방법은 없는가? 법과 도덕 사이의 필연적 연관성을

---

35   이상영·김도균, 『법철학』, 한국방송통신대학교출판문화원, 2006, pp. 140~41.

36   Burdon, *Earth Jurisprudence*, p. 83.

주장하는 자연법론에 반대하는 법실증주의자의 입장에서도 받아들일 수 있는 '법의 최소한의 내용'에 그러한 가치가 포함될 수는 없을까?

법의 '생태주의적' 최소한도 내용

허버트 하트는 『법의 개념』에서 법과 도덕의 관계를 논하면서 '자연법의 최소한도 내용minimum content of natural law'이 존재할 수 있음을 밝혔다.[37] 법과 도덕의 분리를 주장하는 법실증주의자라 하더라도 받아들여야 할 법의 최소한도 내용이 존재한다는 것이다. 그것은 공동생활을 통해 생존해야 하는 인간의 조건에 관한 자명한 사실들에서 도출된다. 하트는 그러한 자연적 사실들로서 인간의 신체적인 취약함, 인간 능력의 대략적인 평등, 제한적인 이타성, 한정된 자원(희소성), 제한적인 이해 능력과 의지력을 꼽는다. 이런 조건들 아래에서 인간의 '생존'이라는 선good을 지향하도록 되어 있는 법은 재산, 합의 그리고 물리력의 사용에 관한 사안들을 규율한다.[38] 이것이 바로 법체계가 가지는 '최소한도 내용'이다. 따라서 이런 내용을 결여

---

[37]　이하 내용은 Herbert L. A. Hart, *The Concept of Law,* 3rd ed., Oxford University Press, 2012, pp. 193~200 참조.

[38]　Leslie Green, "Introduction," Hart, 같은 책, p. xxv.

한 규칙들의 체계는 '법체계'가 아니다. 즉 어떤 규칙들의 체계가 법이기 위해서는 그 최소한의 내용을 포함해야만 한다. 이런 논변은 법의 실질적인 내용에 관한 엷은 관념을 구성하고, 여러 층위의 견해 불일치에도 불구하고 공동체 구성원들이 받아들일 수 있는 합의의 토대를 이룬다. 법과 도덕의 관계 문제를 둘러싸고 자연법론(또는 비-실증주의)과 법실증주의가 끝없이 대립하더라도 바로 이 부분에서만큼은 견해 일치를 기대해 볼 수 있을 것이다.

지구법학 역시 인간의 실존에 대해 일정한 사실을 말한다. 그리고 인간이 필연적으로 지구 생태계의 한 부분이라는 그 '자명한 이치'는 법의 최소한도 내용을 도출하는 사실들의 목록에 충분히 포함될 수 있다. 그럼으로써 법이 규율 대상으로 삼는 최소한의 내용은 더 확장될 수 있다. 예컨대 재산의 규율에 관하여 얼마나 실질적인 내용이 그런 식으로 도입될 수 있느냐는 다시 논쟁의 대상이 되겠지만, 적어도 법체계가 재산을 규율하면서 '지구 생태계 속의 인간 실존'이라는 (단순히 종교적인 것으로 치부할 수만은 없는) 자연적 사실을 토대로 삼고 있기 때문이다. 결론적으로 인간의 생존을 추구하는 법체계는 그 것의 필연적 조건인 지구를 보호하는 방향으로 인간의 행위를 규율해야만 한다. 이것을 우리는 '법의 생태주의적 최소한도 내용'이라고 부를 수 있다.

법의 이리한 내용은 현행 법체계와 법 실무에서도 발견된다. 대한민국 헌법 제35조 제1항은 "모든 국민은 건강하고 쾌적한 환경에서 생활할 권리를 가지며, 국가와 국민은 환경 보전을 위하여 노력하여야 한다"고 규정하여, 공동체 구성원들에게 환경보호의 의무가 있음을 밝히고 있다. 물론 이러한 의무는 같은 조항 전단의 환경권에서 나온다고 해석할 수도 있고, 환경보호의 필요성에 관한 독자적인 근거를 가진다고 해석할 수도 있다. 국제적 멸종 위기 종으로 지정된 동물에 대한 재산권 행사의 제한 문제를 심사한 헌법재판소 결정은 해당 헌법 조항에 대해 "동물은 자연환경을 구성하는 생명체로서 인류가 지속 가능한 환경을 유지하기 위하여 동물 생태계와 그 서식 환경을 보존해야 할 공동의 필요성이 있다"고 밝히고 있다.[39] 더하여 "동물이 생명체로서 인간이 마음대로 지배할 수 있는 객체가 아니라 인간과 공존하도록 보호해야 할 대상으로 보아야 한다는 인식은 외국의 경우에도 법적으로 인정되는 추세"라면서 동물 보호에 대한 인간의 책임성을 논한다. 그리하여 헌법재판소는 "동물에 대한 재산권 행사는 사회적 연관성과 사회적 기능이 매우 크다 할 것이므로 이를 제한하는 경우 입법 재량의 범위를 폭넓게 인정함이 타당하다"고 판시하고 있다. 비록 지구법학이 정면으로 비판하는 인간중심주의를 벗어나지는 못했어도, 이러한 헌법 해석과 재산권 관련 형량 원칙

---

[39]   헌법재판소 2013. 10. 24. 선고 2012헌바431 결정.

지구법학과 사유재산권

이 함의하는 바가 크고, 앞으로 자연의 가치를 더 강하게 보호하는 방향으로 확장될 가능성도 잠재한다고 평가할 수 있다.

지금까지의 논의에 기초했을 때, 지구법학의 원리는 **두터운**thick 구성 요소들로 이루어진 강한 버전의 '자연의 권리 테제'를 대신하여, 아래와 같이 합의의 여지가 큰 **엷은**thin 구성 요소들로 이루어진 온건한 버전의 법 원리로 다시 정식화될 수 있다.[40] 그리고 이런 법 원리는 앞의 헌법재판소 결정례와 마찬가지로 현행 법체계에서도 나타난다.

지구 생태계 보호의 법 원리

- 인간의 행위는 인간 생존의 필연적 조건인 지구 생태계에 그러한 행위가 끼치는 영향에 비례하여 조정되어야 한다.
- 인간은 지구 생태계를 구성하는 자연물의 고유한 가치를 보호해야 할 책무를 진다.

이런 식으로 재정식화된 '지구법학의 원리'가 인간 행위에

---

40 컬리넌, 같은 책, p. 277 참조. 여기서 어떤 개념 혹은 원리를 구성하는 요소들이 두텁다는thick 표현은 논란의 여지가 큰 전제들을 포함한다는 뜻이고, 그런 요소들이 엷다는thin 표현은 이론의 여지가 적어 누구나 받아들일 만한 내용을 포함한다는 뜻이다. 이에 대해서는 김도균, 「법적 권리에 대한 연구(I)」, 『법학』 43(4), 2002, p. 218. 이를 참고하면, '엷다thin'는 형용사가 존 롤스의 'a thin theory of the good' 개념에서 유래했음을 알 수 있다.

관한 법적 판단에서 하나의 재판규범으로 받아들여질 수 있을지, 만약에 그럴 수 있다면 어느 정도로 강력한 고려 사항이 될 수 있을지, 또 기존의 공익 개념과 비교하여 법원의 결정을 자연물의 고유한 가치를 보호하는 방향으로 얼마만큼이나 이끌 수 있을지 분명하지는 않다. 이러한 문제들은 궁극적으로 정치 공동체 구성원들이 공통 가치에 관한 합의에 기초하여 그것을 확고한 법 원리 규범으로 승인하느냐에 달려 있을 것이다.

4. 사유재산권의 정당화 근거들

지금까지 살펴본 지구법학의 원리는 인간의 사유재산권을 규제하는 근거를 제공한다. 이에 따라 재산권의 개념과 제도가 어떻게 변화할 수 있는지를 검토하기에 앞서, 인간의 사유재산권이 어떠한 규범적 기초를 가지는지부터 간략하게 살펴보고자 한다.[41] 많은 철학자가 재산권, 특히 사유재산권 일반을 어떻게 정당화할 수 있는지를 사유해왔다. 무언가의 정당화가 끝

---

41 이하 내용은 Jeremy Waldron, "Property and Ownership," Edward N. Zalta(ed.), *The Stanford Encyclopedia of Philosophy*(Winter 2016 ed.), 2016; Stephen R. Munzer, "Property," *Routledge Encyclopedia of Philosophy*, 1998; Lawrence C. Becker, "The Moral Basis of Property Rights," J. Roland Pennock & John W. Chapman(eds.), *Property: Nomos XXII*, New York University Press, 1980 참조.

나는 바로 그 지점에서부터 동일한 대상의 한계가 설정된다는 점에서, 사유재산권의 정당화에 대한 견해는 곧 그것의 한계에 대한 견해이기도 하다. 또 어떤 제도의 정당성을 논하는 요점은 그것을 옹호하는 것만이 아니라, 그 제도를 제대로 이해하고 현명하게 운영하기 위한 것이기도 하다.[42]

사유재산권에 대한 철학적 사유는 고대 그리스 시대까지 거슬러 올라가야 하고, 사유재산권이 지금과 같은 법적 성격을 띠게 된 역사적 기원은 고대 로마 시대에서 발견할 수 있겠지만, 사유재산권에 관한 근대적(이라고 '평가'되는) 설명은 로크의 통치 이론에서 찾을 수 있을 것이다. 로크의 논의를 비롯하여 사유재산권을 정당화하는 다양한 논변들은 그 출발점에 따라 몇 가지로 구분할 수 있다.

먼저 최초로 대상을 점유한 자를 우선하는 접근 방식이 있다. 이와 관련하여 만약 최초의 점유 취득이 평화롭고 정당했다면 그것이 역사적 우선성을 가지기 때문에, 그에 뒤따르는 자유로운 교환의 질서에 의해 현재의 자격까지 정통성legitimacy을 가진다는 설명이 있다. 그렇다면 그 최초의 점유 취득이 어떤 근거로 정당해지는지가 다시 문제가 될 텐데, 이에 대해 가장 대표적인 설명이 로크의 노동 이론이다. 모두에게 공동의 것으로 존재했던 자연물에 어떤 사람이 땅을 일구는 방식 등으

---

42   Waldron, 같은 글.

로 자신의 노동을 섞으면, 노동은 노동하는 자의 소유라는 점이 분명하기 때문에, 그 사람은 해당 자연물을 정당하게 소유하게 된다. 재산권의 발생 과정은 통치/정부government가 존재하지 않는 자연 상태에서 일어나며, 다른 모든 사람의 명시적인 동의 없이도 가능하다. 따라서 이렇게 성립하는 재산권은 자연권이다. 다만 여기에는 두 가지 단서provisos가 존재하는데, 우선 전유가 이루어지고 나서도 "적어도 타인들에게 충분하고 그만큼 좋은 것이 [여전히] 공동의 것으로 남아 있어야" 하고,[43] 전유한 대상이 "썩기 전에 삶에 이롭도록 사용할 수 있는 만큼"만 자신의 것으로 소유할 수 있다.[44] 이런 설명은 신이 인류에게 자연을 인류 자신의 생존을 위해 사용하도록 공동의 것으로 주었고, 인간이 자신을 보존하는 것은 자연법적 의무라는 신학적 토대에 의해 뒷받침된다. 한편 또 다른 버전의 노동 이론에서는 한 사람의 노동이 다른 사람들에게도 가치 있는 무언가를 생산했을 때, 그 사람이 그것으로부터 유익함을 누릴 응분의 몫을 가진다는 논변이 펼쳐지기도 한다.

사유재산권을 정당화하는 또 하나의 강력한 논변은 효용utility과 효율성efficiency에서 출발하는 결과주의 이론이 제시한다. 사유재산제도에 의해 공유 상태에서 발생하는 경제적 외부

---

43   John Locke, *Second Treatise of Government and A Letter Concerning Toleration*, Mark Goldie(ed.), Oxford University Press, 2016, pp. 15~16(27항).

44   같은 책, p. 17(31항).

효과가 내부화됨으로써 이른바 '공유지의 비극'을 극복하고, 사람들에게 주어진 한정된 자원 가운데 그들이 전반적으로 향유할 수 있는 것이 증가하게 된다. 사유재산의 도입에 의해서 적어도 누군가의 이익은 분명히 더 증가하는 한편 다른 사람들의 상태가 더 악화되지는 않기 때문에 이는 '파레토 개선'에 해당한다. 이 외에 중요한 설명 방식들로는 사유재산이 개인의 정치적 자유를 위한 기본 조건이 된다는 견해도 있고, 인격성의 건강한 발전을 위해서는 필히 무언가를 사유재산으로 삼아야 한다는 이론도 있다.

여기에서 사유재산권의 '**도덕적** 기초,' 즉 정당화 근거를 밝히려는 주요 견해들을 일별한 이유는 당장 그것들을 두루 평가하여 가장 설득력 있는 최선의 설명을 선택하기 위함은 아니다. 사유재산권이 인류 역사의 많은 시간 동안 줄곧 논쟁의 대상이었고, 그만큼 다양한 가치에 기초한 정당화 논변들이 서로 다른 설명을 제공하며 그것을 도덕적으로 뒷받침하고 있다는 점을 보이기 위한 것이다.

재산권의 정당성에 대한 논쟁의 다른 한편에는, 재산권이 인간의 관행으로부터 만들어진 사법private law과 인간을 통치하는 공법public law의 상호작용을 통해 역사적으로 형성된 인공적인 제도라는 사실에 초점을 두는 접근법이 있다.[45] 이는 재산

---

45   Waldron, *The Rule of Law and the Measure of Property*, pp. 32~33.

권의 '**제도적** 기초'에 관한 설명이라고 말할 수 있을 것이다. 이에 따르면 통치와 완전히 독립적으로 형성된 자연적인 재산권 같은 것은 실제 현실에는 존재하지 않는다. 자연적인 재산권에 대한 로크의 설명과는 정반대로, 자연권에 대한 통렬한 비판자였던 제러미 벤담에게 재산권은 법과 함께 태어나서 법과 함께 죽는 것이다.[46] 개인의 재산권을 제약하는 입법의 한계는 '쓰이지 않은unwritten' 자연법에 의해 '자연적으로' 부과되는 것이 아니라, 인간 자신의 실천과 합의에 의존하는 것이다. 현대 민주주의국가의 현존을 논의의 기본 조건으로 고려한다면, 재산권에 대한 법실증주의적 접근이 가지는 정치적 의의를 발견할 수 있다. 재산권 제도가 인간의 손에서 탄생한 것이라면, 그것을 바꿀 가능성 또한 인간의 의지에 있다는 것이다.

물론 재산권 제도가 아무리 인간의 의지에 의해 결정된다 해도, 우리 정치 공동체가 법의 지배 이념을 중요한 정치도덕적 가치로 채택하고 있는 한 우리의 집단적 행위는 그 이념이 부여하는 한계에 일응prima facie 구속된다. 법의 지배를 구성하는 형식적·절차적 측면에 따라 재산권에 대한 규율은 법의 피치자/적용 대상자들subjects이 갖고 있는 기대를 최대한 존중해야 한다. 예측할 수 없는 규제는 재산권을 법의 '장난감playthig'

---

46   Jeremy Bentham, "Principles of the Civil Code," C. K. Ogden(ed.), *The Theory of Legislation*, Kegan Paul, Trench, Trubner & Co., 1931, p. 113(Waldron, 같은 책, p. 55에서 재인용).

으로 만들어버릴 것이기 때문이다.[47]

사유재산권의 정당화 근거들, 다시 말해 그것의 도덕적 기초와 제도적 기초는 우리가 사유재산권 제도의 변화를 논할 때에 중요한 고려 사항이 된다.

5. 지구법학의 원리에 따른 사유재산권의 재구성

사유재산권 제도의 변화 모색

지구법학의 원리에 기초하더라도 그것을 얼마나 강한 버전으로 정식화하여 적용하느냐에 따라 사유재산권 제도의 변화를 추구하는 방법에는 여러 방향이 있다. 이 글에서는 세 가지 가능성을 살펴본다.

자연물에 대한 사유재산권의 폐지

상상할 수 있는 가장 발본적인 방식은 자연물에 대한 사유재산권을 철폐하는 것이다. 지구법학의 원리를 가장 강한 버전인 '자연의 권리 테제' 형태로 실정법 체계에 곧장 적용하면 논리적으로 이러한 귀결에 이를 수 있다. 권리 개념이 가지는 기

---

47   Waldron, 같은 책, p. 55.

존의 의미를 해체하는 것을 감수하여, 자연을 객체로 보는 관점을 버리고 자연의 '권리'를 법적으로 승인함으로써, 바로 그 자연을 객체로 삼는 인간 개인의 사유재산권을 부정해야 한다는 주장이 제기될 수 있다. 하지만 그것의 논리적 가능성은 차치하더라도, 이런 주장이 그것의 실천적 함축까지 감당할 수 있을지는 확실하지 않다. 사유재산권의 도덕적 기초라는 측면에서 사유재산이 인간의 자유를 실현하고 인격을 형성하는 데에 핵심적인 기능을 한다는 정당화 근거가 강력하고, 제도적 기초라는 측면에서 광범위한 영역의 사유재산권 폐지는 법의 적용 대상자인 시민들에게 너무나도 큰 불확실성이라는 해악을 낳을 것이기 때문이다.

자연물에 대한 코먼스의 확대

다음으로 사유재산권 자체를 폐지하지 않고, 다른 형태의 재산 소유 제도를 도입함으로써 소유자들에게 지구법학의 원리가 요구하는 책무를 부과하는 방법도 생각할 수 있다. 자연물을 비롯한 더 많은 대상을 특정한 개인(자연인과 법인)의 사유재산이 아니라, 인간 공동체의 모든 구성원이 동등하게 접근할 수 있고 또 함께 돌보는 공동의 것, 즉 '코먼스'로 만들어가는 방향이다. 코먼스를 확대함으로써, 개인에게 보장되는 자연물에 대한 배타적 지배권의 범위를 좁혀나가는 것이다. 이 경우 인간 주체와 자연 객체의 이원론은 유지된다. 카프라와 마테이는 생태적 법질서로의 이행을 위해 코먼스를 확대해가야 한다고 주장하면서 "사유재산은 생태적 법질서에서 반드시 사라지는 것은 아니고, 다만 코먼스로 제어될 것"이라고 말한다.[48] 이런 구상 아래에서는 코먼스의 확대와 보호를 위한 법리를 개발하는 것이 중요한 과제다.

여기서 미국의 '공동체 토지 신탁community land trusts' 제도 사례를 참고할 수 있다.[49] 이 신탁 제도에서는 특정 지역에 대한 재산권이 공동체에 부여되고, 그 공동체에 속하여 신탁의 운영에 참여하는 개인들은 일정 구역에 대해서는 배타적인 사용권을 가지지만, 동시에 신탁의 목적에 부합하는 다양한 의무를 지게 된다. 이러한 재산 소유·사용 방식은 '함께 돌보는 공동의 것'으로서 자연물의 가치를 보호하는 방향으로 작동할 수 있다.

환경 입법을 통한 사유재산권의 규제

마지막으로 지구법학의 원리를 가장 온건한 버전으로 적용하는 방법이 있다. 자연물을 객체로 삼는 사유재산권의 경우에는 다양한 환경 입법 혹은 생태 입법을 통해 그러한 권리의 배타적 속성을 적절하게 제한하는 것이다. 이런 방식은 이미 현행 법체계에서도 실행되고 있다. 우리 헌법재판소는 재산권

---

48   카프라·마테이, 같은 책, pp. 200~201.
49   같은 책, pp. 187~88.

과 공익이 충돌하는 경우에, 어떠한 개별 재산권이 가지는 사회적 연관성과 개인의 자유 보장 기능에 따라 그것의 보호 정도를 달리하는 입장을 취한다.[50]

동물에 대한 재산권의 경우 사회적 연관성이 크기 때문에 재산권 제한에 대한 비례성 심사 기준이 완화되어야 한다고 판시한 헌법재판소 결정례처럼, 토지를 비롯한 자연물을 대상으로 삼는 재산권의 경우에는 앞서 제시한 '지구 생태계 보호의 법 원리'를 고려하여 광범위한 입법 재량을 인정할 수 있다.[51] 이러한 방향에선 인간의 자유 실현과 밀접히 관련된 인공물에 대한 재산권은 충분히 보장될 수 있다. 이 경우에는 현재 받아들여지고 있는 재산권 관련 형량 원칙에서 자연물의 사회적 연관성을 판단하는 기준을 법 이론·실무적으로 발전시키는 한편, 지구 생태계 보호의 법 원리에 포함된 '영향'과 '가치' 개념 등을 정교하게 제시하는 과제가 뒤따른다.

생태적 사유재산권 개념의 구성

지구법학 담론 내에서도 사유재산권에 관한 구체적인 논

---

50   김도균, 같은 책, pp. 288~91 참조.
51   헌법재판소 2013. 10. 24. 선고 2012헌바431 결정.

의가 전개되어왔다. 버던은 지구법학의 관점에서 사유재산권의 문제에 천착한다.[52] 그는 먼저 사유재산권을 정적이거나 고정된 개념이 아니라 진화하는 사회제도라고 규정한다. 재산권의 요체인 소유자성ownership은 호펠드-오노레Hohfeld-Honoré 구성 요소들의 결합체로 분석될 수 있다.[53] 소유자성, 즉 소유자의 지위 또는 상태는 소유의 대상을 점유·사용·처분하고 수익을 얻으며 타인을 배제할 수 있는 청구권claims의 요소들, 소유권을 양도·포기할 수 있는 권능powers의 요소들, 소비하거나 파괴할 수 있는 자유liberties의 요소들, 타인의 침해에 대한 면제immunity의 요소, 타인에게 해악을 끼치는 방식으로는 소유물을 사용하지 말아야 할 의무duty, 국가의 공공 수용 결정에 따라 소유권을 제한당하는 지위liability 등의 조합으로 구성된다. 버던은 이런 분석적 접근에 주목하여, 사유재산권을 이미 결정된 단일한 권리가 아니라, 어떤 목적과 가치를 추구하느냐에 따라 다양한 조합으로 더하고 뺄 수 있는 요소들의 역동적인 결합체로 이해한다.[54] 따라서 사유재산권의 내용은 결정되어 있거나 닫혀 있지 않으며, 현재처럼 인간 중심적 가치를 반영하는 요

---

52 컬리넌과 버던 두 사람은 베리의 지구법학을 계승하는데, 컬리넌이 법질서에 관련한 문제에 더 초점을 둔다면, 버던은 사유재산권의 문제에 더 초점을 둔다. 이하 내용은 Burdon, *Earth Jurisprudence*, pp. 101~34 참조.

53 김도균, 같은 책, pp. 38~39 참조.

54 우리는 여기에서 재산권에 관한 분석적 접근이 가지는 규범적 의의를 확인할 수 있다.

소들의 결합체가 될 수도 있고 생태적 가치에 부합하는 요소들의 결합체가 될 수도 있다. 월드론도 소유자가 그 대상에 대해 절대적인 지배권을 가진다는 것이 사유재산권의 개념 정의 definition에 들어 있지 않다는 점을 지적한다.[55] 절대적 지배권을 포함하지 않는 사유재산권의 관념도 얼마든지 존재할 수 있다는 것이다. 버던은 생태적인 사유재산권의 개념 정의를 아래와 같이 제시한다.

> 사유재산권은 유·무형의tangible or intangible 대상을 통해 이루어지는 지구 공동체 구성원들 사이의 다양한 관계들로 구성되는 인간 제도다. 인간에게 사유재산권은 다음 두 가지 특징을 가진다. 그것은 희소한 자원의 사용, 양도, 배타성에 관한 일정 수준의 지배력control을 개인이나 집단에게 할당하는 것이다. 이에 더하여 그것은 재산권을 행사하면서 지구 공동체의 모든 구성원에 대해 가져야 할 의무 obligation와 책임성responsibility의 척도measure이다.[56]

이런 관점에서 지구법학은 한낱 반-재산권 담론이 아니다. 버던의 생태적 사유재산권 개념은 사유재산권 자체를 부정하

---

55   Waldron, "Property and Ownership."
56   Burdon, 같은 책, p. 107.

지 않으면서도, 사유재산권의 내용이 지구법학의 원리에 따르도록 고안된 것이다. 버던은 "이런 맥락에서 사유재산권은 개인의 권리 이상의 것이고, [지구] 공동체와의 관계, [자신이 사는] 땅과의 관계, 그리고 [소유 대상에 대한] 윤리적 고려 사항들을 포함한다"라고 말한다.[57] 물론 이러한 사유재산권 개념이 현실 법체계 내에서 실현되기 위해서는 해결되어야 할 쟁점이 많을 것이다. 버던은 이런 개혁의 발상을 두고 누군가는 '유토피아적'이라고 공격할 수도 있음을 인정하면서도 "진짜로 유토피아적인 것은 지구법학이나 사유재산에 관한 생태 중심의 이론이 아니라, 인간의 법과 법적 개념이 변할 필요가 없고 우리가 인간의 혜택을 위해 환경을 계속 착취할 수 있다는 잘못된 믿음"이라고 일갈한다.[58]

2020년 10월 4일, 프란치스코 교황Papa Francesco은 회칙 「모든 형제들Fratelli Tutti」을 발표했다.[59] 교황은 이를 통해 코로나19 대유행 위기가 드러낸 인간 시스템의 실패를 논하면서, '재산권의 사회적 역할을 다시 생각한다'라는 소제목 아래에서

---

57   같은 책, p. 132. 대괄호([ ]) 안의 내용은 필자가 추가.

58   같은 책, pp. 132~33.

59   다음 바티칸 공식 사이트에서 새 회칙의 영문판 전문을 참조했다. (http://www.vatican.va/content/francesco/en/encyclicals/documents/papa-francesco_20201003_enciclica-fratelli-tutti.html)

(118~127항) 다음과 같이 밝혔다.

> 창조된 재화goods를 공동으로 사용한다는 원리는 "모든 윤리적·사회적 질서의 첫째 원리"다. [···] 사유재산에 대한 권리는 오직 이차적인secondary 자연권으로만 여겨질 수 있고, 창조된 재화의 보편적 목적destination이라는 원리에서 도출된다. 이는 사회의 작동에 반영되어야 할 실체적인concrete 결론이다(120항). [···] 사유재산에 대한 권리는 모든 사유재산이 지구 재화의 보편적 목적에 예속된다는 일차적이고 우선적인 원리를 언제나 동반하며, 따라서 그것을 사용할 모든 사람의 권리를 동반한다(123항).[60]

이에 따르면 사유재산권은 절대적인 권리가 아니며 지구가 품고 있는 모든 사물이 향해야 할 '목적'이라는 우선적인 원리에 의해 제한된다. 교황은 더 나아가 인간이 자신이 살아가는 땅과 지구에 가져야 할 태도로부터 재산권의 한 가지 새로운 의미를 제시하기에 이른다. 아래 문장에 나타난 재산권은 배타적 지배권이 아니라, 공동선을 위해 소유의 대상을 돌봐야 할 책무까지 포함하는 것이다.

---

60   같은 곳.

게다가 공동선common good은 우리가 자신이 태어난 땅을 보호하고 사랑해야 한다고 요구한다. 그러지 않으면 한 지역에서 일어난 재앙이 온 행성에 영향을 미치는 것으로 귀결될 것이다. 이 모든 것은 재산권의 적극적인positive 의미를 낳는다. 그것은 바로 내가 소유하고 있는 것을 모두의 선에 기여할 수 있는 방식으로 돌보고 가꾸라는 것이다 (143항).[61]

인간이 만들어온 세계가 총체적인 위기에 직면한 시대에 교황의 언명은 우리로 하여금 자신이 속한 공동체를 돌아보게 하고, 또 인간의 제도에서 가장 강력한 교의들을 성찰하게 한다. 그런 교의들 가운데 특히 문제가 되는 것은 시장의 자유 market freedom와 더불어 사유재산권의 원리이다. 그로부터 현재의 사태가 일어났기 때문이다. 이런 비판적 사유는 지구법학의 원리, 그리고 생태적 사유재산권의 개념과도 밀접하게 닿아 있다. 우리는 이런 논의들이 제공하는 통찰을 밑거름 삼아 사유재산권 개념의 재구성과 제도의 개혁을 추구할 수 있다.

---

61   같은 곳.

6. 앞으로의 논의를 위한 공통 기반

인간 중심적 법체계를 비판하는 지구법학은 자연을 객체로 삼는 인간의 사유재산권을 제한하는 원리를 제시한다. 그런데 지구법학의 원리를 어떻게 정식화하느냐에 따라, 그것을 통해 사유재산권 제도의 변화를 추구하는 방향은 다양하게 나타날 수 있다.

우주가 모든 존재의 기원이자 규범의 원천이라는 자연법적 전제에서 도출되는 '자연의 권리 테제'는 인간 주체와 자연 객체 사이의 이분법을 거부한다는 점에서 가장 강력한 형태의 지구법학 원리다. 이를 실정법 체계에 곧바로 적용하면 자연물에 대한 사유재산권을 인정할 수 없게 된다.

그러나 자연의 권리 개념은 기존 권리 이론과 조화되기 어렵다. 이익 이론을 적용하여 나름의 논변을 구성해볼 수는 있지만, 이런 시도는 '자연물이 가지는 이익'에 관한 난제에 다시 부딪치게 된다. 그리고 지구법학이 일종의 자연법학으로서 채택하고 있는 도덕적 전제들은 가치 다원주의를 특징으로 하는 현대 민주주의 정치 공동체의 여건에서는 근원적 견해 불일치를 넘어서기가 쉽지 않다. 그렇다면 지구법학이 추구하는 가치를 실천하는 일은 일찌감치 포기해야 할까?

지구법학이 말하는 '지구 생태계 속의 인간 실존'이라는 한 가지 명확한 사실은 '자연법의 최소한도 내용'의 토대에 새롭게 포함될 수 있다. 그렇다면 법이 인간 생존의 필연적 조건인 지구를 보호하는 방향으로 재산을 규율해야 한다는 것은 법 실증주의자도 받아들일 만한 테제일 것이다. 현행 법체계와 법 실무에서 나타나는 헌법 해석과 재산권 제한 형량 원칙까지 살펴보면, 우리는 지구법학의 원리를 엷은 구성 요소들로 이루어진 온건한 버전의 법 원리로 다시 정식화해볼 수 있다. 그리고 그것을 '중첩적 합의'의 토대로 삼을 수 있다.

이러한 과정을 통해 수립된 '지구 생태계 보호의 법 원리'에 기초하면, 자연물에 대한 코먼스를 확대하는 방향과 자연물을 객체로 삼는 재산권에 대한 환경 입법 규제를 강화하는 방향으로 사유재산권 제도의 변화를 모색할 수 있다. 향후에 각각의 방법을 이론적으로 더 탐구해야 할 뿐만 아니라, 그러한 시도를 통해 해결할 수 있는 현실의 분쟁 사례도 함께 논의해야 할 것이다.

그런데 베리의 사상에 바탕을 둔 지구법학의 핵심이 자연의 권리 테제라는 점은 부정할 수 없다. 따라서 그러한 관점에서 지구법학을 옹호하는 이들에게 이 글에서 제시한 법 원리는 인간중심주의를 극복하려는 지구법학의 본의에서 크게 벗어나, 결국 '진정한 지구법학'과는 별 상관이 없는 것이라고 평가될 수 있다. 그 정도의 원리를 지구법학의 이름으로 논하는 것은 '지구법학'이라는 용어 자체를 별 의미 없는 것으로 만들어버리는지도 모른다.

마무리하며 이에 대해 미리 답하고자 한다. 이 글이 과제로 삼은 것은 지구법학이 추구하는 기본 가치와 관련하여, 자연법론과 법실증주의의 견해 불일치에도 불구하고 인정될 수 있는 최소 내용의 원리를 구성하고, 그것을 사유재산권 제도의 변화와 같은 실천적 주제를 논하기 위한 공통 전제로 도입하는 일이었다. 한편으로 자연의 권리 개념은 이론적으로 더 깊이 논의되어야 마땅한 주제다. 다른 한편으로는 규범적 전제에 대해 입장이 다른 사람들이라도 지구를 보호하는 법체계를 함께 만들어갈 수 있도록, '합의의 영토'를 형성하는 일도 중요하다. 앞으로 '지구를 위한 법학'에 관한 논의가 여러 측면에서, 그리고 더 다양한 견지에서 활발하게 진행되길 기대한다.

2부

인간 너머의 정치,
바이오크라시를 향하여

'비인간 존재'에 대한 사유와 정치의 재구성
—'바이오크라시'의 계보[1]

김왕배

1. 몇 가지 질문

우리는 과연 기존의 인간과 결을 달리하는 인간의 시대를 맞이하고 있는가? 준準객체로 불리는 현대 과학기술의 인공물들, 그 인공물과 결합된 인간은 유類적 특성의 변화를 경험하고 있는가? 우리는 기후위기를 맞이하여 멸종을 바라보는 인류세의 시대를 살아가고 있는가? 우리는 인간 너머 수많은 비非인간 존재들과의 관계를 어떻게 설정해야 하는가? 인간과 비인간의 수평-존재론적, 혹은 종種-횡단적 사유는 가능한가? 인간 너

---

1   이 글의 일부는 김왕배, 「'사회적인 것'의 재구성과 '비非인간' 존재에 대한 사유」, 『사회와 이론』 40, 2021, pp. 7~46을 수정·보완한 것이다.

머 비인간에게도 법적 권리가 주어질 수 있는가? 인간-비인간의 새로운 사회계약과 동맹을 기반으로 하는 민주주의 통치 체제는 가능한가? '법적인 것' '정치적인 것' '사회적인 것'은 오직 인간의 관점에서만 파악되어야 하는가?

이른바 포스트휴먼 혹은 탈인간주의 시대에 꼬리를 무는 질문들이다. 초월적 휴먼이든, 사이보그 형태의 휴먼이든, 기계-인간 접합체로서의 휴먼이든 오늘날 포스트휴먼 담론은 인간의 유적 속성에 대한 존재론적이고 인식론적인 성찰을 주도하고 있다.[2] 그런가 하면 지구온난화의 위기로 인해 인류가 멸종될지도 모른다는 파국의 서사가 빠르게 확산되어가면서, 인간 너머 타자의 관계 차원에서 탈인간주의에 대한 성찰이 이루어져야 한다는 주장이 긴박하게 제기되고 있다.

여전히 논쟁적이긴 하지만 일군의 학자들은 현대의 세기를 '인류세'로 칭할 것을 요청하고 있다. 비교적 인간이 살아가기에 안정적인 조건을 부여해온 홀로세가 지나고, 지구환경

---

2 과학기술의 발달에 의해 새로운 주체 탄생을 바라보는 포스트휴먼 논쟁은 주로 과학기술의 산물인 로봇 같은 주체나, 신체나 의식에 접합된 기술(체)로서 인간의 성격에 논점을 두고 있다(김재희, 「우리는 어떻게 포스트휴먼 주체가 될 수 있는가?」, 『철학연구』 106, 2014, pp. 215~42; 캐서린 헤일스, 『우리는 어떻게 포스트휴먼이 되었는가』, 허진 옮김, 열린책들, 2019). 인류세 시대의 인간 너머의 비인간 존재와 연관된 포스트휴먼 논의는 찾아보기 힘들다. 사이보그 같은 포스트휴먼 주체와 페미니즘 그리고 인류세와 환경의 문제를 종합해서 다룬 도나 해러웨이, 『해러웨이 선언문』, 황희선 옮김, 책세상, 2019; 로지 브라이도티, 『포스트휴먼』, 이경란 옮김, 아카넷, 2015가 비교적 종합적인 접근을 시도하고 있다고 평가된다.

에 인류가 개입함으로써 지구의 대기와 수질, 토양 등이 변하고 있는 새로운 지질시대가 다가오고 있다는 것이다. 인류세론자들은 엄청난 양의 탄소 배출, 종種들의 서식지 파괴, 막대한 쓰레기 방출과 광범위한 오염, 이로 인한 지구온난화는 단순히 토양의 층서와 화석으로 측정되는 지질 변화가 아니라 인류의 멸종을 초래할 수 있는 경로의 이행이라고 주장한다. 따라서 오늘날 인류세라는 용어는 단순히 지질학적 특성들의 변화를 지칭하는 것이 아니라 인간 존재의 생존 가능성에 대한 깊은 성찰을 촉구하는 매우 절박한 개념인 셈이다.[3]

그동안 지구의 주체를 자임하던 인간은 종속적이거나 부수적 존재로 간주하던 '비인간 자연'에 대한 질문, 즉 '비-인간은 누구이며 인간-비인간의 관계는 어떻게 설정되어야 하는가?'라는 보다 근본적이고 존재론적이며 윤리적인 질문을 제기해야 하는 상황을 맞이했다. 이러한 질문은 인간만이 생명과 지각과 영혼을 모두 소유한 유일한 존재이기 때문에 다른 종種

---

3   얼 C. 엘리스, 『인류세』, 김용진·박범순 옮김, 교유서가, 2021; 마이크 데이비스, 『인류세 시대의 맑스』, 안민석 옮김, 창비, 2020; 김홍중, 「인류세의 사회이론 1—파국과 페이션시patiency」, 『과학기술연구』 19(3), 2019, pp. 1~49. 한국에서 인류세 논의에 대해서는 최명애·박범순, 「인류세 연구와 한국 환경사회학—새로운 질문들」, 『환경사회학연구 ECO』 23(2), 2019, pp. 7~41과, 『문화과학』 특집호에 실린 이광석, 「'인류세' 논의를 둘러싼 쟁점과 테크노-생태학적 전망」, 『문화과학』 97, 2019, pp. 22~54; 김상민·김성윤, 「물질의 귀환—인류세 담론의 철학적 기초로서의 신유물론」, 『문화과학』 97, 2019, pp. 55~80을 보라.

이나 대상에 대한 지배가 정당하다는 인간중심주의적 사유에 대한 철저한 자기반성에서 출발한다. 인간은 전 지구적 행성 차원에서 보면 하나의 피조물인 생명체에 지나지 않는다. 인간 역시 개나 고양이나 박쥐, 심지어 풀이나 나무의 생명과 존재 론적으로 다를 바 없는 '단지 $1/n$'의 생명일 뿐이다. 인간은 예 외적으로 우뚝 솟은 자리에 앉아 다른 생명체들을 호령하고 지 배하는 대주체(S)가 아니라, 이들과 존재론적으로 평편한 자리 에 위치한 소주체(s) 중 하나라는 것이다.

인간의 '자세 낮추기 덕목'은 지구 행성을 구성하는 여타 의 대상들도 스스로 자기 변화의 선택과 의지를 갖고 있다는 생각, 나아가 그들에게 인간과 마찬가지로 법인격의 지위까지 부여할 수 있다는 사고로 이어진다. 전자는 물질과 생기론을 기반으로 하는 신新유물론의 사유로 이어지고, 후자는 최근 주 목을 받고 있는 '지구법학'으로 구현되고 있다.[4] 이 글에서 나는 비교적 최근 새로운 사회 이론의 패러다임으로 주목받고 있는 탈인간중심주의적 견해들을 살펴보고자 한다. 물질성과 객체

---

4   환경 파괴와 지구 기후의 변화 속에서 새로운 대안을 찾기 위한 지구법학 논의는 매우 강렬한 메시지를 전한다. 맥락은 다소 다르지만 에콰도르, 볼리비아 등 몇몇 남미 국 가의 헌법이나 법체계 속에 자연 권리의 정신이 녹아들거나 명시되어 있고, 뉴질랜드 의 왕거누이강의 경우에는 대리인단이 구성되어 활동하고 있다. 최근에는 지구법(학) 활동이 세계적으로 확산되고, 한국에서도 수년 전부터 지구법학 운동이 일어나고 있 다. 대표적으로 (재)지구와사람에서는 지구법(학) 세미나와 저서 발간 등의 활동을 하 고 있다. 강금실 외, 『지구를 위한 법학』, 서울대학교출판문화원, 2020을 보라.

(혹은 대상)에 대한 신유물론의 사유들을 정리하면서 인간 너머 비인간론의 함의를 찾아보고, 몇 가지 과제를 던질 것이다.

이어서 '비인간'이 하나의 행위주체로 자리매김한다면 그 사회와 정치는 어떠한 것이 되어야 하는지, 즉 어떠한 거버넌스 체제가 도래해야 하는지 논의할 것이다. 이 글에서 우리가 말하는 '정치적인 것'을 잠정적으로 '바이오크라시biocracy,' 즉 생명 중심의 정치체제라 부르기로 한다.

2. 비인간에 대한 사유의 흐름

'사회적인 것'에 대한 논의는 '인간에 의한, 인간을 위한, 인간의' 사회를 말한다. 기존의 '사회적인 것'에 대한 성찰은 인간에 의해 만들어진 사회, 예컨대 언어·규범·제도·조직의 영역에 관한 것이었다. 비인간은 이 논의에서 철저히 배제되거나 주변화되어 있다. 인간 사회와 분리 불가능한 관계를 맺는 수많은 비인간 존재들을 무시하고 과연 '사회적인 것' '정치적인 것' '법적인 것'(이하 '사회적인 것'으로 총칭한다)을 논할 수 있을까? 인간과 자연(비인간)을 구분하는 이분법적 사유는 데카르트 이후 서양철학의 전통이었고, 초기 사회학의 대가들도 그 랬다.[5] 문명(사회)은 철저히 자연과 분리된 인간 행위의 산물로 간주되었고, 흔히 비인간 또는 자연 대상이라 표현되는 인간 너머의 주체들은 이 영역에서 제외되어 있었다.

'사회적인 것'은 인간의 존재론적 안녕을 보존하는 사회적 가치를 의미하고, '사회다움으로서 사회적인 것'은 이러한 가치가 제대로 작동하는 사회를 말한다. 그런데 인간이 살 수 있는 기본적인 조건은 식량, 공기, 물 등 자연적인 것이고, 그것들은 자연에서 얻어내는 것이다. 인간의 생명 유지는 자연과의 피드백 속에서 가능했고, 이 과정에서 사회와 문명을 발전시켜왔다. 애초부터 인간이 만든 사회(문명) 속에는 '자연'이 들어와 있었던 것이다. 브뤼노 라투르는 자연과 사회는 분리된 적도 없고 문명은 언제나 자연과 혼종의 형태로 있었으며 순수한 문명은 존재한 적이 없다고 말한다. 우리는 '결코 근대인이었던 적이 없다'는 것이다.[6] 그에 의하면 우리는 근대인이었던 적이 없기 때문에 근대를 벗어날 수도 없다. 즉 탈脫 혹은 후기 근대도 존재하지 않는다. 근대인이었던 적이 없음에도 불구하고 인간은 자신들의 이성과 과학기술, 지식의 발달을 통해 자연과 독립적인 문명을 이룩한 것으로 오인하고 있다.[7]

---

5   김환석, 「새로운 사회학의 모색(1)—탈인간중심주의」, 『경제와 사회』 117, 2018, pp. 236~61.

6   브뤼노 라투르, 『우리는 결코 근대인이었던 적이 없다』, 홍철기 옮김, 갈무리, 2009.

7   얼 엘리스에 따르면, 찰스 다윈은 인간과 자연을 구분하여 분류하지 않은 반면 18세기 말 조르주-루이 르클레르 드 뷔퐁 백작Georges-Louis Leclerc de Buffon이 '본래의 자연'과 '문명화된 자연'을 구분했다. 엘리스는 이런 단절이 생태학을 비롯한 자연과학과 인문사회과학 영역 분류로 인해 더욱 심화되었다고 본다(엘리스, 같은 책).

오늘날 사회적인 것에 대한 성찰은 오만한 자본주의 시장의 교란과 위협으로부터 사회를 보호하기 위해 제기된다. 사회의 토대가 무너지면 인간은 살아갈 수가 없다는 위기감에서 비롯하는 것이다. 그런데 이 토대의 토대, 즉 대지, 공기, 물 등의 자연이 무너지고 있다면 어떻게 되겠는가? 사회의 몰락이 곧 자연의 몰락을 의미하지는 않지만, 자연의 몰락은 곧 사회의 몰락을 의미한다. 오늘날 바로 사회를 떠받들고 지속 가능하게 만드는 지구 토대가 위기를 맞고 있다.[8]

자연을 구성하는 주체는 인간뿐 아니라 다양한 비인간들을 포함한다(따라서 인간도 하나의 자연이다. 인간-자연, 비인간-자연인 것이다). 비인간 자연의 범주 안에는 동식물 등의 생물체들과 모래, 흙, 땅의 무생물체들, 심지어 인간이 만든 인공적 사물들, 혹은 준객체라 불리는 것들, 예컨대 GMO, 컴퓨터, 스마트폰 등도 포함된다. 인간이 이러한 비인간들과 분리 불가능한 관계라고 한다면 사회적인 것에 대한 성찰은 인간만이 아

8 　사회적인 것의 담론이 사회의 위험(이는 곧 인간에 대한 위험이다)에 대응하기 위한 것이었다면, 인간 너머 비인간 담론은 사회를 지탱하고 있는 토대로서 지구 자연의 위험에 대한 것이다(이는 인간뿐 아니라 비인간 모두의 위험이다). 지구는 단순히 부분적 구성 요소로 관찰되는 것이 아니라, 대기권, 수권, 토양 및 생물권 등 다양한 하부 권역들이 서로 유기적으로 작용하면서 하나의 전체 '지구 시스템'을 구성한다. 지구는 다양한 하부 시스템들의 상호작용과 순환을 통해 자기 조절적이고 자기 생성적 auto-poiesis으로 작동하면서 안정을 유지하는데, 인간의 지나친 지구 파괴와 개입으로 인해 바로 이러한 지구의 평형 상태가 깨지고 있다.

니라 다양한 비인간-자연을 포함해야 한다. 비인간들은 인간 행위에 일방적으로 종속된 수동적 사물이 아니다. 지구 자연의 위기로 나타나는 가뭄, 홍수, 기근, 폭염, 한파, 녹조, 오염 등의 위험 신호는 달리 말하면 인간에게 억압받는 지구가 역으로 인간을 공격하는 현상이기도 하다. 일부 비인간은 인간에게 영향을 주는 일정한 행위의 주체로서, 인간은 때로 이들을 매개 삼아 실천 활동을 확장하거나 제약을 받는다.

라투르를 비롯해 최근 제기되는 존재론적 평면성, 수평적 존재론, 종-횡단적 사유 등 이른바 신유물론자들은 이러한 비인간의 존재론적 중요성을 강조한다. 인간중심주의의 '사회적인 것'에는 인간을 넘어 비인간 주체(대상)들과의 관계, 그리고 비인간 행위소들이 미치는 영향력 등이 포함되어야 한다. 사회적인 것 속에 이른바 '물질'들의 작용/반작용이 내재함을 성찰해야 한다는 것이다.[9] 관계론적 실재론(행위자-네트워크 이

---

9   기존의 사회 이론에서 인간과 자연을 논의한 분야는 환경론 영역이다. 초기 환경 이론은 인간 사회의 지속 가능한 성장을 위해 자연을 어떻게 보호할 것인가에 집중했다. 이러한 인간중심주의적 입장을 심층생태학자들은 '표피적 생태학shallow ecology'으로 비판하고, 자연과의 유대를 통한 삶과 생명의 관계를 총체적으로 이해하고자 했다(Arne Naess, "The Shallow and the Deep, Long-Range Ecology Movement. A Summary," *Inquiry* 16, 1973, pp. 95~100; Warwick Fox, "The Meanings of 'Deep Ecology,'" *Island Magazine* 38, 1989, pp. 32~35). 사회생태학자인 머레이 북친은 환경 문제를 계급과 가부장적인 권위주의 지배와 결부하여 파악했고, 그의 논의는 생태페미니즘으로 확장되고 있다(머레이 북친, 『머레이 북친의 사회적 생태론과 코뮌주의』, 서유석 옮김, 메이데이, 2012). 한편 생태 파괴의 주범은 결국 '자본'이

론), 객체 지향 존재론으로 불리는 일련의 사유는 사회적인 것의 재론에 큰 영향을 미치고 있다. 간단히 말해 그들의 사유는 인간/사회, 문명/자연, 인간/비인간 등의 이분법적 세계관을 극복하고, 인간 바깥의 세상에서 행위주체성을 갖는 다양한 비인간 존재들을 총체적인 관계성의 관점에서 바라보고자 한다. 모든 존재자의 물질성을 강조한다는 점에서 신유물론, 모든 대상을 지향한다는 점에서는 객체 지향 존재론, 비인간의 의식 세계를 해석한다는 점에서 '이질성의 현상학'으로 불리기도 한다. 사회 이론에서 밀려나 있던 '물질'에 대한 성찰을 시도한다는 점에서 사회과학으로의 '물질의 귀환'이란 표현도 등장한다.[10]

라는 관점에서 자본주의 체제 비판을 내용으로 하는 이른바 '적-녹' 노선을 주창하는 생태사회주의 입장도 사회 이론에서 자연환경을 강조하고 있는 흐름이다. 다양한 생태학적 조류를 인간과 자연의 연대 관점에서 분석한 강수택, 「생태주의 사상의 연대적 관점」, 『사회와 이론』 39, 2021, pp. 7~51; 조제프 데자르댕, 『환경윤리』, 김명식·김완구 옮김, 연암서가, 2017의 정리를 보라. 최근 일부 사회학자들도 기후변화와 인간의 삶과 관련된 문제, 예를 들어 생활양식(소비), 불평등, 기후 정책 등 재난과 대응에 관해 주목하고 있다. 그러나 비인간론자들만큼 존재론적 전회를 시도하고 있는 것은 아니다. 참고로 최근 지구온난화 등의 이슈를 사회학적으로 논의한 글로 Eric Klinenberg et al., "Sociology and the Climate Crisis," *Annual Review of Sociology* 46, 2020, pp. 649~69; Riley E. Dunlap & Robert J. Brulle, *Climate Change and Society: Sociological Perspectives*, Oxford University Press, 2015.

10   김환석, 「사회과학의 '물질적 전환material turn'을 위하여」, 『경제와 사회』 112, 2016, pp. 208~31; 김상민·김성윤, 같은 글. 물질성과 사회성의 문제를 기호학, 전략, 짜깁기patchwork의 은유로 설명한 John Law & Annemarie Mol, "Notes on Materiality and Sociality," *Sociological Review* 43(2), 1995, pp. 274~94를 보라. 이 외 Sarah Whatmore, "Materialist returns: practising cultural geography in and for a more-than-human world," *Cultural Geographies* 13(4), 2006, pp. 600~609; 한국 지리

이들은 근대 서양철학의 이정표 역할을 했던 데카르트의 이원론을 극복하기 위해 신-자연-인간을 하나의 일원론으로 통합한 스피노자, 수평적 사유와 다양한 요소들의 '배치 또는 회집체assemblage' 개념을 사용했던 들뢰즈 등의 사유를 적극적으로 끌어들이고 있다.[11] 지금부터는 신유물론자들의 핵심 개념이라 할 수 있는 물질에 대한 논의와 비인간론을 주도한 몇몇 이론가들을 살펴보기로 한다.

3. 신유물론

과학기술의 발달과 함께 인간은 자연을 광범위하게 변형해왔을 뿐 아니라 수많은 인공물을 만들어냈다. 이러한 물질적 요소들은 우리의 삶과 죽음의 과정에 큰 영향을 미치고 있다. 특히 인간뿐 아니라 인간 너머 생명체들에 대한 더욱 정밀해진 의료적 탐색과 지식은 막대한 시장을 형성하고 있고(예컨대 DNA 지도, 신약 개발 등), 지구온난화, 생태 교란, 복제, 대리모,

---

학계에서의 황진태, 「자연-인문지리학의 이분법을 넘어선 융복합 연구를 위한 시론 (I)」, 『대한지리학회지』 53(3), 2018, pp. 283~303을 참조하라.

11 홍민, 「행위자 네트워크 이론과 북한연구방법론」, 『현대북한연구』 16(1), 2013, pp. 106~70. 특히 홍민의 글은 라투르의 행위자-네트워크 이론의 배경을 두루 소개하면서 북한 연구에 적용해보고자 한다는 점에서 매우 흥미롭고 유용하다.

안락사, 제약, 무기 등에 대한 윤리적 판단의 필요성이 어느 때보다 높아지고 있다. 이러한 새로운 과학기술과 인간 및 자연 환경의 변화 속에서 신유물론자들은 새로운 철학 및 정치경제의 질서를 탐색해보고 있다.

신유물론자들은 우리 자신도 물질로 구성되었을 뿐 아니라, 우리를 에워싼 다양한 사물들도 물질로 이루어져 있다는 단순한 사실을 먼저 상기시킨다. 우리는 일상생활에서 서로 직접적인 상호작용을 멈추고 있을 때에도 다양한 사물들과 지속적인 관계를 맺고 있다. 사물들은 우리와 항상 '함께 있는 것'이다. 인간은 생존과 여러 목표를 달성하기 위해 사물을 도구로 쓰기도 하지만 사물이 우리의 삶의 형태를 규정하기도, 행동의 방향을 안내하기도 한다. 즉 물질 대상들이 인간 행위에 영향을 주고, 행위 양식은 마침내 새로운 문화적 규범으로 구성되어간다. 신유물론자들은 단순히 인간과 사물의 상호작용이 아니라, 인간의 행위로 체화된 물질성 혹은 대상물의 주체화 과정 그리고 그것이 어떻게 새로운 행동을 유발하는가에 관심을 둔다.[12] 물론 일부 인류학이나 사회학 분야에서 이미 '사회의 물

---

12   Tim Dant, *Materiality and Society*, Open University Press, 2005. 예컨대 부엌에 새롭게 배치된 다양한 전자 주방 기구들은 우리의 행동 양식을 변화시킨다. 인간의 행동은 문화적 코드에 의해 형태화되는데, 이때의 행위는 사물에 대한 앎을 바탕으로 반복적으로 습관화된 행위이다. 즉 물질에 대한 문화적 지식이 행위에 배태된 것이다. 사회의 물질성은 개인의 신체와 대상과의 관계성에 잘 나타나는데, 개인과 물질 대상 사이의 관계는 문화적 코드로 매개된다(Dant, 같은 책).

질성'과 '물질의 사회성'을 논의해왔다. 앙리 르페브르는 도시 공간을 구성하는 다양한 인프라, 쇼핑몰, 자동차 등의 사물과 인간의 공간적 행위성에 주목한 바 있고,[13] 존 어리는 사회가 다양한 물질적인 것들과 함께 연계되어 재구성되고 있다고 말한 바 있다.[14] 이들에 비해 최근의 신유물론자들은 인간과 기타 사물의 물질성에 대해 더욱 적극적인 해석을 내리고 있다.

신유물론은 물질의 존재론적 성격, 접근 방식에서 기존의 유물론과 차별성을 보인다. 기존의 유물론은 물질과 정신(영혼, 의식)을 이분법적으로 구분하고, 인간 외 자연을 구성하는 물질(여기에는 인간의 신체도 포함된다)을 수동적인 것, 불활성적인 것 혹은 기계론적인 것으로 간주한다. 그렇기 때문에 기존의 유물론자들은 불활성적인 자연 물질에서 고정적인 법칙을 끌어낼 수 있다고 믿었다. 신유물론 역시 물질을 강조한다는 점에서 구유물론과 기본 전제를 공유하지만, 구유물론과 달리 물질은 스스로 변형적 속성인 생기를 가지고 있다고 인식한다. 신유물론자들은 물질의 토대성을 강조하면서도 물질이 일방적으로 의식을 규정한다는 식의 기계론적 사유를 거부하면서, 인간이든 인간 너머 비인간(자연)이든 모두가 물질성을 공유할 뿐 아니라 '관계성'을 보유하기 때문에 존재론적 평면성, 혹은

---

13   Henri Lefebvre, *The Production of Space*, Oxford University Press, 1991.

14   John Urry, *Sociology beyond Societies*, Routledge, 2000.

수평적 평등성을 적용할 수 있다고 본다.

이들은 또한 물질 속에 고정적인 법칙이 존재한다거나, 현상 너머 본질이 존재한다는 사유에서 벗어나 현상들 간의 우연적이고 다층적이며 개방적인 인과성 혹은 상호 의존적 인과율을 강조한다. 물질은 수동적 상태에 놓여 있는 것이 아니라 인간 행위에 직간접적인 영향력을 행사하는 적극적이고 능동적인 속성을 가지고 있으며, 따라서 세계는 다양한 행위소들이 복잡하게 연계된 시스템과 같은 것으로, 단선적 인과율로 설명하기 어려운 비예측적이고, 가역적이며, 개방적인 현상으로 가득 차 있다.[15]

요약하면, 신유물론자들은 사물·객체·대상·주체 등으로 치환되어 사용되는 물질에 대한 재성찰과, 인간과 비인간(자연)의 새로운 관계를 강조하며, 현대 의료와 생명, 기계, 정보, 디지털 문명 등의 획기적인 변화에 대한 윤리성의 문제, 그리고 새로운 정치 질서를 모색하고 있다. 물론 다양한 입장 차이는 있으나, 신유물론이라는 하나의 큰 흐름으로 묶어도 무방해 보인다.[16]

---

15   Diana Coole & Samantha Frost, *New Materialism: Ontology, Agency and Politics*, Duke University Press, 2010; Rick Dolphijn & Iris van der Tuin, *New Materialism: Interviews & Cartographies*, Open Humanities Press, 2012.

16   최근 신유물론을 선도하고 있는 학자들 중에는 남성 중심의 인간상을 거부하는 탈식민주의 페미니즘 등의 영향을 받은 이론가들이 포진해 있다. 참고로 돌핀과 투인은 마누엘 데란다, 로지 브라이도티, 캐런 버라드, 캉탱 메이야수 등을 신유물론의 대표

물질과 생기론의 호명

　물질은 단순히 질료인가, 어떤 일정한 형식성을 가지고 있는가? 중국 선진 유교에서는 물질성의 문제를 '기氣'라는 실체로 풀어나가려 했다. 우주의 근간인 기가 음양과 오행(水火木金土)의 기로 분화되어 서로 흩어지고 모이면서 무수히 많은 사물이 생성, 변화, 소멸을 거듭한다는 것이다.[17] 그런가 하면 고대 불교에서는 물질계를 4대(地火水風)의 구성 요소로 나누고, 여기에 의식계와 공간을 합쳐 육계六界로 우주가 구성되어 있다고 말한다. 유교의 기론이나 불교의 4대론 모두 다양한 학파에서 다양하게 주장하기 때문에 하나의 내용으로 요약하기는 거의 불가능하지만, 물질성의 문제를 이해하는 데 중요한 시사점을 주고 있다. 한편 서양에서도 이와 유사한 논의들이 있어왔다. 물질에 대한 자연주의자들의 인식 혹은 무규정자(아낙시만드로스의 아페이론) 등 다양한 논의 속에서 우주를 구성하는 기본 실체에 대한 사유가 이루어졌고, 데모크리토스에 의해 최소 단위로서의 '원자' 개념이 등장하기도 했으며, 그중에서도 루크레티우스의 자연철학은 단연 돋보이는 사상으로 평가되기도 한다.[18] 근대과학의 등장으로 인해 원자와 전자, 양자와 중

　　적인 학자들로 꼽는다(Dolphijn & Tuin, 같은 책).

17　중국 기 사상의 흐름에 대해서는 장입문, 『기의 철학』, 김교빈 옮김, 예문서원, 2004를 보라.

성자 등의 존재가 속속 밝혀지면서 물질의 신비도 정체가 벗겨지게 되었다. 그러나 자연과학에서 '물질'의 정체는 여전히 '아직 알려지지 않았거나, 알려질 수 없거나, 알기 어려운 수수께끼'이다.

물질은 무엇을 생겨나게 하는 발생적 속성이나, 질료와 형식의 조합에 의해 개체화되는 것으로도 알려져 있다. 물질의 개념은 외부의 형태로 드러난 형식(유형, 무형)과 내부적 성질(구성 요소와 속성 등)을 포함한다. 물질이 형식을 통해 외부로 드러난 것을 사물이라 부를 수 있다. 예를 들어 책상이 그 질료인 나무와 사각형의 형식을 가졌을 때 그것은 곧 사물로 존재한다. 거칠게 말해 사물은 미립자와 몇 가지 기본적인 화학물질로 구성된, 질료와 일정한 형식을 가진 존재자이다.[19]

물질로서의 신체를 강조하는 사상가들은 정신적이고 이성적인 활동의 주체로서의 인간보다는 피와 살을 지닌 물질적 속성으로서의 인간을 고려해왔다. 그러나 인간의 물질적 속성

---

18   루크레티우스, 『사물의 본성에 관하여』, 강대진 옮김, 아카넷, 2012.

19   그러나 물物의 개념은 그리 간단하지 않다. 물의 개념은 질료 혹은 질료적 속성이나 형태를 가진 사물뿐 아니라, 사회적 사건이나 환경, 인공물, 제도 등을 모두 포괄하기도 한다. 인간을 포함한 인간 외의 것들이 모두 물이 되기도 한다. 장자에 의하면 물은 자연적인 것, 천지, 터럭, 소위 외물로서의 국가, 제도, 명명된 것, 언어와 사유가 지향된 것, 손가락으로 가리키는 모든 대상, 즉 마음의 대상이나 관념적 대상을 모두 포함하는 개념이다. 한편 'matter'는 중요함, 문제시됨, 발생 등의 의미가 들어 있다. 또 하나의 사물 표현에는 'thing'이 있나.

인 신체는 단순히 질료적 특징만을 가지고 있는 것이 아니다. 물질로서 인간의 신체는 질료와 의식(혹은 정신)이 함께 '혼합' 되어 있다는 것이다. 따라서 인간의 존재를 정신(마음, 영혼, 의식 혹은 감각, 감정)의 영역과 질료적 요소인 신체(피와 살, 세포 등)로 나누는 것, 즉 주/객 분리는 타당하지 않다. 최근 인지과학자들이 '신체화된 마음' 혹은 '신체화된 감정embodied mind'이라는 개념을 동원하는 것도 그 연장선 위에 있다고 볼 수 있다. 의식을 보다 넓게 문화·정치·역사의 산물, 특히 권력의 영향을 받는 형식form이라고 본다면 물질로서의 몸은 자연적인 것이 아니라 시대의 산물이라는 몸의 물질성에 대한 페미니즘의 연구 동향도 이와 무관하지 않다.[20]

신유물론에 의하면 인간이나 비인간 모두 물질로 구성된 동일한 존재이다. 기존의 물질론에서 물질은 의식과 구분되고, 스스로 자기 재생산이 가능한 생명과도 구분된다. 그런데 물질에 대한 최근의 논의는 기존의 통념을 무너뜨리려 한다는 점에

---

20 Judith Butler, *Bodies That Matter: On the Discursive Limits of Sex*, Routeledge, 2011; 권택영, 「몸의 물질성과 패러다임의 유형」, 『인문학연구』 17(0), 2010, pp. 293~327; 심찬희, 2015. 최근 감정사회학 일부 분야에서 소개에 그치고 있지만 뇌와 호르몬, 교감신경 등의 변화와 감정의 관계를 통합적으로 보려는 시도도 있다(Jonathan Turner & Jan Stets, *The Sociology of Emotions*, Cambridge University Press, 2005). 참고로 한국 사회학계에서 이재혁(2008)의 사회적 두뇌에 대한 논의나, 최근 코로나19 사태 이후 바이러스와 인간관계의 변화를 비말의 사회학이란 관점에서 접근한 김홍중, 「코로나19와 사회이론」, 『한국사회학』 54(3), 2020, pp. 163~87도 흥미롭다.

서 매우 전복적이다. 물질이 스스로 변화와 진화, 혹은 생성과 쇠퇴를 경험하는 내재적 역동성을 가지고 있다는 것이다. 이러한 전통의 계보를 거슬러 올라가보면 고전적 생기론이라 할 수 있는 '물활론物活論'에 이른다. 물활론적 생기론자들은 무생물적 물질에 외부로부터 '영혼'이 삽입되어 하나의 생명체가 생겨났다고 본다. 물활론은 어떤 사물 속에 영혼이 깃들어 있어 그 사물이 신적 속성을 지녔다고 믿는 정령신앙, 즉 애니미즘과 밀접한 연관이 있다. 실험과 관찰, 엄밀한 논리를 요구하는 과학의 영역에서 애니미즘적 사고나 물활론적 생기론은 철저히 배제되어왔지만, 최근 이러한 물활론이 인류학과 같은 일부 인문사회과학의 영역에서 다시 주목을 받고 있다.

생기론적 사고는 이미 오래전 동양의 전통 사상에서도 발견된다. 예를 들어 인간에게 기氣가 흐르는 경맥이 있는 것처럼 땅에도 기가 존재한다는 일종의 생기론적 사유가 체계화되어, 자연의 형태, 집터나 무덤 자리 등 자연과 인간의 감응과 조화를 강조하는 풍수지리風水地理 사상에 깊이 내재해 있었다.[21] 근대에 이르러서도 물질 내부의 생동성에 대한 과학철학적 사유는 끊임없이 제기되어왔다. 생기론은 기계론과 대립하면서 다양한 생물학자들에 의해 계승·발전되어왔다. 예컨대 한스 드리

---

21   예컨대 최창조, 『청오경·금남경』, 민음사, 1993; 최창조, 『한국의 풍수사상』, 민음사, 1984 등을 참조하라. 서양의 경우 자연주의 철학자 루크레티우스, 『사물의 본성에 관하여』, 강내진 옮김, 아카넷, 2012도 보라.

슈[22]는 생의 역동성이라는 개념을 통해 물질이나 에너지를 능가하는 '그 무엇'이 존재한다고 보았다. 그러나 그는 '그 무엇'의 생의 역동성은 물질 외부에 존재하는 것이 아니라 물질 속에 제한되어 있고, 물질 안의 역동성으로 인해 생명체의 진화가 계속된다고 본다. 이러한 사유는 생물학에만 국한된 것이 아니다. 이미 칸트는 '형성 충동'이라는 개념을 통해서, 그리고 베르그송은 생의 역동 의지라는 개념을 통해 생명의 충동성, 내재적 연속성 등을 강조했다.[23]

그런데 이 생기론자들의 사유, 즉 생의 의지, 역동성, 혹은 형성 충동 등이 무생물인 비생명체의 물질에서도 발견될 수 있는가? 발견된다면 무생물 역시 생명(성)을 가지고 있다고 보아야 하는가? 바이러스 같은 미세한 생명체들은 인간과 마찬가지로, 혹은 인간과 유사하게 생명적 속성이 존재한다고 말할 수 있겠지만, 무생물체, 예를 들어 금속, 땅, 모래, 심지어 준準객체인 로봇 등에게도 생기가 존재한다고 인정할 수 있을까? 만약 가능하다면 그 생기론적 역동성을 생명으로도 볼 수 있을 것인가? 내가 보기에 생기는 생명을 구성하는 필요조건이지만 충분조건은 아닌 것 같다. 생명은 스스로 내·외부의 신진대사 과정을 거쳐 자기 재생산이 가능해야 한다. 생명은 스스로 자연

22　　Hans Driesch, "Philosophy of Vitalism," *Nature* 92, 1913, p. 400.
23　　제인 베넷, 『생동하는 물질』, 문성재 옮김, 현실문화, 2020.

환경이나 숙주에 빌붙어 영양을 섭취하고 번식하는 등 어떤 생성 과정을 가능하게 하는 힘들의 결정체이다. 유기 컴퓨터 등이 자생적 사유 능력을 일부 보유하고 있다 하더라도 자기 재생산과 번식을 할 것이라고 생각하기는 힘들다. 지금 시점에서는 무생물을 생명체로 간주하기에는 좀더 복합적인 논의가 필요해 보인다. 다만 생명의 속성인 변화의 '힘' 혹은 역동성을 반영하는 개념으로서 생기라는 개념은 인간, 비인간 모두에게 적용해도 큰 무리는 없을 듯싶다.[24]

내·외부적 요인에 의해 사물을 구성하는 원소들의 화학반응으로 사물이 변화한다는 것은 엄연한 과학적 사실이다. 이러한 것들을 물질성이라 부른다면, 그 물질성을 '생기'라 부르고 물질이 생기를 소유하고 있다고 해도 비과학적인 것은 아닐 것이다. 특히 오늘날 과학기술은 물론 가치관의 변화로 인해 생명 개념 역시 급속히 변화해오고 있다. 사이보그, 복제 기술, 시험관 수정, 줄기세포 등 생명 개념과 생명체의 경계가 다소 모호해지고 있는 것도 사실이다. 나는 잠정적으로 생명이란 개념보다는 '생기'라는 표현을 쓰고자 한다. 생기는 생동하는 기운

---

24 비인간 무생물체도 여러 층위로 나눌 수 있을 것이다. 땅, 숲, 강은 이미 다양한 생명체를 포함하고 생기적 작용을 한다는 점에서 생명체라고 말할 수 있다. 린 마굴리스와 도리언 세이건의 말을 인용해본다. "생리적 범위를 최대한으로 잡으면 생명은 지구 표면 그 자체이다. 여러분의 몸이 세포로 우글거리는 해골이 아닌 것과 마찬가지로, 지구는 단순히 생물들이 살고 있는 거대한 바윗덩어리가 아니다."(린 마굴리스·도리언 세이건, 『생명이란 무엇인가』, 김영 옮김, 리수, 2016, p. 12)

이라는 뜻이다. 스스로 변하고, 작용하고, 생성하고 쇠퇴하는 역동적 에너지를 의미한다면 생물뿐 아니라 무생물에게도 이러한 생기는 존재한다. 인간 너머에 존재하는 다양한 비인간 역시 고정되고 불변하는 사물이 아니라 스스로 내적 역동성에 의해 변화하는(생성, 소멸) '생기'를 가지고 있다는 것이다.

요약하자면 물질은 생기론적 속성을 갖는다. 기존의 물활론적 생기론과 차이가 있다면 이 생기가 외부의 존재로부터 부여된 것이 아니라 내부의 속성이라는 것이다. 역동적으로 변화하는 생기가 있기 때문에 어떠한 물질이든 주변에 영향을 미친다. 베넷이 말한 대로 쓰레기 더미나 쥐의 사체도 우리의 얼굴을 찡그리게 하는 '영향력'을 갖는다.[25] 그렇다면 모든 대상은 물질로 구성된 행위자이다. 어떤 하나의 사건을 발생시키는 데 직간접적으로, 다양한 지점에서 다양한 유형으로 간여하는 행위소로서의 주체들이다. 물질로 구성된 '객체'가 생기 소유물이라는 사실, 객체가 행위자라는 사실, 그리고 이러한 객체들이 모여 무수히 많은 관계 다발의 망網을 형성하고 있다는 점을 상기할 필요가 있다. 이러한 관계론에 정초를 놓은 라투르와 그

---

25 베넷, 같은 책. 베넷이 주장하는 '생동하는 물질'의 개념은 매우 유용하다. 그녀는 물질성을 자연주의 철학자인 루크레티우스의 '사물의 본성'과 드리슈의 생동하는 힘, 베르그송의 생의 역동 의지 등의 측면에서 두루 살핀다. 베넷의 책 『생동하는 물질』의 영어판 원제는 'Vibrant Matter'이다. 한편 생기론과 기계론에 대해서 조르주 캉길렘, 『생명에 대한 인식』, 여인석·박찬웅 옮김, 그린비, 2020을 보라.

'비인간 존재'에 대한 사유와 정치의 재구성

비판적 '추종자'들의 논의를 간단히 요약해보기로 한다.

관계론적 실재론과 객체 지향 존재론[26]

태어나면서부터 인간은 자신의 의지와 상관없이 앞서 존재한 역사와 사회의 관계망에 접하게 된다. 개인은 출생과 함께 가족과 집단, 사회, 국가, 전 지구적인 인류 사회 등과 직간접의 중첩적 관계를 형성하는 것이다. 이러한 관계망에 대한 사유는 인간과 사물의 관계로 확장되고 있다. 사물은 각종 제도나 생물 자연(동식물, 세균 혹은 바이러스) 그리고 들, 강, 산 등의 모든 비인간 자연물을 포함한다. 나아가 인간이 만든 인공물, 예컨대 컴퓨터, 스마트폰까지도 포함한다. 사물 인터넷이 말하듯, 인간과 비인간의 관계뿐 아니라 사물 대 사물 간의 관계까지 그 관계망은 실로 다양하고 방대하다.

관계론적 실재론(혹은 관계론적 유물론)자라고 부를 수 있는 라투르의 행위자-네트워크 이론은, 주체와 객체를 분리하고 인간의 이성이라는 틀로 자연과 세상을 바라보려는 이성주의

---

26   'object'를 대상, 혹은 사물로도 번역할 수 있을 텐데 한국어판 번역에는 객체로 나와 있다. 객체로 번역할 경우 주체의 개념이 상정되어야 하기 때문에 주/객 일치를 강조하는 신유물론자들의 논리에 적합할지 다소 혼란스럽다. 그러나 이 글에서는 잠정적으로 번역서의 용어를 존중하기로 한다.

를 비판하는 것에서 시작한다. 앞서 말한 대로 우리는 '근대인이었던 적이 없다'는 것인데, '근대적modern 사유'란 인간이 자연으로부터 독립하는 과정에서 문명을 만들었으며 따라서 자연과 별개의 영역을 구성하고 있다는 생각을 말한다. 그러나 라투르에 의하면, 자연과 문명은 실제로 분리된 적이 없다. 자연의 영역과 문명의 영역은 항상 '혼성적hybrid'이었다. 다만 인간의 인식 작용을 통해 자연적인 것을 '청산'하고자 했을 뿐이다.[27]

라투르의 입장에서 보면 수많은 행위소들이 각각 주체자로서 행위하며 관계는 곧 그러한 행위소들의 관계이다. 여기에 그의 탈脫인간중심주의 생각이 놓여 있다. 다소 혼란스럽긴 하지만, 파스퇴르와 발효균(세균)의 관계를 논의하는 과정에서 그의 이러한 생각이 잘 드러난다. 파스퇴르 이전에도 세균이 존재했는가? 기이하게 들리는 이 질문에 대한 그의 답은 '아니다'로 귀결된다. 1864년 파스퇴르와 발효균이 서로 만남으로써 서로가 등장하게 되었다는 것인데, 발효균은 파스퇴르를 세상

---

27 라투르, 같은 책. 그는 이러한 분리의 과정을 두 과학의 영역에서 대비해 본다. 하나는 순수 자연현상을 의미하는 물리현상으로서 보일이 '비등점의 법칙'을 발견하는 과정, 다른 하나는 홉스가 설정한, 자연현상과는 단절된 사회적이고 정치적인 현상으로서 리바이어던의 출현 과정이다. 이 둘은 사회 혹은 정치와 분리된 순수한 자연과학을 대변하는 물리학의 영역과, 자연과학 현상과는 전혀 상관없어 보이는 듯한 사회과학 영역을 상징하지만, 이 두 영역에서의 실제 활동은 물리학적이면서 정치적이고, 정치적이면서 물리학적이었다는 것이다.

에 유명한 학자로 '부각'했고 파스퇴르는 그간 은폐되어 있던 세균을 세상에 드러냄으로써, 즉 서로 접합적 관계를 맺음으로써 마침내 각각의 존재가 되었다.[28] 그렇다면 1864년 이전에는 세균이 존재하지 않았는가? 라투르에 의하면, 그것은 소급되어 존재하는 것이다. 발효균으로 이름을 얻은 후 그 이전으로 소급됨으로써 그것이 존재하게 된다는 것이다.[29]

그는 관계의 그물망에 더 많이 연계된 사물이 존재론적 우위를 갖는다고 말한다. 즉 관계를 더 많이 형성할수록 그 객체가 존재론적으로 실재론적 지위를 갖는다는 것이다. 라투르에게 관계를 구성하는 각 개체는 블랙박스와 같다. 객체 자체의 속성은 존재하지 않거나 알 수 없다는 것이다. 불교에서 말하는 무자성無自性, 즉 객체는 숱한 인연의 고리에 존재하기에 스스로의 성질이나 본체가 없다고 하는 공空 사상이나, 모든 것은 생멸의 변화 속에 있다는 의미에서 무상無常의 관점과도 유사해 보인다. 아니면 물 자체는 지식의 세계에서 알 수 없다는 칸트의 불가지론과도 흡사하다. 정리하자면, 그는 객체 자체보다는 객체들의 외부 관계성에서 존재의 특징이나 의미를 찾으려 한다. 세계가 인간과 비인간(다양한 사물)들 간의 관계로 구

---

28 이때 접합이란 단어는 영어로 'articulation'인데, 한국어판 번역자는 이를 접합 대신 '부각'으로 옮겼다.

29 브뤼노 라투르, 『판도라의 희망』, 장하원·홍성욱 옮김, 휴머니스트, 2018; 그레이엄 하먼, 『네트워크의 군주』, 김효진 옮김, 갈무리, 2019.

성된다고 보는 관계망적 사고는 사물들과의 집합 속에서 새로운 정치적 연합체가 등장해야 한다고 하는 '사물 동맹'의 정치 이론으로 확장된다.[30] 그의 이러한 과학철학은 '관계론적 실재론'이라 불리기도 한다. 다소 과도한 듯한 라투르의 행위자-네트워크 이론은 탈인간중심주의적인 사회적인 것의 재론에 많은 시사점을 던져준다. 그러나 라투르의 행위자-네트워크 이론 혹은 관계론적 실재론은 객체(대상/주체) 자체와 의식의 문제에서 많은 한계를 지닌다. 그의 논의를 충실하게 소개, 비판하면서 자신의 이른바 사변적 실재론 혹은 비유물론immaterialism을 정립시킨 그레이엄 하먼Graham Harman은 라투르가 현상학적 의식의 문제를 비판한 것을 재비판하면서, 자신은 의식과 물질의 변증법적 관계를 강조한다고 주장한다.[31] 객체는 인간 의식의 지향성 속에서 관계를 맺고, 그 관계 맺음을 통해 어떤 의미를 가지게 된다.

하먼이 보기에 라투르는 객체의 본성을 블랙박스로 치부하고, 오로지 외적인 관계에만 주목한다. 나 역시 이 점에서 하먼의 견해를 지지한다. 그는 외부 관계를 맺음과 동시에 스스로 내부적인 관계들이 작동하는 존재자로서의 객체(그러므로

---

30 라투르는 신공화주의 정치체제를 '사물 동맹의 정치'로 제창할 만큼 사물과의 관계를 총괄하는 새로운 정치체제를 구상한다(브뤼노 라투르 외, 『인간·사물·동맹』, 홍성욱 엮음, 이음, 2010).

31 하먼, 같은 책.

'비인간 존재'에 대한 사유와 정치의 재구성

스스로 주체이며, 인간과 비인간을 모두 포함한)를 강조하고자 한다. 그 객체들의 의식 작용이 서로를 지향하는 관계를 형성하면서 의미가 생성된다. 한마디로 하먼은 좀더 객체 지향일 것을 주장한다. 인간이라는 주체 없이도(즉 파스퇴르 없이도) 세균은 스스로 포도와 함께 발효 작용을 수행하고 있었다는 것이다.

또한 하먼은 관계의 양이나 수에 의해 존재의 실재가 더욱 두드러진다는 라투르의 입장에 대해, 반드시 그런 것만도 아니라고 주장한다. 존재의 실재가 부각되는 것은 관계의 수가 아니라 질일 수도 있다는 것이다.[32] 인간과 비인간 객체들이 매우 복잡하고 상호적인 관계 속에서 존재하면서 수행하는 '공생'은 하먼에게 매우 중요한 개념이다. 하나의 객체가 다른 객체와 함께 공생 관계를 맺을 때 생성, 변화를 맞이하는데, 공생이 깨질 때 객체는 소멸의 길을 걷는다. 물론 이 양자의 관계는 호혜적일 수도, 일방적일 수도 있다.[33]

하먼이 관계를 구성하는 주체로서 객체를 강조하고, 객체들 간의 비대칭성 문제를 논의로 끌어오면서 관계론적 실재론

---

32 하먼, 같은 책.

33 그레이엄 하먼, 『비유물론』, 김효진 옮김, 갈무리, 2020. 예컨대 비대칭적인 관계가 존재한다. 해바라기는 태양 빛의 영향을 받지만 태양은 해바라기의 영향을 받지 않는다는 것이다. 그는 이러한 공생의 테제를 네덜란드의 법인격체인 동인도회사의 사례를 통해 보여주고 있다(하먼, 같은 책).

을 더욱 풍부하게 보완하고 있다고 볼 수 있다. 그러나 여전히 비대칭성이나 차이의 문제 등에 대해서는 설득력 있는 대안을 제시하는 것 같지 않다. 모든 사물은 인간이든 비인간이든 '있다'는 존재론적 관점에서 동일하다고 해서 객체들 간의 차이를 무시하는 것은 아니라고 말하지만, 인간과 비인간의 '차이'의 구체성, 차이가 갖는 현실적인 위계성 등에 대한 논의는 여전히 미진하다.

주/객 대상의 존재론적 수평성에 대한 논의는 아예 모든 대상을 기계로 환원하는 레비 브라이언트Levi R. Bryant에 의해 더욱 흥미롭게 진행된다. 브라이언트는 들뢰즈의 철학을 배경으로 '객체들의 민주주의'라는 말을 동원하여 쓴다. 들뢰즈가 사용하는 용어들, 즉 기구, 장치, 배치, 기계 등의 개념들을 자신의 논의로 끌어들인 후, 사회는 수많은 구성 요소들이 서로 개방적이고 유연하게 접합된 조직체라고 말한다.[34] 그는 관념론적인 형이상학이나 소박한 유물론적인 입장(예컨대 의식 너머 실재가 존재한다거나 의식은 단순히 물질의 반영이라는), 특히 경제적 요인이 상부구조를 일방적으로 결정한다는 식의 조야한 결정론적 유물론을 극복하려 한다. 기존 유물론을 비판하면서도 동시에 너무 많이 벗어나지 않으려는 의도와 함께 개방성,

---

34 질 들뢰즈·펠릭스 가타리, 『천 개의 고원』, 김재인 옮김, 새물결, 2001; 마누엘 데란다, 『새로운 사회철학』, 김영범 옮김, 그린비, 2019를 참조하라.

다양성, 과정성 등을 강조하기도 한다.

　브라이언트는 새롭게 재구성한 '기계'의 개념을 자신의 논의에서 핵심 용어로 자리매김한다. 역동적이며 스스로 자율성을 지니는 주체적 대상과 달리 일반적으로 기계는 정태적이고 비생기론적이며, 외부의 조정에 의해서만 작동하는 객체적 대상으로 간주된다. 기계론적 발상이라는 말은 바로 이러한 이유로 조롱의 대상이 되거나 단순하고 거친 인과론적 사유를 비하할 때 동원되기도 한다. 그러나 브라이언트에게 기계의 개념은 다르다. 그에게는 모든 대상이 '기계'다. 기계는 움직이고(작동하고), 변형하는 실체로서 인간도 하나의 기계인 것이다.[35] 존재론적으로 평평한 지위에 있는 인간이나 비인간은 모두 기계로서 복합적 관계를 맺으며 작동한다는 것인데 나는 이를 '기계일원론'이라 부르고자 한다.

자본주의와 '오이케이오스Oikeios'

　자본주의 축적 체계와 생태 문제를 연계한 생태사회주의 견해들이 여전히 큰 호응을 얻고 있지만, 이를 자본 축적 영역 내부에 초점을 두었다고 비판하면서 후기마르크스주의 생태

35　레비 R. 브라이언트, 『존재의 지도』, 김효진 옮김, 갈무리, 2020.

론자들은 자본주의 내적 축적 과정과 외부 자연의 관계를 보다 체계적으로 다루려 노력한다. 즉 생산뿐 아니라 소비 과정에서 환경이 오염되고 이로 인해 축적의 한계에 부딪히며 계급 불평등과 갈등을 심화하는 문제를 기존의 마르크스주의가 제대로 다루지 못하고 있다는 비판과 함께, 자연환경을 가치 축적과 위기의 논의 안으로 끌어들이려 하고 있다. 오늘날 자본주의 생태 문제는 '녹색'의 정치만으로는 해결되지 않는다. 즉 적-녹 정치가 요청된다는 것이다.[36] 그런데 마르크스의 가치론을 축적 내부에서 외부로 확장해 장기 자본주의 역사 과정에서 파악하고, 가치 분석의 영역에서 주변화했던 비인간론을 존재론적이고 인식론적인 차원에서 적극 수용한 제이슨 무어의 논의가 주목을 받고 있다.

그의 논의를 간단히 요약해보기로 한다. 인간은 자연과의 관계 그물망 속에서 자연을 활용해왔다. 그런데 자본주의 시대에 이르러 그 활용도는 급증하게 되는데, 자원 동원의 대상으

---

36 Ted Benton, "Biology and Social Science," *SAGE journals* 25(1), 1991, pp. 1~29. 이 외에 Paul Burkett, "Marxism and Natural Limits: A Rejoinder," *Historical Materialism* 8(1), 2001, pp. 333~54; Sergei Podolinsky, "Socialism and the Unity of Physical Forces," *Organization & Environment* 17(1), 2004, pp. 61~75 등을 보라. 생태마르크스주의에 대한 논의는 김민정, 「인간과 자연 관계에 관한 생태 마르크스 이론」; 김종환, 「마르크스와 생태학」, 『마르크스21』 11, 2011, pp. 276~301; 서영표, 「영국의 생태마르크스주의 논쟁」, 『동향과 전망』 77, 2009, pp. 318~51 등을 보라.

로 자연을 간주하고, 엄청난 양의 자원을 자연에서 획득해왔다. 오늘날 자연 생태계의 교란과 위기는 바로 이러한 자본주의 축적의 결과인 것이다. 자본주의는 확대재생산 축적을 위해 값싸고 풍부한 자원과 노동력이 있는 외부의 영토로 자신을 확장한다. 자연은 '저렴한 자원'과 값싼 노동력 혹은 불불不拂 노동력(피식민 국가의 노동력 등. 여기에는 가사 노동도 포함된다)으로 구성된다.[37] 저렴한 자원은 자연에서 무료로 획득되거나 값싼 인간의 노동이 일부 가해진 식량, 에너지, 기타 화석연료와 같은 자원들이다. 이러한 자연을 가공하고 채취하는 데 노동과 비용이 들지만, 초기 단계에서 이것들은 거의 '무료'로 제공되는 것이나 다름없었다.

자본(가)들은 이 저렴한 자원을 구입하기 위해 자국의 영토를 벗어나 끊임없이 새로운 '공간'을 찾아간다. 이 영토를 무어는 '프런티어'라 부른다. 프런티어를 정복하는 과정, 이 과정이 곧 식민제국주의 과정이다. 무어는 이 자본주의가 확대 축적을 위해 프런티어를 정복해가는 긴 역사적 과정을 조반니 아리기Giovanni Arrighi의 장기 20세기 논의에 기초해 설명한다.[38] 잘

---

37   가사 노동의 경우 자본주의 재생산에 필수적이면서도 노동의 개념에 포함되지 못하고, 그 대가를 받지 못하는 불불 노동이다. 에바 일루즈는 이를 그림자 노동이라 부르기도 했다.

38   제이슨 무어, 『생명의 그물 속 자본주의』, 김효진 옮김, 갈무리, 2020. 아리기는 자본주의 발흥을 멀게는 15~16세기까지 거슬러 올라가 두 가지 경로, 즉 이탈리아 베네치아와 제노바의 유형을 제시한다. 전자는 영토 중심의 상업 및 제조 활동(국가민족

알려진 바와 같이, 자본주의 축적은 C-M-C가 아니라 M-C-M인데, 이 과정에서 화폐자본이 구입해야 하는 자원은 가변자본으로서의 노동력(variant variable, V)과 원료, 기계와 같은 불변자본(constant variable, C)이다. 이 양자를 구입하는 비율을 일반적으로 자본의 유기적 구성이라 한다. 마르크스는 자본이 확대재생산될수록 이 자본의 유기적 구성이 상승하는 경향을 보인다고 말한다. 즉 자본가들은 서로 피를 말리는 경쟁 속에서 기계와 같은 고정자본에 더 많이 투자하게 됨으로써 유기적 구성을 상승시키고 결국 이윤율이 저하되는 경향성을 보인다는 것이다. 그러나 저렴한 자원은 이러한 유기적 구성을 감축하는 효과를 가져옴과 동시에 식민지 소비처를 통해 과잉 축적의 위기까지 어느 정도 해소해줌으로써 이윤 확장에 기여했다. 프런티어는 세계 곳곳으로 확장되었다.[39] 프런티어의 확장 과정은

주의 모델), 후자는 영토를 벗어나려는 자본(가) 중심의 상업 및 제조 활동의 사례이다. 교역과 생산 그리고 이에 대응하는 금융(자본)의 모델이 시계추처럼 작동하면서 자본주의가 발달해왔고, 각국은 이 과정에서 흥망성쇠의 길을 걸었다. 네덜란드의 급부상과 쇠퇴, 그리고 제노바-이베리아 유형의 영국, 제2차 세계대전 이후 세계의 헤게모니를 장악한 미국의 자본주의 역사가 이를 잘 대변한다. 브레턴우즈협정의 쇠퇴와 함께 첨예화하는 세계 경제 체계의 갈등과 모순, 쇠락의 징후 속에 세계 패권을 유지하려는 미국, 이후 떠오르는 일본과 동아시아의 네 마리 호랑이들(그러나 이들은 미국에 종속적이다!), 이들 사이의 각축전을 통해 세계 자본주의가 변화해오고 있다. 세계 자본주의 역사는 산업자본이 우세할 때 등장하는 M-C, 즉 교역/생산, 제조업이 부흥하는 단계와, 산업자본이 한계에 부딪히면서 등장하는 C-M(금융자본) 단계 사이의 진자 운동을 통해 발전한다(조반니 아리기, 『장기 20세기』, 백승욱 옮김, 그린비, 2010).

곧 자원의 확보 과정이었으며, 엄청난 양의 채굴과 채취, 농경지의 확대로 인해 '자연'은 아사 상태에 이르게 되었다. 프런티어의 자원이 점점 고갈되었고, 또한 저렴한 자원의 비용도 높아짐에 따라 이윤은 급격히 하락했다. 무한대적 축적이 자연을 위기로 몰아넣었고, 자연의 위기는 곧 자본 축적을 위기로 몰고 있다.

이처럼 무어는 자연과 인간의 관계망의 사고를 자본주의 축적의 장기 역사 속에서 접근한다. 그는 인간-자연, 자연-인간이라는 용어를 동원하는데, 이 두 용어는 인간의 삶에 내재화된 자연과, 다른 생명체들과 마찬가지로 자연을 구성하는 하나의 존재자로서 인간이라는 이중적 의미를 담고 있다. 따라서 인간도 하나의 자연에 불과하므로 자연과 괴리된 인간 사회나 문명은 존재할 수 없다. 이들은 서로 복잡한 관계망을 구축하고 그 관계망 속에서 생성, 변화, 쇠퇴를 거듭한다. 이 관계망을 특별히 그는 '오이케이오스'적인 그물망으로 묘사한다.[40] 국가주의적 산업화를 추구하는 과정에서 자본주의만큼이나 자연을 파괴한 구소련이나 중국을 분석 영역으로 끌어들이지 못한 한계는 있지만 기존 생태 이론이 간과한, 어쩌면 가장 핵심적일 수 있는 자본의 축적 과정과 자연 약탈 과정을 정교하게, 그것

---

39   프런티어의 확장 과정은 또한 제국들 사이에, 제국과 피식민지 국가들 사이에 치열한 전쟁을 수반했다.

40   '오이코스'는 가족, 기계를 뜻하는 용어이다.

도 장기 자본주의 역사 과정 속에서 분석한 것이 돋보인다. 무어의 오이케이오스와 같은 관계론적 사유는 앞에서 소개한 신유물론자들과 맥을 같이한다고 볼 수 있다.

4. 정치·사회의 재구성, 바이오크라시를 향하여

바이오크라시의 이념형과 거버넌스 시스템

신유물론자들은 단순히 인간 너머 존재에 대한 사변철학적인 논의를 넘어 비인간을 참여시키는 새로운 정치적 의제나 체제 등에 대해서도 주목하고 있다. 예컨대 라투르는 인간뿐 아니라 다양한 비인간 행위소들과의 관계를 포괄하는 정치체제, 즉 '사물 동맹'을 토대로 한 신공화주의를 주장한다. 그동안 민주주의 이론들은 언어와 생각의 역량을 가진 인간들의 정치행위에만 초점을 두고 있었다. 그러나 신유물론자들은 인간, 바이러스, 동물 그리고 이른바 '기술적인 육체들'(인공지능이나 로봇)과의 상호작용이 더욱 긴밀해지고 있는 현실을 적절하게 포착할 수 있는 민주주의 정치 담론이 필요하다고 주장한다. 인간 세계에만 국한되지 않고 다양한 행위소들이 생동하고 있는 회집체의 세계를 포함하는 정치 이론을 정교화해야 한다는 것이다.[41]

인간 너머 자연의 권리를 보증할 수 있는 새로운 거버넌스 체제를 요구하는 지구법학 역시 새로운 사회계약과 정치체제를 고민하고 있다. 지구법학적 사유를 바탕으로 모든 피조물의 생명의 가치와 권리를 강조하는 새로운 거버넌스와 정치시스템을 잠정적으로 '바이오크라시'(생명 중심주의 혹은 생명지향주의 정치체제)로 부르고자 한다(이 책「서문」의 5장을 보라).

바이오크라시는 모든 지구상의 피조물이 나름대로 생명의 가치와 권리를 지니고 있다는 지구법학의 원리와, 종-횡단적 사유와 물질적 동질성을 강조하는 신유물론(관계론적 실재론과 사변적 실재론 등의 신실재론)의 사유를 바탕으로 구축된 정치체제를 말한다. 바이오크라시는 인간은 물론 비인간 존재자 그리고 미래 세대의 자유와 평등, 참여와 연대를 보장하는 새로운 거버넌스 체제이다. 또한 인간과 비인간 모두의 기본적 권리를 존중하고 이들 상호 간의 소통과 배려, 대표를 통한 참여, 지구상 모든 피조물의 공존을 강조하는 공화주의의 원리를 포함한다. 그 핵심 원리는 생명Bio이다.

---

41   Wayne Gabardi, *The Next Social Contract: Animals, the Anthropocene, and Biopolitics*, Temple University Press, 2017; Rafi Youatt, *Interspecies Politics: Nature, Borders, States*, University of Michigan Press, 2020; Antonio A. R. Ioris, *The Political Ecology of the State: The basis and the evolution of environmental statehood*, Routledge, 2014.

김왕배   225

바이오크라시라는 용어는 19세기 중반 사회학의 창시자인 오귀스트 콩트Auguste Comte가 제시한 것으로 알려져 있다. 그는 바이오크라시를 '인간과 다른 피조물 간에 형성된 행성적 연대 체제'로 보았다. 콩트는 신학적이고 형이상학적인 지식의 단계를 벗어나 새로운 실증주의 지식을 바탕으로 새로운 사회 질서를 수립하고자 했고, 이러한 체제를 '소시오크라시sociocracy'로 불렀다. 그는 새로운 질서 체제인 소시오크라시를 위해 인간은 다른 피조물들과 행성적 동맹을 맺어야 한다고 주장했다. 그는 인간이 다른 피조물들의 존재와 이익을 존중할 때 자기 갱신이 가능하다고 보았고, 인류애를 바탕으로 한 실증주의적 질서 체제 아래에서 법을 통해 인간과 다른 동물의 연대가 공고히 될 것이라고 주장했다.[42]

한편 콩트 이후 바이오크라시라는 용어는 1940년대 생리학 분야에서 잠깐 등장했다가 사라졌다.[43] 이 용어는 사전에서도 찾아보기 힘들지만, 이 책에서 주장하는 내용과 중첩되거나 혹은 매우 반대되는 내용으로도 간간히 쓰이고 있음을 알 수 있다. 예컨대 바이오크라시를 생물학이나 유전공학 등의 생명과학 지식이 미치는 정치적·사회적 영향과 생활양식으로 규정

---

42   John Tresch, *The Romantic Machine*, The University of Chicago Press, 2012, p. 222.

43   1941년 생리학자 월터 캐넌Walter Cannon이 처음 썼다가 거의 사라진 후, 1980년경 일부 학자들에 의해 재사용되었다.

'비인간 존재'에 대한 사유와 정치의 재구성

하는 입장이 있는가 하면, 생명공학이나 조직의 관점에서 생명의 자본화 혹은 기술 관료제와 연결되는 부정적 의미로 사용하는 경우도 있다. 또한 바이오크라시와 유사한 조어 방식을 취하면서도 생명에 대한 국가나 법의 억압적 통치성을 강조하는 생명/생체 정치(바이오폴리틱스)라는 용어도 제시되고 있다(이 책에서 쓰고 있는 바이오크라시와 혼동을 피하는 한편, 둘의 비교·대조가 성찰적 내용을 포함하는 만큼 이 글의 보론에서 보다 상세히 다루기로 한다).

한편 기존의 환경정치학 분야에서 체계화되고 있는 생태민주주의론은 이 글에서 제기하는 바이오크라시와 매우 유사한 내용을 담고 있다. 뒤에서 이 내용을 소개할 것이다. 토마스 베리 역시 바이오크라시라는 용어를 간단히 언급한 바 있다. 지구법학의 터를 닦은 베리 신부는 '제한된 형태의 민주주의 정치로부터 포괄적인 생명주의 정치'로 이동할 것을 주문하고 있다(베리 2015: 31). 인간에게 필요한 것은 인간만이 아니라 지구의 모든 피조물들이기 때문에 지구 공동체를 통해 이 모두가 참여하는 정치체제가 필요하다는 것이다.[44] 지구법학적 사

---

44   베리는 1982년 채택된 유엔 자연헌장과 2000년 지구 선언Earth Charter은 이를 위한 노력의 결과물들이라고 본다. 이 선언문들의 요지는 인류가 진화하고 있는 거대한 우주의 한 부분이고, 우리 고향인 지구는 고유한 생명 공동체들과 함께 살아 숨 쉬고 있다는 것이다. "지구의 생동성과 다양성과 아름다움을 지키는 것이 우리에게 맡겨진 거룩한 위탁이다. 대안적 생명주의 정치alternative biocracy가 나타날 때 비로소 생명 시스템을 유지힐 수 있는 조건들이 만들어질 수 있을 것이다."(베리 2015: 32)

유를 통해서 바이오크라시라는 용어를 전면에 내세운 이는 W. 톰슨 마틴W. Thomson Martin이다. 2016년 그가 펴낸 저서의 이름은 『민주주의로부터 바이오크라시로*From Democracy to Biocracy*』이며, 부제는 '삶의 강물을 찾아서Finding the River of Life'이다. 이 글에서 내가 사용하는 바이오크라시는 토마스 베리의 지구법학의 내용과 거버넌스론 그리고 마틴의 용어에 착안하고 있다.

간단히 말해 생명/생태의 가치와 조화를 구현하기 위해 인간-비인간 자연을 포괄하는 총체적 사회 시스템과 정치체제를 '바이오크라시'라 부를 수 있다. 바이오크라시는 생명주의를 지향하는 체제를 표방하는 용어로, 지구 생명체들이 자신의 고유한 권리를 갖는다는 베리의 지구법학적 세계관을 바탕으로 한다.[45] 인간은 비인간과 마찬가지로 하나의 피조물이며, 인간이 권리를 갖는 것처럼 비인간 존재 역시 그들 나름의 권리를 갖는다. 즉 인간이나 비인간 모두 서식의 권리, 생존과 안녕, 번영의 권리, 친교의 권리를 갖는다. 이러한 권리의 개념과 구체적인 시행안을 법률 체계 안에 담아내는 지구법학을 포함하여, 행정 체계, 그리고 시민사회의 공론장과 생활양식을 포괄하는 전체 사회의 거버넌스 시스템이 곧 '바이오크라시'라고 할 수 있다.

---

45   새는 새의 권리, 강은 강의 권리, 나무는 나무의 권리, 숲은 숲의 권리를 갖는다(「서문」과 1부의 논의를 보라). 위대한 과업 17.

거버넌스란 의사 결정과 실행이 권력의 핵심부인 중앙정부를 통해 수직적으로 이루어지는 것이 아니라, 정부, 지자체, 기업, 종교, 대학, 시민단체 등 다양한 사회적 결사체들이 상호 수평적인 유기적 관계를 형성하면서 지배하는 통치 체제를 말한다. 특히 의사 결정 과정에서의 시민사회의 참여와 합의 과정이 필수적이다. 생명-생태와 연관된 의제들을 시민의 공론장에서 토의해야 하고, 시민사회의 참여를 '투표 중심'에서 '대화 중심'으로 전환시켜야 한다.[46] 이것이 곧 새로운 거버넌스 패러다임이다.[47]

이를 시스템의 개념으로 개괄해보자. 비록 오래전에 제시

---

46 김도균, 「토의민주주의를 활용한 녹색 사회로의 전환」, 최병두 외, 『녹색 전환』, 환경부 엮음, 한울, 2020.

47 한국 사회의 경우 환경 관련 새로운 거버넌스는 '녹색성장위원회'(2000년 김대중 정부의 등장과 함께 동강 댐 건설 계획 백지화를 선포하면서 사회적 합의를 위해 설치한 대통령 자문 기구)로 이명박 정부에 이르러 '저탄소 녹색 성장 기본법'을 통해 운영되고 있다. 미세먼지가 극심해지자 '미세먼지 저감 및 관리에 관한 특별법'이 제정되고 이어 대통령 직속 자문 기구로 국가기후환경회의가 설치된다. 국가기후환경회의는 정부, 정당 및 지자체, 학계, 종교계, 산업회, 시민사회단체, 국제 협력, 시민 대표 등 범국가 차원의 거버넌스 시스템을 구축하고, 미세먼지와 기타 기후 환경과 연관된 사안에 대해 무작위적이고 익명적으로 선발된 국민 대표들을 통해 전반적으로 국민들의 의견을 수렴하고 있다. 숙의민주주의의 한 형태로 운영되고 있다고 평가할 수 있다. 이에 대한 자세한 내용은 윤순진, 「녹색 전환을 위한 거버넌스」, 최병두 외, 같은 책. 이 밖에 환경 어젠다와 관련한 거버넌스와 시민 참여 등에 대한 연구로 이상헌, 「지속가능발전위원회의 지속 가능성 제도화 평가―한탄강 댐 갈등조정 사례를 중심으로」, 『동향과 전망』 64, 2005, pp. 154~84; 조명래, 「녹색거버넌스기구로서 녹색서울시민위원회에 관한 연구」, 『한국지역개발학회지』 15(3), 2003, pp. 1~24; 김도균, 같은 글을 보라.

되었던 이론이지만, 탤컷 파슨스에 의하면 시스템은 크게 한 사회의 틀을 유지하는 기능(latency, 유형 유지의 기능으로서 종교와 같은 가치 시스템), 사회 구성원의 통합 기능(integration, 법이나 규범 시스템), 자원 동원의 기능(goal attainment, 정치 시스템), 환경에의 적응 기능(adaptation, 경제 시스템) 등 하부 기능들로 구성된다. 전체 사회의 균형과 안정은 이러한 기능들을 수행하는 하부 시스템들이 서로 유기적으로 상호작용 함으로써 달성된다.[48] 바이오크라시의 거버넌스가 작동하려면 인간과 비인간 '존재'에 대한 각 영역의 기능이 조화를 이루는 새로운 패러다임하에 작동되어야 한다. 경제는 성장을 위한 시장 교환 기능보다는 ESG와 같은 윤리, 인권, 환경 생태를 우선시하는 기능 체계로 전환되어야 하고, 정치는 기존의 인간 중심의 민주주의에서 벗어나 비인간 생명체를 포함하는 민주주의로 변화해 다양한 정책 기능을 펼쳐야 한다. 법은 앞에서 논의한 지구법학의 정신을 반영할 수 있는 다양한 법률 체계를 담아내야 하고, 가치 시스템은 인간과 비인간의 수평적 존재론을 포함한 생명/생태 윤리 체계를 갖추어야 한다.

전체 시스템을 구성하는 하위 영역들은 그 자체의 기능과 원리를 갖고 움직인다. 니클라스 루만Niklas Luhmann이 말한 것

---

48   Talcott Parsons, *The Social System*, Free Press, 1951. 일반적으로 이를 A-GIL 모델로 묘사한다.

처럼 재귀적 시스템self-reflexive system으로서 각 하위 시스템은 그 나름의 원리인 '코드'(예컨대 정치 조직의 코드는 권력, 경제 조직의 코드는 화폐 등이다)에 의해 움직이며, 환경에 대해 자원과 정보를 주고받으면서 전체 사회를 구성한다.[49] 이를 통해 전체 사회는 자기 조절적 평형equilibrium을 유지해나간다(이런 점에서 파슨스의 시스템론과도 유사하지만, 그 적절성에 대한 논의는 다음으로 미룬다).

바이오크라시의 시스템적 이념형은 각 영역의 하위 기능들의 코드가 새롭게 변해야 한다는 것을 의미한다. 그리고 이러한 하위 기능들이 서로 유기적으로 작동함으로써 인간뿐 아니라 비인간으로 구성되는 전체 사회와 개개인의 삶이 통치되는 거버넌스 시스템이 구축되어야 한다.

바이오크라시의 생태대적 사유와 민주주의

인류는 분명 문명의 대전환기를 맞이하고 있다. 베리는 생명을 보존하고 부활하기 위한 문명의 대전환은 생태대Ecozoic era로의 비약과 행성적 사유, 이른바 우주 패러다임으로의 전환을 통해 실현될 수 있다고 주장한다(베리 2015). 생태대적 사유의

---

49 니클라스 루만, 『사회체계이론 1』, 박여성 옮김, 한길사, 2007.

특징으로는 ① 우주가 착취되어야 할 객체들의 집합이 아니라 친교를 나누어야 할 주체라는 점, ② 지구는 다양한 생태 지역의 구성원들이 서로 유기적인 관계를 맺으며 총체적으로 작동할 때 존립한다는 점, ③ 지구는 우리에게 단 한 번 주어진 것으로 다른 행성이나 다른 세대에 걸쳐 대체될 수 없다는 점, ④ 지구 공동체가 인간에게서 파생된 것이 아니라 인간이 지구 공동체에서 파생된 것이기 때문에 인간은 오로지 그중 한 종일 뿐이며 항상 지구가 일차적이고 우위에 있다는 점, ⑤ 종의 학살biocide과 지구 학살geocide은 절대 악이라는 점, 마지막으로 이를 위해 ⑥ 종교적 감수성, 즉 우주의 신성한 차원을 깨닫는 영성이 필요하다는 점이다(베리 2008).

바이오크라시의 생태대적 사유는 우주와 행성을 단순히 물리적 실체로 보려는 기술적 우주론을 벗어나 심리적이고 영적인 창조로 이해한다. 그런데 이와 같은 영적이고 물리적인 실체인 거대한 행성이 인간에 의해 정복의 대상이 되어왔다. 지구와 우주는 국가 간의 경쟁과 대립 속에서 군사과학기술상의 우위를 선점하기 위한 공간으로 '대상화'되고 있으며 최근에는 대규모 민간 자본이 개입하여 '우주 탐방'을 위한 상업용 공간으로 변용시키려 하고 있다.[50] 과학은 천체의 신비에 대한 호기심과 그것을 알아내려는 모험을 강조하지만 우주의 영성

---

50   게다가 엄청난 양의 위성 찌꺼기나 쓰레기 등을 우주 공간에 투기하고 있다.

혹은 정신성 등은 비과학적인 것으로 배제해왔고, '황량하고 건조'하다고 할 만큼 우주 공간의 탐사와 법칙을 발견하는 데 골몰하고 있다. 생태대적 사유를 통한 바이오크라시는 새로운 우주론, 즉 새로운 정치 윤리와 생태 정의, 책임 윤리를 바탕으로 새로운 정치제도를 요청하고 있는 것이다.

베리의 주장대로 인간 중심의 공동체는 더 큰 지구 공동체, 즉 인간뿐 아니라 모든 피조물이 함께 참여하는 체제로 전환되어야 한다. 그런데 인간의 자유와 평등, 연대와 인민주권을 이념으로 하는 민주주의는 여전히 인간 사회로 국한된 제한된 민주주의에 불과하다. 자본주의에 매우 친화적으로 자라온 기존의 민주주의는 '오히려 자연에 대한 음모로서 인간의 생명, 자유, 행복의 추구를 보장하기 위한 법과 거버넌스를 발전시켜 왔을 뿐이고, 이는 곧 대륙의 희생을 통해 이루어져왔다'는 것이 베리의 주장이다.

생태대로의 문명 전환을 위해서는 생명 중심의 거버넌스 체제(바이오크라시)가 들어서야 하고 이를 위해서는 기존 민주주의 체제를 넘어서야 한다. 민주주의는 인민의 지배와 주권, 자유와 평등의 권리 등과 함께 국가의 영토와 경계, 그리고 인구의 유형화를 통한 시민권의 차등적 부여, 이동의 제한과 선택적 수용 등의 특징을 갖는다. 이에 반해 바이오크라시는 원칙적으로 탈脫영토화, 탈脫경계화, 이주의 자유화와 범주의 제거, 주권의 개방과 공존 등을 주장한다. 기존의 민주주의가 묶

어놓은 속성들을 풀어내는 것이기도 하다.[51]

　민주주의는 인민의 대표에 의한 주권 행사와 다양한 집단의 의견을 존중하고 합의하는 소통을 강조한다. 삼권분립을 통해 권력의 독점을 견제하고 생산적인 경쟁과 '다양성'을 존중하는 정치체제로서 역사적으로 진보해온 정치적 저항과 투쟁의 산물이기도 하다. 하지만 그동안의 민주주의는 오로지 인간 種에 국한된 것이었다.[52] 바이오크라시는 모든 인간 존재자뿐 아니라 비인간 자연의 다양한 목소리를 포용함으로써 민주주의 다양성의 원리 확장을 시도한다. 즉 바이오크라시는 마틴이 말한 대로 "자연의 소리를 듣고 새로운 창조의 이야기에 목소리를 전달하는 체제"[53]로서 광범위한 비인간 존재자들을 인간 중심의 민주주의 과정에 참여시키는 생명주의 지향의 정치체제를 의미한다고 볼 수 있다.

　그렇다면 바이오크라시는 민주주의와 대척적인 관계를 유지하는가? 바이오크라시는 현실 민주주의를 극복할 것을 주장하지만 상당 부분 민주주의의 이념과 원리를 확장된 형태나 급

51　따라서 그 실현 가능성이 매우 어렵고, 낭만적이며 비현실적이라는 비판을 받기도 한다.

52　또한 민주주의의 등장과 함께 성장한 자본주의는 무어가 제국주의의 프런티어라고 부를 만큼 자연에 대한 무자비한 파괴를 통해, 식민지 자원에 대한 무료 혹은 값싼 가격으로의 착취를 통해 급속한 성장을 이룩했다. 그러나 러시아나 중국 등 자본주의의 대규모 포디즘을 모방한 사회주의 산업화 역시 엄청난 양의 자연을 파괴했다.

53　W. Thomson Martin, *From Democracy to Biocracy*, Friesen Press, 2016, p. 8.

진화된 형식으로 수용한다. 민주주의의 주체인 '인민'이 다만 인간뿐 아니라 비인간 자연이라는 점에서 큰 차이가 있다. 민주주의는 특정한 개인이나 소수 집단이 아니라, 사회를 구성하는 대다수 인민demos(인구)이 지배Kratos하는 통치 체제이다. 권력이 인민에게 있는 만큼 인민은 권력을 행사하는 방식, 주권, 효력 등을 서로 간의 협의와 소통을 통해 결정한다. 인민 개개인의 의사를 반영하고 결정권을 행사할 수 있는 행위가 '참여'이고 이 참여의 권리는 누구에게나 동등하게 주어지는 것을 원칙으로 한다. 물론 역사적으로 민주주의의 길이 순탄한 것은 아니었다. 소수 지배자로부터 일반 인민으로 권리가 이양되는 과정에는 수많은 저항과 투쟁 그리고 혁명에 이르기까지 험난한 역사가 존재했고, 사실상 지금까지도 보편적인 민주주의 이상은 실현되고 있지 않다.

　일찍이 동양의 유교권에선 백성이 중심이라는 '민본民本' 정치사상이 발달해왔지만 주로 통치자의 덕목에 관한 가치를 중시했을 뿐, 직접적인 민의 정치 참여와 소통은 거의 논의되지 못했다. 자연권으로부터 권력의 양도를 논의한 홉스 그리고 천부적 권리로서 개인의 시민권을 논의한 로크의 사상에서 시민권 개념이 부각된 것은 서구 사회의 경우 17세기 중·후반에 이르러서의 일이다. 그나마 당시에는 천부의 시민권(자유권, 생명권, 소유권)이 특정한 집단에게만 주어졌고(예컨대 세금을 지불할 수 있는 백인 남성 가구주에 한함) 긴 시간이 지나서야 여성이나 아이 등을 포함한 전체 인민이 동등한 시민권을 획득할 수 있었다. 민주주의 대원칙의 하나인 대표를 선출하는 보통선거권이 주어진 것은 훨씬 훗날의 일이었다.

비인간 자연은 어떻게 민주주의 거버넌스 체제 안에 포함되고, 참여할 수 있을 것인가? 가령 비인간 자연과 인간의 '존재론적인 동등성'을 수용하여 비인간 존재에게도 투표권과 참여 등의 권한을 부여한다면 어떤 식으로 보장해줄 수 있을 것인가? 지구법학적 관점에서 그들에게도 법인격을 부여한다고 하면 그들은 어떤 식으로 바이오크라시의 정치 체제에 참여할 것인가? 결국 이 문제는 대표의 문제로 귀결된다(이 책 2부에 실린 안병진의 글을 참조하라).

이상적인 인민들의 참여는 구성원 모두가 의제에 대해 직접 이야기하고 의결하는 직접민주주의를 통해서 이루어진다. 그러나 현실적으로 인구의 규모나 상황에 비추어 보면 자신들이 선거를 통해 뽑은 '대표'에게 자신의 의결권을 위임하는 간접민주주의, 즉 대의제의 형태를 통해서 참여한다. 민주주의 논의에서도 대표에 대한 논쟁이 그치지 않듯이, 바이오크라시에서도 이러한 대표의 문제가 매우 중요한 쟁점이며 또한 과제이다. 비인간 자연의 권리를 누가, 어떤 식으로 대표할 것인가, 그 내용과 형식을 누가 결정하는가? 개별 국가의 국내 정치적 민주주의의 수준에서 과연 비인간 자연의 대표들이 활동할 수 있는 여지가 얼마나 있는가? 개별 국가 차원은 물론 글로벌 차원에서의 이행이 가능한가 등이다.

존재론적으로는 동등하다 하더라도 인간과 비인간 사이의 차이는 너무나 크다. 인간의 언어와 사유를 비롯하여 정치, 예술, 문화 등의 행위는 어떤 비인간 자연과도 비교가 되지 않는다. 차이의 간극을 메운다는 것은 사실상 불가능하다(이 책의 「나가며」의 비인간론에 대한 차이와 소통의 가능성에 대한 부분을 참조하라). 그러나 현재의 민주주의도 미성년자의 후견인이 그들의 권리를 대리하듯, 비인간 자연의 대리인들이 그들의 대표 자격으로 민주주의 체제에 참여할 수 있다. 대표의 유형은 매우 다양하다. 부모는 미성년 자녀의 대리인이 될 수 있고, 변호사에게 위임하는 형식으로 제3자가 개입된다면 그 관계는 더욱 복잡해진다. 기업 조직의 대표는 조직 구성원을 대리하고, 정치에서 대리인은 선거를 통해 선출된다. 신탁이나 후견인 제도 모두 대리의 한 형태이다. 그런데 대리인은 얼마나 많은 자율성을 갖는가? 개인 집단이나 조직, 국가를 대표하는 대리인은 위임자의 의도를 충분히 반영하는 것을 원칙으로 하지만, 기계적으로 수행하는 것이 아니라 위임자의 의도와 상황, 주변 조건을 '해석'하여 판단을 내림으로써 어느 정도의 자율성을 누린다.[54]

비인간 자연의 대리인 집단은 비록 인간으로 구성되지만,

---

54   모니카 브리투 비에이리·데이비드 런시먼, 『대표』, 노시내 옮김, 후마니타스, 2020.

그들은 비인간 자연의 내재적 가치나 목적론적 생生의 의미, 조건 등을 해석하고 이해함으로써 그들의 의견을 반영하고 권리를 주장할 수 있다. 미래 세대에 관한 것도 마찬가지이다. 다소 비현실적으로 들릴지 모르지만, 먼 얘기도 아니고 현실에서도 이미 실험되고 있다. 법인격이 부여된 뉴질랜드 왕거누이강의 경우 관료와 원주민 등이 구성한 대리인단 사례가 대표적이다. 또한 세계자연유산으로 등록된 스페인의 도냐나 국립공원의 석호Mar Menor basin를 보호하기 위한 법령에도 대표에 대한 다양한 논의가 담겨 있다.[55] 법인격을 부여받은 석호는 한 생태계로 존재하며 이를 보호·보전하고 유지, 재생restoration을 위해 정부나 주민들이 노력해야 한다는 것, 세 가지 유형의 조직(대표 위원회, 모니터링 위원회, 과학 위원회 등)이 석호의 대리인을 구성한다는 것을 명시하고 있다.

바이오크라시와 생태민주주의

여기에서 논의하는 '바이오크라시'와 밀접히 연관된 패러다임이 있다면, 이는 생태민주주의론이다. 후기자본주의에 이

---

55 스페인의 도냐나 국립공원의 석호는 1994년 세계자연유산으로 등재되었다. 하지만 최근 폭염과 극심한 가뭄으로 인해 생태계가 몸살을 앓고 있다고 한다.

'비인간 존재'에 대한 사유와 정치의 재구성

르러 환경 위기와 생명/생태의 중요성에 대한 인식이 심화되면서 기존의 민주주의론을 급진화한 생태민주주의론이 등장했고, 여기에 상당 부분 바이오크라시론이 제안하는 다양한 주제들이 포함되어 있음을 알 수 있다. 생태민주주의란 "인간이 만든 정치형태인 민주주의가 갖고 있는 문제를 고쳐 자연과 인간이 함께 잘 사는 세상을 만들기 위한 생각이고 실천으로서, 민주주의는 분명 인류 역사에서 진일보한 정치 체제이지만 인간들만이 참여하고 국민국가의 틀에 막혀 있기 때문에 민주주의의 기반이자 우리 삶의 토대인 지구와 자연, 그리고 인류를 지키기 위해 수정되어야 하며, 생태민주주의자들은 인류의 탐욕을 부추기는 기술, 공업, 자본, 국민국가와 같은 제도에 문제를 제기하고 이를 고쳐야 한다고 주장한다."[56]

생태민주주의자들은 인간들 간의 관계만이 아니라 자연과 인간 사이의 합리적인 소통을 통해 조화롭고 균형 있는 생태계를 추구하기 위해 민주주의의 근간 요소인 인민에 의한 지배, 참여, 소통 그리고 시민사회 공론장의 활성화 등을 주장한다. 생태민주주의는 주로 선거권에 의존하는 형식민주주의로부터 합리적 의사소통을 통한 심의민주주의 그리고 이를 넘어 생명/생태의 내용과 절차적 형식을 모두 포괄하는 민주주의를 겨냥한다. 원초적 생명의 장인 생활 세계가 자본주의 경제 체계와

---

56   구도완, 『생태민주주의』, 한티재, 2018, p. 195.

국가의 행정 관료 체계에 의해 식민화되었다는 하버마스의 이른바 '생활 세계의 식민화' 테제를 넘어, 생태민주주의론자들은 과학기술과 생산력의 발전에 의해 '자연의 식민화'가 이루어졌다고 주장한다.[57] 이러한 인식하에 생태민주주의론자들은 자연과 인간의 소통 문제에 주목하면서 인간 중심의 민주주의 영역을 비인간 자연 세계로 확대할 필요가 있다고 주장한다.[58]

생태민주주의론에 의하면 비인간 자연을 민주주의로 포섭하기 위해 국민국가의 주권, 인민의 자유·평등·연대의 가치를 이상으로 하는 기존의 민주주의가 더욱 확장되거나 수정될 필요가 있다. 앞에서도 언급한 바와 같이 민주주의는 어느 특정 집단이 아니라 사회를 구성하는 전체 인민에 의해 지배되는 체제이다. 인민이 보통선거권을 통해 대표를 선출함으로써 자신들의 의사를 반영하고, 일정 정도 자율성을 지닌 대표들이 정책을 수립하고 실행한다. 그런데 이러한 민주주의 정치체제에 도달하기까지 지난한 투쟁과 곡절을 겪어왔음에도, 정치 참여가 형식적인 선거에 국한됨에 따라 민주주의의 이념이 쇠락하고 있다. 더구나 소비자본주의 시대에 이르러 대중의 정치적 무관심과 무기력, 관료제적인 기술적 억압 등으로 인해 실질적인 민주주의의 이념은 오히려 퇴보하고 있다.

---

57   Law & Mol, 같은 글.

58   존 드라이젝, 『환경문제와 사회적 선택』, 최승 외 옮김, 신구문화사, 1995.

직접민주주의의 이상을 회복하기 위해 일련의 정치철학자들은 의사소통을 통한 협의와 심의 과정, 중첩적 합의를 통한 동의 등을 강조한다. 이른바 '숙의민주주의deliberative democracy'이다.[59] 다른 한편에서는 심의민주주의를 넘어 일상의 현안들과 특정 집단들의 정체성, 개인의 성찰성 등을 강조하는 생활 세계의 민주화를 논의하기도 한다.[60] 일상생활 세계에서의 민주주의는 국가 정치의 영역을 넘어 생활 세계에서 발생하는 다양한 권력관계, 예컨대 가부장적 권위주의나 불평등을 해소하는, 푸코가 말한 것처럼 생활 세계 곳곳에 삼투된 미시 권력의 관계를 민주주의적 평등 관계로 전화하는 과정을 포함한다.

생태민주주의는 이러한 심의민주주의와 일상생활 세계의 민주주의 이념을 자연과의 관계 속에서 수립하고자 한다. 생태민주주의는 경제 성장을 제일주의 원리로 동원하는 산업주의 사유와 체제를 강력히 비판한다.[61] 자연의 무상 자원(값싼 자원)을 무제한적으로 착취함으로써 막대한 이윤을 추구해온 산업주의나 투기적 지대 이윤을 도모하는 개발연합주의에 반대하면서, 친환경 생태 원칙에 기반을 둔 민주주의, 자연을 대표

---

59   하버마스, 1996; 롤스, 1996; 장동진, 『심의민주주의』, 박영사, 2012.
60   앤서니 기든스, 『현대성과 자아정체성』, 권기돈 옮김, 새물결, 1997; 앤서니 기든스·울리히 벡·스콧 래시, 『성찰적 근대화』, 임현진·정일준 옮김, 한울, 1998.
61   자본주의뿐 아니라 공산주의 국가가 추진해온 사회주의 포디즘적 생산방식 역시 거대한 자연 폭력을 일삼아왔다.

하는 대리인을 참여시키는 민주주의를 지향한다.

간단히 말해 생태민주주의는 인간-자연의 소통과 공생 공존 그리고 아직 도래하지 않은 미래 세대의 이익까지 고려하는 민주주의다.[62] 생태민주주의는 시민사회의 공론장에서 다양한 토론과 심의를 통해 생태와 환경문제 등의 의사 결정을 내리는 공동체적 민주주의다.[63] 생태민주주의를 위해서는 무엇보다 시민사회 공론장의 활성화가 이루어져야 한다는 점이 강조되고 있는 것이다. 그런데 앤드루 돕슨은 생태민주주의가 순전히 담론적 소통의 절차로 국한될 수는 없다고 말하면서 자유민주주의 원리를 유지하면서도 이민자, 미래 세대, 자연의 이익을 대변할 수 있는 집단 등 새로운 유권자를 포섭해야 한다고 말한다. 즉 돕슨은 현행 민주주의가 소홀히 하거나 누락하고 있는 비인간 자연과 미래 세대의 이익을 대변하기 위해 그 대리인들에게 정치적 주권을 부여함으로써 민주주의의 주권을 확대할 것을 주장하는 것이다.[64] 그리고 이를 위해 궁극적으로는

---

62   문순홍, 『정치생태학과 녹색국가』, 아르케, 2006; 문순홍, 『생태학의 담론』, 아르케, 2006.

63   김명식, 『숙의민주주의와 환경』, 철학과현실사, 2009; 드라이젝, 같은 책; 존 S. 드라이젝, 『지구환경정치학 담론』, 정승진 옮김, 에코리브르, 2005.

64   Andrew Dobson, "Representative Democracy and the Environment," W. M. Lafferty & J. Meadowcroft(eds.), *Democracy and the Environment*, Edward Elgar, 1996, pp. 124~39. 자연과 향후 미래 세대의 대리 대표자들이 국가의 주요 결정에 참여하고 이익을 대변해야 한다는 사고는 바이오크라시의 논지와 거의 동일하다.

시민사회의 공론장이 활성화되어야 한다고 말한다. 생태민주주의는 국가보다는 시민사회의 공적 영역을 민주화의 주된 대상으로 삼으며, 그 핵심에는 인간을 비롯한 비인간, 미래 세대 등 다양한 구성원이 참여하는 민주주의의 원리가 실행되어야 한다.[65] 요약하자면 생태민주주의는 "미래 세대는 물론 비인간 존재의 내재적 가치를 인정하고, 이들이나 이들의 대리인 혹은 후견인이 이들의 권리와 복지를 실현하기 위해 소통하고 숙의하고 행동하는 정치"인 것이다.[66]

이러한 생태민주주의론은 사실상 이 책에서 주장하는 '바이오크라시'의 내용과 매우 유사하고, 또 중첩적이다. 다만 생태민주주의보다 바이오크라시는 인간 너머 자연에 더 많은 관심과 더 많은 양보, 그리고 더 많은 권리, 민주주의 체제에서 더 많은 자리를 마련한다. 비인간 자연은 단순히 수혜나 특혜, 돌봄의 대상이 아닌 체제 수행의 적극적인 능동적 행위자이기 때문이다. 예컨대 바이오크라시는 비인간 물질에 대한 신유물론적인 철학적 사유를 통해 인간-자연의 존재론적 횡단성과 수평성을 강조하면서 여전히 인간으로부터 출발하는 생태민주주

---

65   양해림, 「생태민주주의와 생태공동체적 사유」, 『환경철학』, 10(0), 2010, pp. 103~35.
66   구도완, 같은 책, p. 99. 원문에는 사회적 약자가 삽입되어 있다. 물론 그 의미가 있지만 사회적 약자뿐 아니라 일반 시민을 모두 포함하는 것이 더 타당하다고 판단하여, 사회적 약자를 제외했다.

의를 넘어서고자 한다. 바이오크라시 역시 생태민주주의자들의 기획과 마찬가지로 자연을 대변하는 대리인의 정치 참여를 강조하지만, 이를 넘어 비인간 자연에 아예 법인격을 부여하는 식으로 패러다임의 급진화를 추구한다는 것이다. 그리고 그 중심에 지구법학이 있다.[67]

보론 1. '바이오크라시'의 유사 계보학―생명과학의 지식과 법, 그리고 윤리

생태민주주의론 외에도 바이오크라시와 밀접하게 연관되거나, 많은 내용을 중첩적으로 공유하는 패러다임 역시 존재해 왔다. 1980년대 중반 린턴 콜드웰 등에 의해 동원된 '바이오크라시론'은 생명과학의 지식과 윤리, 법의 관계를 조명하면서, 현재의 바이오크라시론에 많은 시사점을 던져주고 있다. 비록 바이오크라시는 실증주의 과학과 거리를 두고 있긴 하지만, 과학적 탐구와 작업을 경시하거나 도외시하는 입장 또한 비판적으로 본다. 행성적 사유와 우주론적 영성 등을 강조하지만 그렇다고 과학적 탐구를 배제하지는 않는다는 것이다. 오히려 인

---

67 지구법학은 행성 주권적 사유가 필요하다(Joel Wainwright & Geoff Mann, *Climate Leviathan: A Political Theory of Our Planetary Future*, Verso Books, 2020).

간 너머 비인간 존재와의 소통과 참여를 위해 그들의 행동 양식이나 물질적 속성 등에 대한 과학적 지식이 절실히 요청된다. 바이오크라시가 과학과의 연관성을 강조하는 이유이기도 하다. 베리 역시 우주와 각 구성 요소들의 통일성을 인식하게 한 서구 과학의 지식을 지혜로 표현하면서 원주민, 여성, 전통, 과학 등 네 겹의 지혜를 강조하고 있다(베리 2008).

콜드웰은 "바이오크라시는 생명에 대한 과학 지식(특히 생물학 지식과 의료 지식)이 사회나 정치 혹은 우리의 삶 전반에 미치는 영향으로 인해 형성되는 생활양식을 의미한다"고 말한다.[68] 콜드웰 등에 의하면, 포괄적 개념으로서 바이오크라시는 "인간의 행태, 특히 정치적 행태에 영향을 미치는 생명의 힘에 관한 것을 포함한다. 그 생명의 힘을 인지하든 못 하든(의식적이든 그렇지 않든) 바이오크라시는 사회에 영향을 주는 생명의 힘에 관한 것, 즉 생명과학이 발견한 지식의 적용이나 사회적 영향, 이로 인한 삶과 제도, 정치나 공공 정책에 미치는 효과effectivity를 포함한다."[69] 간단히 말하면 바이오크라시는 "사회적, 정치적 선택이나 행태에 영향을 주는 생명과학의 지식에 의해 구축된 생활 체제"라고 정의할 수 있다. 이 관점에서 바이오크라시를 주창하는 일군의 학자들은 인간의 몸과 생명에 대한 생

---

68 Lynton K. Caldwell, "Biocracy and Democracy: Science, Ethics, and the Law," *Politics and the Life Sciences* 3(2), 1985, pp. 137~49.

69 같은 글, p. 137.

명과학의 지식(세포, 진화, 유전자 등)이 어떻게 우리의 삶에 영향을 미치는지를 지식 차원과 윤리(법, 정치 등) 차원에서 접근해보고자 한다. 즉 생명과학life science과 정치, 도덕, 사회윤리의 차원에서 생명을 총체적으로 바라보고자 하는 것이다.

잘 알려진 바와 같이 생명과학의 지식은 우리의 삶과 행태에 많은 영향을 미치고 있다. 물론 생명과학과 윤리, 공공 정책을 유기적으로 보려는 콜드웰 등이 제시한 논의에는 우리가 논의하는 바이오크라시의 내용과 부합되는 면도 곳곳에서 발견된다. 이러한 바이오크라시의 초창기 주장들은 사실상 많은 내용이 오늘날 우리가 주장하고자 하는 '바이오크라시'와 중첩되어, 많은 함의를 던져주기도 한다.[70] 생명에 대한 과학 지식은 바이오크라시의 구축에 매우 중요하기 때문이다.

바이오크라시론자들은 그동안 사상과 행위의 자유를 보장해온 기존의 민주주의가 생명 세계뿐 아니라 자연 시스템에 대한 잘못된 이해와 오도로 인해 생물과 자연에 파괴적인 결과를 가져왔다고 비판한다. 민주주의라고 해서 무한정한 행위의 자유를 누릴 수는 없다. 또한 생명체에 대한 인간의 이해와 지식은 불완전할 수 있고 부적당하기도 하며, 과학은 도덕적 평가를 위한 기준이나 실천적 행위 표준을 제시하지 못한다. 따라

---

70 콜드웰 등의 논의에 대한 코멘트에서 일부 학자들은 우생학이나 성차별주의, 낙태에 대한 여성의 신체적 권리 거부 등 생명과학 지식의 위험성 등을 지적한다. 또한 이데올로기로서 생명과학bioideology의 가능성도 지적한다.

서 생명에 대한 과학적 법칙이나 가설과는 때로 모순되고 부딪칠 수도 있는 정치적이고 윤리적이며 법적인 논의를 할 수 있어야 한다는 것이다.[71]

따라서 정치로서의 바이오크라시는 '과학주의' 비판을 포함한다. 인간뿐 아니라 새로운 종種들의 생명을 존중하고, 과학 지식의 윤리성과 법적 장치가 담보되는 민주주의가 정착되어야 한다. 바이오크라시는 또한 생명과학이 밝힌 새로운 사실에 법이 어떻게 반응할 것인가를 고려한다. 과학에 의해 새로운 사실이 밝혀지면 기존의 법은 민주주의 절차를 통해 수정될 수 있다. 그렇다고 해서 바이오크라시는 새롭게 탐구된 과학 지식에 기계적으로 반응하여 생활 관습이나 체제를 변화시키는 과학주의를 옹호하지 않는다. 바이오크라시는 생물학과 같은 과학 지식에 기반하긴 하지만, 온전히 과학주의적 방법과 지식에 의존하지 않는다. 과학 지식에는 윤리의 문제가 포함되어야 하고, 윤리의 문제는 정치·사회·교육·문화 등의 영역에 속한다. 따라서 과학적 사실과 정치적, 윤리적 판단 사이에는 여러 긴장과 대립 관계가 발생할 수 있다. 예컨대 낙태와 뇌사 판정, 연명과 안락사, 그 밖에 삶의 의미와 연관된 문제들 모두가 법률

---

71 과학적 사실은 절대 불변적인 것이 아니라 상대적이고 가변적이다. 물론 과학에 비해 윤리적 전제들은 덜 객관적이지만 더 성찰적이며, 규범적이고 주관주의적인 측면이 강하다. 따라서 과학 지식에 대한 법적, 정치적 판단은 어떤 '리스크'가 있을 수도 있다는 점을 상기할 필요가 있다.

이나 도덕적 관습을 어떻게 바꿀 것인지 민주주의적인 협의와 합의의 과정을 거쳐야 한다.

도대체 생명이란 무엇인가? 자기 재생산, 자기 조직화, 세포 등의 측면에서 온전히 생명을 설명할 수 있을까? 생명은 살아 있는 물질인데, 그렇다면 언제 어디서 생명이 시작되었다고 볼 것인가? 과학은 여전히 오늘날까지 생명의 의미, 출발을 설명하지도, 정의를 내리지도 못한다. 콜드웰 등의 바이오크라시론자들은 인간 중심의 생명주의 논쟁에서, 인간이 밀접하게 연관을 맺고 있는 다른 생명들과의 관계에도 관심을 가져야 한다고 주장한다. 그렇다면 다른 종들도 생명의 권리를 갖는가? 혹은 특별한 종(인간 종)만이 아닌 다른 종들 간의 상호 관련된 시스템이나 행성적 '생명 권역'의 유지를 위해 우리는 무엇을 할 것인가?[72] 이러한 질문들을 통해 기존의 협소한 생명과학을 넘어 지식 탐구의 윤리, 행위와 제도에 대한 생물학적 지식의 영향, 법과 윤리, 민주주의, 다른 종이나 자연과의 관계 등 보다 광범위한 차원으로 생명의 관점을 넓혀가야 한다는 것이 기존 바이오크라시론자들의 요지이다. 이런 입장들은 바이오크라시가 주목하는 '지혜로서의 과학 지식'을 위해 매우 의미 있는 논의들이다. 윤리와 법적 차원을 고려하는 과학 지식을 통

---

72 Alfred Emerson, "Dynamic Homeostasis: A Unifying Principle in Organic, Social, and Ethical Evolution," *The Scientific Monthly* 78(2), 1954, pp. 67~85.

해 비인간 존재의 속성을 파악함으로써 그들과의 소통을 증진하고 나아가 합리적인 대리 역할을 하는 데 기여할 것이기 때문이다.

보론 2. '바이오크라시'와 대척되는 관점(1) — 생명의 자본화와 생명(기술) 관료주의

오늘날 접두사 '바이오'가 붙는 다양한 계열체 용어, 예컨대 바이오테크biotech, 바이오폴리틱스biopolitics 등의 합성어들은 이 글에서 우리가 주장하는 바이오크라시와는 매우 다른 내용을 지닌다. 이 용어들은 생명을 다루는 과학공학을 의미하거나, 생명을 억압하고 통제하는 정치라는 의미를 지닌다. 생명공학의 개념은 주로 인간의 생명을 연장하거나 질적인 풍요를 누리게 하는 다양한 과학기술적 탐구와 연관되어 있다. 생명공학의 지식은 노화를 방지하고 생물학적 유한성을 극복할 수 있는 초인적 인간의 탄생과, 불치병을 치유할 수 있다는 희망의 상징이 되고 있다. 한편 인간 유전자의 비밀을 풀어내기 위한 게놈 프로젝트가 완수되고 유전자 합성 기술 등의 발달로 인해 '생명 복제'의 가능성이 현실화되고 있다. 거대 자본과 국가행정 체제의 지원을 받는 생명공학의 발달과 함께 인간의 몸과 생명 자체가 교환가치를 생산하는 상품, 이른바 '생명 자본life capital'

으로 전화되고 있는 것이다.[73] 일부 비판론자들은 바이오크라시를 이러한 관점에서 다양한 형태로 생명을 '식민화'하고 소외하고 있는 시장 지향의 관료 조직 체제라는 매우 부정적인 용어로 쓰고 있다. 바이오크라시는 생명bio을 자본주의 이윤 증식 과정에 포섭함으로써 산업사회를 주도하던 기존 포디즘하의 자본-노동 관계를 자본과 생명의 착취 구조로 바꾸고 있는 체제라는 것이다.[74]

이처럼 바이오크라시는 생명을 자본화하는 거대 자본과 이를 지원하는 국가 관료 체제를 의미하는 부정적 용어이기도 하다. 테크노크라시(기술 관료 체제)가 지식과 권력을 소유한 집단의 지배 체제를 의미하는 것처럼[75] 바이오크라시 역시 생명공학적 지식과 권력을 소유한 집단의 지배 체제를 의미하는 용어로 쓰이기도 한다는 것이다.

---

73   카우시크 순데르 라잔Kaushik Sunder Razan의 대표적인 저서를 보라(카우시크 순데르 라잔, 『생명자본』, 안수진 옮김, 그린비, 2012). 한편 인공지능의 물질과 생체적 물질의 결합을 통한 '새로운 신체'의 가능성 또한 과학소설에 나오는 이야기가 아니라 이미 현실화되고 있다. 인공지능 기술로 인해 우리 몸에 대해 단순한 도구 역할을 하던 신체 보조 기구들이 몸의 일부로 흡수되면서 과학기술과 신체가 '하이픈'으로 연결된 차원을 넘어 접합articulation된 몸이 등장하고 있는 것이다(헤일스, 같은 책).

74   Peter Fleming, "The Birth of Biocracy and its discontents at work," Thomas Diefenbach & Rune Todnem(eds.), *Reinventing Hierarchy and Bureaucracy*, Emerald Publishing, 2012.

75   일반적으로 기술 관료 체제로 번역되고 있는 테크노크라시는 후기산업사회의 지배 세력으로 등장한다. 대니얼 벨의 후기산업사회론을 보라(Daniel Bell, *The Coming of Post-industrial Society*, Basic Books, 1976).

보론 3. 바이오크라시와 대척되는 관점(2) ― 생명/생체 정치

생명 정치(바이오폴리틱스)라는 개념은 생명의 가치와 자율성, 해방성 그리고 생명에 대한 배려와 존중이라는 바이오크라시의 개념과는 다르게 인간의 몸과 생명을 규율과 통치의 대상으로 하는 억압적 정치체제라는 부정적 의미로 쓰이는 경향이 있다. 몸에 대한 감시와 처벌, 규율을 강조한다는 점에서 엄밀히 말해 생체 정치로 부르는 것이 더욱 타당할 수도 있다. 인간의 몸을 통치의 측면에서 본 학자인 푸코에 의하면, 국가의 거시 권력이나 일상의 미시 권력은 다양한 방법으로 우리의 몸에 대한 규율을 행사하고, 감시 및 처벌을 통해 기존 질서에 순응하게 한다. 이러한 과정은 효율성과 합리성, 생산성 등을 추구하는 자본주의의 발달과 병행해왔다. 예를 들어 병원, 감옥, 학교, 공장, 국가는 감시와 처벌의 과정을 통해, 나아가 자기 규율을 통해 체제와 조직이 요구하는 순응하는 '몸'을 만들어간다.[76] 특히 국가의 통치 권력은 개인들의 몸에 대한 '생사여탈권'을 갖는다는 특징이 있다. 국가는 시민들을 '죽이거나 살리거나' '죽게 내버려두거나' 할 수 있는 권력을 지니는데[77] 다양한 정책들, 즉 출산, 사망, 낙태, 가족, 위생, 보건, 의료 등 생명

---

76   미셸 푸코, 『감시와 처벌』, 오생근 옮김, 나남, 1994.

77   몸에 대한 생물학적, 의료적 지식은 몸의 규율과 통치를 위한 중요한 자원이다. 여기에 관방학적 정치경제학, 박물학, 언어학 등이 공공 정책에 활용된다.

과 신체에 직결되는 정책들을 통해 개인을 넘어 '인구'라는 '집단적 신체'의 영역에 개입하고 있다. 인간의 몸과 생명에 대한 의료 지식이 이러한 통치를 뒷받침하고 있다.[78]

아감벤은 조직을 넘어 '캠프camp'라는 개념을 도입하여 국가가 보다 광범위하게 몸과 생명에 가하는 집단 감시와 처벌의 측면을 강조하고 있다. 아감벤은 나치 독일에서 잔혹하게 수행된 유대인 학살을 생명 정치의 대표적 사례로 분석한다. 그는 인간도 아니고 그렇다고 인간이 아닌 것도 아닌 반수반인半獸半人의 인간, 때로 죽여도 면책이 되긴 하지만 법에 의해 공식적으로 '배제된 채 포섭된 존재'를 '호모 사케르Homo Sacer'라 부른다. 나치하의 유대인이 그 대표적인 사례로, 이들은 전체주의적인 국가 폭력에 의해 희생양으로 낙인찍히고 혐오와 증오의 대상이 된다.[79]

한편 전 지구적 재난이었던 코로나19 사태 이후 몸과 의료 그리고 정치의 관계가 단순히 은유가 아니라 실질적으로 조합된 통치의 문제로 부각되고 있다. 즉 바이러스와 같은 비인간에 대한 재성찰, 과학을 이용한 면역 기술, 행정력을 동원한 자원 동원과 배치 등 의료적 대응과 정치적 결정이 어느 때보다 밀접하게 통합되었다는 것이다.[80] '면역'의 개념이 바야흐로 정

---

78   미셸 푸코, 『권력과 지식』, 홍성민 옮김, 나남, 1991.

79   김왕배, 『감정과 사회』, 한울, 2019의 「혐오」 편을 보라.

80   조르조 아감벤, 『호모 사케르』, 박진우 옮김, 새물결, 2008. 로베르토 에스포지토

치와 법이 행사하는 통치성의 핵심 영역으로 들어오게 되었다. 면역이란 '독을 약으로 쓰는 것처럼' 신체를 위협하는 질병 요인(바이러스나 세균)을 일정량 몸에 투입함으로써 몸을 보호하는 역설적인 의료 방식이다. 병을 극복하기 위해 병의 요인을 "멀리 떨어뜨릴 것이 아니라 오히려 그것을 신체 내부로 끌어들"이는 "어떤 부정성을 부정하는 방식으로 전개"되는 것이 면역이다.[81]

면역을 위해 제한적으로 인체에 주입된 병균처럼, 특정한 이데올로기나 '적'의 서사가 공동체에 주입됨으로써 그 사회는 안녕과 질서를 유지한다. 생리학에서의 정상과 비정상 개념이 법의 세계에서는 순응과 일탈이라는 개념, 그리고 사회에서는 평균적 몸과 그렇지 못한 몸에 대한 구별과 차별로 나타난다. 외부의 거대한 적(병균의 침입)에 대비하기 위해 일부 적(불온한 자)들을 수용해놓고 그들을 처벌함으로써 유비무환의 자세를 갖추고자 하는 냉전 시대의 정치 역시 이와 유사하다.

그런데 앞서 말한 것처럼 오늘날 면역의 메타포는 비유와 은유의 차원이 아니라 몸에 대한 통치와 혼합이 되었다. 생물-의학적인 과학 지식과 용어가 정치와 사회 그리고 통치의 언

Roberto Esposito가 묘사한 바와 같이 의료생물학적 용어인 '면역'이라는 개념이 단순히 통치 이데올로기로 비유되어 사용되던 시대를 넘어, 아예 '면역의 정치' 시대가 다가온 것이다.

81   로베르토 에스포지토, 『임무니타스』, 윤병언 옮김, 크리티카, 2022, pp. 17~18.

어와 내용이 된 것이다. 생명 정치라는 용어에는 이처럼 인간의 몸과 생명에 대한 국가(법)의 폭력적 통치라는 부정적 요소가 농후하다. 생명의 가치와 존중을 우선으로 하며, 생명을 배려하고 보호하는 원리를 주축으로 하는 '생명중심주의 정치 체제'(바이오크라시)와는 전혀 다른 내용이다. 그러나 생명 정치론은 역설적으로 생명에 대한 억압 및 규율을 통해 생명의 가치를 경시하고 있는 국가와 법의 통치성이 지닌 부정적 측면을 부각함으로써 오히려 생명의 해방성에 대한 성찰을 호출한다고도 볼 수 있다. 어쩌면 이 책에서 저자들이 주장하는 바이오크라시로 돌아가기 위해 거쳐야 하는 진흙탕 같은 우회로인지 모른다.

민주주의의 실패를 넘어 바이오크라시로[1]

안병진

> "나는 뒤늦게 미래에 대한 종말론적
> 관점에 도달했다는 걸 실토하지 않을 수 없다."
> ——아서 슐레진저 2세 Arthur Schlesinger Jr.

1. 민주주의는 우리가 마주한 위기를 극복할 수 있는가

미국의 저명한 공적 지식인 중 하나인 슐레진저 하버드

---

[1] 이 글은 2023년 9월 27일 아테네 민주주의 포럼Athens Democracy Forum에서 민주
주의 위기의 하나의 대안으로서 발표한 졸고 "The Fourth Branch of Government"
(제4부)에 기초한 것으로서 이 구상의 철학적 배경 및 이 구상을 전면적으로 확대한
다면 가능한 바이오크라시의 문제의식을 시론 수준으로 정리한 것이다. 보다 체계적
인 바이오크라시의 내용은 현재 단행본으로 집필 중이다.

대 교수는 과거 『최후의 요새 *The Vital Center: The Politics of Freedom*』 (1949)에서 소비에트 전체주의와의 물러설 수 없는 냉전 와중에도 미국 실험주의experimentalism가 가지는 역동성에 대한 낙관론을 여전히 잃지 않았다. 사실 미국은 헤겔이 미래의 국가라고 이야기할 만큼 '먼저 도래한 미래'로서 근대의 새로운 비전을 열었다. 대표적 창조물로서 대의민주주의는 권력분립separation of powers과 견제와 균형check and balance을 빈번한 선거와 결합하여 오늘날 자유주의 헌정주의 민주주의liberal constitutional democracy의 주요 모델로 작용해왔다.[2] 하지만 앞에서 인용한 문구는 1980년대 이후 그의 낙관론이 뒤늦게 비관론으로 바뀌었음을 보여준다.

만약 그가 여전히 살아 있다면 종말을 이야기한 그의 비관론은 어디까지 진전되었을까? 사실 오늘날 미국 민주주의 모델에 대한 심각한 회의론은 정치학계의 전 지구적 담론에 만연해 있다. 예를 들어 그간 미국 대통령제의 역사적 유형과 사이클에 대한 권위 있는 연구자인 스티븐 스커러닉은 비대해진 미국 행정부를 '정부 안의 정부deep state'에 비유하며 그 치명적인 부작용을 토로한다.[3] 스커러닉이 행정부의 지나친 리바이어던화

---

2   버나드 마넹, 『선거는 민주적인가』, 곽준혁 옮김, 후마니타스, 2004.

3   Stephen Skowronek, John A. Dearborn & Desmond King, *Phantoms of a Beleaguered Republic: The Deep State and the Unitary Executive*, Oxford University Press, 2021.

를 지적했다면, 반대로 제러미 수리 교수는 높아진 기대와 수많은 이슈의 대두로 인해 이제 '불가능한 대통령직의 시대'에 접어들었다고 강조한다.[4]

단지 미국 행정부의 비대화 혹은 오작동dysfunction만이 아니라 지구적으로 전반적인 민주주의 작동 메커니즘이 마비 상태에 빠졌다는 건 이제 정치학 글에서만 등장하지 않고 일반 유권자의 수위에서도 다양하게 감지된다. 우리는 미디어에서 아래의 사이클 반복에 대한 담론을 흔하게 듣는다. 인정recognition과 분배distribution 이슈를 둘러싼 극단적 양극화 투쟁과 이를 악화시키는 미디어 환경은 '거부권 정치Vetocracy'로 인한 교착 혹은 반대로 불건강한 타협을 야기한다. 이에 대한 분노를 연료로 권위주의적 포퓰리스트authoritarian populist들이 강력한 힘을 얻으면서 자유주의 제도와 문화는 심각한 위기에 빠진다. 이는 오늘날 지구 어디에서나 등장하는 현상이다.[5]

민주주의의 오작동에 대한 위기감으로 인해 최근에는 수많은 개혁안이 제기되고 있다. 이는 두 가지 측면에서 분류할 수 있다. 하나는 행정부의 자의적인 권력 남용을 완화하고 의회의 감시를 강화하는 다양한 접근법이다.[6] 다른 하나의 흐름

---

4   Jeremi Suri, *The Impossible Presidency: The Rise and Fall of America's Highest Office*, Basic Books, 2017.

5   Pippa Norris & Ronald Inglehart, *Cultural Backlash: Trump, Brexit, and Authoritarian Populism*, Cambridge University Press, 2019.

안병진

은 양당제 및 프라이머리 개혁 등의 정당 체제 개혁과 단순 다수 선출 선거법을 선호 투표제ranked voting system나 비례 강화로 교체하는 방안이다.[7]

하지만 앞에서 언급한 개혁안들, 예를 들어 행정부와 입법부 간의 바람직한 균형이란 과연 가능한 목표인가? 혹은 행정부와 입법부의 관계만으로 한정했을 때 과연 근본적 대안들이 나올 수 있을까? 어쩌면 우리는 기존 헌법 질서의 경계 내에서 이 양자 관계의 솔루션들을 찾는 동시에, 양자 관계를 상정했던 미국 건국 시조Founding Fathers의 전제 자체에 대해 질문해야 하는 건 아닐까?

미국 냉전 시기 슐레진저의 비관적 톤과 유사하게 소위 신냉전의 추세가 강화되는 오늘날 한국의 밀레니얼 세대 장혜영 국회의원은 다음과 같은 질문을 던진 바 있다.

> 과연 민주주의는 우리가 마주한 위기를 극복할 수 있는가?[8]

---

6   Sanford Levinson & Jack M. Balkin, *Democracy and Dysfunction*, University of Chicago Press, 2019; Bob Bauer & Jack Goldsmith, *After Trump: Reconstructing the Presidency*, Lawfare Press, 2020; Norman Eisen, *Overcoming Trumpery: How to Restore Ethics, the Rule of Law, and Democracy*, Brooking Institute, 2022.

7   Nathaniel Persily, *Solution to Political Polarization in America*, Cambridge University Press, 2015; Lee Drutman, *Breaking the Two-Party Doom Loop: The Case for Multiparty Democracy in America*, Oxford University Press, 2022.

나는 지금 이것보다 더 긴급한 질문은 없다고 생각한다. 물론 오늘날 민주주의 외에도 자본주의 등 다양한 제도가 심각한 비난에 직면해 있다. 과연 자본주의가 불평등과 기후위기를 극복할 수 있느냐는 회의론은 갈수록 증가하고 있다. 예를 들어 생태사회주의론은 자본주의를 폐지하지 않고는 기후위기를 근본적으로 극복할 수 없다고 판단한다. 하지만 그렇다면 자본주의가 부재한 조건에서의 정치체제는 어떻게 구성될지, 그 답을 찾기는 어렵다. 정치체제의 대안적 상상력 없이 단지 경제적 생산방식을 재조정한다고 문제가 극복될 수 있을지 나는 회의적이다. 따라서 이 글에서는 자본주의 문제가 아니라 민주주의 문제를 집중적으로 다룬다.

지금 우리는 장혜영 의원의 질문에 자신 있게 답하기 어렵다. 그렇다면 다음 질문은 이 마주한 위기를 극복하기 위해 어떤 대담한 상상력이 필요한가이다. 이 책은 이에 대한 상상력의 일환으로 인간 중심의 민주주의를 넘어 지구와 인간의 공존을 추구하는 바이오크라시biocracy의 필요성을 제기한다. 이를 위해 먼저 오늘날 지배적 대의민주주의 유형인 미국의 입법·사법·행정의 삼부 체제가 보인 성과와 한계를 비판적으로 검

---

8   장혜영, '87년생 청년 정치인이 87년의 청년들께 드리는 호소,' 21대 국회 경제분야 대정부 질의 연설, 2020. 9. 16. (http://janghyeyeong.com/28/?q=YToyOn)

토하는 데서 출발하고자 한다.

2. 미국 건국 시조의 권력분립은 무엇을 놓쳤는가

고대 그리스와 로마의 모델을 새로이 재구성하여 미래의 국가를 만든 미국 건국 시조의 자유주의 정치 질서 설계는 근대가 성취한 가장 탁월한 건축물 중 하나이다. 하지만 그들은 이 권력 간 균형을 세 가지 측면에서 오판(혹은 이해)했다. 첫째로 이 디자인은 자산 소유 등을 자유의 확대와 동일시한 백인 남성 엘리트의 편견이 강하게 녹아 있다.[9] 이러한 자산 소유적 자유주의는 필연적으로 기업의 법적 권리를 인정하는 법적·정치적 체제 건설로 이어졌다. 인간이 아닌 기업에 법인격을 부여하는 담론은 미국 자본주의 혁신의 핵심 기제로 작용했고 이는 나아가 정치 영역에서 기업의 지배력을 확대했다. 토마스 베리가 지적하듯 오늘날 기업은 "헌법상 시민이라는 법적 지위"를 이용해 책임을 회피한다. 그리고 거대한 초국적 기업들은 지금까지 인류 역사상 가장 많이 땅과 사람들을 통제하고 지구 행성을 착취하고 있다(베리 2008: 162). 오늘날 그 정점

---

9 Jennifer Nedelski, *Law's Relations: A Relational Theory of Self, Autonomy, and Law*, Oxford University Press, 2011.

인 금권정치는 아웃사이더 포퓰리스트들이 서민의 분노를 동원하는 재료가 되었다. 둘째는 엘리트들 간의 초당적 심의와 합의에 대한 낭만적 생각으로 정당 체제의 출현을 예견하지 못한 점이다. 셋째는 당시 시대의 불가피한 한계로서 이 권력의 견제와 균형에서 현재의 다양한 권력 간 균형이 주로 지배하는 현재주의presentism를 전제한 점이다. 오늘날의 결정으로 생명권이 침해받은 미래의 인간, 비인간 주체는 권력에서 자기의 목소리가 대표되기 어렵다. 당연히 장기 미래에 대한 고려 없이 미래 주체들이 선거에서 종이 돌paper stone을 던지지 않는 구조에서 행정부가 이를 긴급한 당면 과제로 설정하기란 어렵다. 실제로 기후 전문가인 제임스 구스타브 스페스James Gustave Speth가 『그들은 알고 있었다They Knew』(2022)에서 지적하듯, 미 연방 행정부는 50년 전부터 이미 기후위기의 악화 추세를 알았거나 예견했음에도 불구하고 어느 연방 정부도 이를 긴급 사항으로서 적극 대처하지 않았다. 예외적으로 강한 문제의식을 가졌던 지미 카터 전 대통령은 화석연료에 중독된 "미국의 질병"이라는 유명한 연설을 했다. 그리고 그는 임기 마지막 해에 미국의 장기주의를 위해 「글로벌 2000―대통령에게 드리는 보고서」를 발간했다(베리 2008: 136). 하지만 카터는 지금까지도 미국 주류 지성계에서 무능한 대통령으로 악의적 평가를 받고 있다. 베리는 그래서 현재의 인간 지배를 필수 전제로 하는 민주주의 개념 사체의 폐기와 '바이오크라시'를 도발적으로 제기한

바 있다(베리 2006).

앞에서 말한 미국 건국 시조의 세 가지 오판은 이후 세 가지 역사적 우연과 결합한다. 첫째는 정당 간의 지나친 타협, 담합을 극복하기 위한 엘머 E. 샤츠슈나이더류의 양당 간 이념 경쟁론이다.[10] 다당제를 배제한 양당 독점 체제 내의 적대적 경쟁은 민주주의 확산에 의한 예비 경선, '트릭 미러'(소셜 미디어)가 등장하면서 양당 간 적대적 거부권 정치로 고착화되었다.[11]

둘째는 건국 시조의 엘리트주의적 의도와 반대로 민주주의가 심화되면서 그간 귀족주의적 기질을 보이던 상원이 그나마 민주적 선거에 의해 선출되기 시작했다는 것이다. 미국 등지의 혁신주의 시대progressive era가 시민의 참여와 직접민주주의를 강조하기 시작한 결과였다. 그 의도하지 않은 결과로, 심의 기능을 하는 상원은 하원과 마찬가지로 선거 정치의 사이클과 장기적 시야의 심의를 조화해야 하는 불가능한 미션을 떠안았다. 역사적 우연 셋째는, 때로 주저하면서 제왕의 역할을 떠맡게 된 대통령직의 확대 추세로 인해 슐레진저가 일찍부터 우려했고 최근 대통령학의 거장인 스커러닉이 강조하는 '정부 안의 정부'나 국제법 전문가인 마이클 글레넌Michael J. Glennon 교수가

---

10   Elmer. E. Schattschneider, *The Semi-sovereign People: A Realist View of Democracy in America*, Harcourt Brace Jovanovich College Publishers, 1975.

11   Sam Rosenfeld, *The Polarizers: Postwar Architects of Our Partisan Era*, University of Chicago Press, 2018.

말하는 이중의 정부double government를 만들어냈다는 것이다. 이들은 시민들에게 불투명한 의사 결정 과정을 통해 자기 조직들의 이해관계를 관철해왔다. 미국 공화당과 민주당이 번갈아 가며 정부를 교체하는 과정은, 외양만으로는 매디슨의 빈번한 선거와 엘리트의 대표성의 결합이라는 창조적 발명이 잘 작동하는 것처럼 보인다. 하지만 그 속을 들여다보면, 정당의 교체에도 불구하고 안보 정책의 연속성은 일관되게 유지된다. 안보에 직간접적으로 종사하는 수많은 안보, 정보, 외교 공동체 인사들은 선거나 헌법적 제약의 감시로부터 많은 영역이 자유롭다.[12] 예를 들어 최근 미국 상원의 미확인비행 현상UAP 청문회에서 전직 고위 장성들이 그간 은폐된 셀 수 없는 비밀 자료와 정보의 존재를 폭로한 것은, 과거 아이젠하워 대통령이 경고했던 군산복합체 빙산의 일각에 불과하다.

결국 요약하면 건국 시조의 의도와 달리 민주주의 과소(금권정치와 이중 정부)와 민주주의 과잉(선거를 통해 현재주의 이해관계에 몰입)이 동시에 작용하면서, 오늘날 하원의 시민에 대한 민주주의적 반응성과 상원의 심의라는 원래의 의도는 작동하지 않는 현실이 되어 이를 악용하는 비자유주의에 기회를 제공했다.

---

12   Michael J. Glennon, *National Security and Double Government*, Oxford University Press, 2015.

지금까지의 설명은 미국 대의민주주의에 국한된 것이지만, 장기적 고려보다는 다수 유권자의 의사를 대표해야 하는 반응형 대표제와 빈번한 선거의 결합이라는 대의민주주의의 골간은 오늘날 어디에서든 기본 원리로 유지되면서 부단히 위기를 노정한다. 그간 훌륭한 성취를 이룬 대의민주주의는 오늘날 가쁜 숨을 내쉬며 죽어가고 있다. 대의민주주의의 기본 전제에 대한 새로운 상상력과 접근이 필요하다. 이는 단지 민주주의 제도의 보완을 넘어 훨씬 더 심원한 세계관 차원의 전환을 요구한다.

3. 바이오크라시의 철학적 기반

그럼 민주주의를 넘어서기 위해 우리는 어디에서 출발할 것인가? 앞에서 본 것처럼 흔히 서양 주류 학계는 국내외적으로 자유주의적 정치 질서의 강화를 통해 해결하고자 한다. 예를 들어 인권 등 개인의 존엄한 권리 보장, 적법한 정치 과정 강화, 정당 체제의 개혁, 일반 시민 정치 참여의 확대 등을 요구한다. 반면에 중국 등의 비자유주의 세력권은 이러한 자유주의 질서가 서구의 헤게모니를 관철하기 위한 편협하고 위선적인 이념 전쟁의 도구라며 경계한다. 이 두 진영 간의 평면적 대립 속에서 민주주의는 보편적 설득력을 지닌 담론으로 다가오지 못한다. 앞으로 과거 냉전과 유사한 갈등(예를 들어 소위 신냉전)이 확대된다면 민주주의는 더욱더 양 진영의 날카로운 소프트 파워 전쟁의 장으로 변질될 수밖에 없다.

　사실 오늘날 신냉전 담론이 점차 힘을 얻는 현실에서, 지성계는 과거 냉전 시기에 베리가 논문을 통해 던진 질문을 다시 부활시킬 필요가 있다. 제2차 세계대전 시기 중국을 방문했던 베리는 '중국인들이 왜 서양의 민주주의 대신 마오쩌둥의 사상을 받아들였을까'라는 도발적 질문을 던졌다.[13] 나아가 베리는 서양의 진보적 자유주의 민주주의 사상의 정점이자, 중국에서 2년간 순회 강연을 하기도 한 존 듀이가 한때 후스胡適 등 중국의 지식인들을 매료했지만 결국 영향력을 잃은 수수께끼를 풀고자 했다. 베리가 성찰적 연구를 통해 얻은 대답은, 중국의 오래된 농경문화 전통이라는 다른 맥락과 더불어 듀이의 사상이 "우주적 전통에 기반을 둔 설득력 있는 정치적 위상을 보여주지 못했기 때문"이라는 것이었다.[14] 서구 민주주의 담론이 제공하는 데 실패한 매혹적 서사 구조와 동기 부여를, 중국의 위대함을 복원하자는 마오쩌둥의 담론이 해냈다.

　베리는 문명의 전환을 위해서 새로운 이야기가 얼마나 중요한지 오래전부터 통찰하고 강조해왔다. 베리는 다음과 같이

13　메리 에벌린 터커·존 그림·앤드루 언절, 『토마스 베리 평전』, 이재돈·이순 옮김, 파스카, 2023, p. 109.
14　같은 책, p. 111.

말한다. "나는 어디서 왔는가, 나는 왜 여기에 있는가, 나는 무엇에 기여할 수 있는가 같은 기본적 질문을 성찰하는 것은 인간에게 소속감과 목적을 안겨준다."[15] 사실 민주주의론이 근거한 인민주권 사상 등은 그간 공동체에 결박된 수동적 인간에게 새로운 해방의 서사를 제공했다. 마르크스주의 또한 인간소외에 대한 성찰을 통해 새로운 국제 노동자 연대감과 해방의 목적을 안겨주었기 때문에 일부 국가에서 권력 장악에 성공했다. 하지만 오늘날 민주주의나 공산주의는 그저 진영의 동원 담론으로서 주장하는 이론과 현실 사이에서 큰 괴리를 보인다.

베리의 오래된 통찰은 현재 중요한 시사점을 준다. 오늘날 미국을 중심으로 한 서구 자유주의 진영과 중국 등의 비자유주의 진영은 자유주의 대 비자유주의, 혹은 민주주의 대 권위주의의 대립으로 갈등 극복의 전망이 잘 보이지 않는다. 미국에서는 베리가 당시 우려했던 매카시즘처럼 중국에 대한 건설적 비판보다는 단순한 중국 때리기가 갈수록 유행하고 있다. 반면에 중국 공산당은 자신들의 더 매혹적이고 보편적인 서사 구조와 동기보다는 체제 유지와 비자유주의 통치 기제 강화로 대응하고 있다. 그 사이에서 브릭스 등의 국가들이 가치보다는 자국의 이익을 극대화하며 오늘날 국제 질서는 혼돈에 빠지고 있다. 우리가 국제 질서의 보다 넓은 공통의 가치 지반을 마련하

---

15   같은 책, p. 208.

고 매혹적인 서사 구조와 동기를 부여하려면, 민주주의 복원론을 넘어 근저의 우주적 사유 체계로까지 거슬러 올라갈 필요가 있다.

이 우주적 전통과 관련하여 우리는 여기서 자유주의와 민주주의의 심화보다 더 본질적인 질문을 던질 필요가 있다. 즉 모든 사상은 근저에 우주와 인간, 인간과 인간, 그리고 인간과 비인간에 대한 사유 체계를 가지고 있다. 오늘날 우리가 아는 근대 민주주의를 근저에서 뒷받침하는 세계관은 인간중심주의 세계관으로서 우주와 인간, 인간과 비인간에 대한 이분법적 관점에 기초한다. 이 관점에서 우주는 텅 비어 있는 객관적 실재이고 인간과 무관하게 존재한다.

생태 사상가인 베리는 이에 대해 "우주의 힘은 비인격적이며 인간과 멀리 떨어져 있는 세력이 아니다"[16]라고 지적한다. 반대로 그는 "우주는 객체들의 집합이 아니라 주체들의 친교"[17]라는 놀라운 정의를 내린다. 이러한 베리의 우주론은 고생물학자이자 진화론적 세계관을 가진 피에르 테야르 드 샤르댕의 우주론에 주로 빚지고 있다. 베리의 제자인 메리 에벌린 터커는 샤르댕의 지대한 영향을 말하며 베리의 우주론의 가르침을 다음과 같이 이야기한다. "첫째는 우주는 그 시작부터 물

---

16   같은 책, p. 410.
17   같은 곳.

리적-물질적 측면뿐 아니라 정신적-영적 측면을 가지고 있다는 것이다. 둘째는 인간의 이야기와 우주의 이야기가 하나의 단일한 이야기라는 것이다."[18] 베리의 이 접근법은 중요한 시사점을 제공한다. 이를 터커는 다음과 같이 요약한다.

> 이러한 통찰이 의미하는 바는, 물질과 정신이 함께 진화한다는 것, 인간은 진화 안에서 생겨났다는 것, 그리고 지구에서 벗어나는 것이 아니라 지구를 돌보는 것이 필수적이라는 것이다.[19]

즉 진화론적 우주론의 이야기 구조는 인간 중심의 편협한 민주주의가 아니라 우주와 지구에서의 인간과 정치체제를 상상하게 한다. 그간 근대인들은 우주와 지구에 대한 경이로운 감각을 잃어버린 채 이를 대상화하고 마치 지구의 정복자처럼 행동하는 오만함을 보여왔다. 반면에 베리는 "인간이든 인간이 아니든 모든 것은 지구의 구성원이며, 실상 그들을 아우르는 단 하나의 통합된 지구 공동체"라고 주장한다(베리 2008: 17). 따라서 베리는 "우리는 다른 종들의 이동 통로를 방해할 권리가 없다. 또한 지구 행성의 생명 체계를 교란할 권리도 없다"고

---

18   같은 책, p. 213.
19   같은 곳.

지적한다(베리 2008: 17). 그리고 "편협하고 인간 중심적인 자기의 이익을 위해서 상대를 대상화하는 인간의 교활한 계산"이라고 통렬하게 비판한다.[20]

이러한 인간중심주의는 근대 민주주의관에도 그대로 이어져, 우주와 지구에 대한 경외심과 이를 돌보고자 하는 관점은 부차적인 것이 되고 오직 현재를 살아가는 인간들끼리의 제로섬 게임으로 전락해버렸다. 사실 자기 주변의 모든 환경을 지배의 대상으로 보는 인간중심주의 우주론은 인간들 간에도 잔혹한 위계를 만들어내는 데 효과적인 세계관이다. 왜냐하면 인간이 아니라고 정의하면 그 카스트제도는 합리화되기 때문이다.[21] 이에 따라 '누가 인간이고 누가 인간 이하인가' 하는 잔혹한 담론 게임은 근대 이후에도 지속되었다. 미국 헌법에 아직도 그 문구가 흔적처럼 남아 있는 '5분의 3 인간'(흑인)이나 아예 프런티어 정신을 방해하는 발밑 돌멩이 취급을 받았기에 문구에 등장조차 하지 않았던 토착 미국인('인디언')들은 이 카스트제도의 야만성을 잘 보여준다.

이 인간 중심 민주주의 담론의 위계적 한계에 대해 새로운 차원의 조명이 필요한 부분 중 하나는 과학기술과 민주주의의 관계 문제이다. 민주주의는 단지 인간 내부 공동체의 통제

---

20 W. Thomas Martin, *From Democracy to Biocracy*, Friesen Books, 2016, p. 410.

21 이저벨 윌커슨, 「카스트」, 이경남 옮김, 일에이치코리아, 2022.

를 잃어버렸을 뿐 아니라 과학기술의 통제 또한 잃어버리고 있다. 베리는 이를 "기술의 최면 상태"로서 마치 신생대 등의 시기 구분처럼 "기술대"라고까지 정의한다.[22] 당시 한 콘퍼런스에서 베리가 "인간의 문제를 과학과 기술의 통제 아래 과다하게 노출할 경우 지적이며 인간적인 교착 상태가 올 것이라고 말했을 때 대부분의 학자는 부정적인 반응을 보였다. 그것은 내게 크나큰 충격이었다. 나는 마치 반과학적이며 반기술적인 사람으로 치부되었다."[23] 하지만 통제되지 않는 과학기술에 대한 베리의 우려가 결국 옳았다. 비슷한 문제의식에서 철학자 한스 요나스 또한 『책임의 원칙』에서 칸트의 이웃의 윤리를 넘어 미래에 대한 책임을 이론화한 바 있다.[24]

사실 오늘날 거대 기업의 알고리듬은 시민과 정부의 통제 범위를 벗어나 움직이고 있다. 2016년 미국 대선에서 트럼프 진영은 케임브리지 애널리티카라는 회사를 동원해 페이스북의 수많은 유권자 정보를 훔쳐 여론 조작을 감행한 바 있다. 이는 민주주의와 선거의 안정성에 대해 심각한 의문을 불러일으켰다. 하지만 오늘날 문제는 더 심각해지고 있다. 단지 일부 선동가들의 활용 여부를 떠나, 인공지능의 초지능으로의 진화 속도가 너무 빨라 모 가댓Mo Gawdat 등 일부 구글 개발자는 인공지

---

22   Martin, 같은 책, p. 245.
23   같은 책, p. 192.
24   한스 요나스, 『책임의 원칙』, 이진우 옮김, 서광사, 1994.

능이 2049년경 인간의 통제를 벗어날 것으로 예견한다.[25] 이런 긴급한 위기감을 반영해서 일부 과학자들과 지성들은 6개월간 개발을 국제적으로 멈추고 생각할 것을 촉구하는 성명을 내기도 했다. 하지만 지구상의 어떤 정치제도도 이 6개월을 강제할 힘도 의지도 없다. 민주주의 담론은 이러한 현기증 나는 기술대의 전개에 너무나 무력하다. 그래서 베리는 이미 2008년『우주 이야기』에서 앞으로의 주요 대립은 자본주의 대 사회주의가 아니라 기업주의 대 생태주의라고 예견하기도 했다. 오늘날 메타, 아마존, 마이크로소프트, 스페이스X 등의 가공할 독점적 힘과 이들이 만들어내는 기업 물신주의 신화는 그의 예견이 틀리지 않았음을 보여준다.

　　최근 과학기술의 급속한 전개와 기존 인간주의 패러다임의 한계에 대한 인식 속에서 기존 민주주의론을 넘어서고자 하는 훌륭한 논의들이 백가쟁명으로 벌어지고 있다. 신유물론자인 제인 베넷은 비인간 존재의 긍정적이고 생산적인 힘으로써 인간중심주의적 관점을 넘어 볼 것을 제안한다.[26] 유사한 흐름 속에서 브뤼노 라투르는 사물들의 의회를 주장한다.[27] 웨인 개버디는 인간과 동물들의 새로운 사회계약을 제안한다.[28] 항상

25　　모 가댓, 『AI 쇼크, 다가올 미래』, 강주헌 옮김, 한국경제신문, 2023.

26　　Jane Bennet, *Vibrant Matter: A Political Ecology of Thing*, Duke University Press, 2010.

27　　브뤼노 라투르, 『지구와 충돌하지 않고 착륙하는 방법』, 박범순 옮김, 이음, 2021.

정의론의 확대를 선구적으로 이론화해온 마사 누스바움은 이를 더 구체화하여 최근 동물들을 위한 정의론을 정립했다.[29] 동물들의 내면세계에 대한 공감과 역지사지를 최근 생물학의 성과에 근거하여 주장하는 누스바움의 글은 놀라운 이론적 진전이라 할 수 있다. 사실 터커가 지적하듯이 오래전 "베리는 인간과 인간 이외의 동물과 식물 사이에서 공유하는 내면성에 대해 말했다."[30] 이 모든 시도는 오늘날 근대의 문명 패러다임이 '생태대'로 진화해나가는 좋은 징후들이다. 생태대란 베리의 개념으로서 "인간이 지구와 상호 유익한 존재가 되는 기간"(베리 2008: 15)이자 "인류가 지구와의 단절 상태에서 깨어나 생명을 꽃피우는 삶의 방식을 재확립하자는 희망을 담은 말"이다(베리 2008: 205). 이는 원래 베리가 역사철학자 잠바티스타 비코의 거대사 구분인 신의 시대(신권), 영웅의 시대(귀족정치), 인간의 시대(민주정치)에 근거하여 다가올 시대로 생태대를 규정한 것이다(베리 2008: 45).

민주주의의 한계를 넘어서고자 하는 이 다양한 이론들은 비코나 베리의 사유 체계처럼 더 넓게는 우주론적 시야와 우주

---

28 Wayne Gabardi, *The Next Social Contract: Animals, The Anthropocene, and Biopolitics*, Temple University Press, 2017.

29 Martha Nusbaum, *Justice for Animals: Our Collective Responsibility*, Simon & Schuster, 2023.

30 터커 외, 같은 책, p. 410.

이야기에서 출발할 필요가 있다. 왜냐하면 인간의 실존적 존재 고민과 목적, 동기에 새로운 시야를 제공하기 때문이다. 그리고 이는 전혀 다른 상상력을 제공할 수 있다. 예를 들어 오늘날 서구에서는 '포괄적 민주주의론inclusive democracy'에 대한 관심이 크다.[31] 이는 민주주의가 그간 배제했던 주체들, 즉 여성, 이민자 등의 소수자들에 대한 관심을 더 넓히고자 한다. 또한 포괄적 민주주의는 동물권, 식물권으로 계속 확장되어간다. 조르조 아감벤이나 자크 랑시에르는 과거 합의와 타협의 민주주의 모델을 이상화한 아렌트나 하버마스와 달리 민주주의란 결국 누구를 배제할 것인가 하는 투쟁이라고 예리하게 인식한 바 있다. 포괄적 민주주의는 이러한 투쟁의 역학 관계에 따라 결정된다. 이 담론들은 우리 상상력의 지평을 넓힌다. 하지만 이 점진주의적 확장 이전에 아예 우주론과 지구론의 차원에서 인간의 위치를 재고한다면, 일부 권리의 확장이 아니라 더 대담하고 다른 차원의 생명주의 정치체제에 대한 발상이 가능하다. 동물들의 권리를 더 확장하자는 이야기 이전에 "지구를 배제한 채 인간의 해방을 이야기할 수 없다"[32]는 강력한 담론이 등장할 수 있기 때문이다. 그리고 이는 새로운 정치체제에 대한 상상력으

---

31   Takis Fotopoulos, *Towards an Inclusive Democracy: The Crisis of the Growth Economy and the Need for a New Liberatory Project*, Continuum Publisher, 1998.

32   터커 외, 같은 책, p. 243.

로 필연적으로 이어진다.

4. 바이오크라시와 문화적 상상력에 대한 촉구

최근 이 '뉴노멀' 시대에 긴급하게 대처하기 위한 그린 뉴딜과 그린 마셜 플랜 등이 여러 국가에서 야심 차게 제안되고 있다. 한국에서도 정의당 등 일부 정치 세력이 이를 수용한 바 있다. 이에 대해 보다 신중한 입장을 취하는 이들은 그 어젠다의 현실성에 강한 의문을 제기하기도 한다. 나 역시 이에 대해 다소 회의적이다. 다만 흔히 제기되는 비판들과 전혀 다른 맥락에서 그러하다. 이 글은 갈수록 악화되는 지구 생태위기 속에서 다음과 같은 질문을 제기한다. 그린 뉴딜, 그린 마셜 플랜이라는 경제적 프로그램이 과연 그에 상응하는 세계관 및 정치적 메커니즘의 대전환을 자극할 상상력과 운동을 동반하지 않고서도 가능한가? 임금 주도 성장론과 같은 포스트케인스주의적 세계관이나 비례대표제와 같은 유럽식 선거제도가 도입되기만 하면 그린 뉴딜과 그린 마셜 플랜을 충분히 뒷받침할 수 있을까? 혹은 더 나아가 그린 뉴딜이 성장주의와 달리 지구와 인간의 상호 유익한 관계를 과연 증진할 수 있을까? 혹시 지구와의 공존을 위해 불가피한 인간의 절제와 희생정신을 때로는 회피하는 또 다른 성장주의 비전이 아닐까? 설령 이 비전이 맞는다고 전제하더라도, 큰 기대치를 동반할 경제 프로그램이 현실 지형의 벽에 부단히 막혀 '열망-실망' 사이클의 덫에 빠지면서 결국 우파 포퓰리즘과 배타적 애국주의의 복수를 양산하지 않을까? 그린 뉴딜이라는 경제적 프로그램을 논의하더라도 결국은 민주주의와 시민 문화라는 제도 및 시민 덕성의 윤리와 직면하게 되는 것이다.

그런데 과연 오늘날 트럼프주의조차 부인하지 않아 공허해진 민주주의라는 담론이 새로운 영감과 열정의 원천이 될 수 있을까? 만약 그러지 못한다면 민주주의 심화 담론을 넘어설 정책적 아이디어와 제도적 디자인은 무엇인가? 특히 기후위기에 대응하는 협력을 통한 공존공영으로의 성숙이 아니라 거꾸로 신냉전과 경제 전쟁의 시대로 치닫고 있는 동아시아에서 기존 민주주의 담론은 무엇에 기여할 수 있을까? 가댓이 예견한 바, 인공지능이 인간 통제력을 벗어나는 섬뜩한 현실에서 기존 민주주의 담론은 무엇에 기여할 수 있을까? 이를 단지 시민 참여를 통한 감시나 규범적 호소로 해결할 수 있을까? 수많은 질문을 던지면서, 나는 이제 인간중심주의를 넘어서는 제도적 거버넌스의 새로운 발명이 필요하다는 문제의식에 공감하지 않을 수 없다.[33]

민주주의 담론의 대체라는 불가능해 보이는 프로젝트에

---

33   Martin, 같은 책, p. 86.

시간을 낭비하지 말자는 반론을 할 수도 있다. 하지만 모든 기존 정책 아이디어의 전제가 무너지는 오늘날, 최소한 미국 내 우파들은 불가능에 도전하는 정치에 성공해왔다는 걸 상기할 필요가 있다. 예를 들어 미국 건국의 이념은 견제와 균형의 공화주의 이념에 기초하여 초당적으로 미국 정치를 규정해왔다. 하지만 최근 약 10년간 우파는 제왕적 대통령제를 연상시키는 '단일 행정부론unitary executive theory'이라는 카를 슈미트적 법 이론으로 미국 정신의 본질을 파괴하고 있다. 이들은 9·11 테러라는 예외 상황에서 이 이론을 적용하여 물고문을 정상의 법 영역으로 편입시켰다. 또한 기성 체제를 뒤엎는 혁명가를 자처한 트럼프는 이 이론에 근거하여 자주 비상조치 담론에 의존한 바 있다.[34] 민주주의론은 이 비상조치 담론을 극복하기에 무력하기만 하다.

물론 그간 자유주의(더 넓게는 공화주의적 사상 흐름)는 자의적 통치에 대한 견제, 법적 지배, 대의제 등 다양한 창의적 아이디어로 인류 역사 발전에 기여해왔다. 하지만 최근 자유주의는 배타적 애국주의jingoism, 우파 포퓰리즘 등 대항하는 정책 아이디어들과의 상상력과 열정 경쟁에서 뒤처지고 있다. 다행스럽게도 새로운 영감을 던져주는 이론적·실천적 움직임들도 시작되었다. 걸출한 폴라니주의자인 프레드 블록 교수는 자본주

---

34   안병진, 『트럼프, 붕괴를 완성하다』, 스리체어스, 2019.

의 개념 및 그 질서 내에서의 새로운 변혁적 어젠다의 가능성에 대한 빈곤한 상상력이 새로운 창의적 전환의 과제들을 막는다고 지적한다.[35] 기후위기에 맞서 전 지구적인 학생 동맹 파업을 주도한 그레타 툰베리는 그간 자유주의가 잊어버린 차원을 정치에 도입했다. 바로 요나스가 과거 선구적으로 제기한 미래에의 책임성이라는 미래 시간의 범주이다. 블록과 툰베리의 전위적 시도는 자유주의나 민주주의와 같은 익숙한 정책 아이디어를 새로 재구성하는 플랫폼으로 우리를 초대한다.

인간은 이타성이 놀랍게 발휘되는 특별히 고양된 '초월적 순간moment of madness'이 아니라면 대개 일상적 삶에서 자신의 평소 가치와 이해관계를 중시한다. 그런 점에서 자신이 사랑하는 가족이나 자신이 속한 세대가 아니라 한 번도 만나보지 못한 미래 인간과 비인간에 공감한다는 것은 매우 이상적이고 공허하게 들린다. 아무리 유권자와 정치가에게 미래 주체의 관점에서 사고하라고 규범적으로 강조한다 하더라도 실제 투표소에서 이는 공허하게 휘발될 가능성이 높다. 특히 연금이나 세금과 같은 이해관계가 치열하게 드러나는 부분에서는 더 그러하다. 그렇다면 우리는 앞으로도 이 비관론 속에서 어떠한 대담한 상상도 할 수 없는 걸까? 칸트는 좋은 정체政體가 좋은 도

---

35   Fred Block, *Capitalism: The Future of an Illusion*, University of California Press, 2018.

덕적 태도를 만든다고 강조했다.[36] 그렇다면 좋은 바이오크라시의 설계가 좋은 미래 가치의 도덕적 태도를 형성한다고 기대할 수 있지 않을까? 지금부터는 바이오크라시의 기본 방향을 살펴보고자 한다.

우선 새로운 정치체제는 진화 과정의 우주론과 지구론에 근거하여 인간 중심의 가치가 아니라 지구적 가치를 중심에 둔다. 이 지구론은 그간 인간 중심의 존 롤스적 정의론을 넘어 생태적 정의론으로 진화한다. 즉 "각 존재는 지구 공동체의 다른 존재들에 의해 지지되고 역으로 각 존재는 공동체 내의 다른 존재들의 복리에 기여한다."(베리 2008: 91)

이러한 생태대의 세계관, 가치, 정의론은 헌법적 기준 속에 녹아들어야 한다. 과거 1982년 유엔 총회에서 통과된 '세계 자연 헌장World Charter for Nature'은 그 전위적 성취이다. 이 헌장은 "모든 형태의 생명은 하나밖에 없는 유일한 것으로, 인간에 대한 가치 여부와 상관없이 존중되고 보장되어야 하며, 인간은 도덕률의 지침에 따라서 행동해야 한다"고 밝히고 있다(베리 2008: 108). 이는 2002년 유엔에서 발표한 '지구 헌장Earth Charter'으로 계승되고 있다. 지구 헌장은 베리의 관점이 가장 잘 녹아 있다. 이는 다음과 같은 서문에 잘 표현되어 있다.

36　김상준, 『미지의 민주주의』, 아카넷, 2009, p. 297.

인류는 진화하는 광대한 우주의 일부이다. 우리의 집인 지구는 고유한 생명 공동체로 살아 움직인다.

그리고 에콰도르의 헌법은 생태 헌정주의라는 측면에서 가장 전위적이다. 2008년 9월 에콰도르는 국민투표를 통해 자연의 권리를 담은 놀라운 헌법을 통과시켰다. 이 헌법 제71조는 다음과 같다.

생명이 재창조되고 존재하는 곳인 자연 또는 파차마마 Pachamama는 존재와 생명의 순환과 구조, 기능 및 진화 과정을 유지하고 재생을 존중받을 불가결한 권리를 가진다. 모든 개인과 공동체, 인민과 민족은 당국에 청원을 통해 자연의 권리를 집행할 수 있다.

이는 2010년 볼리비아에서 최초의 토착민 대통령인 에보 모랄레스에 의해 유사한 관점의 법으로 표현되었다.

서로 연관되고 상호 의존적이고 상호 보완적이며 공동의 운명을 공유하는 모든 살아 있는 시스템과 살아 있는 유기체의 불가분의 공동체로 구성되는 역동적인 생명 체계.[37]

---

37   터커, 같은 책, p. 253.

이 에콰도르 헌법과 볼리비아의 '어머니 지구의 권리에 관한 법률Ley de Derechos de la Madre Tierra'에서 기술하는, 불가결한 생명의 권리를 가진 생명 체계의 정당성은 앞에서 베리가 말한 다음의 정치적 의사 결정의 권리로 나아간다.

> 모든 종류의 의사 결정 기관들은 모든 존재 ─모든 미생물, 식물, 모든 동물과 비생명 물체까지 포함하여─를 포괄하는 길을 발견해야 한다.[38]

따라서 이러한 생태 헌정주의에서 정치 공동체는 인간의 정치체제, 즉 민주주의가 아니라 필연적으로 생명주의 정치 공동체, 즉 바이오크라시이거나 더 넓게 표현하면 '코즈모폴리틱스'일 수밖에 없다. 국내적으로 본다면 이는 모든 존재의 공화국 연합이다. 여기서 의사 결정 기관은 의회, 행정부, 사법부, 기업, 교육기관 등 모든 형태의 모임을 포괄한다. 국제적으로 본다면 모든 종의 연합United Species이다. 의사 결정 기관에는 유엔, 유럽연합, 유럽 평의회, APEC, 브릭스 등이 다 포함될 것이다. 이는 말하자면 로크 등이 패러다임 전환 차원에서 제기한 근대의 자연권 계약론을 뒤집은 탈근대(베리 용어로는 생태대)

---

38   Martin, 같은 책, p. 86.

모든 존재의 새로운 계약론이라 할 수 있다.

이 새로운 계약론의 헌법에 근거하여 모든 기관에 장기주의 관점에서 태어나지 않은 인간과 비인간의 이익을 대표하여 목소리를 내는 단위를 설치해야 한다. 예를 들어 영국의 리버심플 기업 이사회는 이미 바이오크라시적 실험을 하고 있다. "기업의 최고 의사 결정 레벨에서 지구 행성에 목소리를 부여"하기 때문이다.[39] 이 기업은 법적으로 여섯 가지 이해관계자 대표의 결합이다. 이는 고객, 직원, 투자자, 공급자, 이웃 및 놀랍게도 지구 행성이다. 이 여섯 가지 이해관계자가 집단적으로 회사의 이사회를 선출한다. 이러한 관점은 각급 학교의 이사회에도 얼마든지 적용 가능하다.

정치 구조로 가면 현재 권력의 이해관계를 가지기에, 그 반발은 훨씬 더 크고 중·장기적으로 현실화하기가 더 어려울 것이다. 따라서 바이오크라시의 문제의식을 일부 적용하는 하나의 예로, 나는 의회 차원에서 제4부의 상상력을 제기한다. 나는 기존의 유용한 민주주의 혁신 논의의 토대 위에서 더 많은 민주주의, 더 심의적 민주주의, 현재주의를 넘어서는 장기주의, 그리고 인간 중심 민주주의를 넘어서는 비인간 주체 공존의 미래 정치의 네 가지 차원이 결합된 체제로 새로운 권력분립과 융합을 제안한다. 나는 이를 '심의적 미래부deliberative future branch'

---

39   같은 책, p. 87.

의 제4부라 명명하고자 한다.

이 심의적 미래부의 역할은 첫째, 기존 의회와 행정부의 법안이 미래 인간과 비인간의 측면에서 문제시되는지 심의한다. 제임스 커리James Curry가 2020년 지적했듯 정치 양극화 속에서도 교착만 발생하는 것이 아니라 양당 간의 초당적이면서 비원칙적인 타협이 동시에 진행된다. 현시대를 살아가는 유권자들의 관심이 특히 미약한 미래 주체의 이슈라면, 엘리트 간 담합이나 무시가 더욱더 비원칙적으로 이루어질 가능성이 매우 높다. 그리고 이는 이후 미래 주체들이 폭발적으로 아웃사이더 포퓰리즘에 동원되는 이유가 된다. 심의적 미래부가 있다면 기존 법안을 놓고 미래적 관점에서 깊은 검토와 공론을 모으는 과정을 주도할 수 있다.

둘째는 기후위기 등 미래 인간과 비인간 주체 등에 치명적 피해를 끼칠 수 있는 중·장기적 이슈를 발굴하고 공론을 모으며 예방적 법안을 제안하는 역할이다. 이는 싱가포르, 핀란드 등지에 있는 미래 위원회를 기존 제도 시스템의 재구성을 통해 구속력 있는 부로 만들고자 하는 구상이다. 최근 한국에 설치된 국회 미래연구원은 일보 전진이지만 여전히 단순한 싱크 탱크 역할로만 규정된다.

위의 역할에 따른 권한은 다음과 같다. 이 4부는 법안 발의권, 예산 심의권, 기존 의회나 행정부가 제출한 법안의 미래 영향 평가권 및 중대한 하자가 발견될 시 그 법안에 대한 거부권을 가진다. 거부권이라는 강력한 권한을 부여하는 것은 인류세라고 불릴 만큼 오늘날의 결정이 미래를 크게 제약하기 때문이다. 예를 들어 오늘날 기후위기는 티핑 포인트tipping point라는 개념이 시사하듯, 이후 돌이킬 수 없는 임계점에 도달할 경우 미래 주체들이 의지가 있다 하더라도 이를 교정할 길이 막힌다. 따라서 미래에 중대한 영향을 미치는 결정을 현재의 누군가는 거부할 수 있는 권한이 주어져야 한다.

다만 공화주의적 조직에서 상호 견제와 균형은 중요한 가치이다. 이 4부에 지나치게 막강한 권한을 부여하면 이는 생태 권위주의로 가는 통로가 될 수도 있다. 만약 제4부가 거부권을 행사할 경우 기존 입법부는 이를 수용하거나 혹은 공론 조사 등의 절차를 거쳐 최종적으로는 국민투표로 결정한다. 물론 이 최종 결정에서 국민 다수가 미래 주체의 이익을 고려하여 지혜로운 결정을 한다는 보장은 없다. 하지만 현재를 살아가는 시민이 다양한 이해관계자의 일원으로 미래 주체가 참여하는 것을 넘어 미래 주체의 결정을 최종 심급으로 수용하기는 사실상 어려울 것으로 보인다. 규범적으로도 바람직하지 않다. 이는 또 하나의 엘리트 권위주의일 수 있다. 여기서 미래 인간이란 유권자로서 자기 대표성을 갖지 못하는 18세 이하 및 아직 태어나지 않은 인간들을 지칭한다. 비인간이란 인간 이외에 지구 행성에 거주하는 생물과 무생물(인공지능 포함) 등을 지칭한다.

미래부의 구성 방식을 둘러싸고는 다양한 쟁점이 있을 수 있다. 선거로 구성하면 앞에서 지적한 민주주의 과잉의 문제가 발생한다. 반대로 위로부터 선정한다면 엘리트주의 문제가 발생한다. 데이비드 런시먼은 『대표』의 마지막 장에서 홍미롭게도 대표제는 미래 세대 대표로 확장될 수 있는 유연한 개념이라고 강조한 바 있다.[40] 하지만 그렇다면 확장적 대표성을 어떻게 구성하느냐는 문제 앞에서 런시먼은 곤혹스러움을 표한다. 인민과의 유사성, 책임성 및 전문성을 어떻게 조화할 것인가 런시먼은 자문한다. 그에게도 곤혹스러운 문제라, 런시먼은 이를 「에필로그」에서 질문들로 처리한다. 다만 사고의 단서로서, 런시먼은 미래 세대 대표가 신탁 모델일 수도 있지만 동시에 약한 형태의 동일성 정치와도 관련된다는 생각을 전개한다. 이에 대해 여러 질문이 꼬리를 문다. 우리는 미래 세대의 입장과 가장 잘 동일시할 수 있는 사람을 미래 세대의 대변자로 원한다고 가정할 수 있다. 그렇다면 그 대변자는 더욱 미래를 자신의 문제로 실감할 청년인가? 아니면 장기적인 관점에서 세상을 보는 지혜를 갖춘 현자인가? 아니면 생태학자처럼 전문가인가? 전통적 유권자 대표와 미래 세대 대표 비율은? 비례대표제의 구체적 안은? 누구에게 수탁자 선임권을 부여할 것인가? 수탁자 선임권을 국가가 쉽게 양보할까? 지구 비상사태가 발생해 이러한 가능성이 생길 수도 있지만, 그게 과연 민주적인 기관

---

40   모니카 브리투 비에이라·데이비드 런시먼, 『대표』, 노시내 옮김, 후마니타스, 2020.

민주주의의 실패를 넘어 바이오크라시로

이기만 할까?

이 질문들에 대해 다양한 관점을 가진 이들이 다양한 방식으로 제도를 구성할 수 있을 것이다. 다음은 나의 시각에서 제도를 구상해본 것이다. 나는 균형을 위해 배심원과 신탁의 결합을 시도한다. 불완전한 대안이지만, 6개월마다 시민이 추첨하는 배심원제와 8년 임기로 선정된 신탁 전문가 조합 방식을 추천한다. 그리스에서 유래한 추첨은 대배심Grand Jury 구성처럼 기존 민주주의 선거가 가지는 귀족주의적 단점(더 많은 자원을 가진 이가 선출되는 것)을 완화한다. 베르나르 마냉Bernard Manin 교수는 흔한 고정관념과 달리 민주주의 선거가 가지는 귀족주의적 성격을 예리하게 지적한 바 있다.[41] 그리고 이는 과거 미국 초기 반反연방주의자anti-federalist들의 탁월한 통찰인 다양한 현장의 시민들과 밀착된 정치로 이끌면서 과두정oligarch을 방지한다. 예를 들어 미래부를 100명으로 구성한다면 20명의 수탁자와 80명의 시민 배심원으로 구성한다. 전문가가 너무 적어도 충분한 심의 토론을 전개하지 못하고, 너무 많으면 시민들의 역동성과 창의성이 저해된다. 만약 이 100인의 의원들이 20명씩 5개 소위로 나뉜다면 20명의 전문가들은 각 소위에 최소 5인이 참여하므로 적절한 균형을 이룰 수 있다. 시민 배심원의 나이는 15세부터 60세까지 각 세대를 골고루 대표하되, 10

---

41   버나드 마넹, 「선거는 민주적인가」, 곽준혁 옮김, 후마니타스, 2004.

세 이하와 20세가 다수를 차지하게 한다. 다만 이들이 보다 심의 기능을 살리기 위해서는 전문가와의 결합과 상호 적절한 균형, 협력이 불가피하다. 전문가는 특히 미래 주체(인간, 비인간)의 이익을 대표하는 수탁자로서 선정될 필요가 있다. 이미 오래전 서던 캘리포니아 대학의 법학 교수인 크리스토퍼 스톤은 법인이나 공익신탁이 법적 대리인을 두는 것처럼 자연물이나 생태계도 후견인을 두어 자신을 보호할 권리가 있다고 주장한 바 있다. 이는 이후 베리에게도 영향을 미쳐, 지구를 돌보는 후견인에 의한 바이오크라시 아이디어의 제안으로 이어졌다.[42]

이 전문가 풀은 배심원들이 충분한 미래 교육을 받은 후 모여 학계와 사무국의 자문을 받아 탐색 위원회를 만들고 그들의 추천을 받아가며 선정한다. 단순히 배심원을 추첨으로 선정해 현재주의 관점을 넘어선 심의적 결정을 기대하기란 어렵기 때문에 이 미래 워크숍은 매우 중요하다. 조애나 메이시Joanna Macy는 이 미래 워크숍의 한 방안으로 '모든 존재의 평의회' 프로그램을 개발한 바 있다. 그 핵심은 인간 참여자들이 벌이나 연어 등 전혀 다른 존재의 목소리와 처지에 대한 감수성을 함양하는 훈련이다. 이는 단지 이성적 교육이 아니라, 독일 민요에 기반한 느릅나무 춤처럼 자연과의 연결 감각을 회복하는 다양한 프로그램으로 이루어진다. 심지어 메이시는 1992년 체르

---

42   터커 외, 같은 책, p. 248.

노빌 핵 발전소 폭발 장소 동쪽 도시에서 50인의 시민 참여자들과 함께 워크숍을 진행하며, 당국에 의해 희생당한 5만의 시민과 농장, 숲의 목소리를 듣는 훈련을 시도했다.[43]

그리고 미래 교육을 이수한 후 선출할 전문가는 미래 인간과 비인간을 가장 잘 대표할 수 있는 전문가 풀에서 선정한다. 예를 들어 생태과학계와 생태철학, 생태법학(지구법), 세대 간 정의론 철학계, 인공지능, 신생물학, 동물권과 식물권 비영리 조직, 기후정치학계, 미래학계 등이 해당될 수 있을 것이다.

세부 운영은 이선 라이브Ethan Leib 등 시민 의회론자가 주장하는 시민 의회처럼 일시적으로 소집되는 게 아니라 다른 기존 의회처럼 상시 조직으로 운용한다. 왜냐하면 미래 주체들의 이해를 반영하는 것은 일시적 회합으로 가능하지 않고 지속적 연구와 일상적 토의가 필요하기 때문이다. 다만 이 미래부는 미국이나 한국 의회처럼 초엘리트 조직이 아니라 시민의 정치가로서 봉사 성격을 더 강하게 띠도록 설계한다. 이에 따라 각자의 직업에 종사하면서 주말이나 저녁 시간을 활용하여 입법 활동에 종사하고 임금도 그에 준하여 설정한다. 이를 시민 봉사 성격으로 규정한 것은, 엘리트적 탁월성이 강조되면 기존 의회처럼 이 또한 또 하나의 기득권 조직으로 더 쉽게 변질되기 때문이다.

---

43   Martin, 같은 책, p. 68.

그렇다면 과연 기존의 현재주의 이해관계를 가지는 정치가와 시민 들이 복잡한 헌법 개정 절차를 거쳐, 이러한 4부 구상을 제도로 탄생시킬 수 있을까? 현재 자유주의 민주주의가 가지는 상상력과 시민들의 문제의식으로 볼 때 거의 불가능에 가깝다. 하지만 이 4부 구상은 실현되기 전부터 이미 긍정적 효과가 있다. 4부의 상상력 캠페인을 계속함으로써, 정치가와 시민 들로 하여금 자신들의 행동과 결정이 미래에 영향을 준다는 책임감을 환기하는 효과가 있다. 일종의 시민 교육으로서 작동하는 것이다. 실제 이 의회가 작동한다면 이는 더욱더 시민 교육 효과가 크다.

다른 하나는 이후 기후 파국 등의 위기 시에 에코 파시즘이 도래할 가능성이 크다는 점이다. 이미 뉴올리언스 카트리나 재난이나 코로나19 유행병 당시 우리는 곳곳에서 시민의 민권이 위협받는 현실을 경험했다. 앞으로는 비상사태가 장기화·일상화할 가능성이 높기에 이 위험은 더욱 현실로 다가온다. 갑자기 맞이한 붕괴 상황에서 시민들과 정치가들은 권위주의적 유혹에 빠지기 쉽다. 만약 현재와 미래 주체들 사이에 이해를 조정하고 타협할 필요성을 시민 교육 차원에서 각성한다면, 이후 더 책임 있고 깊은 사고의 공동체를 만들 수 있다. 나아가 이 제도가 현실화된다면 그러한 파국적 사태에서 혼돈에 빠지지 않고 그간 축적된 4부의 경험을 중심으로 합리적 토의가 이루어질 수 있다. 심의적 미래부 제안은 비단 권력분립 형태를 채택하는 미국이나 한국 등의 정치체제에서만 유효한 구상은 아니다. 유럽의 권력 융합형 정치체제도 근대적 속성의 제도이기에, 현재주의 관점을 완전히 벗어나지는 않기 때문이다.

물론 이 구상이 과연 현실적으로 구현 가능한지에 대해서는 강한 회의론이 존재할 수 있다. 현상 유지 성향의 입법부에서 새로운 법안으로 제정하거나, 이보다 더 어렵게 헌법을 개정해야 하는 사안이기도 하다. 하지만 오늘날 자유주의 체제는 부분적 솔루션만으로는 만성적 위기를 탈출하기 매우 어렵다. 독일 포츠담 연구소 등이 강조하듯 기후 파국을 되돌리기 어려운 티핑 포인트가 7~8년 앞으로 다가온 현실에서 미래 주체들의 생명과 거주권은 상상 속 이야기가 아니라 현재 법적 소송의 대상으로 전화하고 있고 이는 앞으로 더욱 격렬해질 것이다. 만약 이 재난이 더 가속화된다면 자유주의 체제의 권력분립이나 권력 융합 시스템은 잠시 정지하고, 예외적 비상 정치 질서가 선포될 수도 있다. 하버드 대학교의 나오미 오레스케스 Naomi Oreskes 교수는 향후 이러한 위기에서 과연 자유주의 체제가 중국 등의 권위주의에 비해 더 효과적으로 존속할지 강한 의문을 제기한다.[44] 오늘날 갈수록 자유주의 체제의 기본 작동 시스템 building blocks이 만성적인 위기로 치닫는 국면에서, 우리

---

44   나오미 오레스케스 & 에릭 M. 콘웨이, 『다가올 역사, 서양문명의 몰락』, 홍한별 옮김, 갈라파고스, 2015.

는 힘들지만 보다 대담한 스토리텔링과 제도 실험의 사례를 축적하고 발전시켜나가야 한다.

5. 결론—임박한 파국의 시대, 불가능한 상상력을 위하여

결론적으로 그간의 민주주의, 자유주의, 공화주의라는 훌륭한 발명품은 이제 인간중심주의를 버리고 근본적으로 재창조되어야 한다. 이러한 발상의 대전환을 위해 베리는 심지어 민주주의라는 단어를 버리고 바이오크라시로 대체하자고 말한다. 새로운 단어 속에 새로운 상상력이 깃들 수 있기 때문이다. 이 새로운 상상력은 우주 속에서 인간의 위치와 지구 돌보미로서의 역할 등 새로운 이야기 구조로 뒷받침되어야 한다. 그리고 이러한 지구와 인간의 공존을 의회, 행정부, 사법부, 미디어, 정당, 기업 등 모든 제도적 형태와 각 분야에서 구현해나가야 한다.

바이오크라시는 생태공화주의로 바꾸어 표현할 수도 있다. 미국 자유주의 민주주의의 철학적 기반이 된 공화주의는 현실의 제도적 형태라는 의미와 지향해야 하는 가치라는 두 가지 범주로 이해할 수 있다. 이 후자는 부단히 추구하면서 달성해나가야 하는 열린 경로이다. 공화주의의 라틴어 어원의 의미는 '모든 이의 것'이다. 모든 이는 고정되고 닫힌 것이 아니라 부단히 해석되고 확장되는 열린 개념이다. 오늘날은 이 모든 이 속에 비인간 존재가 포함된 생태로 확장할 필요가 있다. 그런 점에서 오늘날 공화주의는 생태공화주의이자 바이오크라시라 할 수 있다.

물론 언젠가 기후나 AI의 대위기 속에서 바이오크라시 제도가 일부 국가 시민들의 광범위한 공감대를 얻어 헌법 개정 등에 성공한다 하더라도 지금의 지구적 민주주의의 위기는 쉽게 치료되기 힘들다. CNN 평론가 파리드 자카리아는 미국이 레드 스테이트는 문화가 사우디에 가깝고 블루 스테이트는 북유럽에 가까운 두 개의 나라가 되었다고 개탄한다. 경제적으로도 화석연료 기반이 강한 주와 신재생에너지 기반이 강한 주 사이에서 미래 지향적 결정을 하기란 쉽지 않다. 국제적으로도 주유소 국가라는 별칭을 가지고 있는 러시아와 신재생에너지를 선도하는 독일 사이에는 큰 간극이 있다. 결국 제도 만능주의를 벗어나 각국 내부와 지구 공동체 차원에서 끊임없이, 그리고 장기적으로 시민사회에서 공통의 가치 기반 축적이 매우 중요하다. 다만 이는 기존의 편협한 자유주의를 고집하거나 비자유주의의 유혹을 넘어 보다 담대한 공통의 세계관과 이야기를 부단히 만들어가는 어려운 여정이다.

시민사회의 헌신은 기존 정당의 경계를 넘어 전환적 가치를 향한 새로운 공통 기반을 주도적으로 만들어내는 정치 세력의 형성으로 이어져야 한다. 제도도 결국 새로운 행위자가 만들어내는 것이기 때문이다. 물론 이는 기존의 근대 자유주의, 민주주의의 이념적 잔재와 결별하고 장기주의와 미래로 틈새를 만들어가는 세력일 것이다. 라투르는 과거 마르크스의 계급 표현을 빌려 이들을 '녹색(생태) 계급'이라 부른다. 왜냐하면 계급이란 구조의 동학을 명료하게 구분 지어 전투적 투쟁과 행동의 계급의식을 촉발하는 단위이기 때문이다. 다만 이는 과거 마르크스의 생산관계를 중심으로 한 유물론이 아니라 "지구 공동체의 거주 가능성 문제"를 중심으로 구성되는 블록이다.[45] 나는 라투르의 거주 가능성 이슈를 더 추상적 차원에서 베리의 우주와 지구론, 그리고 대안으로서 생태대의 이야기 안에 위치시켜야 한다고 생각한다. 언제나 새로운 패러다임으로의 전환은 큰 이야기의 구조가 시민들의 마음속에서 형성되며 이루어지기 때문이다.

미국 모델을 찬양했던 근대 프랑스 정치가 알렉시 드 토크빌은 과거가 더 이상 미래를 향해 빛을 비추지 못하기에 인간 정신은 어둠 속에서 방황한다고 지적한 바 있다.[46] 나는 토크빌의 근대 초기 통찰이 현재에도 유효하다고 생각한다. 전 지구적 혼돈과 어둠 속 방황은 우리가 여전히 과거의 전제와 상상

---

45   브뤼노 라투르·니콜라이 슐츠, 『녹색계급의 출현』, 이규현 옮김, 이음, 2022.

46   한나 아렌트, 『책임과 판단』, 서유경 옮김, 필로소픽, 2019.

력에 묶여 있음을 시사한다. 우리는 지구와 연결된 감각 및 장기주의적 시야를 회복하기 위해 다양한 개혁을 실험하면서도 동시에 대담한 우주와 생태 이야기의 시민 문화biocratic culture를 형성해야 한다. 슐레진저와 웅거 교수가 말한 새로운 실험주의 정신이 전 지구적으로 만개해야 한다. 20세기 듀이의 인간적 실용주의와 실험주의는 21세기 베리의 지구 행성적 세계관과 바이오크라시 실험주의로 나아가야 한다. 베리는 이를 통해 생태대의 새로운 시대가 가능할 뿐 아니라 이미 오고 있다고 믿으며 숨을 거두었다. 이 생태대로의 전환을 위한 바이오크라시 구현은 베리가 위대한 과업Great Works이라고 부른 소명이기도 하다. 이 과업은 "모든 종의 미래 세대를 위한 것"이다.[47]

---

47   터커 외, 같은 책, p. 27.

3부   한국 사회의 사례들—실험과 도전

한국의 외래종 관리와 존재론적 질문들
─ 붉은가재를 통해 바라본 인간 너머의 생명 안보[1]

김준수

1. 들어가며

외래종은 지역의 고유한 생태환경을 파괴하고 인간 사회에 부정적인 영향을 끼치는 문제로 상정되어왔다. 국민국가는 자신의 영토에 있는 고유한 생명은 보호·보전하고, 외부에서 유입된 외래종은 퇴치·제거한다는 이분법적 접근을 통해 외래종의 문제는 생태적으로 '해결해야 하는 문제'로 간주해왔다. 외래종에 대한 생명 안보biosecurity의 작동은 그들이 끼칠 수 있는 잠재적 피해에 대한 과학적 근거의 축적과 이를 집행하게

---

1   이 글은 김준수, 「한국의 외래생명정치와 인간 너머의 생명 안보─붉은가재 *Procambarus clarkii*를 통해 바라본 생태계 교란 종의 존재론적 정치」, 「경제와사회」 132, 2021, pp. 208~49를 수정·보완한 것이다.

하는 제도적 장치들의 결합을 통해 수행되었다. 그렇게 외래종의 문제는 '온당히 해결되어야 할 환경문제'로 치부되었다. 그러나 코로나19의 세계적 확산과 인류세 담론은 인간과 자연의 관계를 새롭게 바라볼 것을 요구한다. 특히 국민국가의 생명 안보 문제는 비인간에 대한 인간의 지배와 정복 서사로는 포착할 수 없는 새로운 문제들을 제기한다.

국민국가의 생명 안보는 전염병의 방역과 예방, 예찰 활동 등 국가의 영토와 인구를 보전하기 위한 다양한 과학적, 사회적, 정치적 과정들을 동반한다. 또한 국민국가의 주권 행사는 언제나 인간의 목적에 맞게 활용할 수 있는 '자원'으로서 자연을 바라봄으로써 이를 통제하고 관리하는 정치를 수행해왔다.[2] 즉 국가는 자연을 하나의 자원으로 바라보며, 이를 통제하고 관리하기 위해 자연의 복잡한 생태학적, 존재론적 맥락들을 제거하고, 보다 가독성 높은 형태의 재현물로 만드는 과정이 필요했다.[3] 국가는 자연을 읽어내고 통제하기 위한 다양한 형태의 과학 지식을 생산하고 이에 근거한 제도적, 정책적 장치들을 운용함으로써 국가 권력을 작동시켜왔다.[4] 생명 안보 역

---

2 Mark Whitehead, Rhys Jones & Martin Jones, *The Nature of the State*, Oxford University Press, 2007.

3 James Scott, *Seeing like a State: How Certain Schemes to Improve the Human Condition Have Failed*, Yale University Press. 1998.

4 Stéphane Castonguay, *The Government of Natural Resources: Science, Territory, and State Power in Quebec 1867–1939.*, Käthe Roth(trans.), UBC Press, 2021.

한국의 외래종 관리와 존재론적 질문들

시 같은 맥락에서 국가의 영토 내에 있어야 할 존재와 있어서는 안 될 존재를 구분하고 통치하는 생명 정치의 작동 속에서 수행되어왔다.

외래종에 대한 생명 안보의 작동은 외래종 자체의 특성을 파악하기 위한 과학 지식의 축적을 동반한다. 이때 국가 영역이 관심을 두고 파악하는 외래종의 특성은 잠재적으로 국가 산업과 농업에 손해를 끼칠 가능성과 토종 생태계 훼손 가능성을 중심으로 논의된다. 외래종의 위해성 평가 역시 외래종의 고유한 물질적 특성 외에 인간 사회의 정치적, 경제적, 사회적, 문화적 맥락 속에서 확정된다. 인간 중심의 생명 안보 과정은 외래종 자연을 어떤 방식으로 바라보고 평가하며, 어떤 방식의 정책을 집행할지 해결책을 제시하는 것처럼 보였다.

생태보전과학ecological conservation science을 통해서 외래종에 의한 잠재적 피해 가능성과 위해성을 파악하고, 이 평가에 따라 하나의 종을 단위로 국가의 생명 안보 실천 전략들을 구성하는 과정에는 많은 문제점이 동반된다. 생물학과 생태학을 바탕으로 하는 '종' 단위의 국가 생명 안보 수행에는 정치생태학political ecology이 제안하는 자연의 다양한 존재론적, 인식론적 가능성을 놓치게 되는 한계가 있다. 생태보전과학이라는 한 가지 지식으로는 외래종의 다양한 행위성과 존재론적 지위가 전격적으로 드러나지 않는다. 따라서 이 글은 인류세의 '새로운 자연'에 대한 접근을 통히여 한국의 외래종 문제를 바라보고자 한다. 외래종의 다양한 존재론적 지위를 검토함으로써, 국민국가의 생명 안보가 단순히 인간들의 이해와 합리성에 의해 구성되고 작동하는 것이 아니라 그 자체로 다양한 비인간 행위자들이 그에 개입하고 있음을 밝히고, 새로운 형태의 종간 정치 interspecies politics가 일어나는 '인간 너머의 생명 안보' 개념을 제안하고자 한다.

이를 위해서 이 글은 최근 한국의 남부 지방에서 빠르게 확산하고 있는 외래종 붉은가재 *Procambarus clarkii*를 둘러싼 생명 안보의 작동 방식을 검토한다. 특히 코로나19 이후 새롭게 개정된 '야생생물 보호 및 관리에 관한 법률'(이하 야생생물법)에 내재된 외래생물의 존재론적 양식의 문제와 실제 관리 및 통제 방법의 문제를 비판적으로 검토한다. 개정된 야생생물법의 첫 번째 규제 대상이 된 붉은가재는 2018년 한국의 자연 하천에서 대규모 서식이 확인됐다. 그러나 붉은가재는 30여 년 전부터 사육 및 관상용 생물 ornamental species로서 존재론적 지위를 가지고 있었다. 어항 속 붉은가재 역시 종 단위로 진행된 외래종 제거 사업의 대상이 되면서, 기존에 붉은가재를 사육하던 사람들은 자신의 가재를 죽여야만 하는 상황에 처했다. 그 존재론적, 생태학적 다중성이 생태보전과학의 단일한 지식으로만 이해됨으로써 붉은가재는 결국 2020년 생태계 교란 생물로 지정되었다. 이 글은 붉은가재의 확산과 그들이 가진 물질성, 상징성을 검토해 한국에서 진행되고 있는 인간 너머 생명 안보의 구체적인 작동 방식을 재구성하고자 한다. 그럼으로써 궁극적으로 인간중심주의적인 생명 안보 지식 생산과 정책 수행 과정에 대한 성찰을 요구하고, 외래종 문제에 이들의 존재론적 경합 문제가 포함될 필요성을 제안한다.

2. 외래생물 생명 안보 ─ 생태보전과학과 정치생태학, 그리고 종간 정치

세계자연보전연맹IUCN에서는 "개별적, 집단적으로 구성되는 생물학적 위험biological risk이 한 국가의 인간, 동물, 식물의 생태학적 웰빙ecological well-being을 저해할 수 있는 물질이나 활동"으로 생명 안보의 개념을 포괄적으로 정의한다.[5] 그럼에도 불구하고 생명 안보의 개념은 지역적, 정치경제학적 맥락 속에서 각기 다른 개념으로 이해되어왔다. 미국의 경우 9·11테러 이후 생물학적 테러bioterrorism와 실험실 생물 안전 문제laboratory biosafety의 맥락에서 생명 안보 개념을 이해하고 사용해왔다.[6]

---

5 IUCN, "IUCN Guidelines for the Prevention of Biodiversity Loss Caused by Alien Invasive Species," Invasive Species Specialist Group, 2000.

6 Jeffrey Ryan, *Biosecurity and Bioterrorism: Containing and Preventing Biological Threats*, Butterworth-Heinemann Elsevier, 2016; Reynolds M. Salerno & Jennifer Gaudioso(eds.), *Laboratory Biorisk Management: Biosafety and Biosecurity*, CRC Press, 2015.

호주와 뉴질랜드에서는 토착 동식물 보호와 환경 보전 맥락에서,[7] 영국을 비롯한 유럽권 국가에서는 주로 가축 산업 및 농업 관련 해충과 감염병 확산의 문제로 생명 안보의 개념을 다뤄왔다.[8]

이처럼 생명 안보 개념의 각기 다른 맥락적 정의와 활용 문제는 기존의 환경 정치 문제를 해석하는 데 새로운 인식론적, 이론적 환기를 제공한다. 환경 정치의 맥락에서 생명 안보 문제는 국가의 통치성governmentality과 생명 정치biopolitics의 관점에서 바라볼 수 있다.[9] 이런 접근은 근대국가의 생명 정치 상황을 푸코와 아감벤의 생물학적 예외 상황으로 바라보며, 생명 자체가 발현하는 순환성, 연결성, 복잡성의 중요성을 강조한다. 이를 통해서 다양한 종의 생명 정치적 상상력biopolitical imaginary of species-being이 발휘될 수 있는 조건에 주목한다.[10] 또한 생명을 분자화molecularization하여 새로운 형태의 신체들을 만들어내고,

---

7 Paul D. Champion, "Knowledge to action on aquatic invasive species: Island biosecurity—the New Zealand and South Pacific story," *Management of Biological Invasions* 9(4), 2018, pp. 383~94.

8 Gareth Enticott, Alex Franklin & Steven Van Winden, "Biosecurity and food security: spatial strategies for combating bovine tuberculosis in the UK," *The Geographical Journal* 178(4), 2012, pp. 327~37.

9 Stephen Collier, Andrew Lakoff & Paul Rabinow, "Biosecurity: towards an anthropology of the contemporary," *Anthropology Today* 20(5), 2004, pp. 3~7.

10 Michael Dillon & Luis Lobo-Guerrero, "The biopolitical Imaginary of Species-being," *Theory, Culture & Society* 26(1), 2009, pp. 1~23.

한국의 외래종 관리와 존재론적 질문들

이에 대한 생명 안보의 통치성을 작동하여 주권자의 권력이 확장되는 문제가 논의되었다.[11] 그 안에서 가축전염병의 확산과 과학 지식의 정치[12] 등을 다룬 환경 정치의 생명 안보 문제가 논의되어왔다.

이외에도 생명 안보의 문제를 비인간 행위자들과 그들이 가진 행위성, 이동성 측면에서 살펴본 연구들도 존재한다.[13] 그러나 이 연구들은 주로 인수공통감염병, 특히 국제적 대유행 상황을 불러온 사스SARS나 인플루엔자처럼 인간 감염을 불러오는 비인간 행위자들의 연결망만을 분석한다는 한계가 있다.[14] 그러나 환경 정치의 생명 안보 문제가 비인간 행위자들이 지니는 물질적 특성과 인간에게 재현되는 상징적 특성에 따라

---

11   Bruce Braun, "Biopolitics and the molecularization of life," *Cultural Geographies* 14(1), 2007, pp. 6~28.

12   Steve Hinchliffe, "Indeterminacy in-decisions—science, policy and politics in the BSE(Bovine Spongiform Encephalopathy) crisis," *Transactions of the Institute of British Geographers* 26(2), 2001, pp. 182~204; Robert Fish et al., "Uncertainties in the governance of animal disease: an interdisciplinary framework for analysis," *Philosophical Transactions of the Royal Society B: Biological Sciences* 366(1573), 2011, pp. 2023~34.

13   Bruce Braun, "Thinking the City through SARS: Bodies, Topologies, Politics," Harris Ali & Roger Keil(eds.), *Networked Disease: Emerging Infections in the Global City*, S. Wiley-Blackwell, 2008, pp. 250~66; Robert G. Wallace, "Breeding Influenza: The Political Virology of Offshore Farming," *Antipode* 41(5), 2009, pp. 916~51.

14   S. Harris Ali & Roger Keil(eds.), *Networked Disease*, 2008.

각기 다른 결과를 초래한 사례 연구들도 있다.

우선 케지아 바커는 초창기 유럽인들의 뉴질랜드 정착 과정에서 함께 도입된 외래종 가시금작화Gorse, *Ulex europaeus* 덤불을 150년간 제거한 생명 안보 정책과 이를 직접 수행한 국가기관, 지역단체 그리고 대중적 담론의 경합을 분석하고, 이때 동원되는 각기 다른 과학 지식의 수행 과정을 분석한다.[15] 즉 이 연구는 초기에 '유해 식물pest plant'로 규정되어온 가시금작화 덤불이 외래종 관리 및 통제라는 제도적 합리성에서 해석될 때 '비용-편익'의 경제적인 가치에 대한 고려와 식물 종의 '침입 곡선 모델infestation curve mode'이라는 생태보전과학의 도구들을 통해서만 이해되어왔음을 지적했다. 그러나 가시금작화 덤불이 오랜 기간에 걸쳐 정착하면서 이 외래종의 식생이 사실은 토양에 영양분을 고정하는 역할을 수행한다는 새로운 연구 결과들이 축적되고, 대중적으로도 가시금작화 덤불이 토종 식물들의 성장과 확산에 중요한 '보모 식물nurse plant' 역할을 수행한다는 담론이 확산한다. 이를 통해서 바커는 외래종 제거의 생명 안보 개념과 이에 동원되는 과학적, 정책적 수행 속에 식물이 가진 생태학적 물질성과 사회적, 대중적 담론이 복합적으로 작동하는 '사회 자연socionature'의 중요성을 강조하고, 경계가 유

---

15 Kezia Barker, "Flexible Boundaries in Biosecurity: Accommodating Gorse in *Aotearoa* New Zealand," *Environment and Planning A* 40(7), 2008, pp. 1598~1614.

연한 생명 안보 개념을 재구성할 필요성을 역설한다.[16] 바커의 연구는 '외래 침입 종'을 규정하는 생태보전과학과 대중적 담론, 그리고 이에 근거하여 작동하는 정책적 대응이 외래종을 단일하게 정의하고 규정하여 제거에 이르는 방식의 경제적, 과학적 정당성 문제를 제기하고 있다. 이는 외래생물에 대한 과학 지식이 장기간에 걸쳐 사회적, 과학적으로 재구성되고 변화할 수 있는 것임을 보여준다. 이를 통해 외래 생명에 대한 과학 지식의 오류 가능성과 이에 근거한 정책 집행의 오류 가능성을 제기함으로써 생명 안보에 대한 비판적 접근을 가능하게 하는 함의를 가진다.

이와 비슷한 맥락에서 외래종을 과학적, 정책적으로 잘못 이해하여 치명적인 환경 재난을 불러온 사례를 다룬 연구도 있다.[17] 이 연구는 1960~70년대에 영국 전역으로 '느릅나무 시듦병Dutch elm disease'이 확산하는 과정을 분석한다. 느릅나무 시듦병은 초창기 캐나다에서 수입한 나무에서 시작되어 확산했다. 한편 이 과정을 진단하고 분석한 산림과학자들과 정책 입안자 사이에 전염병에 대한 담론이 형성되었다. 느릅나무 시듦병은 병을 매개하는 병원균과 곤충에 의해 빠르게 확산한다. 그러나

---

16   같은 글.

17   Isobel Tomlinson & Clive Potter, "'Too little, too late'? Science, policy and Dutch Elm Disease in the UK," *Journal of Historical Geography* 36(2), 2010, pp. 121~31.

병원균의 도입 초기 산림과학자들과 환경 정책 입안자들은 이 병을 지역적으로 통제할 수 있고, 확산 속도가 느리며, 생태적 위협이 미미하다는 잘못된 과학적, 정책적 판단을 내린다. 이런 잘못된 가정은 결과적으로 영국의 시골 경관을 대표하는 표상으로 자리한 유럽느릅나무English elm의 전국적인 고사를 불러온 환경 재난으로 이어진다. 이 연구는 외래종에 대한 잘못된 과학적 가정과 그에 따른 외래종 관리 정책의 구성이 환경 재난으로 이어지는 과정을 보여준다.[18] 이 논문은 외래 생명에 대한 과학 지식의 사회적 구성을 보여줄 뿐만 아니라 소규모 전문가 집단에 의해 결정된 생명 안보의 작동 방식이 전국적인 환경 재난으로 이어질 위험성을 드러낸다.

앞선 연구들이 공통적으로 지적하는 것은 외래종 문제에 대한 생명 안보의 정책적 작동이 특정 전문가들의 과학 지식에 근거하고 있다는 점이다. 그 과학 지식이 잘못된 근거와 판단 기준으로 구성될 수도 있으며, 외래종에 대한 과학 지식 생산 활동이 정치적, 사회적 담론 속에서 이해되는 방식과도 경합한다. 이 사이에는 외래 생명의 도입과 확산 과정에 대한 서로 다른 해석과 이해의 방식이 존재한다. 인간과 자연의 관계성을 새롭게 재구성할 필요성을 강조하는 정치생태학자들과, 생태적 기능 및 분화 그리고 토착종의 생태계 균형 유지를 강조하

---

18   같은 글.

는 환경보전과학 사이에서 외래종을 둘러싼 서로 다른 존재론
의 정치가 펼쳐지고 있는 것이다.[19]

외래 생명의 도입과 확산에 대한 다양한 과학적, 사회적
논쟁은 계속되고 있지만, 인류세 담론의 확산과 인간과 자연의
관계성 변화를 다루는 정치생태학 연구 중에는 외래종의 생태
학적 확산과 이에 따른 생물 다양성의 증가 가능성을 논의한
것도 있다.[20] 정치생태학자들을 중심으로 논의된 외래 생명에
대한 담론은 자연을 인간과 분리되지 않은 공간으로 바라봄으
로써 인공적인 것과 자연적인 것, 자연과 사회, 외래종과 토종
의 이분법적 구분이 불가능하다는 점을 지적한다.[21] 따라서 이
들은 우연히 혹은 의도적으로 도입된 외래생물의 정착이 피할
수 없는 과정임을 밝힌다. 또한 외래종의 정착이 어떤 측면에
서 토착 생명과 새로운 형태의 생태계를 재구성할 가능성을 제

19 Emma Marris, *Rambunctious Garden: Saving Nature in a Post-Wild World*, Bloomsbury Publishing USA, 2013.

20 Fred Pearce, *The New Wild: Why Invasive Species Will Be Nature's Salvation*, Beacon press, 2015.

21 Erik Swyngedouw, "The city as a hybrid: On nature, society and cyborg urbanization," *Capitalism Nature Socialism* 7(2), 1996, pp. 65~80; Anna Zimmer, "Urban Political Ecology: Theoretical concepts, challenges, and suggested future directions," *Erdkunde* 64(4), 2010, pp. 343~54; Dolly Jørgensen, Finn Arne Jørgensen & Sara B. Pritchard(eds.), *New Natures: Joining Environmental History with Science and Technology Studies*, University of Pittsburgh Press, 2013; Jedediah Purdy, *After Nature: A Politics for the Anthropocene*, Harvard University Press, 2015.

안한다.

그러나 외래생물의 생물 다양성 기여에 대한 담론은 생태보전과학자들을 중심으로 엄청난 비판을 불러왔다. 생태보전과학자들은 이런 주장이 마치 기후변화 부정론과 같은 것이며, 근거에 기반한 과학주의에 대한 부정이라는 논쟁을 제기했다. 2017년 『생태학과 진화의 경향Trends in Ecology & Evolution』이라는 저명한 생물학 저널에서 논평으로 시작된 외래생물에 대한 논쟁은 다양한 형태의 침입 생물에 대한 존재론적, 과학적 정치 과정이 존재하고 있음을 드러냈다. 이 논쟁에서 생물학자인 제임스 러셀James C. Russell과 팀 블랙번Tim M. Blackburn은 외래생물의 위해성을 인정하지 않는 정치생태학자들의 주장을 외래생물과학 부인주의denialism로 정의했다.[22] 그러나 이는 고생물학자들과 생물학자들, 그리고 생태과학사학자들과 정치생태학자들을 중심으로 즉각적인 반박을 불러왔다.

먼저 고생물학자들은 이 논쟁에서 '역사적 침입historical invasion'의 중요성을 강조했다. 이들은 화석 증거를 통해 지질학적으로 유의미한 장기간의 생물 침입이 있었음을 밝힌다. 특히 고생대Paleozoic에서 신생대Cenozoic로 넘어가면서 다른 지역으로 생물들이 옮아가는 역사적 침입이 있었으며, 이 과정에서

---

22   James C. Russell & Tim M. Blackburn, "The Rise of Invasive Species Denialism," *Trends in Ecology & Evolution* 32(1), 2017, pp. 3~6.

생물들이 방사선 적응을 하게 되어 오늘날의 생물학적, 생태학적 다양성의 출발점이 되었음을 주장한다.[23] 또한 이 논쟁에 참여한 식물학자, 동물행동학자, 곤충학자는 외래종의 생물 다양성 기여 주장이 과학 부인주의라는 러셀과 블랙번의 주장에 대해, 외래생물과학을 하나의 단일한 과학solely science으로만 바라볼 수 없기 때문에 정치생태학자들의 논의를 과학 부인주의로 볼 수 없다고 주장했다.[24] 이와 더불어 생태과학사학자들은 이 논쟁에서 외래종을 둘러싼 다양한 언어적 재현과 담론 들이 존재하므로 외래종에 대한 하나의 결론에 도달할 수 없다는 점을 지적했다.[25]

이 논쟁에는 정치생태학자들도 직접 개입했는데, 이들 역시 '탈진실post-truth' 시대에 과학적이고 객관적인 것에 포함된 가치의 문제와 해석의 문제가 중요하며, 외래종에 대해 어떤 보편적이고 포괄적인 과학적 합의도 아직 존재하지 않는다고 논평했다. 그러므로 외래종의 생물 다양성 기여 가능성을 단순

---

23 John C. Briggs, "Rise of Invasive Species Denialism? A Response to Russell and Blackburn," *Trends in Ecology & Evolution.* 32(4), 2017, pp. 231~32.

24 Jacques Tassin, Ken Thompson, Scott P. Carroll & Chris D. Thomas, "Determining Whether the Impacts of Introduced Species Are Negative Cannot Be Based Solely on Science: A Response to Russell and Blackburn," *Trends in Ecology & Evolution* 32(4), 2017, pp. 230~31.

25 Mark A. Davis & Matthew K. Chew, "'The Denialists Are Coming!' Well, Not Exactly: A Response to Russell and Blackburn," *Trends in Ecology & Evolution* 32(4), 2017, pp. 229~30.

히 과학 부인주의로 볼 수 없다는 것이다.[26] 이에 대해서 처음 문제를 제기한 러셀과 블랙번 역시 구체적인 언어와 데이터, 정밀한 정의와 구체적인 정책과의 정교한 연결 고리를 찾는 문제가 중요하다는 점을 인정했다.[27] 이에 대해 인류세 학자들은 글로벌 스케일에서 급격하게 일어나고 있는 생물들의 서식 공간 변화가 현재 인류세 시기의 종들의 모습 그 자체이며, 인간은 '탈토착post-native' 미래를 준비해야 한다고 주장했다.[28]

외래종을 포함하는 '새로운 자연' 개념에 대한 반발을 인류세의 정치적 문제의 핵심 이슈로 바라본 정치생태학자 폴 로빈스Paul Robbins와 세라 무어Sarah Moore는 인식론적 문제의 핵

---

26   Sarah L. Crowley, Steve Hinchliffe, Steve M. Redpath & Robbie A. McDonald, "Disagreement About Invasive Species Does Not Equate to Denialism: A Response to Russell and Blackburn," *Trends in Ecology & Evolution* 32(4), 2017, pp. 228~29.

27   James C. Russell & Tim M. Blackburn, "Invasive Alien Species: Denialism, Disagreement, Definitions, and Dialogue," *Trends in Ecology & Evolution* 32(5), 2017, pp. 312~14. 그러나 이 논쟁은 끝나지 않았다. 2018년 *Biological Invasions* 라는 저널을 통해 다시 외래종의 과학 부인주의denialism에 대한 논쟁이 제기되었고 [Anthony Ricciardi & Rachael Ryan, "The exponential growth of invasive species denialism," *Biological Invasions* 20(3), 2018, pp. 549~53], 이에 대한 반박[Mark Sagoff, "Invasive species denialism: a reply to Ricciardi and Ryan," *Biological Invasions* 20(10), 2018, pp. 2723~29]과 재반박[Anthony Ricciardi & Rachael Ryan, "Invasive species denialism revisited: response to Sagoff," *Biological Invasions* 20(10), 2018, pp. 2731~38]이 이뤄졌으며, 이후에도 다양한 저널에서 논쟁이 이어지고 있다.

28   Avery P. Hill & Elizabeth A. Hadly, "Rethinking "native" in the Anthropocene," *Frontiers in Earth Science* 6(96), 2018, pp. 1~4.

심 근원이 '생태학적 불안 장애ecological anxiety disorder'에 있음을 지적한다.[29] 이들은 생태학적 불안 장애에 두 가지 원인이 있음을 밝힌다. 첫째는 지구에 미치는 인간의 영향력에 대한 부정적 규범의 작동 때문이고(anthrophobia), 둘째는 생물학과 생태학에 내재한 규범적인 인간 가치의 영향(autophobia) 때문이다.[30] 이와 더불어 정치생태학자들은 생태보전과학이 "비인간들의 인종적 순수성racially pure forms of nonhuman nature"을 촉진하려 하는 생명 정치적 과학biopolitical science임을 비판한다.[31] 궁극적으로 '새로운 자연' 개념은 그것의 과학적 객관성 혹은 생태과학의 관찰과 지식 생산의 과정이 지니는 정치적인 성격에 대한 환기를 요구한다. 자연을 바라보는 인류세 연구자들의 새로운 관점과 인식론은 결국 생명을 어떻게 바라볼 것인지, 생태학과 정치의 연결 문제를 어떤 방식으로 재해석할 것인지에 대한 근본적인 질문을 던지고 있는 것이다.[32]

이와 같은 문제의식을 자연의 재야생화rewilding 논의가 잘

---

29 Paul Robbins & Sarah A. Moore, "Ecological anxiety disorder: diagnosing the politics of the Anthropocene," *Cultural Geographies* 20(1), 2013, pp. 3~19.

30 같은 글.

31 Christine Biermann, "Securing forests from the scourge of chestnut blight: The biopolitics of nature and nation," *Geoforum* 75, 2016, pp. 210~19; Christine Biermann & Robert M. Anderson, "Conservation, biopolitics, and the governance of life and death," *Geography Compass* 11(10), 2017, e12329.

32 Crowley et al., 같은 글.

보여준다. 자연의 재야생화는 초기 인간의 개입을 통해 "야생의 공간"을 복원하거나 생물 종의 "야생성"을 복원하여 동식물의 역동적인 생태계를 조성하는 전략들을 통칭하여 의미한다.[33] 재야생화에는 멸종한 생물, 멸종 위기에 있는 생물, 상위포식자 등의 재도입이 수반되기도 한다. 따라서 이 과정은 외래생물의 도입과 관련된 생명 안보의 문제가 동반된다.

그럼에도 불구하고 재야생화의 문제와 외래종의 생명 안보 문제는 근본적인 존재론적, 인식론적 차이가 존재한다. 외래종의 생명 안보 문제는 정치적, 법적, 제도적 차원에서 고정된 형태의 관리 정책을 수행하고, 이동의 통제와 종의 제거를 기본으로 하는 공간적 수행을 바탕으로 한다. 이와 반대로 열린 생태학적 결과와 생명 정주 공간의 연결성facilitating connectivity을 강조하는 재야생화 과정은 외래종과 도입종, 정착종 사이의 인식론적, 실천적 긴장의 해체 가능성을 내포한다. 종에 대한 인식론적 긴장의 해체는 기존의 생명 안보에 대해 개념적, 정책적 대안의 가능성을 제안한다.[34] 즉 다른 생명의 도입을 통해 진행되는 재야생화와 생명 안보의 수행은 하나의 생명을 생태

---

33 Jamie Lorimer et al., "Rewilding: Science, Practice, and Politics," *Annual Review of Environment and Resources* 40, 2015, pp. 39~62; 최명애, 「재야생화 — 인류세의 자연보전을 위한 실험」, 『환경사회학연구 ECO』 25(1), 2021, pp. 213~55.

34 Timothy Hodgetts & Jamie Lorimer, "Rewilding and Invasion," Kezia Barker & Robert A. Francis(eds.), *Routledge Handbook of Biosecurity and Invasive Species*, Routledge, 2021, pp. 326~41.

계의 구성으로 바라보는 기능주의적 접근을 취할 것인지, 아니면 그들과 함께 살아갈 수밖에 없는 코스모폴리터니즘을 채택할 것인지 선택해야 하는 것이다.

　재야생화와 외래종에 대한 논의를 따르면, 제거와 보호의 이분법으로 생명체를 바라보던 기존의 생명 안보 문제를 극복할 수 있다. 즉 하나의 종이 갖는 존재론적 다중성을 이해함으로써 대안적인 생명 안보의 모습을 상상해낼 수 있다는 것이다. 하나의 종이 갖는 구체적인 행위성을 적극적으로 해석하고, 그 종이 점하고 있는 존재론적 다중성을 드러냄으로써 하나의 레짐으로 포착할 수 없는 생명의 정치성을 가시화한다. 예를 들어 유럽에 진입한 난민들이 보균한 리슈만편모충이라는 기생충이 가진 다중적 행위성에 주목하여 '하나의 유럽'이라는 인간 사회의 담론을 교란할 뿐만 아니라, 기후변화로 인해 이미 유럽 대륙에 자생하게 된 기생충이라는 비인간 생물의 다중적 물질성에 주목한 연구가 있다.[35] 또한 고래가 갖는 존재론적 다중성을 통해 새로운 공간들이 재생산되는 과정에 주목하여, 비인간 행위자들이 갖는 다양한 형태의 존재론적 지위와 인간을 포함한 다른 종 간의 정치적 과정을 드러내기도 한다.[36]

　생태보전과학이 형성해온 다양한 이분법적 접근은 외래

35　황진태·김민영·배예진·윤찬희·장아련, 「리슈만편모충은 어떻게 '하나의 유럽'에 균열을 가했는가?: '인간 너머의 위험경관'의 시각에서 바라본 코스모폴리타니즘의 한계」, 『대한지리학회지』 54(3), 2019, pp. 321~41.

생명에 대한 정책 구성과 대응 과정에서 통제와 제거에 초점을 맞추는 데 기여했다. 그러나 이 글에서 주목하는 인간 너머의 생명 안보 개념은, 생명에 대한 인간 주권의 행사와 인간 예외주의에 기반한 생명 정치의 작동을 넘어서고자 하는 것이다.[37] 이와 같은 관점은 비인간 생물의 물질성과 행위성 그리고 인간에게 표상되는 상징성의 작동을 하나의 경제적 가치 및 생물다양성의 훼손 혹은 회복의 서사로 바라보지 않는다.[38] 이를 위해서 이 글은 기존 인간 너머의 접근more-than-human approach 중 국민국가의 주권성과 영토화 전략 속에 배태된 '종간 정치'의 맥락에서 외래종의 문제를 설정하고자 한다.[39] 이런 문제의식이 새로운 접근 방식이라기보다는 국민국가의 영토 내 생명 안보의 작동과 이를 넘어서는 비인간 행위자들의 행위성과 존재

---

36   Myung Ae Choi, "The whale multiple: Spatial formations of whale tourism in Jangsaengpo, South Korea," *Environment and Planning A: Economy and Space* 49(11), 2017, pp. 2536~57.

37   Juliet J. Fall, "What is an Invasive Alien Species?: Discord, Dissent and Denialism," *Routledge Handbook of Biosecurity and Invasive Species*, pp. 40~54.

38   Daniel Simberloff, "Biological invasions: What's worth fighting and what can be won?," *Ecological Engineering* 65, 2014, pp. 112~21.

39   Rafi Youatt, "Interspecies Relations, International Relations: Rethinking Anthropocentric Politics," *Millennium* 43(1), 2014, pp. 207~23; Steve Hinchliffe, "More than one world, more than one health: re-configuring interspecies health," *Social Science & Medicine* 129, 2015, pp. 28~35; Jonathan Everts & Karl Benediktsson, "Pangaea's return: towards an ontology of invasive life," *Geografiska Annaler: Series B, Human Geography* 97(2), 2015, pp. 131~38.

론적 다중성에 주목한다는 점에서 생명 안보의 개념을 확장할 수 있다.

이 글은 국민국가의 주권 권력이 작동하는 종간 정치의 맥락에서 외래종 생명에 대한 생명 안보 수행들을 비판적으로 검토하고자 한다. 종간 정치 속에는 인간-비인간, 비인간-비인간, 인간-인간의 경합이 드러난다. 생명 안보를 통해서 비인간 외래종을 제거하려는 인간과 이런 인간의 전략들을 넘어서는 비인간 행위자들의 행위성, 그리고 해당 비인간이 관계 맺고 있는 다른 비인간들과의 관계성뿐만 아니라 인간 사회 이해관계자들의 경합 과정을 포함한다. 종간 정치는 인간의 의도성을 넘어서는 비인간들의 행위성과 더불어 비인간들 간의 관계성에도 주목한다. 즉 어떤 형태의 관계들을 어떤 비인간과 맺고 있는지, 기생·공생·경쟁·섭식 관계인지, 또는 서로 어떤 물질적·상징적 차이와 공통점을 바탕으로 인간들의 사회와 정치에 개입하고 있는지, 혹은 같은 종이라 해도 서로 다른 시공간적 경험을 통해 어떤 차이를 만들어내는지를 분석하는 것을 목표로 한다. 즉 종간 관계interspecies relation를 단순히 공존/제거, 훼손/회복, 협력/착취의 이분법으로 바라보는 것을 넘어서 인간을 포함한 다양한 종간의 얽힘 문제를 역사적, 정치적, 사회적으로 풀어내는 것이 종간 정치의 분석 대상이 된다.

국민국가의 영토화 전략은 끊임없이 다양한 경계를 형성하고, 이를 바탕으로 생물 종에 대한 영역화 및 정체성 부여의 정치를 수행한다. 이 과정은 생명에 대한 물질적 개입 혹은 언어적, 상징적 권력을 동반한다.[40] 이때 국가가 수행하는 생명 안보의 정치는, 지경학·지정학적 맥락 속에서 종들의 경계를 결정하고, 어떤 생명이 국민국가의 영역에 포함되거나 배제될지를 결정하는 것이다.[41] 이는 국가 안보national security 개념에 종간 정치의 작동 방식이 내재한다는 것을 의미한다. 오늘날 근대국가는 근본적으로 생명을 분류하고 구분하며, '살아가게 하는 권력make life live'으로 작동한다. 이는 생명을 '보호적 개념'으로 바라보는 국가의 안보 수행을 넘어서, '생산적 개념'으로 생명을 바라보는 안보 수행으로 볼 수 있다. 결국 생명 안보는 멸종 위기 종과 같이 '지켜야 할 것object to be secured'과, 외래종이나 감염병 같은 '위협적인 것들threat to security'의 구분이 포함된 개념이다.[42] 그러나 비인간 행위자들은 그들의 다중적 관계성을

---

40   Rafi Youatt, *Interspecies Politics: Nature, Borders, States*, University of Michigan Press, 2020.

41   Eben Kirksey, "Living with Parasites in Palo Verde National Park," *Environmental Humanities* 1(1), 2012, pp. 23~55; Christine Biermann & Becky Mansfield, "Biodiversity, Purity, and Death: Conservation Biology as Biopolitics," *Environment and Planning D: Society and Space* 32(2), 2014, pp. 257~73; Krithika Srinivasan, "Caring for the collective: Biopower and agential subjectification in wildlife conservation," *Environment and Planning D*. 32(3), 2014, pp. 501~17.

42   Youatt, 같은 책; Rafi Youatt, *Counting Species: Biodiversity in Global Environmental Politics*, University of Minnesota Press, 2015.

통해서 언제나 국민국가가 설정한 영역적 경계들을 넘어서고 교란한다.[43] 대표적으로 아프리카돼지열병이라는 위험한 물질이 국민국가의 영토에 진입하지 못하도록 설치한 국가 방역망과 재영토화 전략들은 아프리카돼지열병 바이러스가 갖는 다종적인 관계들에 의해 쉽게 무너졌다. 이는 국가가 수행하는 방역망, 영역화 전략을 넘나들 수 있는 비인간 행위자들의 행위성을 드러내는 '인간 너머의 영토성'을 보여준다.[44]

　이 글은 인간 너머 영토성 개념의 연장선에서 국가의 영역화 전략과 더불어 무엇이 국가의 생명 안보 대상이 되는지, 또 어떤 방식으로 통제되고 관리되는지를 인간 너머의 생명 안보 개념을 통해 드러내고자 한다. 이를 위해서 우선 어떤 생명이 어떤 과학적 근거에 기반하여 국가의 생명 안보 대상이 되는지 검토한다. 생명 안보의 대상이 된 비인간 행위자들이 가지고 있는 존재론적 다중성을 드러냄으로써 국가가 예상하고, 계획하고, 수행하고자 했던 생명 안보의 수행 전략을 교란할 수 있는 인간 너머의 생명 안보 개념을 제안하고자 한다. 특히 국가

43　Michael Woods, "Representing Animals in the Hunting Debate," Chris Philo & Chris Wilbert(eds.), *Animal Spaces, Beastly Places: New Geographies of Human-animal Relations*, Routledge, 2000, pp. 182~202; Lisa M. Campbell & Matthew H. Godfrey, "Geo-political genetics: Claiming the commons through species mapping," *Geoforum* 41(6), 2010, pp. 897~907.

44　김준수, 「돼지 전쟁—아프리카돼지열병African swine fever을 통해 바라본 인간 너머의 영토성」, 『문화역사지리』 31(3), 2019, pp. 41~60.

영역이 '종species'을 하나의 단위로 설정하고 수행하는 생명 안보 전략들은 각 생명 '개체individual' 혹은 해당 비인간들이 위치한 서로 다른 존재론적 상황들이 발휘하는 물질성과 상징성을 구분하고 포착할 수 없다는 한계가 있다. 각 개체가 위치한 서로 다른 시공간적 맥락성은 그 대지적 경계terrestrial boundaries에 따라 각기 다른 물질성과 상징성 그리고 행위성을 발휘한다.[45] 외래 생명이 살아갈 수 있는 환경적 조건들(기온, 수온, 먹이 섭식 활동, 거주 등), 다른 종과의 공생적 혹은 적대적 관계 맺기, 그리고 생명 자체가 수행하는 생태학적 역할과 기능은 인간의 정치경제학적 맥락과 연결되며, 종 단위로 펼쳐지는 생명 안보의 수행으로는 포착할 수 없는 새로운 형태의 특성들이 나타난다.

이는 그 생명이 위치한 대지적 조건에 따라 다르게 구성된다.[46] 예를 들어 쿠바에 서식하는 '후티아Hutias'라는 설치류의 경우, 쿠바 북부에서는 식량 및 활용 가능한 자원으로 사용되

---

45 Nigel Clark & Bronislaw Szerszynski, *Planetary Social Thought: The Anthropocene Challenge to the Social Sciences*, Polity, 2020; Paul Robbins, "Comparing invasive networks: cultural and political biographies of invasive species," *Geographical Review* 94(2), 2004, pp. 139~56.

46 Simon Dalby, *Anthropocene Geopolitics: Globalization, Security, Sustainability*, University of Ottawa Press, 2020; Thomas K. Park & James B. Greenberg(eds.), *Terrestrial Transformations: A Political Ecology Approach to Society and Nature*, Lexington Books, 2022.

다가 보호 종이 되지만, 미군 부대가 위치한 쿠바 남부 관타나모만에서는 관광 상품 혹은 수감된 죄수들보다 지위가 높은 생명이자 제거해야 할 유해 동물이 되는 서로 다른 역사성을 가지게 된다.[47] 이처럼 생명 안보의 종간 정치에는 각 개체가 수행하는 서로 다른 맥락과 대지적 조건이 중요하게 작동하고 있으며, 이는 종을 하나의 전체로 바라볼 때 놓칠 수밖에 없는 인간중심주의적 생명 안보의 취약성을 강화한다.

한국도 생태보전과학에 기반해 '종'을 단위로 하여 생태민족주의ecological nationalism에 기반한 외래종의 생명 안보 전략들을 수행하고 있다.[48] 따라서 다음 장에서는 구체적인 한국의 생명 안보 수행 전략들을 검토한다. 이어서 본격적으로 이 글의 연구 대상인 붉은가재의 물질적·상징적 특성을 검토하고, 어떤 생태보전과학 지식 속에서 외래종으로 자리 잡았는지 분석한다. 그 이후에는 붉은가재의 종 경계를 넘어서 일어나는 다종적 관계성을 밝히고, 같은 학명으로 존재하는 다른 맥락의 붉은가재들과 똑같은 생명 안보의 대상이 된 하이브리드 종들이 직면한 존재론의 정치를 분석한다.

---

47   Youatt, "Interspecies Politics: Nature, Borders, States."

48   Gowoon Noh, 「Ecological Nationalism and the Demonization of "Invasive" Animal Species in Contemporary South Korea」, 『비교문화연구』 25(1), 2019, pp. 137~74.

김준수

3. 한국의 외래생물 관리 과학과 생명 안보의 수행

이 장에서는 한국의 외래생물 유입과 관련된 생명 안보의 수행 과정들을 검토한다. 외래생물 유입과 관련된 제도 및 법적 근거, 그리고 이를 수행하는 기관들을 살펴보고, 이어서 그들이 제시하는 생물 위해성 평가 기준을 분석한다. 이를 통해서 한국에서 작동하고 있는 외래생물에 대한 생명 안보 전략과 실행이 실제로 어떤 방식으로, 또 어떤 과학적, 제도적 근거를 바탕으로 진행되고 있는지 비판적으로 살펴본다. 코로나19 이후 인수공통감염병에 대한 대응 및 야생동물과의 접촉이 사회적·정치적·제도적으로 많은 관심을 받으며 새로운 국가기관이 신설되고, 관련 법률과 외래생물 위해성에 대한 새로운 생명 안보 전략들이 수립되었다. 따라서 이 장에서는 한국의 외래종 관리에 대한 생명 안보 수행 전략들이 어떤 방식으로 구성됐는지 포괄적으로 검토한다. 이를 통해 2019년 수립된 '제2차 외래생물 관리 계획(2019~2023)'에 기반하여, 2020년 생태계 교란 생물로 지정된 붉은가재에 대한 생명 안보 수행 과정을 분석한다.

1990년대 후반부터 한국에서 본격적으로 시작된 외래생물 목록화 및 관리, 제거 사업들은 2012년 시행된 '야생동·식물보호법'을 통해 오늘날 생명 안보의 법적 근거를 구성하고 있다. 특히 '야생동·식물보호법' 제4조의2(생태계 위해성 평가 기준 및 방법 등)와 제5조(실태조사) 항목은 국립환경과학원장을 필두로 유해 야생동물의 위해성을 매년 종별 서식지 및 서식 현황, 생태적 특성, 주요 위해 요인 등의 항목을 두어 평가하도록 규정하고 있다.[49] 이와 더불어 '자연환경보전법'과 '생물다양성 보전 및 이용에 관한 법률'에서도 생태계에 해를 가할 수 있는 외래 동식물의 도입을 금지하고 제거하도록 규정하고 있다. 한편 코로나19 확산 이후 2020년 9월에는 개정된 야생생물법이 발효되었다. 이 법안은 코로나19 이후 개인의 야생생물 거래 금지와 강화된 동물 사육 조건 및 기존의 야생생물에 대한 포괄적인 정의를 골자로 한다.[50] 이와 같은 법적 근거를 바탕으로 외래 생명의 위해성을 평가하고, 방제 및 예찰, 제거 사업을 진행한다. 환경부 예하 국립생태원, 농식품부 예하 농림축산검역본부, 농촌진흥청, 해양수산부 예하 수산물품질관리원 등이 외래종의 유입에 대한 예찰 활동과 제거 사업을 실질적으로 집행하고 있다.

---

49   환경부, 환경부령 제457호, 야생생물법 시행규칙, 2012.

50   이 법안의 이해 당사자들(동물 분양 산업, 브리더, 취미 생활자, 유사 동물원 등)을 상대로 공청회가 2021년 2월 5일 국회에서 진행되었다. 이 법안은 기존의 '반려동물'로 규정된 개와 고양이 이외에 파충류, 갑각류 등 개인 사육이 많이 이뤄지고 있는 동물들을 '야생동물'의 범주에 포함시키면서 논란이 되었다. 특히 야생동물로 규정된 동물들의 수출입을 기존의 블랙리스트(수입 및 사육 불가능 종 규정) 관리 방식에서 화이트리스트(수입 및 사육 가능 종을 규정) 방식으로 변경하면서 새로운 아종 개발, 브리딩 산업 위축 등의 논란을 불러일으켰다. 이와 더불어 이미 사육하고 있던 동물이 야생동물로 규정되면서, 기존 사육 개체들의 폐기 처분이 이뤄지고 있다.

보다 구체적으로 현재 실행되고 있는 외래종 위해성 평가 과정은 2019년 환경부가 새로 수립한 '제2차 외래생물 관리 계획(2019~2023)'을 통해 살펴볼 수 있다. 외래생물 관리 계획에서 규정하는 위해성 평가 항목은 크게 세 가지 정도로 구분된다. 첫째는 침입성(9점 만점)이다. 침입성은 다시 유입 가능성(3점), 정착 가능성(3점), 확산 가능성(3점)으로 분화되고, 각 세부 항목의 평균 점수를 침입성의 척도로 삼는다.[51] 둘째는 생태적·사회적 영향 평가(3점)인데, 이는 생태계 및 인간 인체 그리고 사회에 미치는 영향을 기준으로 삼는다.[52] 이 두 가지 항목을 곱해 '종합 위해성 점수'(9점 만점)를 매긴다. 그러나 흥미로운 점은 셋째 평가 항목인 '경제적 가치' 평가이다(3점 만점). 경제적 가치는 종합 위해성 점수에 포함하지 않으며, 최종적으로 '생태계 위해 우려 생물' 지정 여부를 결정할 때 점수화하여 반영한다.[53] 즉 현재 생태계 위해 우려 생물 판단의 최종 심급은

---

51   유입 가능성은 구체적으로 생물이 의도적, 비의도적으로 국내에 유입될 가능성을 지칭한다. 이는 수입되거나 반입될 가능성, 운송 수단 및 화물 등에 부착해 유입될 가능성을 포함한다. 정착 가능성은 국외 생물의 분포 기후와 국내 기후 및 서식 환경의 유사성을 파악하여 평가한다. 이때 기후 적합성, 서식지 비생물 환경에 대한 내성, 생육, 번식에 필요한 먹이, 수분 매개자, 산포 매개자, 기주 생물 등의 적합성을 바탕으로 평가한다. 확산 가능성의 경우 외래종의 생물학적, 생태학적 특성(번식력, 분산 능력)과 인간에 의한 분포 확대 가능성을 평가한다(환경부, 「제2차 외래생물 관리계획(2019-2023)」, 2019).

52   이 항목에는 생물 위해성의 특징들과 더불어 농·축·수산업에 대한 영향, 인체 건강에 주는 영향, 방제 난이도 및 비용이 기준이 된다.

이 생물의 경제적 가치에 있다.

외래종의 위해성 판정 심사를 통해서 궁극적으로 1등급에서 3등급에 이르는 위해성 평가 결과 지표를 산출한다. 종합 위해성 점수가 5점 이상인 경우 1등급으로 판정되며, 경제적 가치 점수가 1~2점인 경우 생태계 교란 생물로 지정되고 3점인 경우 생태계 위해 우려 생물로 지정된다. 즉 위해성이 높은 생물도 경제적 가치가 높으면 교란 생물이 아니라 위해 우려 생물로 지정되어 생물의 계속적인 자원화 가능성을 위한 법적, 제도적 근거로 활용된다. 종합 위해성 점수가 2.5점 이상, 5점 미만의 경우에는 위해성 2등급 생물로 판정된다. 위해성 2등급 생물 종 중에서도 특정 생물 종[54]이나 특정 장소에서 발생한 경우, 특히 국립공원이나 생태 보호구역과 같이 국가 지정 생명 보호구역에 등장한 외래종은 곧장 생태계 위해 우려 생물로 지정된다. 이 외에 다른 위해성 2등급 생물 종은 '관리 비대상'으로 지정된다. 위해성 평가 3등급 생물의 경우는 '관리 비대상' 종으로 지정되어 별도의 규제를 받지 않는다.[55] 이와 같은 제도적 기준을 바탕으로 현재는 국립생태원을 거점으로 외래생

---

53   환경부, 같은 글, p. 47.

54   여기서 특정 생물 종을 규정할 때는 그 생물의 초식, 포식, 기생, 독성 및 타감 작용 여부, 경쟁 관계 영향, 병충해 전파 가능성, 교잡 가능성 등이 포함되며, 특히 주요 생물 다양성 보호구역의 경우 하나의 항목이라도 3점이 나온 경우는 무조건 포함된다.

55   환경부, 같은 글, p. 49.

물에 대한 다양한 예찰, 제거 활동을 수행하고 있다. 특히 1986년부터 5년 주기로 계속하고 있는 전국 자연환경 조사와 2007년부터 4년 주기로 시행하는 전국 외래생물 실태 조사, 1년 단위로 시행되는 주요 외래생물 정밀 조사 등을 통해 주기적으로 전국의 외래생물에 대한 예찰 활동과 제거 사업을 진행하고 있다.

생태보전과학 지식은 외래생물의 발견과 동정 그리고 위해성 평가 과정으로 이어지는 생명 안보 활동에 동원된다. 따라서 국내 유입 미확인 종의 유전학적 종명 판별과 형태학적인 동정에 필요한 과학적 도구 개발이 생명 안보 수행에 핵심적인 과제로 제기되어왔다. 이에 따라 '제2차 외래생물 관리 계획'에서는 외래생물 동정을 위해 유전자 정보를 현장에서 확인할 수 있는 활용 도구 개발에 집중하고 있다. 특히 '제2차 외래생물 관리 계획'에는 외래생물의 다양한 아종 및 근연종, 유사종의 분화를 포착하고 원생 지역을 파악하기 위해서 생물의 초위성체microsatellite loci 분석과 단일 핵산염기 다형 현상single nucleotide polymorphism 분석을 도입하기로 했다.[56] 이와 더불어 이번 외래종 관리 계획에서는 유입 주의 종의 유전자 마커 개발, 유전자

---

56 초위성체 분석은 유전체 내 짧은 염기 서열이 반복되는 부분을 분석하는데, 이 부분은 돌연변이 확률이 높아 생물 종 개체 식별과 원생지 판별에 활용된다. 단일 핵산염기 다형 현상 분석은 생물 간 단일 염기 서열 차이에 따라 다르게 나타나는 유전적 변이를 분석하여 종 판별과 원생지 판별에 활용된다.

키트 및 DNA칩 개발을 통해서 외래종의 빠른 동정을 위한 도구 개발에 집중한다.[57]

　이처럼 현재 한국에서 수행되고 있는 외래종에 대한 생명 안보 전략들은 인간 너머의 생명 안보를 이론화하는 데 몇 가지 함의를 가지고 있다. 우선 외래 유입 생물 종의 동정에서 동원되는 과학적 도구들은 생명 정치의 분자화 과정과 맞닿아 있다. 니컬러스 로즈Nikolas Rose가 지적한 인간 생명의 분자화 과정은 새로운 형태의 신체적somatic이고 생물학적이며 민족정치적인ethopolitical 위험의 개인화를 불러온다고 지적했다.[58] 같은 맥락에서 한 생명에 대한 유전적, 분자적 접근은 그 생명의 기원과 정체성을 분자 단위에서 드러냄으로써 주권 권력의 개입 가능성을 확장하고 생물학적 특성에 기반한 생명 정치로서의 생명 안보 작동을 불러온다.[59] 마찬가지로 새롭게 수립된 한국의 '제2차 외래생물 관리 계획' 또한 외래생물의 지리적 기원 및 원생지에 대한 유전학적 분석을 통해서 국민국가 영토 내에 위치한 외래생물 종 '제거'라는 주권 권력의 확장에 기여하고 있다. 또한 유입 주의 종의 유전정보를 미리 확보함으로써 국

57　환경부, 같은 글, p. 43.

58　Nikolas Rose, "The Politics of Life Itself," *Theory, Culture & Society* 18(6), 2001, pp. 1~30; Carlos Novas & Nikolas Rose, "Genetic risk and the birth of the somatic individual," *Economy and Society* 29(4), 2000, pp. 485~513.

59　Braun, "Biopolitics and the molecularization of life."

가 영토 내에 진입할 수 있는 잠재적인 위험 요소를 사전 검열하는 생명 안보 정치를 수행하고 있다.

이 과정에서 작동하는 생명 안보의 과학적 수행은 앞서 검토한 생태보전과학에 기반한다. 특히 외래생물의 물질적, 생태적 특성을 '위해성 평가' 도구를 활용해 위해성으로 점수화하여 표준화된 형태로 지표화하고, 위해성 없는 생물의 경우 '미관리 대상'으로 평가하여 '살아가도록 두는' 생명 안보의 정치가 작동한다. 또한 국가 영역에서 작동하는 외래생물에 대한 생명 안보 전략들은 '종'을 하나의 단위로 평가하고 제거한다. 앞서 살펴본 한국의 개정된 야생생물법은 각 생물 개체들이 위치한 맥락이나 과정process에 대한 고려 없이 모두 하나의 종으로 인식하고, 법적·제도적 규제를 일괄 적용한다. 이와 같은 생명 종에 대한 단일화된 국가권력의 작동은 기존에 개인에 의해 사육되고 함께 살아가고 있는 개체들, 즉 전혀 다른 맥락 속에서 살아가고 있는 개별 개체들 역시 모두 동일한 야생동물로 규정되어 폐기 처분 대상이 되기도 한다.

이와 같은 생명 안보의 작동 방식은 국민국가의 영토화 전략에서도 드러난다. 외래생물 위해성 평가 항목의 구체적인 작동 방식을 살펴보면, 국립공원, 국가 생물권 보전 지역, 습지보호구역, 산림유전자원 보호구역과 같이 생물학적, 생태학적으로 국가가 직접 개입하는 '국가 집중 보호구역'에서 국내 유입 미확인 종은 위해성 평가 2등급을 받더라도 곧장 생태계 위해 우려 생물로 지정된다. 반대로 위해성 평가 1등급으로 평가되어도 최종 심급에 경제적 가치 평가가 높게 나온다면, 생태계 교란 생물이 아닌 생태계 위해 우려 생물로 지정된다. 이처럼 국가 영역의 '생태학적 예외 공간ecological space of exception'[60]에서는 인간에게 경제적 가치라는 효용이 있는지 여부에 따라 다른 형태의 생명 안보 규제가 작동한다. 그뿐 아니라 각기 다른 주기로 진행하는 외래 생명에 대한 전국적인 실태 조사와 예찰 과정을 국가가 끊임없이 자신의 생명 주권을 확인하고 점검하는 재영토화reterritorialization로 볼 수 있다. 이는 기존에 국가 영역에 의해 포섭되거나 확인되지 않은 외래생물의 영토 내 등장 가능성에 대한 신분 확인 과정이다. 이를 통해 생명이 제거될 대상일지, 지켜야 할 대상인지 검증을 반복한다. 한국의 외래 생명에 대한 생명 안보의 수행 과정은 생태보전과학에 기반한 위해성 평가에 집중하고, 생명을 하나의 종 단위로 바라보면서 각 개체가 서로 다르게 경험하고 있는 역사성, 물질성, 상징성을 비가시화한다. 이런 생명 안보의 작동은 외래종이 생태적 다양성에 기여할 가능성, 같은 종 내 다른 개체들과의 존재

---

60 국가 영역에서 작동시키는 생태학적 예외 공간에는 국립공원, 습지 보호구역같이 생태계 보전을 위한 구역도 존재하지만, 반대로 감염병과 외래종 확산 방지를 목적으로 설정한 격리 구역, 검역소 그리고 방역망과 같이 생명 안보의 작동을 위해 국가의 특별 조치가 포함된 공간도 존재한다[김준수, 「돼지 전쟁─아프리카돼지열병African swine fever을 통해 바라본 인간 너머의 영토성」, 『문화역사지리』 31(3), 2019, pp. 41~60].

론적 차이 등을 간과하게 만든다.

다음 장에서는 한국에서 생태계 교란 생물로 지정된 34종의 생물 중 '제2차 외래생물 관리 계획'의 적용을 받아 2020년 생태계 교란 생물로 지정된 '붉은가재'의 사례를 검토한다. 이를 통해서 한국에서 작동하고 있는 생명 안보가 종간 정치를 통해서 어떤 방식으로 재구성될 수 있을지 분석한다. 이를 위해서 다음 장에서는 붉은가재의 물질적 특성을 검토하고, 이들을 둘러싼 생태보전과학 지식의 생산과 작동 방식을 분석한다. 그리고 같은 종 내 다른 개체들이 처한 존재론적 지위를 검토하고, 같은 생명 안보를 적용받지만 다른 결과에 놓인 다른 종들과의 관계성을 살펴본다. 이를 통해서 단순히 하나의 외래종으로서의 존재론으로는 포착되지 않는 그들의 다른 역사성에 주목한다.

4. 대지의 행위자 붉은가재와 인간 너머의
   생명 안보

이 장에서는 2020년 한국에서 생태계 교란 생물로 지정된 붉은가재의 물질적 특성과 이를 둘러싼 생태보전과학 지식의 작동 방식을 검토한다. 붉은가재는 십각목Decapoda 가잿과 Cambaridae에 속하며, 자연 수명이 2~5년 정도이고, 한 번에 최대 500여 개의 알을 포란하여 번식하는 것으로 알려져 있다.[61] 붉은가재는 IUCN에 의해 세계 100대 악성 외래 침입 생물로 규정되고 있으며, 현재는 한국의 '야생'에서 발견되고 호남, 충청 지방을 중심으로 빠르게 확산하고 있다.

이에 따라 국가 영역은 이들을 제거하는 생명 안보 정치를 수행하고 있다. 인간 너머의 생명 안보 작동을 종간 정치의 맥락에서 이해하기 위해서 붉은가재가 기존에 맺고 있던 다층적인 물질적, 상징적 구성을 함께 검토할 필요가 있다. 붉은가재는 관상용 가재로 끊임없이 개량되고 민간 영역에 확산되었을 뿐만 아니라 식재료로도 쓰였다. 그러나 지금은 국가의 종 단위 생명 안보 작동으로 인해 '생태계 교란 생물'로 규정되었으며, 유통·사육·이동 등이 전면 규제되는 폐기 처분의 과정을 겪고 있다.

이 장에서는 우선 붉은가재의 다양한 물질적 특성을 생태 보전과학의 맥락에서 이해하고, 실제 한국의 생명 안보 전략에서 어떤 존재론적 지위를 점하고 있는지 검토한다. 이를 통해서 종을 하나의 단위로 바라보는 생명 안보의 작동으로는 포착될 수 없는 붉은가재의 역사성과 물질성을 가시화하여, 인간 너머의 생명 안보 작동의 재구성 가능성을 시사하고자 한다.

---

61 Luca Peruzza et al., "Reproductive plasticity of a *Procambarus clarkii* population living 10℃ below its thermal optimum," *Aquatic Invasions* 10(2), 2015, pp. 199~208.

땅 위의 붉은가재

—침입성, 외래종, 파괴자의 물질성과 생명 안보의 작동

붉은가재는 높은 번식률과 넓은 생존 범위, 빠른 이동 가능성 때문에 세계적으로 주의해야 할 외래 침입 종으로 알려져 왔다.[62] 미국 루이지애나주에 자생하던 붉은가재는 1973년 처음 스페인에 양식 목적으로 도입되었다가 유럽 전역으로 확산했다.[63] 또한 붉은가재는 외관의 화려한 색감 때문에 일찍이 관상용 혹은 취미 생활의 대상으로도 활용되어왔다.[64] 이처럼 인간의 활용 목적으로 유럽에 도입된 붉은가재는 유럽의 민물 생태계로 빈번히 유출되다가, 결국엔 유럽 전역으로 확산되어 2014년 유럽연합 외래생물 규제 법안에 의해 악성 외래종으로 규정되었다.[65] 유럽 민물 생태계에 정착한 붉은가재는 높은 염

62   David M. Lodge, Andrew Deines, Francesca Gherardi et al., "Global Introductions of Crayfishes: Evaluating the Impact of Species Invasions on Ecosystem Services," *Annual Review of Ecology, Evolution and Systematics* 43, 2012, pp. 449~72.

63   Catherine Souty-Grosset et al., "The red swamp crayfish *Procambarus clarkii* in Europe: Impacts on aquatic ecosystems and human well-being," *Limnologica* 58, 2016, pp. 78~93.

64   Giuseppe Mazza, Elena Tricarico, Piero Genovesi & Francesca Gherardi, "Biological invaders are threats to human health: an overview," *Ethology Ecology & Evolution* 26, 2015, pp. 112~29.

65   EU, "EU Regulation 1143/2014," 2014.

분 적응도,[66] 제방에 굴을 파서 서식지를 만드는 습성burrowing,[67] 잡식성 포식으로 인한 먹이 경쟁 및 쌀 경작지 훼손,[68] 제방 측면에 굴을 파는 습성으로 인한 수질의 부영양화eutrophication 및 퇴적층의 변화 초래,[69] 갑각류 곰팡이 균 전파 가능성[70] 등을 이유로 악성 외래종으로 규정되었다.

특히 굴을 파고 생활하는 붉은가재의 습성은 서식지를 만드는 행위이자 주변 환경의 악조건을 극복하기 위한 수단으로 알려졌다.[71] 굴을 파고 생활하는 습성은 유럽의 생태보전과학

---

66   Massimiliano Scalici, Stefania Chiesa, Stefano Scuderi, Deborah Celauro & Giancarlo Gibertini, "Population structure and dynamics of *Procambarus clarkii*(Girard, 1852) in a Mediterranean brackish wetland(Central Italy)," *Biological Invasions* 12, 2010, pp. 1415~25.

67   Mazza et al., 같은 글; Phillip J. Haubrock, Alberto F. Inghilesi, Giuseppe Mazza, Michele Bendoni, Luca Solari & Elena Tricarico, "Burrowing activity of *Procambarus clarkii* on levees: analysing behaviour and burrow structure," *Wetlands Ecology and Management* 27(4), 2019, pp. 497~511.

68   Ricardo Oliveira Ramalho & Pedro Manuel Anastácio, "Factors inducing overland movement of invasive crayfish(*Procambarus clarkii*) in a ricefield habitat," *Hydrobiologia* 746(1), 2015, pp. 135~46.

69   David G. Angeler, Salvador Sánchez-Carrillo, Gregorio García & Miguel Alvarez-Cobelas, "The influence of *Procambarus clarkii*(Cambaridae, Decapoda) on water quality and sediment characteristics in a Spanish floodplain wetland," *Hydrobiologia* 464, 2001, pp. 89~98.

70   Silvia Barbaresi & Francesca Gherardi, "The Invasion of the Alien Crayfish *Procambarus clarkii* in Europe, with Particular Reference to Italy," *Biological Invasions* 2(1), 2000, pp. 259~64.

71   Francesca Gherardi, Silvia Barbaresi & Gabriele Salvi, "Spatial and temporal patterns in the movement of *Procambarus clarkii*, an invasive crayfish," *Aquatic*

자들에 의해 집중적으로 조명되었는데, 이는 원래 자생지에서는 보이지 않던 생태학적 습성이 새로운 정착지에서 생겨났기 때문이다.[72] 외래종으로서 붉은가재의 생태학적 특성을 연구하던 생태보전과학자들은 붉은가재의 굴 파기 습성에 주목했다. 심지어 2014년 1월 이탈리아 북부 세키아강Secchia river의 제방이 붕괴되며 일어난 대홍수 사태의 주된 원인으로 붉은가재의 굴 파기 습성이 지목되었다.[73] 이에 따라서 붉은가재의 굴 파기 습성이 대지에 미치는 구조적 영향에 대한 다양한 모형실험과 과학 지식이 축적되고 있다.[74] 이와 같은 생태보전과학의 지식은 붉은가재가 악성 외래종으로 규정되는 데 결정적인 역할을 한다.

토양의 성분과 인공 구조물을 변형할 수 있는 붉은가재의 물질적 특성들은, 생태보전과학자의 관점에서는 인간에게 해

Sciences 62(2), 2000, pp. 179~93.

72 Antonín Kouba, Jan Tikal, Petr Císař et al., "The significance of droughts for hyporheic dwellers: evidence from freshwater crayfish," Scientific Reports 6, 2016, 26569; Rui-Zhang Guan, "Burrowing behaviour of signal crayfish, Pacifastacus leniusculus(Dana), in the River Great Ouse, England," Freshwater Forum 4(3), 1994, pp. 155~68; Haubrock et al., 같은 글.

73 Haubrock et al., 같은 글.

74 Stefano Orlandini, Giovanni Moretti & John D. Albertson, "Evidence of an emerging levee failure mechanism causing disastrous floods in Italy," Water Resources Research 51(10), 2015, pp. 7995~8011; Haubrock et al., 같은 글; David M. Lodge et al., 같은 글.

《그림 3-1》 붉은가재의 굴 파기 습성에 대한 모형 실험.
출처: Haubrock et al., 같은 글.

를 끼치는 것으로만 인지되어왔다. 특히 붉은가재가 불러온 홍수와 강의 부영양화는 인간의 거주, 상업 활동에 해가 되는 물질성으로 이해되었고, 따라서 붉은가재를 악성 외래종으로 정의되도록 했다.

그러나 붉은가재의 다양한 생태학적 지위를 단순히 토양을 훼손하거나 인간의 산업에 해를 가하는 존재로만 바라볼 순 없다. 특히 1920년대 중국으로 유입된 붉은가재는 1970년대부터 대규모 양식 산업을 활성화했다. 현재는 중국 후베이성 내수면 양식어업의 약 50퍼센트를 붉은가재가 담당하고 있다.[75] 중국 후베이성과 충칭시의 경계에 위치한 양쯔강 유역에서는 붉은가재의 물질적 특성을 활용하여 벼농사와 붉은가재 양식

---

75   Jian-Fang Gui, Qisheng Tang, Zhongjie Li, Jiashou Liu & Sena S. De Silva(eds.),
      Aquaculture in China: Success Stories and Modern Trends, Wiley Blackwell,
      2018.

을 겸할 수 있는 독특한 내수면 양식법을 발전시키기도 했다.[76] 이는 붉은가재가 유발하는 물질적 특성과 인간이 맺고 있는 관계성을 단순히 훼손과 파괴의 서사로만 바라볼 수 없는 한계를 드러낸다.

이와 더불어 붉은가재의 생물학적 특성 중 이른바 '가재 페스트crayfish plague'로 알려진 병원성 질병의 전파 가능성도 생태보전과학자들을 중심으로 논의되고 있다. 가재 페스트는 다양한 유전 형태를 지닌 아파노미케스 아스타키*Aphanomyces astaci*라는 물곰팡이 균에 의해 갑각류 사이에서 전파되는 것으로 알려졌다. 이 물곰팡이 균 역시 그 자체로 IUCN의 '100대 악성 외래 침입 종'으로 규정되어 있다. 특히 1890년대부터 붉은가재, 미국가재*Orconectes limosus*,[77] 시그널가재*Pacifastacus leniusculus* 등이 북미 대륙에서 유럽으로 넘어가면서 전통적으로 양식을 통해서 식재료로 활용되던 유럽민물가재*Astacus astacus*에게 가재 페스트를 전파하는 것으로 알려져 있다.[78] 아파노미케스 아스타

---

76 Qidong Wang, Huaiyu Ding, Zhonghu Tao & Dawen Ma, "Crayfish(*Procambarus clarkii*) Cultivation in China: A Decade of Unprecedented Development," *Aquaculture in China*,Wiley, 2018, pp. 363~77.

77 한국에서는 붉은가재를 미국가재로 부르기도 하지만, 대중적으로 미국가재로 불리고 있는 생물은 Red swamp crayfish(*Procambarus clarkii*)와 Spiny-cheek crayfish (*Orconectes limosus*) 두 가지다. 이 중 한국에서 최근 생태계 교란 생물로 지정된 종은 *Procambarus clarkii* 이다.

78 Satu Viljamaa-Dirks, *Epidemiology of Crayfish Plague*, Evira, 2016.

키는 붉은가재를 숙주로 다른 갑각류에게 옮아간다.[79] 북미 대륙 자생 가재의 경우 아파노미케스 아스타키 균에 내성을 가지고 있지만, 유럽 대륙 자생 갑각류의 경우 이 물곰팡이 균 감염에 취약하다는 보고가 있다.[80] 그뿐 아니라 이 물곰팡이 균은 생물과 생물 사이는 물론이고 곰팡이 균과 접촉한 낚시 장비나 배, 통발을 통해서, 심지어 물의 흐름을 따라서도 쉽게 감염 전파될 수 있는 것으로 드러났다.[81] 그러나 붉은가재를 포함한 다른 북미 대륙 자생 갑각류들 역시 아파노미케스 아스타키를 비롯한 다른 물곰팡이성 질병을 옮길 수 있는 매개체로서 자리하고 있다.

현재 국내에 서식하기 시작한 붉은가재는 물곰팡이 균을 확산시켜 토종 가재를 절멸할 것이라는 우려에서 위험하다고 간주된다. 그러나 아직 국내에서 아파노미케스 아스타키 균이

79   Laura Aquiloni, María P. Martín, Francesca Gherardi & Javier Diéguez-Uribeondo, "The North American crayfish Procambarus clarkii is the carrier of the oomycete Aphanomyces astaci in Italy," Biological Invasions 13(2), 2012, pp. 359~67.

80   J. Svoboda, Agata Mrugała, E. Kozubíková-Balcarová & Adam Petrusek, "Hosts and transmission of the crayfish plague pathogen Aphanomyces astaci: a review," Journal of Fish Diseases 40(1), 2017, pp. 127~40.

81   Svetlana Rezinciuc, Jose Vladimir Sandoval-Sierra, Birgit Oidtmann & Javier Diéguez-Uribeondo, "The Biology of Crayfish Plague Pathogen Aphanomyces astaci: Current Answers to Most Frequent Questions," Tadashi Kawai, Zen Faulkes & Gerhard Scholtz(eds.), Freshwater Crayfish: A Global Overview, CRC Press, 2015, pp. 182~204.

확인된 적은 없고, 냉수대와 높은 용존산소를 요구하는 토종 민물참가재*Cambaroides similis*와 만주가재*Cambaroides dauricus*는 따뜻하고 진흙의 서식 환경을 선호하는 붉은가재와 서식지 교차가 일어나지는 않은 것으로 추정된다. 현재 토종 참가재와 만주가재가 점차 멸종 위기 종이 되어가는 원인에는, 붉은가재에 의한 물곰팡이 균 감염보다는 서식 공간 파괴에 따른 개체 수급감이 더 큰 문제일 것이다.[82]

이처럼 붉은가재의 생물학적, 생태학적 특성들은 붉은가재가 전 세계적으로 악성 외래종으로 자리매김하는 데 기여했다. 하지만 가재 페스트균과 같은 물질적 특성은 단순히 붉은가재가 혼자 확산시킨 것이 아니라 물곰팡이 균과의 공생 관계 속에서 형성된 것이다. 또한 유럽 대륙에서는 120여 년간 갑각류 감염병의 역사를 경험해왔다. 이와 같은 오랜 시간에 걸친 가재 페스트의 유럽 대륙 정착 과정은 단순히 붉은가재의 단일한 행위성만으로는 설명할 수 없다. 아파노미케스 아스타키의 유럽 대륙 정착사史는 자생 가재의 개체 수 감소와 같은 문제를 유발하는 외래종 침입의 역사로 논의되었지만, 오랜 시간 유럽 대륙의 민물 생태계가 이 균에 노출되면서 오히려 장기적으로는 생태계에 긍정적인 변화가 일어났음에 주목한 연구들도 등

---

82   정재호·김민섭·안동하·민기식, 「한국산 가재 *Cambaroides similis* 자연 개체군의 성장률, 암수비율, 연령구조 및 교미시기」, 『한국양식학회지』 22(1), 2009, pp. 16~22.

장하기 시작했다. 특히 붉은가재의 유럽 대륙 진출과 물곰팡이 균의 확산이 오히려 지역 어업 활동을 활발히 촉진하고, 기존 유럽민물가재 양식업에 대한 다양한 과학 연구 활동을 증가시켰으며, 민물 생태계가 점점 가재 페스트에 내성을 가질 수 있는 환경으로 옮아가고 있음을 지적하기도 한다.[83]

한국의 경우 1997년 서울 용산가족공원 연못에서 처음으로 붉은가재가 채집되었다.[84] 이후 2006년 국립환경과학원이 서울 용산가족공원, 양재천(영동6교 부근), 탄천(광평교 부근), 안양천(철산교 부근), 강원도 춘천 공지천, 부산 부산진구 하야리아 미군 부대 등지에서 붉은가재 서식 여부 조사를 진행했다.[85] 당시에는 서울 용산가족공원 내 호수에서만 붉은가재의 서식이 직접 확인되었다. 이후 2018년 국립생태원의 외래생물 정밀 조사를 통해 전남 나주의 영산강 유역 지석천 일대에서 붉은가재의 대량 서식이 처음 확인되었다.[86] 붉은가재의 국내 하천 서식이 공식적으로 확인된 이후 언론을 통해 이 문제가 사회적 이슈로 떠올랐고, 국립생태원은 2019년 붉은가재의 국

---

83   Hans Ackefors, "The positive effects of established crayfish introductions in Europe," Francesca Gherardi(ed.), *Crayfish in Europe as Alien Species*, Routledge, 2017, pp. 49~60.

84   「서울에 미국産「슈퍼 가재」출현… 생태계혼란 우려」, 『동아일보』 1997. 8. 31.

85   김종민 외, 「생태계위해성이 높은 외래종 정밀조사 및 선진외국의 생태계교란종 지정현황 연구」, 국립환경과학원 보고서, 2006.

86   송해룡 외, 『외래생물 정밀조사(V)』, 국립생태원, 2018.

내 수계 서식 확인 조사를 추가로 진행했다.[87] 그 결과 지석천 일대를 포함한 만경강 유역에서도 붉은가재 서식이 확인되었다. 최근에는 충청북도 청주의 한 공원에서 그 붉은가재가 서식하고 있는 것이 확인되었다. 2020년, 붉은가재는 위해성 평가를 통해 생태계 교란 생물로 지정되어 유통 및 이동, 거래 등이 전면 금지되었다.

붉은가재의 한국 하천 서식이 공식화되면서 붉은가재에 대한 생명 안보 전략이 작동하기 시작했다. 2006~2019년 국립환경과학원과 국립생태원이 세 차례 진행한 붉은가재 서식 조사 후 발간된 보고서 중 2018년 약 1년간 영산강 지석천 일대에서 진행된 붉은가재 서식 조사 과정에서 새롭게 사용된 생태보전과학 지식에 주목할 필요가 있다.[88] 이 보고서에는 붉은가재 개체의 서식 여부를 판가름하는 데 eDNA 분석법이라는 도구를 활용했다. eDNA 분석법은 주변 환경에 흩뿌려진 생명체의 유전자 조각을 환경 시료 등을 통해 확보하여 증폭한 다음, 같은 종이 실제로 서식하는 물속에서 검출한 유전자를 양성 대조군species-specific marker으로 활용하여 시료의 PCR 반응 검사를 통해 해당 지역에 해당 종의 서식 여부를 가늠해볼 수 있는 검사법이다.[89]

---

87   김수환 외, 『미국가재의 국내 수계 서식현황 파악』, 국립생태원, 2019.

88   송해룡 외, 같은 책.

89   Hideyuki Doi, Ryutei Inui, Yoshihisa Akamatsu et al., "Environmental DNA analysis

이는 분자생태학molecular ecology으로 명명되어 최근 새롭게 등장하고 있는 생태보전과학의 지식 도구를 활용하여 붉은가재의 서식 여부를 확인한 것이다.[90] 그 결과 개체 확인을 통해 붉은가재 서식 여부가 확인된 전남 나주를 제외하고 서울의 여러 지역과 경기도 고양, 전북 익산 등지에서 붉은가재 eDNA가 양성 검출되었다. 그러나 분자생태학 도구의 정확도와 시료의 자외선 노출 정도 등의 차이로 인해, 연구는 실제 개체가 포획된 결과만 다루고 있다.

이는 앞서 살펴본 생명 정치의 분자화 과정이 생태계 교란 생물, 붉은가재의 존재 여부를 확인하는 데 사용된 사례를 보여준다. 이는 하나의 종을 분석 단위로 하여 존재 여부를 검출하고, 그 종의 유전자 조각들을 추출하여 새로운 형태의 유기체들을 조합함으로써 작동하는 생명 안보의 수행 과정을 보여

---

for estimating the abundance and biomass of stream fish," *Freshwater Biology* 62(1), 2017, pp. 30~39; Anne Tréguier et al., "Environmental DNA surveillance for invertebrate species," *Journal of Applied Ecology* 51(4), 2014, pp. 871~79. 최근 분자생태학으로 명명된 eDNA(environmental DNA) 분석은 주변 환경에 남겨진 유전자 조각을 증폭하여 대조군 모델을 만듦으로써 생물 다양성 및 외래종 침입 여부를 판별하는 새로운 형태의 과학 지식으로 자리 잡아가고 있지만, 아직 그 정확도와 유전 조각의 시료 내 잔여 시간 제한의 문제들이 해결되어야 할 과제로 남아 있다(Victoria Stockley & Helen Rees, "Environmental DNA as a new method for detecting great crested newt presence in ponds," *Innovation and New Technologies* 87, 2015, pp. 39~41).

90   송해룡 외, 같은 책.

준다. 이는 붉은가재가 경험하는 다양한 형태의 존재론적 지위와 종간 정치의 과정을 지우고 유전자 조각으로, 또 생물학적 위해성만으로 재구성되는 외래종 붉은가재의 지위를 확정하는 것이다.

지금까지 살펴본 것과 같이 '자연' '야생' 상태에 놓여 있는 붉은가재는 그가 지닌 토양, 대지, 수질에 대한 변화 능력과 더불어, 공생하는 물곰팡이 균을 매개로 자생 갑각류의 감염병 확산 가능성이라는 생물학적, 생태학적 위험 특성에 의해 규정되어왔다. 특히 한국의 자연 하천에서도 서식이 확인되면서, 앞서 유럽과 일본 그리고 아프리카 등지에서 경험한 '생태 재난'이 한국에서도 일어날 수 있다는 위기감으로 인해 붉은가재는 단기간에 생태계 교란 생물로 지정되었다. 이때 그들의 서식 공간을 확인하고 영역화하는 데 분자화된 생태보전과학의 과학기술들이 함께 동원되었다. 즉 이제 한국에서 붉은가재로 정의된 모든 생물은 더는 살아갈 수도 없고, 있어서도 안 되는 존재가 된 것이다.

그러나 붉은가재는 그들만의 또 다른 존재론적 지위를 이미 점하고 있다. 붉은가재는 이미 오랜 시간에 걸쳐 한국에서 다양하게 개량되어오며 취미 생활의 일부가 된 대표적 관상용 생물이었다. 그러나 하나의 종을 단위로 설정하여 펼쳐지고 있는 생명 안보의 작동 방식은 이들의 존재론적 지위를 가볍게 무시하고, 그들의 생명에 대해서도 '야생'의 붉은가재와 같은 법적, 제도적 지위를 부여하여 폐기 처분의 생명 안보를 작동시키고 있다. 다음 절에서는 붉은가재의 또 다른 역사성에 주목하여 인간 너머의 생명 안보 전략들이 종간 정치를 통해 어떤 방식으로 재구성될 수 있을지 가능성을 모색하고자 한다.

어항 속의 붉은가재―산업화된 생명과 생명 안보의 종간 정치

2020년 붉은가재가 생태계 교란 생물로 지정되면서, 붉은가재 종으로 규정된 모든 생물은 한국에서 더는 개인이 사육하거나 분양하거나 번식 및 이동시킬 수 없게 되었다. 여기서는 붉은가재라는 종이 지니는 다른 존재론적 측면에 주목한다. 특히 한국에서는 이미 30년 전부터 관상용 가재로 정착하고 퍼져나가면서, 붉은가재의 유전적 특성을 활용한 다양한 아종의 번식과 확산이 진행되어왔다. 관상용으로 개량되고 유통된 붉은가재는 '노멀클라키normal clarkii'라는 상품명으로 1990년대부터 국내 관상어 시장에서 유통되기 시작했다. 특히 오랜 기간 관상용 생물로 외관의 발색을 조정하고 개량하면서 다양한 분화 형태를 만들어온 붉은가재는 노멀클라키 이외에도 네온레드클라키Neon red crayfish, 화이트스펙터클라키White specter crayfish, 사파이어클라키Sapphire crayfish, 크림클라키Creamsicle crayfish, 진홍클라키Scarlet crayfish, 고스트클라키Ghost crayfish, 오렌지고스트클라키

Orange ghost crayfish 등의 하이브리드 종들이 만들어져왔다.

이처럼 다양한 형태학적 변형을 유전적으로 발현시키고 여러 세대를 거치면서 유전적으로 고정하여genetic fix 독특한 형태의 생물을 만들어내는 것은 관상 생물 산업에서는 매우 흔한 일이다.[91] 특히 같은 속명에 속하는 생물 종 사이에는 여러 교잡 활동이 자연적, 인위적으로 일어나는데, 관상어 개발에서는 인공적으로 번식 조건을 조성하거나 인공 번식을 직접 수행하여, 후속 세대 개체들의 유전적 특질을 고정할 수 있도록 하여 아종들을 만들어내고 이를 상품화한다.[92]

붉은가재 역시 껍질의 두 가지 유전자 단백질(24kDa와 73kDa)의 변형을 통해 다양한 형태의 발색이 가능한 것으로 알려져 있다.[93] 붉은가재의 이와 같은 특성은 일찍이 관상어로서 산업화에 활용되어왔다. 또한 붉은가재가 속한 프로캄바루스

---

91   Asem Sanjit Singh, Sagar C. Mandal & Debtanu Barman, "Selective Breeding in Ornamental Fishes: A Step Toward Development in Production of New Variety," *Aquaculture Europe* 35(4), 2010, pp. 14~16.

92   L. M. Domínguez & Á. S. Botella, "An Overview of Marine Ornamental Fish Breeding as a Potential Support to the Aquarium Trade and to the Conservation of Natural Fish Populations," *International Journal of Sustainable Development and Planning* 9(4), 2014, pp. 608~32.

93   Chuang Pan, Xiaoling Liang, Shengjun Chen, Feiyan Tao, Xianqing Yang & Jianwei Cen, "Red color-related proteins from the shell of red swamp crayfish(*Procambarus clarkii*): Isolation, identification and bioinformatic analysis," *Food Chemistry* 327, 2020, 127079.

속*Procambarus* 이외에도 체락스속*Cherax*, 캄바루스속*Cambarus*, 캄바렐루스속*Cambarellus*, 오르코넥테스속*Orconectes*, 에우아스타쿠스속*Euastacus* 등에 속하는 매우 다양한 애완용 가재들이 국내에 상업화되어 분포하고 있다. 각각의 속명 아래에 또 매우 다양한 형태의 종과 아종이 오래전부터 국내 관상어 유통 산업을 통해 전국에 퍼져 있다.[94] 그럼에도 불구하고 한국의 '자연 하천'에서 서식이 확인된 붉은가재는 생태계 교란 생물로 지정되었다. 생태계 교란 생물의 지위는 '종'을 단위로 규정되기 때문에 앞서 살펴본 다양한 아종, 분화 개체들 역시 생태계 교란 생물로 분류되어 제거 대상이 된다. 따라서 현재 붉은가재로 분류되는 모든 종을 사육하고 있는 개인이나 관상어 유통 영업소는 이 종에 속하는 모든 가재를 포함한 그 알들 역시 전량 폐기 처분해야 한다(환경부고시 제2020-285).

분양을 목적으로 사육되거나 개량된 개체들은 개인 수조 검역 과정을 거치고, 해외에서 수입될 때에도 검역 통관 과정을 거치기 때문에 앞서 말한 가재 페스트균을 보균하고 있을 가능성이 현저히 낮다. 또한 앞서 살펴본 것과 같이 현재 국내 자연 하천에서 발견되는 붉은가재들에게서도 아파노미케스 아스타키 물곰팡이 균이 발견되고 있지 않다. 그러나 이와는 상

---

94 김대영·강종호·김수진, 「고부가가치 관상어 산업의 육성을 위한 정책 방향」, 한국해양수산개발원 연구보고서, 2010.

관없이 생태계 교란 생물로 지정된 붉은가재는 한국에서 절멸의 생명 안보 작동 대상이 되었다. 한국의 하천에서 발견되는 붉은가재는, 누군가가 관상용 생물로 키우다 방사해 '자연' 상태에 자리하게 된 것으로 추정된다. 붉은가재는 인간의 손에 의해 동물원이나 수족관과 같이 "동물이 마땅히 있어야 하는 특정한 공간animal spaces"에서 벗어나, 그들이 있어선 안 될 장소에 위치하면서 "야수beast"로 정의되어, 생태계 교란 생물로 지정된 것이다.[95]

이처럼 붉은가재를 비롯한 외래종의 생명 안보 작동 방식은 하나의 종을 단위로 하면서 각 개체가 가지고 있는 역사적, 물질적 맥락성과는 상관없이 모두 제거의 대상이 되고 있다. 즉 검역 과정을 거쳐 어항 속에서 살아가는 붉은가재들과, 인간에 의해 자연 하천에 방사되어 살아가는 붉은가재들이 토종 참가재와 만주가재의 안전과 국내 민물 생태계의 보전, 그리고 인간의 잠재적인 농업 피해를 명분으로 그 존재론적 지위의 차이가 무시되고, 일괄된 생명 폐기의 안보 전략이 수행되고 있다.

그러나 이와는 반대로, 붉은가재와 비슷한 시기에 생태계 교란 생물로 지정되었지만 다른 결과를 맞이한 생명도 있다.

---

95   Chris Philo & Chris Wilbert(eds.), "Animal Spaces, Beastly Places: An Introduction," *Animal Spaces, Beastly Places*, pp. 1~34.

2020년 3월과 12월에 각각 생태계 교란 생물로 지정된 리버쿠터*Pseudemys concinna*, 중국줄무늬목거북*Mauremys sinensis*, 악어거북*Macrochelys temminckii*, 플로리다붉은배거북*Pseudemys nelsoni*에게는 생물 사육에 유예 기간이 주어졌다(환경부고시 제2020-285). 즉 이 생물들을 기르고 있는 개인이나 사업자 들은 6개월 이내에 해당 생물 사육 사실을 지역 환경청에 신고하고 허가를 받아 해당 개체가 폐사할 때까지 사육할 수 있는 유예 조치를 받은 것이다. 이 과정에는 해당 개체의 사진과 사육 환경에 대한 신고와 허가 과정, 그리고 폐사 시 사체 처리에 대한 증빙 과정이 포함되어 있지만, 붉은가재와는 다르게 폐기의 생명 안보 작동은 피해 갔다. 이는 생태계 교란 생물 지정과 즉각 폐기 처분이라는 생명 안보의 작동이 종에 따라 다른 형태로 작동하고 있는 지점을 잘 보여주는 사례이다.

제도적으로 붉은가재와는 달리 리버쿠터, 중국줄무늬목거북(유통명은 보석거북이다), 악어거북, 플로리다붉은배거북은 '생물 다양성 보전 및 이용에 관한 법률' 제24조의4 "생태계 교란 생물의 관리"에서 학술 연구, 교육용, 전시용, 식용 등의 목적으로 활용될 교란 지정 종의 경우 환경부령으로 예외적인 사육 및 반입이 가능해진다는 조항을 적용받았다. 이에 따른 시행규칙으로 생태계 교란 생물의 사육 시설 위치와 주변 지역의 특성, 시설의 규모 및 구조, 시설 평면도와 생물 사진 등을 각 지방 환경청에 제출하도록 규정하고 있다. 그러나 거북목Testudines에 속하는 동물들이 외래종 생명 안보의 유예 조치를 받은 것은 단순히 제도적 이유로만 설명되지 않는다. 학술, 교육 및 전시, 식용 목적으로 제한하고 있는 관련 법의 유예 조치는 해당 종을 관상 목적으로 개인이 사육하는 범주까지 확대 적용되었기 때문이다. 대중적으로 많이 알려진 거북목 동물에게 붉은가재와는 다른 형태의 생명 정치 유예가 이뤄진 것이다.

2020년 붉은가재와 함께 생태계 교란 생물로 지정된 거북목 동물에 대한 국립생태원의 조사에 따르면, 자연 상태로 퍼져나간 반수생 거북 동물들의 생태적 위협으로 주로 남생이속 Mauremys에 속하는 토종 남생이와의 유전적 교잡의 위험성[96]과 악어거북의 경우 공격성과 포식성[97]의 문제가 제기되었다. 거북목에 속하는 생물들의 생태계 교란 문제는 붉은가재의 굴 파기와 물곰팡이 균 전파와 다른 형태의 생명 안보 위협이 드러남에도 불구하고, 이들에게 유예된 생명 정치에는 사회적, 상징적 배경이 작동하고 있다.

우선 생태계 교란 생물로 지정된 거북목 동물의 수명이 20~80년으로 긴 반면에, 붉은가재의 수명은 2~5년 정도로 짧다. 거북목 동물의 긴 수명은 거북목 동물에 대한 사회적, 상징

---

96   송혜룡 외, 같은 책.

97   이효혜미 외, 『외래생물 정밀조사(I)』, 국립생태원, 2014.

적 정치를 동원하도록 했다. 거북목 동물은 각종 종교 행사에 방생 생물로 활용되어왔으며, 관상용·애완용 동물로 한국 사회에 널리 자리 잡았다.[98] 붉은가재와는 다르게 한국 사회에서 거북목 동물은 사회적으로 친숙하고, 장수의 상징이며, 관상용·애완용 동물 시장에 널리 퍼져 있다는 사회적·상징적 특성으로 인해 붉은가재와 다른 생명 안보를 불러왔다. 거북목 외래종과 붉은가재의 서로 다른 물질적·상징적 특성들은 이들을 둘러싼 서로 다른 종간 정치를 불러온다.

붉은가재와 거북목 동물 사이의 종간 정치는 우선 환경부와 붉은가재, 거북목 동물의 죽음과 유예의 생명 안보 정치가 표면적으로 드러난다. 개인과 관상어 유통 업체가 사육하던 가재들은 즉각 폐기되었지만, 거북목 동물은 유통만 금지되었을 뿐 이전에 개인이 사육하던 개체들은 지역 환경청에 사육 신고를 하면 계속 살아갈 수 있는 생명 안보 유예 조치가 이뤄졌다. 종간 정치는 인간과 인간 사이의 정동 정치에도 개입한다. 같은 생태계 교란 생물로 지정되었음에도, 가재류 동물을 기르는 이들의 인터넷 커뮤니티에서는 붉은가재들이 속하는 'Procambarus clarkii' 유통 및 사육에 관한 게시물 업로드를 금지했으며, 환경부에 거북목 동물과 같은 유예기간을 달라는

---

98   이도훈·김영채·장민호·김수환·김동언·길지현, 「외래거북의 국내 현황 및 관리방
       안」, 『환경영향평가』 25(5), 2016, pp. 319~32.

항의로 이어지기도 했지만, 사육하던 '*Procambarus clarkii*'를 결국 폐사시킨 사진들도 커뮤니티에 확산했다.[99] 반대로 거북목 동물을 기르는 커뮤니티에서는 자신이 사육하던 거북이에 대한 지방 환경청의 사육 유예 승인 서류를 인증하기도 했다. 다시 말해서 붉은가재보다 대중적으로 더욱 친숙하고 수명이 훨씬 긴 동물에 대해서는 생명 안보 작동의 유예 조치가 이뤄지지만, 수명이 2~5년 정도로 짧고 '희귀한 동물exotic animal'로 자리한 붉은가재는 즉각 폐기 처분의 생명 안보가 작동한 것이다.

이와 같은 생명 안보의 작동 방식은 비인간 행위자가 인간과 맺어온 사회적, 물질적, 상징적 정치의 결과로도 볼 수 있다. 생태적으로 토종 남생이와 교잡하여 더 큰 생태적 위협을 불러올 수 있는 거북목 동물의 물질적 특성과는 무관하게 그들이 인간 사회에서 차지해온 존재론적 지위는 생명 안보의 유예라는 결과를 불러왔다. 그와는 반대로 검역된 어항 속에서 관상용으로 개량되어온 붉은가재의 존재론적 지위는 '희귀 동물' '유해 동물' 등으로 표상되며 즉각 폐기 조치의 대상이 되었다.

생명 안보의 이 같은 작동은 단순히 인간의 통제 아래에서 생명이 죽거나 살게 하는 인간중심주의의 생명 안보를 넘

---

99 붉은가재가 속하는 *Procambarus clarkii*를 취미 사육하는 커뮤니티에서는 "미국가재 자진 폐기 캠페인" "미국가재 자정 캠페인" 활동을 통해 해당 종의 개인 사육 폐기를 유도하기도 했다.

어, 생물이 인간과 맺어온 관계성의 역사 속에서 그들의 물질적, 상징적 행위성이 함께 조형해온 결과로 볼 수 있다. 이런 인간 너머의 생명 안보는 결국 각각의 생명에 대한 '종' 단위의 접근으로는 포착할 수 없는 새로운 종간 정치를 가시화한다.

지금까지 살펴본 것과 같이 외래생물에 대한 생명 안보의 작동 방식은 이미 인간 너머의 관점, 즉 사회적·물질적·생물학적·상징적 이해를 바탕으로 형성되어왔다. 그러나 생명 안보 작동 방식은 생태보전과학이라는 특정 형태의 과학 지식에 기반하여, 국민국가 외부에 위치한 생물 유입의 위험성과 국내 생태계에 피해를 불러올 수 있는 잠재적인 위협을 평가하고 이에 따라 제거하는 생명 정치를 작동시킨다. 특히 이때 작동하는 생명 안보는 하나의 '종'을 기본 단위로 하여 각각의 개체가 위치하고 경험해온 그들의 서로 다른 역사성과 물질적 구성을 천편일률적으로 바라본다. 그뿐 아니라 같은 제거 대상인 생태계 교란 생물도 폐기 처분 유예와 즉각 제거라는 서로 다른 생명 안보의 작동을 불러온다. 이는 하나의 원종에서 시작하여 서로 다른 아종으로 분화하며 인간의 정치경제학적 목적에 의해 활용되어 땅 위의 붉은가재와 다른 존재론을 만들어온 어항 속 붉은가재의 맥락성을 삭제해버렸다. 종간 정치의 생명 안보는 개별 종 내부의 개체 간 존재론적 차이점과 더불어 서로 다른 종간에 다르게 작동되는 생명 안보의 작동 방식을 드러내며 인간 너머의 생명 안보를 구성해낸다.

5. 인간 너머의 생명 안보 재구성을 위하여

코로나19 발생 이후에 개정된 야생생물법은 우리가 어떤 생물과 접촉할 수 있는지에 대한 국가적 허가를 전제한다. 국민국가 영토 안에 있어서는 안 될 존재와 있어도 되는 존재를 구분하고, 그 기준이 철저히 인간의 건강과 토종 생태계 보전에 있다면, 자연의 존재 이유를 인간의 편의와 국민국가의 안녕으로 가정하고 있다고 보아도 무방할 것이다. 이 글에서 전면적으로 다루진 않았지만, 외래종의 도입과 그로 인한 생태계 문제는 주로 인간에 의해 일어난 일들이다. 한국에서도 1960년대부터 국내 생태계나 생물학적 특성을 고려하지 않은 무분별한 외래종 도입과 방생이 사회적, 문화적으로, 심지어는 국가 프로젝트로 진행되어왔다. 인간이 활용할 목적으로 도입하고 방생해온 외래 생명이 이제는 국내 생태계의 안정을 목적으로 전면적인 제거의 대상이 된 것이다.

그러나 그 과정에서 구체적으로 작동하고 있는 생태보전 과학의 지식과 방법, 그리고 제도적, 정책적 근거들은 여전히 정치생태학의 분석 대상이 되지 못하고 있다. 영미권 정치생태학자들을 중심으로 인류세와 새로운 자연에 대한 주목이 확산되면서 기존에 외래종으로 규정된 존재들의 역사성과 구체적인 물질적 특성에 대해 진지하게 고민해볼 필요가 있다. 이와 같은 목적에서 이 글은 최근 한국에서 '생태계 교란 생물'로 지정된 붉은가재의 정치생태학적 분석을 시도했다. 이들에게 작동하는 생명 안보의 정치는 생태보전과학 지식만을 바탕으로 국내 생태계의 안정과 인간의 경제적 번영을 위해 활용되고 있다. 또한 종을 단위로 작동하는 생명 안보는 개별 개체의 역사적, 물질적 차이를 간과하고 종 자체를 제거하는 방식으로 작동하고 있다.

물론 애초에 외래생물로 국내에 유입되었다가 오랜 시간이 지난 후 '귀화종naturalized species'으로 그 존재론적 지위를 인정받은 생물들도 존재한다. 귀화종 역시 그 유입 시기와 방법에 따라 세분화되지만, 대개 제거할 수 없을 정도로 광범위하게 정착했거나 인간의 산업 활동에 경제적 가치가 있는 종들을 명명할 때 사용된다. 다시 말해서 외래생물에 대한 생명 안보의 작동 방식은 무엇이 지킬 가치가 있고, 무엇을 없앨 것인지를 결정한다. 국민국가 영토 내에서 어떤 생명을 유예하거나 절멸할지 정의하고 집행함으로써 생명 안보가 작동하는 것이다. 그 과정에서 각 종이 지닌 생물학적, 생태학적, 물질적, 상징적 특성들은 단순히 유해성과 위험도에 의해 판단되고, 이를 포착하기 위해서 첨예한 생태보전과학의 지식이 동원된다. 이를 통해 어떤 종은 생명 주기의 유예를 선고받아 국가에 등록되어 남은 최소한의 통제 속에서 생을 살아갈 수 있는 권리를 부여받기도 한다.

이 글은 외래생물의 위험성을 부정하기 위한 시도가 아니다. 외래생물에 대한 생명 안보가 한 가지 형태의 과학 지식에 기초하여, 그들의 위해성에 초점을 두고 이를 제거의 정당화 기제로 작동시키고 있는 것은 아닌지 성찰을 제안하고자한다. 또한 생명 안보가 존재론적 위치는 다르지만 '같은 종'으로 명명되는 다른 개체에도 천편일률적으로 작동하는 것이 과연 정당한지 의문을 제기한다. 지금 생명 안보는 외래 생명이 가진 '위험한 물질성'에 집중하고, 개별 개체나 다른 시공간적 맥락 속에 위치한 존재론적 차이를 무시한 채 종 전체를 대상으로 하는 절멸의 정치를 집행하고 있다.

따라서 이 글은 인간 너머의 생명 안보를 생태보전과학 지식뿐만 아니라 정치생태학이 논의하고 있는 존재론의 정치와 섬세한 물질주의, 그리고 개별 개체의 맥락성을 이해할 수 있는 종간 정치의 인식론적, 실천적 함의를 통해 외래종 생명 안보를 재구성해야 할 필요성을 주장한다. 붉은가재의 사례가 보여주듯이 그들이 국내 민물 생태계에 미치는 영향을 다층적으로 살펴보고, 앞서 다른 국가들의 사례에서 '피해'와 '파괴'의 측면만을 강조하는 것이 아니라 사회생태학적 영향의 장기간 변화 과정에 초점을 둘 필요가 있을 것이다.

그뿐 아니라 붉은가재의 다양한 아종과 변이 개체들을 같은 종명으로 정의하면서 함께 폐기 처분의 생명 안보 전략에 포함하는 것이 온당한지 의문을 던지고자 한다. 어항 속 다양한 붉은가재 관상용 개체들의 존재론적 지위를 땅 위의 붉은가재와 같다고 보고, 모두 폐기 처분하는 것이 과연 옳은지 질문하는 것이다. 마지막으로 폐기 처분의 생명 안보 작동 방식의 유예를 붉은가재에게도 적용해야 함을 주장하고자 한다. 생태계 교란 생물로 지정된 생명에 대해서도 그들이 가진 최소한의 생명 순환 주기를 인정하고, 다만 어항 속에서 남은 생을 살아갈 수 있도록 하는 인간 너머의 생명 안보 재구성이 필요하다. 이와 더불어 관상용 생물들이 '야생'의 환경으로 넘어가도록 하여 종 전체를 절멸의 생명 안보 작동 속에 위치시키는 인간 행위자들에 대한 처벌과 규제가 강화될 필요가 있을 것이다.

동물의 법적 지위에 관한 민법 개정 논의의 평가와 과제[1]

최정호

1. 서론

한국 사회에서 지구법학의 현안 중 학계와 사회 일반의 관심을 널리 받는 것은 동물의 법적 지위를 둘러싼 문제로 보인다. 한쪽에서는 동물을 객체의 전형인 물건과 분리하려는 흐름이 있는가 하면, 다른 한쪽에서는 남방큰돌고래(제주 해양에 서식하는 큰돌고래속에 속하는 돌고래로 학명은 *Tursiops aduncus*)라

---

1   이 논문은 2022년 2월 15일 한국외국어대학교 중남미연구소 주최 국제 콘퍼런스 "Implementing a new Paradigm in the Post-Covid 19 World: Earth Jurisprudence and Latin American's Rights of Nature"에서 발제한 내용을 바탕으로 한 최정호, 「동물의 법적 지위에 관한 민법 개정 논의의 의의와 한계」, 『입법과 정책』 14(1), 2022, pp. 287~307을 수정·보완한 것이다.

는 특정 종에게 법인격을 부여하여 주체의 범주로 옮기려는 시도가 우리 사회에서 동시에 전개되고 있다.[2] 그런 점에서 동물의 법적 지위에 관한 논의는 지구 공동체의 일원인 동물과 새로운 관계에 들어서는 데 필요한 작업이다.

우리 법체계에서 동물은 물건에 해당한다. 민법 제98조는 물건을 "유체물 및 전기 기타 관리할 수 있는 자연력"이라고 정의한다. 동물은 자연인을 구성하지 않는 외계의 일부인 유체물이며, 이는 곧 물건에 해당한다. 민법 제98조는 예컨대 형법과 같이 독자적인 물건 개념 또는 동물 개념을 두지 않은 다른 실정법에서 그대로 수용되어 해석된다.

이러한 민법 규정은 동물을 경시하는 것으로 여겨져 비판의 대상이 되어왔다. 이 규정의 근본에는 전통적 권리주체인 인간에 속하지 않는 어떤 존재는 객체이며 이 중에 형체가 있는 것을 물건으로 분류하는 태도가 있다. 그런데 2021년 업무 보고에서 법무부가 동물의 법적 지위에 관한 민법 일부 개정 법률안을 입법 예고하면서부터 관련 논의가 활발해지기 시작했다. 정부 제출 법률안 외에도 같은 취지의 의원 발의 법률안까지 포함하여 네 건의 법률안에서 동물의 법적 지위를 직접 수정하려 한다. 이들은 아직 통과되지 않았다. 같은 시기 동물의 법적 지위를 제고하는 다른 법률안도 다수 발의되었다. 아

---

2   최정호, 「동물이 법정에 선다면?」, 『자음과모음』 55, 2022, pp. 75~78.

직 통과되지 않은 법안을 두고 국내 논문이나 이슈페이퍼가 발표되고 있다.

이 글에서는 우리 사회에서 전개 중인 동물의 법적 지위에 대한 논의 중 비물건화 시도를 살펴보고, 이를 검토한 뒤 향후 과제를 논하려 한다. 이를 위해 종래 우리 법에서 물건으로서 동물의 지위에 대한 세밀한 분석을 통해 정확한 지위를 확인한 뒤(2장) 모든 논의의 기폭제가 된 법무부 입법 추진을 중심으로 하여 비슷한 시기 제출된 여러 법률안의 내용을 살펴본다(3장). 그리고 이에 대한 비판적 입장을 고찰하는 한편(4장) 유사 입법례로서 독일과 스위스의 논의를 통해 시사점을 도출한 뒤(5장) 결론으로서 이상의 논의에 대해 나의 의견을 제시하려 한다(6장).

2. 실정법상 동물의 법적 지위

물건으로서의 동물

민법에서 동물은 권리의 주체가 아닌 객체로서 물건에 해당한다.[3] 권리객체의 전형인 물건에 대해서는 민법 제4장에서

---

3   "동물의 생명 보호, 안전 보장 및 복지 증진을 꾀하고 동물의 생명 존중 등 국민의 정

규정하며 특히 제98조에서 "본법에서 물건이라 함은 유체물 및 전기 기타 관리할 수 있는 자연력을 말한다"고 한다. 따라서 별도로 동물에 대한 정의 규정을 마련하지 않은 민법의 체계에서 동물은 '유체물'로서 물건이라는 범주에 속하게 된다.[4] 이로써 동물은 소유와 거래의 대상으로 자리매김하게 된다. 나아가 동물 또는 물건을 특별히 규정하지 않은 많은 실정법에서 물건은 동물을 포함하여 민법에서와 같은 의미로 받아들여진다. 따라서 가령 형법에서 재산범죄의 객체인 재물을 민법 제98조와 같은 방식으로 이해하기도 하고,[5] 가중적 구성요건 요소인 위험한 물건에 동물을 포함하여 해석한다.[6] 한편 동물보호법 등 일

서를 함양하는 데에 이바지함을 목적으로 한 동물보호법의 입법 취지나 그 규정 내용 등을 고려하더라도, 민법이나 그 밖의 법률에 동물에 대하여 권리능력을 인정하는 규정이 없고 이를 인정하는 관습법도 존재하지 아니하므로, 동물 자체가 위자료 청구권의 귀속 주체가 된다고 할 수 없다. 그리고 이는 그 동물이 애완견 등 이른바 반려동물이라고 하더라도 달리 볼 수 없다."〔대법원 2013. 4. 25. 선고 2012다118594 판결 [손해배상(기)]〕

4   민법은 동물 개념을 정의하지 않지만 '동물'을 언급하는 경우가 있다. 법무부 개정안의 개정 조문이기도 한 제252조(무주물의 귀속) 제3항은 "야생하는 동물은 무주물로 하고 사양하는 야생동물도 다시 야생 상태로 돌아가면 무주물로 한다"고 정하며, 제759조(동물의 점유자의 책임)에서는 "① 동물의 점유자는 그 동물이 타인에게 가한 손해를 배상할 책임이 있다. 그러나 동물의 종류와 성질에 따라 그 보관에 상당한 주의를 해태하지 아니한 때에는 그러하지 아니하다. ② 점유자에 갈음하여 동물을 보관한 자도 전항의 책임이 있다"고 규정한다.

5   양천수, 「물건 개념 재검토 — 민법의 개정 방향과 관련하여」, 『법조』 70(2), 2021, p. 51; 이재상·장영민·강동범, 『형법각론』 제12판, 박영사, 2021, §16, Rn 7.

6   제144조(특수공무방해), 제258조의2(특수상해), 제261조(특수폭행), 제278조(특수체포, 특수감금), 제284조(특수협박), 제320조(특수주거침입), 제324소 제2항(특수

부 법률에서는 동물의 정의를 규정하고 있지만, 물건과의 관계를 정립하지는 않는다. 그런데 동물보호법은 제32조에서 반려동물과 관련된 영업으로서 동물 판매업, 동물 수입업, 동물 생산업, 동물 전시업 등을 규정하는 등 동물을 소유와 거래의 대상인 물건으로 취급하는 조항을 두고 있다.[7] 결국 전체 법질서라는 면에서 보면, 동물 보호를 위한 단행법이 동물의 물건성 자체를 부정한다기보다는 물건이되 그 성질에 맞는 특별한 처우를 정한 것이라고 보아야 한다.

동물에 대한 특별한 취급

한편 동물의 물건성에 대한 비판 여론도 높아졌던 것으로 보인다.[8] 그러나 전체 법학이 주체/객체 이분법의 바탕 위에 서

강요), 제350조의2(특수공갈), 제369조(특수손괴).

[7]   한편 대법원은 동물보호법으로 인해 동물의 법적 지위가 주체로 승격되지는 않는다는 점을 확인한 바 있다. "동물의 생명 보호, 안전 보장 및 복지 증진을 꾀하고 동물의 생명 존중 등 국민의 정서를 함양하는 데에 이바지함을 목적으로 한 동물보호법의 입법 취지나 그 규정 내용 등을 고려하더라도, 민법이나 그 밖의 법률에 동물에 대하여 권리능력을 인정하는 규정이 없고 이를 인정하는 관습법도 존재하지 아니하므로, 동물 자체가 위자료 청구권의 귀속주체가 된다고 할 수 없다. 그리고 이는 그 동물이 애완견 등 이른바 반려동물이라고 하더라도 달리 볼 수 없다."〔대법원 2013. 4. 25. 선고 2012다118594 판결 [손해배상(기)][미간행]〕

[8]   「"반려동물은 물건이 아니다… 현행 민법 위헌"」, 『법률신문』 2017. 5. 25.

있다는 문제와 별도로, 실정법 질서 안에서 나름대로 동물을 보통의 물건과는 다른 존재로 보려는 시도가 있었다. 현행법상 동물의 법적 지위를 제대로 이해하려면 그것이 물건에 포섭된 다는 점을 곧바로 비판하기보다 세심한 고찰이 필요하다.[9]

　동물이 물건이라고 하더라도 곧바로 완전한 소유권의 대상인 것은 아니다. 원래 민법에서 모든 물건은 사안에 맞게 달리 취급되고 있기 때문이다. 예컨대 아편, 음란한 문서, 국보 등은 물건이지만 사법私法에서 거래의 객체가 되지 않는 '금제물'이고, 의수·의안·의족 등은 물건임에도 신체에 부착되면 주체를 구성하는 일부로 여겨진다. 시체는 물건이지만 사용, 수익, 처분이 아닌 매장과 제사에 대한 권능과 의무가 따른다는 식의 특수 소유권이 주장되거나 아예 소유권이 아닌 관습법상 관리권의 대상이 된다고 주장되기도 한다.[10] 따라서 동물이 물건이

9　　헌법재판소 2019. 9. 26. 2018헌바221 참조. 민법 제98조가 생명이 있는 동물과 그 밖의 다른 물건을 구분함으로써 동물을 물건 취급한 것이 위헌이라는 주장에 대해, 헌법재판소는 불법행위의 대상이 어떻게 정의되는지와 불법행위의 피해자가 받아야 할 배상액은 차원을 달리하는 것이라고 보았고, 심판 대상 조항의 위헌 여부에 따라 당해 사건 재판의 주문이 달라지거나 재판의 내용과 효력에 관한 법률적 의미가 달라진다고 볼 수 없으므로 심판 대상 조항은 재판의 전제가 되지 아니한다고 보아 이를 각하했다. 그 이유에서 헌법재판소는 다음과 같이 언급한다. "당해 사건에서 보더라도, 법원은 이 사건 반려견을 물건으로 보고 불법행위의 내용을 물건에 대한 소유권 침해로 파악했으면서도, 이 사건 반려견의 교환가치를 초과하는 치료비를 인정하고 청구인들이 느낀 정신적 고통에 대한 위자료를 인정했다."

10　　곽윤직·김재형, 『민법총칙』 제9판, 박영사, 2013, pp. 221~22.

최정호

라고 하더라도 성질에 따라 달리 취급할 여지는 열려 있다.

실제로 반려동물은 손해배상 문제에서 일반 물건과는 다른 취급을 받기 시작했다. 즉 동물보호법을 제쳐둔 채 민법의 해석에 국한하더라도, 예컨대 반려동물에 대한 불법행위로 인한 침해는 민법상 재산적 손해임에도 법원은 위자료를 인정하고 있었다.[11] 종래 반려동물의 사망이나 상해에 대해서, 재산적 손해는 금전적 배상을 통해 정신적 손해도 보전됨이 원칙이라는 태도였으나,[12] 이후 반려동물이 여타의 물건과 다르다는 점을 고려하여 특별 손해로서 위자료를 인정하고 있다고 분석된다.[13] 이때 법원은 "반려견은 비록 민법상으로는 물건에 해당하지만 감정을 지니고 인간과 공감하는 능력이 있는 생명체로서 살아 있는 생명체가 아닌 여타의 물건과는 구분되는 성질을 갖고 있는 점, 반려견의 소유자는 그 반려견과 정신적인 유대감과 애정을 나누는 점"을 고려한다.[14]

---

11 이미 불법행위에 기하여 발생한 재산적 손해를 배상하더라도 회복될 수 없는 정신적 손해는 특별 손해에 해당하여 민법 제393조 제2항에 따라 배상될 수 있다는 점은 일반적인 이론의 차원에서는 이전부터 인정되어왔고 새로운 것이 아니다(예컨대 지원림, 『민법강의』 제19판, 홍문사, 2022, [5-324]를 참조하라).

12 서울남부지방법원 2015. 8. 28. 선고 2014가단43469 판결.

13 서울지방변호사회, 『동물을 위한 법률 지원 매뉴얼』, 2020, p. 76. 또한 서울중앙지방법원 2019. 7. 26. 선고 2018나64698 판결도 참조. 한편 대법원에서도 위자료가 인정된 것으로는 대법원 2013. 4. 25. 선고 2012다118594 판결이 있으며, 그에 대한 평석은 윤철홍, 「애완견의 사망 시 손해배상 청구의 주체와 배상 범위」, 『법조』 63(1), 2014, pp. 239~78 참조.

헌법재판소는 동물인 반달가슴곰을 재산권의 대상으로 보면서도 그 사회적 구속성이 일반 물건보다 높기 때문에 재산권 행사 제한을 위한 입법자의 재량이 보다 넓게 인정된다고 본바 있다. "일반적인 물건에 대한 재산권 행사에 비하여 동물에 대한 재산권 행사는 사회적 연관성과 사회적 기능이 매우 크다 할 것이므로 이를 제한하는 경우 입법 재량의 범위를 폭넓게 인정함이 타당하다. 그러므로 이 사건 법률 조항이 과잉 금지 원칙을 위반하여 재산권을 침해하는지 여부를 살펴보되 심사 기준을 완화하여 적용함이 상당하다"는 것이다.[15] 같은 판결에서 헌법재판소는 심사 기준과 관련하여 헌법 제35조 제1항이 정하는 환경 보전 의무를 언급하기도 한다. 따라서 "동물은 자연환경을 구성하는 생명체로서 인류가 지속 가능한 환경을 유지하기 위하여 동물 생태계와 그 서식 환경을 보존해야 할 공동의 필요성이 있다." 이는 비록 공법을 통한 것이지만 사인의 재산권 행사 제한이라는 점에서, 그리고 이용 목적의 동물도 생명체로서 존중이 필요하다는 점에서 의미가 있다.

---

14   서울남부지방법원 2016. 8. 11. 선고 2015나57091 판결.

15   헌법재판소 2013. 10. 24. 2012헌바431. 한편 헌법재판소는 생명이 있는 물건과 그렇지 않은 물건을 구분하지 않은 입법은 불법행위로 인한 손해배상 산정을 위한 고려 사항이어서 제판의 전제성을 충족하지 못한다 하여 각하한 바 있다(헌법재판소 2019. 9. 26. 2018헌바221).

3. 법률안 제출 현황 및 내용

정부 제출 민법 일부 개정 법률안

민법 일부 개정 법률안

2021년 10월 1일 정부가 제출한 민법 일부 개정 법률안(이하 개정안)은 동물의 법적 지위를 지금까지와는 다르게 자리매김하려는 시도로 평가된다. 개정안은 '동물의 법적 지위'라는 표제의 제98조의2를 신설하고, 제1항은 "동물은 물건이 아니다," 제2항은 "동물에 관하여는 법률에 특별한 규정이 있는 경우를 제외하고는 물건에 관한 규정을 준용한다"라고 정한다. 물건을 규정한 제1편 제4장의 제목도 '물건과 동물'로 정리했다. 덧붙여 제252조도 개정하여, 그 표제는 무주물의 귀속에서 '소유자 없는 물건 등의 귀속'으로, 기존 제3항에서 "야생하는 동물은 무주물로 하고 사양하는 야생동물도 다시 야생 상태로 돌아가면 무주물로 한다"라고 규정하던 것을 "야생하는 동물은 소유자 없는 동물로 하고, 기르던 야생동물도 다시 야생 상태로 돌아가면 소유자 없는 동물로 한다"라고 개정한다.[16]

제안 이유를 구체적으로 보면, 이번 개정안은 반려동물 양

---

16   개정안의 이 같은 내용은 당초 공개된 법안과는 다소 차이가 있다. 초안은 오직 제98조의2만을 신설하는 내용이었고, 제2항의 '대해서는'이 공개된 개정안에서는 '관하여는'이라고 되어 있어서 자구 차이가 있다.

육 인구가 증가하고 '동물권' 보호에 대한 사회적 인식이 확산하는 가운데, 민법이 이러한 변화에 부응하고 동물의 법적 지위를 개선하려는 의도를 읽을 수 있다.[17]

반려동물을 양육하는 인구가 지속적으로 증가하고 있고, 동물 학대·유기 방지, 동물에 대한 비인도적 처우 개선 및 동물권 보호 강화 등을 위한 움직임이 필요하다는 사회적 인식이 확산되고 있으나, 현행 민법에서는 동물을 물건으로 취급하고 있어 이러한 사회적 인식 변화에 부합하지 못하고 있다는 지적이 꾸준히 제기되어왔음. 이에 민법상 동물은 물건이 아님을 규정하여 동물에 대한 국민의 변화된 인식을 반영하고, 동물의 법적 지위를 개선하려는 것임.[18]

제안 배경에는 많은 사람이 수긍할 수 있을 것이다. 농림축산식품부가 작성한 「2020~2024년 동물 복지 종합 계획」에 따

---

17 '동물권'이 정부 문서에 등장하는 사례를 전부 조사하지는 못했지만, 이번 민법 개정 안에 대한 법무부의 제안 이유에서 동물권이라는 표현이 등장한 것 외에도 2022년 1월 촬영에 동원된 말을 학대한 사건에 대해 농림축산식품부에서 낸 보도자료에 '동물의 생명권'이라는 표현이 등장한다. 해당 보도자료는 '출연 동물 보호 가이드라인'을 마련할 계획이라고 하면서 기본 원칙으로 '동물의 생명권 존중'을 언급하고 있다(농림축산식품부, 「동물 촬영 시 동물 보호·복지 제고 대책 마련한다」, 보도자료, 2022. 1. 25).

18 정부, 「민법 일부 개정 법률안(2112764)」, 2021, p. 1의 제안 이유.

르면, 전체 가구 중 반려동물 양육 가구 비율은 2010년 17.4퍼센트였던 것이 2015년 21.8퍼센트, 2019년 26.4퍼센트로 꾸준히 증가해왔음을 알 수 있다. 국민 의식 조사 결과에서도 동물 학대 목격 시 그냥 지나친다는 답변 비율이 2015년 43.8퍼센트에서 2019년 21.8퍼센트로 감소했다고 하며, 이를 예시로 하여 동물 보호 및 복지에 대한 국민 관심도가 증가했다고 농림축산식품부의 이 계획은 평가하고 있다.[19] 5년마다 실시되는 '인구주택총조사'에서도 2020년 처음으로 반려동물을 조사 항목에 포함했다. 이는 1인 가구 등 가족 구조 변화에 대응하여 동물 보호 및 복지 정책 수립의 기초 자료로 활용하기 위함이다.

법무부의 입법 추진과 사공일가 TF

개정안은 1인 가구 등 새로운 가족 형태 확산에 따른 정책적 대응이다. 그러한 활동은 개정안의 주관 부처인 법무부에서 2021년 입법 추진과 병행하여 운영했던 사공일가(사회적 공존을 위한 1인 가족) TF의 활동을 통해 더 잘 드러난다. 법무부는 2021년 3월 발표한 주요 업무 추진 계획에서 '변화하는 미래 사회의 삶에 대응하는 민사법 개정' 항목의 세부 과제 중 하나로서 '1인 가구의 사회적 공존을 위한 제도 마련'을 제시했다. 1인 가구를 포함해 다양한 가족 형태를 포용하기 위한 법무 정

---

19   농림축산식품부, 「2020~2024년 동물복지 종합계획」, 보고서, 2020. p. 7.

책을 추진하는 수단으로는 사공일가 TF를 구성하여 운영하는 안을 제시했고, 친족, 상속, 주거, 유대를 관점으로 채택했다. 그리고 '유대' 항목에서 '반려동물의 법적 지위 개선 등'을 언급한다. 보다 구체적으로는 "반려동물의 증가에 따라, 동물의 법적 지위를 재조명(비물건화)하고, 강제집행을 금지하는 등의 민법·민사집행법 개정 추진(2021년 하반기)"을 제시하고 있다.[20]

사공일가 TF는 세 차례 모임을 열었다. 주목할 만한 것은 민법 개정안이 처음 입법 예고된 2021년 7월 19일과 국무회의를 거쳐 법안을 제출한 2021년 10월 1일(당시 10월로 예정) 사이에 개최된 제3차 회의이다. 제3차 회의에서는 동물의 비물건화를 전제로 한 후속 법안들의 방향, 원칙, 기본적 문안 들을 논의했고, 민법에 '정서적 유대'를 표지로 하는 반려동물 개념 규정, 반려동물의 치료비 상당 손해배상액이 교환가치를 넘어서도 인정할 수 있도록 하는 규정, 반려동물이 불법행위로 생명을 잃거나 상해를 입은 경우 위자료 청구 근거 규정 마련, 민사집행법상 압류금지 대상에 반려동물 추가를 추진하기로 결론을 내렸다.[21] 이러한 후속 입법은 의원실을 설득하여 의원입법으로 추진하겠다는 입장이다.[22] 언급된 내용은 '특별한 규정'이 필요하다고 지금까지 논의되어온 지점을 충족하는 것이 대부

---

20   법무부, 「2021년 법무부 주요업무 추진계획」, 2021, p. 25.

21   법무부, 「친양자 입양제도 개선 방향 및 동물의 비물건화 후속 법안 논의—법무부 사공일가(사회적 공존을 위한 1인가구) TF 제3차 회의 결과」, 보도자료, 2021. 9. 6, p. 3.

분이며 전반적으로 수긍할 수 있어 보인다. 후술하듯 관련 내용은 이미 의원 발의가 되어 있고, 따라서 이 법안들과 합쳐서 '법제사법위원장 대안'으로 만든다면 결과적으로는 법무부가 추진하려던 바를 이룰 것이다. 다만 필요하다고 판단하면서도 적극적으로 법안으로 제출하지 않고 국회에 공을 떠넘긴 점은 다소 이해가 가지 않는다.[23]

기타 국회 계류 중인 법률안

법무부의 개정안 외에도 국회에서 검토 중인 민법 일부 개정 법률안 중 동물의 법적 지위를 직접 언급한 것은 이성만 의원 안(2114060), 박성준 의원 안(2113571), 정청래 의원 안(2109106)이 있다. 이들은 동물은 물건이 아니라고 하며, 그 밖에 추가적인 내용을 규정하기도 한다. 이성만 의원 안은 제839조의4(이혼과 동물의 보호 책임 등)를 추가로 신설하여 협의이

---

22   사공일가 TF, 『어쩌면 우리 모두 1인가구』, 미디어샘, 2021.

23   이 점은 법원행정처에 다음과 같은 비판의 빌미를 주고야 말았다. "일정한 범위의 동물 치료비에 관한 손해배상의 특칙을 함께 규정하고, 동물에 대한 소유권 행사에 제한을 가하는 특칙도 함께 규정하는 등 민법상 지위를 분명하게 해줄 수 있는 다른 규정의 개정이 함께 고려되지 않는다면, 동물의 민법상 지위를 변경하는 규정은 프로그램적 규정에 그칠 우려가 있음."(법원행정처, 「『민법』 일부개정법률안(정부 제출, 제12764호)에 대한 검토 의견」, 2022, p. 5)

혼 시 부부가 공동으로 기르던 반려동물의 보호자 결정과 비용 부담 등 반려동물의 보호에 관한 사항을 당사자의 협의 또는 법원의 결정에 따라 정하도록 하는 한편, 제843조의 준용 규정에 이를 추가함으로써 재판상 이혼에도 준용되도록 했다. 박성준 의원 안은 제764조의2(동물에 대한 특칙)를 추가로 신설하는 내용인데, 그에 따르면 반려동물에 대한 불법행위로 상해가 발생한 때에 동물의 가액을 초과하는 비용에 대해서도 합리적 범위 내에서 배상해야 하며, 상해 또는 사망에 이를 경우 재산상 손해 외에 정신적 손해도 배상하도록 한다. 정청래 의원 안은 동물은 물건이 아니라는 내용만 규정하되 제98조의2라는 별개 조를 신설하지 않고, 기존 제98조의 내용을 제1항으로 하면서 제2항을 신설하는 점에서 차이가 있다.

또한 "동물은 물건이 아니다"와 같은 명시적 문구가 없더라도 법무부 개정안과 같은 문제의식에서 출발한 다른 법안들이 21대 국회에 발의되어 있다. 그러한 것으로는 장제원 의원이 대표 발의한 민법 일부 개정 법률안(2113482)을 비롯하여, 민사집행법상 압류 대상에서 동물을 제외하는 등 특별한 대우를 정한 임종성 의원 안(2107264), 김도읍 의원 안(2108390), 정운천 의원 안(2108513), 한무경 의원 안(2111403)이 있다. 우선 장제원 의원 안은 제764조의2(동물에 대한 특칙)을 신설하는데 그 내용은 앞서 언급한 박성준 의원 안과 유사하다.[24] 민사집행법 개정안은 세 법안 모두 제195조(압류가 금지되는 물건)에 제17

호를 신설하여 일정한 동물을 압류 대상에서 제외토록 한다는 점에서 공통된다. 다만 임종성 의원 안은 "동물보호법 제2조 제1호의3의 반려동물이나 기타 영리 목적으로 사육하지 아니하는 동물"을, 김도읍 의원 안은 "동물보호법 제2조 제1호의3의 반려동물"을, 정운천 의원 안은 "반려伴侶 목적으로 기르는 개, 고양이 등 대통령령으로 정하는 동물"을, 한무경 의원 안은 "동물보호법 제12조에 따라 채무자 등이 등록한 등록 대상 동물"을 그 대상으로 했다는 점에서 적용 대상 동물이 각기 다르다.

이 같은 민사법상 노력 외에도 일정 범위의 동물이 '로드킬'을 당한 경우 구호 의무를 규정함으로써 도로교통법상 동물의 법적 지위를 인정하는 도로교통법 일부 개정 법률안(홍성국 의원 안 2110811)도 발의되어 있다.

사실 법적으로 동물의 물건성을 부정하려는 시도가 처음은 아니다. 그러나 지금같이 여러 법률안이 발의되는 상황은 이전에 없었던 것으로 보인다. 예컨대 이번 개정안을 기초한 법무부가 2004년 민법 개정을 위해 논의하던 당시 상황을 보면, 동물의 법적 지위에 관한 규정을 신설하려는 의견은 정식 법률안

---

24   제764조의2(동물에 대한 특칙) ① 타인이 반려의 목적으로 기르는 동물을 상해한 자는 치료 비용이 동물의 가치를 초과할 때에도 치료 행위의 필요성 등을 고려하여 합리적인 범위 내에서 이를 배상하여야 한다. ② 타인이 반려의 목적으로 기르는 동물의 생명을 해하여 정신상 고통을 가한 자는 그 사람이 입은 정신적 손해에 대하여도 배상할 책임이 있다.

에 포함되지도 못했다는 점이 대비되는 부분이다.[25] 따라서 지금의 상황에 대해서는 정책 입안자들이 동물의 법적 지위 개선에 전보다는 많은 관심을 보이기 시작했다고 이해할 수 있다.[26]

4. 민법 개정안 등과 관련한 논의

서론—개정안의 의의

이번 개정안의 취지에 대해서는 일부 이익 단체[27] 외에 특

---

25 당시 동물의 법적 지위 외에도 물건의 개념에 정보를 추가하는 등 최근에 다시 부각되는 쟁점 등을 포함해 물건에 관한 규정을 개정하자는 의견이 있었으나(서민·김상용·소재선·하경효 위원) 이에 대한 검토 의견은 다음과 같이 부정적이었다(윤진수 위원). "동물에 대한 특별한 규정을 두는 문제와 관련, 이는 주로 독일 민법 제90a조(1990년 신설된 조문)를 참고한 것으로 생각되는데, 여기서는 동물은 물건이 아니고, 이는 특별한 법률에 의하여 보호되지만 물건에 관한 규정은 특별한 규정이 없는 한 준용된다고 규정하고 있다. 그러나 이 규정은 동물 보호를 강조하기 위한 것이지만 실질적으로 종래 동물을 물건으로 다루던 것과 별 차이가 없으며, 단지 상징적인 의미밖에 없는 것이다. 따라서 굳이 민법에 이러한 규정을 둘 필요가 있는가 하는 점은 의문이다." 토의 결과 동물에 관한 규정을 신설할 필요가 없다는 의견이 다수였다는 것으로 기록된다(법무부 민법개정자료발간팀 편, 『2004년 법무부 민법 개정안—총칙·물권 편』, 2012, pp. 156~59).

26 비록 더디지만 동물보호법 등 동물 관련 법 개정은 계속해서 진행 중이고, 동물 복지 종합 계획과 같은 법정 계획이 계속 추진되고 있으며, 또한 최근에는 대통령이 개 식용 종식에 대한 논의를 시작할 필요성을 언급하거나 환경부가 사육 곰 산업 종식을 선언하는 등 정책적 노력도 계속되고 있다.

별히 반대하는 입장은 보이지 않는다. 따라서 반려동물을 가족으로 여기는 분위기, 동물 학대에 대한 사회적 민감도 증가 등을 배경으로 하여, 사회적 변화를 법에도 반영하여 동물의 법적 지위를 정비하자는 데는 어느 정도 공감대가 형성되어 있는 듯하다.[28] 다만 아직 동물을 권리주체로 인정하는 데까지 이르지는 못한 상황이다. 동물의 권리주체성은 '급진적'이라 평가되고 있으며, 보다 점진적인 방안으로서 동물의 물건성을 부정하는 방향이 적절하다는 것이다. 단기적으로는 동물의 물건성을 부정하는 입법을 하고 장기적으로는 인간과 물건 사이 제3의 지위를 동물에게 인정하여 특정한 사안에서 권리능력을 인정하는 방안을 적극적으로 검토해야 한다는 주장이 제기되기도 한다.[29] 그러한 점에서 동물의 물건성 부정은 향후 동물의 처우를 개선할 수 있는 교두보 내지 단기 과제로 제시되고 있으며, 동물에 대한 관점을 전환하는 시발점이 될 수 있다거나 향후 특별법을 통해 동물의 권리능력을 인정할 때에 이를 수용할 수 있는 민법 조항의 의미를 갖는다는 평가를 받기도 한다.[30]

---

27 한국펫산업소매협회의 입장을 소개한 다음 기사 참조. 「'동물≠물건' 법무부 입법 예고에 펫산업소매협회 "규제로 이어지면 안 돼"」, 『데일리벳』 2021. 7. 21.

28 동물권행동 카라, 「[논평] "동물은 물건이 아니다" 법무부의 민법 개정안 입법 예고를 환영한다」, 2021. 7. 21.

29 안소영·이계정, 「민사법적 관점에서 본 동물 관련 법제에 관한 고찰」, 『법조』 70(2), 2021, p. 11. 그러나 동물의 일반적 권리주체성을 지금 단계분만 아니라 미래에라도 인정해야 한다는 주장은 최근 민법 관련 논의에서 주장되지 않은 것으로 보인다.

그러나 그것이 입법화되는 데는 몇 가지 풀어야 할 숙제가 남아 있다. 이미 동물의 물건성을 부정하는 이번 민법 개정 논의가 시작되고 입법 추진이 이루어지는 동안 논문 등을 통해 많은 의견이 제시되었다.[31] 과연 동물은 무엇인지, 물건이 아니라고 하는 것만으로 충분한지, 또 물건이 아님은 무엇을 의미하는지, 물건에 관한 규정이 준용된다는 것은 무엇인지, 동물의 법적 지위를 민법 개정을 통해 해결하는 것은 적절한지, 사회적으로 수용될 만큼의 합의가 있는지 등이 문제 지점들이다. 대개는 비판적으로 접근된 각 쟁점에 대해 더 자세히 고찰해볼 필요가 있다.

---

30   같은 글, p. 14.

31   권용수·이진홍, 「민법상 동물의 지위에 관한 예비적 고찰」, 『법조』 70(2), 2021, pp. 107~28; 김판기·홍진희, 「동물의 비물건화를 위한 민법개정 논의에 대한 비판적 고찰」, 『법과정책연구』 21(3), 2021, pp. 323~46; 안소영·이계정, 같은 글; 이재영, 「동물의 법적 지위에 관한 입법례 및 시사점」, 『NARS 현안분석』 227, 2021. 또한 이 글이 투고된 이후 심사가 이루어지는 사이에도 다음과 같은 논문이 발표되었다. 송정은, 「"동물은 물건이 아니다"의 의미—동물의 새로운 법적 지위를 위한 시론적 고찰」, 『사법』 59, 2022, pp. 259~87; 주현경, 「동물의 법적 지위 변화와 형사법의 변화 모색」, 『환경법과 정책』 28, 2022, pp. 57~81; 최준규, 「동물의 법적 지위에 관한 민법 개정안의 의의와 민사법의 향후 과제, 그리고 민사법의 한계」, 『환경법과 정책』 28, 2022, pp. 1~31; 최훈, 「동물은 물건이 아니다—그 철학적 의미」, 『환경법과 정책』 28, 2022, pp. 151~79; 최희수, 「동물의 법적 지위 변화와 헌법상 동물보호국가로의 전환 모색」, 『환경법과 정책』 28, 2022, pp. 33~56; 한민지, 「동물의 법적 지위에 대한 민법 개정논의에 즈음하여 보는 동물보호법제 발전방향—독일 동물보호법·정책 변화를 중심으로」, 『환경법과 정책』 28, 2022, pp. 83~111; 함태성, 「동물의 법적 지위 변화와 동물보호법의 변화 모색」, 『환경법과 정책』 28, 2022, pp. 113~50.

민법상 동물 개념 부재로 인한 불명확성

동물은 넓은 개념이다. 식물, 균류와 더불어 생태계를 이루는 세 개의 커다란 축 중 하나이기 때문이다. 그만큼 동물과 관련된 법에서는 그 목적에 따라 동물 개념이 다르다.[32] 게다가 사람과 어떤 관계에 놓이느냐에 따라서 동물들은 다양하게 유형화되기도 한다. 가령 반려동물, 사역 동물, 농장 동물, 실험동물 등의 분류는 인간 중심적이라는 비판을 받을 수도 있겠지만 일단은 동물과 인간이 들어서 있는 현실의 관계를 반영하고 있으며 실정법의 분류에 따른 것이기도 하다. 그만큼 민법이 그 체계 내에서 동물을 다룰 때 어떤 동물을 염두에 두는지를 분명히 하는 것은 중요할 수 있다. 이러한 점에서 동물의 법적 지위에 관한 이번 법률안들은 각기 반려동물에 대한 논의를 특별한 고민 없이 동물 일반으로 확대하는 경향이 있다는 비판이 제기된 바 있다.[33]

---

32   함태성, 「우리나라 동물법의 현황 및 진단, 그리고 향후 과제」, 『법과사회』 60, 2019, pp. 322~23.

33   김판기·홍진희, 같은 글, pp. 338~39.

규정의 불완전성

동물의 법적 지위를 직접 언급한 개정안들은 다음과 같은 세 가지 내용으로 구성되어 있다. ① 동물은 물건이 아님, ② 동물은 특별한 규정을 통해 보호됨, ③ 그 밖의 경우 물건에 관한 규정을 준용함.

우선 개정안은 동물은 물건이 아니라고만 했을 뿐 적극적으로 동물이 '무엇'인지를 말하지는 않는다. 그 결과 이 규정만으로 동물의 민법상 지위가 명확히 규정되지 않으며, 동물에게는 민사상 어떤 권리관계가 있는지도 알 수 없다. 이에 대해 외국의 입법례에서 다른 특칙을 제외하고 동물의 법적 지위에 관한 규정만 법안으로 만든 결과로서 상징적 의미만 갖는 규정을 발표했다는 비판이 제기된다.[34] 또한 이 규정만으로 동물에게 어떤 권리가 인정되는지도 정확하지 않아 불필요한 분쟁이 발생할 것이라고 우려하기도 한다.[35] 결국 '특별한 규정' 또는 '물건에 관한 규정'이 그 내용을 충전해주지만, 이 역시 불완전하거나 실익을 감소시키는 결과를 낳는다는 점이 지적된다. 즉 '특별한 규정'은 불확정적인 데다가, 특별법 우선의 원칙이나 신법 우선의 원칙과 관련하여 사후에 만들어진 특별한 규정에

---

34   같은 글, pp. 339~40.
35   이재영, 같은 글, p. 23.

비해 해당 민법 조항이 우월한 지위에서 실질적인 규율을 해낼 것인지 의심스러운 면이 있다는 것이다.[36] 게다가 '물건에 관한 규정'은 해석상 동물을 물건으로 취급하는 결과를 낳을 것이라는 지적도 있다.[37]

그렇다면 동물을 생명체로서 특별히 취급하는 근거가 될 원칙 조항과 같은 것으로서 이번 민법 개정안을 이해해볼 수도 있을 것이다. 그러나 이 역시 비판의 대상이다. 동물의 실효적 보호에 필요한 개별적 입법은 민법상 선언적 규정 마련이 선행되어야만 가능한 문제는 아니기 때문이다. 가령 동물을 임대차(제618조)할 수 있지만, 동물보호법상 동물의 경품 제공, 영리 목적 대여를 금지하듯이(제8조 제5항 제3호 및 제4호), 이미 민법의 선언적 규정 없이도 특별한 보호는 가능했다는 점이 지적된다.[38]

또한 민법상 동물을 물건이 아니라고 규정하여 특별한 보호가 필요하다는 것의 의미도 불분명하다는 지적이 제기된다. 동물을 일반적인 물건과 달리 어떻게 취급할 것인지, 동물 소유주의 권리 행사나 의무가 어떻게 제한되고 부담되는 것인지가 개정안으로는 도출되지 않기 때문이다. 따라서 이에 대한 별도의 규율이 필요하다는 주장도 등장한다.[39]

---

36 같은 곳.
37 김판기·홍진희, 같은 곳.
38 이재영, 같은 글, p. 24.

민법을 통한 대응의 적절성

동물의 비물건화 규정을 민법이라는 일반 사법에 두는 것이 타당한지도 문제로 제기된다. 가령 법무부는 제안 이유로서 동물 학대 및 유기와 동물권 그리고 국민 의식을 문제 삼고 있다. 그런데 동물의 권리를 인정하는 데에는 이르지 못한 개정안은 학대 및 유기와 국민 의식의 변화에 대한 대응이라고 보아야 한다. 이 지점에서 반려동물 학대와 유기는 동물 공법 영역의 문제라는 비판이 제기된다. 반려동물이 버려지고 학대받으며 고통받는 직접적 원인은 민법이 동물을 물건으로 취급하고 있어서가 아니기 때문이다. 그러므로 학대와 유기는 동물 사법과는 구분되는 동물 공법 영역의 문제로서 동물 복지·보호 관점에서 별도 법률로 해결하는 편이 더 타당하고 효율적이라는 것이다. 반면에 민법과 같은 동물 사법은 동물을 물건으로 하여 체결하는 증여, 매매, 위임, 임치 등의 계약에 적용되는 것이어서, 이번 개정은 민법의 적용에 혼란과 분쟁을 야기할 소지가 다분하다고 한다.[40]

또한 형법과 관련해서도 그 영향이 미미하다는 주장이 있다. 이는 형법이 독자적 정의를 두고 있지 않은 재물 개념과 관

---

39   국회 법제사법위원회, 「민법 일부개정법률안 검토보고—<동물을 물건에서 제외> 정청래 의원 대표발의(의안번호 제9106호)」, 2021, p. 9.

40   김판기·홍진희, 같은 글, p. 336.

련된다. 동물이 재물로 취급되어 손괴죄의 대상이 된다는 점을 겨냥하여, 민법 개정이 손괴죄 적용을 배제한다는 점을 긍정적으로 보는 견해[41]도 있다고 한다. 그러나 법질서의 통일성 측면에서 형법의 재물 개념이 민법상 물건 개념과 일치되는 것이 바람직하다는 전제하에, 동물이 민법상 물건이 아니라면 손괴죄뿐만 아니라 다른 재산죄, 즉 절도·강도·사기·공갈·횡령·장물, 권리 행사 방해와 같은 죄도 성립하지 않는다고 해석할 수 있다는 점도 고려해야 한다는 신중론이 제기된다.[42]

결국 동물의 지위 재정립은 인간과 동물의 전체적인 법적 관계를 다시 설정하는 한편, 구체적인 내용은 별도 입법에 의해서만 형성될 수 있으며 별도 입법은 주로 형사법 및 공법을 기초로 할 것이다. 따라서 전체 법질서의 최상위 규범인 헌법에 근거가 마련되는 것이 바람직하다거나,[43] 동물은 물건이 아니므로 원칙적으로 물권법상 소유권의 객체일 수 없으나 사실상 가축·애완동물 등에 대한 소유권을 배제하기는 어려운 만큼, 동물에 대한 소유권은 인정하되 소유자의 권리 행사를 일정 부분 제한함으로써 생명이 있는 동물의 법적 지위가 일반적인 물건과는 달리 취급되어야 한다는 점을 별도로 규정하는 방안을 검토해볼 수 있다는 주장이 제기된다.[44]

---

41 송정은, 같은 글, p. 61.

42 이재영, 같은 글, p. 23.

43 같은 글, pp. 26~27.

사회적으로 합의에 이를 정도로 충분히 숙고되지 못한 점

동물에 대한 사회적 인식 내지 통념이 민법을 개정할 만큼 보편적으로 변화했는지에 대한 의심도 등장한다.[45] 영업상 사육하고 있는 동물이나 야생동물 등 다양한 종류 또는 관리 형태의 동물이 존재하므로 동물의 권리객체성 및 물건성을 완전히 배제하기 어려운 경우가 있다는 점, 모든 동물에게 비물건성을 인정하는 것에 대한 사회적 인식 및 여건이 마련되었는지 여부가 불확실하다는 점 등을 감안할 때, 개정안과 같이 동물의 물건성을 배제하는 규정을 두는 것은 다양하고 충분한 의견을 수렴하여 결정할 필요가 있다는 것이다.[46] 또한 법원행정처는 동물의 생명과 안전을 보장하고자 하는 개정안의 입법 취지에 공감하나, 동물의 비물건성을 선언하는 것은 기존 권리객체 개념의 패러다임에 미치는 파급 효과가 크다는 점에서 법학계 등의 충분한 의견 수렴 및 국민적 합의가 필요하며, 다양한 종류와 관리 형태의 동물이 존재하므로 일률적으로 동물의 물건성 여부를 규율할 수는 없다는 입장을 표명하기도 했다.[47]

---

44   국회 법제사법위원회, 같은 글, p. 10.

45   김판기·홍진희, 같은 글, p. 337.

46   국회 법제사법위원회, 같은 글, p. 7.

47   같은 글, p. 12; 법원행정처, 같은 글.

최정호   377

5. 독일과 스위스 민법에서의 논의

이상의 비판점을 검토하기에 앞서 우리와 유사한 조항을 둔 독일과 스위스에서의 논의 상황을 참고하려고 한다. 이를 통해 개정안이 실제로 시행된다면 어떤 문제가 제기될 수 있는지를 더 잘 파악할 수 있다.

독일은 1990년 민법에서 동물의 법적 지위 개선을 위한 법률Gesetz zur Verbesserung der Rechtsstellung des Tieres im Bürgerlichen Recht (v 20. 8. 1990. BGBl I 1762)을 통해 민법 제90a조를 신설했다. 그 내용은 "동물은 물건이 아니다. 동물은 개별적 법률에 의해 보호된다. 다른 규정이 정해지지 않은 때에는 물건에 관한 규정을 동물에 준용할 수 있다"는 것으로, 최근 국내에서 논의되는 내용과 유사하다. 스위스는 독일에 이어 2002년 10월 4일 개정 법률을 통과하여 2003년부터 동물의 법적 지위에 관한 규정을 둔 민법이 시행되었다. 제4편 물권 편에서 소유권을 규정한 제641조 아래에 신설된 제641a조의 내용은 다음과 같다. ① 동물은 물건이 아니다. ② 동물에 대한 특별한 규정이 없을 때에는 물건에 적용할 수 있는 규정이 효력이 있다.

두 나라에서 입법이 추진된 과정을 보면 동물에 대한 국민 정서의 변화를 반영하는 데에 주안점이 있었고, 법률의 체계성이 우선시되지는 않았다.[48] 신설된 규정은 새로운 물권법적 범주를 창출했다고 평가된다.[49] 로마법 이래로 수백 년 넘게 이어진 유체물/무체물의 이분법이 확장되었다는 것이다. 나아가 동물은 민법의 영역을 넘어서 법질서에서 더는 물건이 아니라 생명체, 또는 인간의 동료 생명체로 승인되었다고 여겨진다.[50] 그럼에도 불구하고 동물은 어디까지나 권리객체일 뿐, 더 나아가 이를 근거로 권리주체가 된다고 여겨지지는 않는다.[51]

독일과 스위스에서 물건성 부정 조항이 말하는 동물은 생물학적 의미의 동물 일반을 뜻한다. 우선 입법 이유서에 쾌고 감수 능력이 여러 번 언급되었다는 점에서 목적론적 축소를 시도할 수 있지만, 쾌고 감수 능력에 대한 판단은 변화하고 또 그 능력이 떨어지는 동물을 배제하는 문제가 있는 등 적절하지 못하다고 한다. 이른바 '고등한' 종의 동물로 국한하거나 유해한 동물을 배제하는 방안 역시 법률 문언에 충실하지 못하다.[52] 결국 모든 동물을 뜻하되 사람을 배제하게 되는 것이다. 다만 동물의 알이나 배아, 동물의 사체는 여기에서 말하는 동물에 포함되지 않으며, 민법적 물건성이 긍정된다.[53]

---

48   OFK‐*Wolf*, 2016: § 641a, Rn. 2.

49   Staudinger, 2017: § 90a, Rn. 2.

50   Lorz/Metzger, 2019: Einf. Rn. 81; Neuner, 2020: § 90a, Rn. 6; NK-BGB/*Ring*, 2016: § 90a, Rn. 1.

51   NK-BGB/*Ring*, 2016: § 90a, Rn. 2; BSK, 2015; OFK-*Stephan*, 2016: § 641a, Rn. 2.

52   Staudinger, 2017: § 90a, Rn. 5.

53   Staudinger, 2017: § 90a, Rn. 7; BSK, 2015: § 641a, Rn. 5; CHK-*Arnet* ZGB, 2016: § 641a, Rn. 2; OFK‐*Stephan* ZGB, 2016: § 641a, Rn. 4.

규율 내용 면에서는 우리와 비슷한 문제가 제기되었다. 독일의 예를 보면, 동물에 대해서는 특별한 규정에 따라 보호된다는 제2문의 내용이 고유한 내용을 담았다고 볼 수 없으며, 따라서 입법 과정에서 연방참사원이 규정의 삭제를 권고하기도 했다.[54] 물론 동물에 대한 특별한 보호는 동물보호법 등 다양한 연방법 및 주법에서 수행하고 있으며, 그 근거는 이미 연방기본법 제20조에서 도출된다. '민법'을 통한 특별한 보호 요청이 입법자를 구속한다고 보기도 어렵다. 그렇다고 제3문의 준용 규정을 추론하기 위한 단서를 제공하지도 않는 등, 지나치게 불명료한 점이 지적되었다.[55] 이에 비해 제3문은 상대적으로 중요하지만 입법 취지를 퇴색시킬 수도 있음이 문제시되었다. 개별적으로 특별한 규정이 없을 때 물건에 관한 규정을 준용하는 제3문에서 특별한 규정으로는 종래 제833조(동물 보유자의 책임), 제834조(동물 감독자의 책임), 제960조(야생동물), 제961조(봉군에 대한 소유권 상실) 이하가 규정되어 있으며, 제251조(즉시 금전배상)의 제2항 제2문, 제903조(소유자의 권능) 제2문 등도 신설되었다.[56] 민사소송법에서도 별도의 규정을 두

---

54 BR-Drucks 380/89, 2.

55 Staudinger, 2017: § 90a, Rn. 8.

56 그러나 소유권 내용 제한에 관한 독일 민법 제903조 제2문은 그 권리 행사가 "동물 보호를 위한 특별한 규정을 존중"해야 함을 명시하지만, 이 역시 이미 (우리 법에서와 같이) "법률의 한도"라는 문구 때문에 선언적일 뿐이라는 지적이 있다(Staudinger, 2020: § 903, Rn. 31). 스위스의 경우는 다음과 같다. 민법(ZGB) 제651a조(이혼 시

고 있다. 이런 규정에 해당하지 않으면 물건에 관한 규정이 준
용된다. 따라서 동물에 대한 소유와 점유가 가능하며, 다만 소
유권은 언급한 제903조 제2문에 의해 제한된다. 동산 소유권의
양도에 관한 제929조에 따라서 양도도 가능하다. 산출물에 관
한 제93조, 유실물 발견에 관한 제965조, 소비재 매매에 대한
제474조 등 물건에 관한 많은 규정을 준용할 수 있다. 입법 당
시에는 연방의회에서 형법상 유추 금지 여부에 대한 논의도 있
었지만, 준용 규정을 둠으로써 유추는 불가능해진다. 따라서 절
도죄와 손괴죄처럼 물건 개념이 동물 보호 기능까지 갖는 모든
규정에도 민법 제90a조 제3문을 적용할 수 있다.[57] 그러나 물
건에 관한 규정이 동물에 준용됨으로써, 신설된 규정이 이전의
법 상태에 비해 큰 변화를 만들지는 못했다고 평가된다.[58] 스위
스도 마찬가지이며 따라서 "동물은 더는 물건이 아니지만 물건
처럼 다루어진다."[59] 스위스 형법 제110조 제3bis항은 "물건에
관한 규정이라면 동물에도 준용된다"고 규정하여 민법과 연동
시키고 있다.

법관의 반려동물 소유자 지정), 제720a조(유실 동물 습득의 보고), 제722조 1bis항 및
1ter항(유실 동물 소유권 취득), 제728조 1bis항(유실 동물 선의취득), 제934조 제1항
(소유물 반환청구권), 채무법(OR) 제42조 제3항(동물 치료 비용의 배상), 제43조 제
1bis항(동물 반려자의 정서적 가치 고려).

57   BT-Drucks 11/7369, 6 f.

58   NK-BGB/*Ring*, 2016: § 90a, Rn. 2.

59   BSK, 2015: § 641a, Rn. 8.

여러 한계에도 불구하고, 개정을 통해 파급되는 긍정적인 효과도 발견된다. 예컨대 2002년 독일은 연방기본법 제20a조에서 동물을 보호할 국가의 의무를 규정하는 수정으로써 헌법을 개정했다.[60] 케이지 사육 금지, 수평아리 도살 금지, 수퇘지 무마취 거세 금지를 계속해서 달성하고 있다.[61]

6. 결론

개정안을 둘러싸고 다양한 사회적 주체들이 각자 다른 입장을 배경으로 반응을 보이고 있다. 동물의 물건성을 부정하기 위한 민법 일부 개정 법률안이 여럿 제출된 가운데, 주로 반려동물에 초점을 맞추는 경향도 보인다. 가장 중심이 된 정부 제출 개정안의 경우에도 그 배경에는 법무부의 1인 가족 정책의 일환으로서 반려동물과의 '유대'의 맥락이 함께 작동하고 있다. 그런가 하면, 동물권 단체 내지 동물 보호 단체는 반려동물뿐만 아니라 모든 동물의 물건성 부정이 오랫동안 추구되어온 목표 지점이다. 다른 한편 동물 산업 관련 이익 단체는 동물의 물건성 부정이 자신들을 규제할 것을 우려하고 있다. 법학자들은

---

60   Jarass/Pieroth, 2020: § 20a, Rn. 1 ff.

61   한민지, 같은 글, pp. 93~99.

법안이 체계적이지 못하고 공허한 선언에 불과하다는 점을 지적한다. 법은 단순 합의의 결과물이 아니라, 요구할 수 있는 인정 관계의 승인을 배경으로 하는 자유의 문제라는 점을 유념하며,[62] 동물의 법적 지위를 둘러싼 의견 사이에서 돌파구를 찾아야 한다. 따라서 나는 현 상황에 따른 냉철한 진단을 포기하지 않으면서도 보다 미래 지향적인 견해를 피력하려 한다.

민법 개정을 통한 동물의 법적 지위 변화 분석

정부 제출 개정안과 의원 발의 법률안 상당수는 모두 동물의 물건성을 직접 부정하고 있다. 동물은 물건이 아니되, 법률에 따른 특별한 보호를 받고, 그 밖에는 물건에 관한 규정이 준용된다는 각 내용을 다시 정리하면 다음과 같다. "동물은 특별한 보호를 받는 권리객체로서 물건에 준한다." 동물은 여전히 소유권의 객체이며 물건과 같은 거래의 대상이라는 점은 정부안의 제252조(소유자 없는 물건 등의 귀속)가 "야생하는 동물은 소유자 없는 동물로 한다"는 취지를 밝힌 점에서 더욱 분명해진다. 이 점은 독일과 스위스의 입법례에서와 같다.

따라서 민법상 동물의 법적 지위가 개정안을 통해 곧바로

---

62   쿠르트 젤만, 『법철학』 제2판, 윤재왕 옮김, 세창출판사, 2010, p. 229.

이전보다 나아진다고 보기는 어려운 것이 사실이다. 현재의 법 상태에서 동물의 법적 지위는 '물건에 포섭되는 권리객체'이므로 물건에 관한 규정이 '적용'되지만, 동물보호법 등 '타 법'을 통해 특별한 보호를 받는다. 그리고 개정안에 따르면 동물은 '물건이 아닌 권리객체'이므로 물건에 관한 규정이 '준용'되지만 민법과 타 법을 포함하는 '법률'을 통해 특별한 보호를 받는다.[63] 결국 동물은 물건이라는 범주에서 벗어난 수평적 이동이 있을 뿐, 그 밖에 권리주체로 여겨지는 등의 수직적 이동이 일어난다거나 적어도 수평적으로 이동한 새 범주에서 달리 취급할 방향 제시가 법문을 통해 되지는 않는다. 물건에 관한 규정이 더 이상 적용되지 않고 준용된다고 하는 점 역시, 그 속성이 밝혀지지 않고 해석에 맡겨진 이상 구체적인 해석의 지침을 주지 못한다. 법률을 통한 보호 또한 그것이 민법이든 타 법이든 이 규정을 통해 입법자에게 명령되지 않으므로, 개정 조항

---

63 이것을 두고 주체-동물-물건의 삼분법 체계로 이해하는 입장도 있다. 객체가 물건에서 동물과 물건으로 나뉜 결과로 그렇다는 것이다. 그러나 이는 권리객체의 전형인 물건의 변화에 너무 몰두한 나머지 다양한 권리객체가 존재한다는 점, 물권법의 객체인 물건조차 각기 다른 취급을 해왔다는 점을 놓치는 면이 있다. 예를 들어 법원행정처는 삼분법 체계로 인해 동물에 대한 권리의 내용이 정확히 규율되지 못한 결과, 불필요한 혼란이 발생할 것을 우려한다(법원행정처, 같은 글, p. 3). 하지만 동물을 일반 물건보다 조금 특별하게 대우한 기존 해석 실무의 태도와 동일한 입장이 입법화하여 법적 안정성을 획득하는 것에 이번 개정의 의의가 있다. 다만 '물건이되 특별한 것'과 '동물이되 물건에 관한 규정이 준용된다' 사이의 원칙적 태도 차이는, 물건이 물권의 객체라는 점을 고려할 때 그 모습을 제대로 드러낸다.

이 그 자체로 특별한 기능을 하지는 못한다. 이 점에서 개정안이 완결적이지 못하고 모호하다는 취지의 지적들은 타당한 면이 있다.

　　다만 동물이 더는 물건이 아니라는 법률 용어 변경을 통해 일상용어 차원의 인식 개선이 일어날 수는 있다는 점이 경시될 필요는 없을 것이다. 나아가 동물보호법 등 타 법에서 동물을 보호하기 위한 특별한 규정을 두지 않더라도, 동물과 물건은 다른 취급이 필요하다는 지향점을 민법 자체의 해석에 제시해줄 수는 있다. 가령 반려동물을 일반 물건과는 달리 보아 위자료를 특별 손해로서 인정한 종래의 법원 판결 같은 해석 실무를 이번 개정안이 확인해주는 것 외에, 아직 분명히 쟁점화되지는 않았지만 동물을 일반적인 물건과는 달리 취급할 필요가 있는 곳에서는 법 해석을 위해 고려할 중요한 조문이 될 수 있다.[64] 물론 그러한 특별한 규정은 개별적이고 명시적으로 신설되는 것이 가장 좋겠지만, 아직 그렇지 않은 상황에서는 해석의 변화를 이끌 수 있다.

　　또한 개정안이 원칙적 태도를 변경한 것에서도 중요한 의

64　이러한 개정안이 간접적이고 상징적인 효과에 초점을 둔 것임에도 그 효과를 가볍게 볼 수 없다고 보는 취지에서, 입법만이 아닌 해석 차원에서도 다양한 구체적 추가 조치를 고찰한다. 그러한 것으로 반려동물을 위한 긴급피난, 생태적 공서양속, 동물 관련 의료사고에서 수의사의 불법행위 책임 등을 언급한다. 최준규, 같은 글, pp. 14~19 참조.

미를 도출할 수 있다. 즉 동물이되 특별한 처우를 해온 최근의 해석 실무와 결과적으로는 큰 차이가 없더라도 동물은 물건이 아님을 원칙으로 천명한 것이다. 법학적 개념은 진리의 문제라기보다는 합목적성의 문제라는 점에서,[65] 물건이 소유권과 같은 물권의 객체라는 관점을 취하면 개정안의 중요한 의미를 찾을 수 있다. 물권은 대상에 대한 배타적이고 직접적인 지배를 내용으로 한다. 인간이 배타적 지배를 행사하는 대상은 경제적 가치나 시대적 관념에 따라 변화한다. 가령 지식재산권이 수용되고 데이터 오너십 인정을 위한 논의가 등장하는 배경을 그와 같이 이해할 수 있다.[66] 그렇게 배타적 지배의 범위가 확장되는 가운데 동물은 이 범주에서 배제하겠다는 태도는, 동물이 원칙적으로 배타적 지배의 대상이 아님을 뜻하게 된다. 이때 독일의 예에서 볼 수 있듯 물건에 관한 규정을 준용함으로써, 형법에서 동물 보호 기능을 함께 갖는 물건 내지 재물 개념에서 동물이 배제되는 위험은 제거됨을 알 수 있다.

이에 대해 민법이 아닌 헌법이나 다른 동물 공법 영역에 동물 보호 기능을 강화하는 것이 타당하다는 주장도 경청할 만

---

65   Eric Hilgendorf, "Können Roboter schuldhaft handeln? Zur Übertragbarkeit unseres normativen Grundvokabulars auf Machinen," Susanne Beck(Hrsg.), *Jenseits von Mensch und Machine*, Nomos, 2012, S. 123.

66   이에 대해서는 양천수, 같은 글; 이성엽 외, 『데이터와 법』, 박영사, 2021 등 다양한 논의가 전개 중이다.

하다. 그러나 2018년 정부 헌법 개정안이 동물을 보호할 국가의 의무를 규정했음에도 개헌에 이르지 못한 경험에서 볼 수 있듯, 한 번에 모든 규정을 고치려는 우리 헌법 개정 시도의 특성상 실현되기 어려울 것이다.[67] 다른 공법이 직접적인 보호를 규정하는 것과 별개로 민법 고유의 영역에서 독자적 역할의 변화도 병행되어야 할 것이며, 물건 개념의 통일적 해석에 민법이 큰 역할을 한다는 점에서도 의미가 있을 것이다.

동물 개념에 대한 검토

앞서 국내의 논문과 독일 및 스위스에서의 논의 상황에서처럼 민법에서 동물이란 무엇인지 불분명하다는 문제가 있다. 이러한 지적은 개념의 엄밀성을 고민해보자는 취지에서 적절한 면이 있다. 각 법은 고유의 질서에 따라 그에 적합한 범위에서 동물을 정의하고 있다. 물론 민법은 일반 사법이지만, 개정안이 '물건성이 부정되나 물건과 유사한' 객체를 만들게 되었고, 지금과 같은 소극적 정의가 아닌 적극적 정의를 두는 입법례도 있다는 점에서, 민법상 동물 개념에 대한 검토도 의미 있을 것이다.

---

67   경험적 차원에서의 합의는 이 개헌 시도를 통해 이룰어갈 수 있다.

그런데 각 민법 개정안에서 언급된 '동물'이 결국 반려동물만을 지칭하는 인상을 주는 것은 사실이다. 이는 각 민법 개정안에서 동물의 물건성을 부정하는 조문 외에 실제적인 효과를 발휘하기 위해 개정 또는 신설하려는 조문에서 잘 드러난다.[68] 이때 개정안들은 손해배상의 특칙이나 이혼 시 동물 보호의 책임을 '반려동물'의 경우로 국한하고 있다. 비슷한 현상은 동물의 압류금지를 규정한 민사집행법 개정안에서도 나타난다. 개정안에서는 반려동물을 특별히 지칭하지 않았지만, 그 배경이 된 사공일가 TF의 활동과 법무부 업무 계획은 결국 반려동물의 문제에 초점을 맞춘다. 다만 주로 반려동물처럼 친밀감을 나누어온 동물에 대한 관심을 시작으로 동물 일반의 법적 지위에 대한 관심으로 확장할 여지가 있고 이는 긍정적으로 평가될 수 있다는 점에서, 동물 일반의 법적 지위를 개선하는 문언 자체에 대해 부정하려는 취지로만 비판한다면 발전 가능성을 저해하는 것일 수 있다.

법문에서 특별히 인간과 어떤 관계에 있는 동물인지 언급하지 않은 이상, 독일과 스위스처럼 생물학적 개념에서의 동물로 파악하는 것이 문언에 충실한 해석이라고 판단된다. 또한

---

68   아도르노의 부정 변증법을 분석 틀로 하여 '물건이 아니다'라는 소극적 개념 정의가 갖는 반성적 성찰에 대해 논의하는 것도 의미가 있지만(한민정, 「동물은 무엇이고, 어떻게 받아들여지는가」, 『환경철학』 33, 2022, p. 167), 반성적 성찰을 통해 실천적 의미를 적극적으로 찾는 것이 보다 중요할 것이다.

예컨대 반려동물은 물건이 아니지만 농장 동물은 물건이라는 식의 분류를 통해서 동물을 영역마다 나누어 포섭할 필요도 없어 보인다. 어느 경우든 특별한 대우의 필요성은 존재하며, 그렇게 하는 것이 유체물 객체의 범주를 '물건과 동물'이라고 구분한 이번 개정안의 취지에도 부합한다.

그러나 종국에는 동물이 '무엇'인지를 분명히 밝혀서, 동물과 물건 사이에 어떤 유사성을 염두에 두고 준용이 이루어져야 하는지를 밝혀야 한다. 차이점을 제시함으로써 이를 분명히 한 입법례로는 스페인 민법을 들 수 있는데, 그에 따르면 물건에 관한 규정은 감각을 갖는 존재로서 동물의 본성에 합치하는 때에 준용된다고 한다.[69] 이것은 하나의 지표를 분명히 제시했다는 점에서 의의를 갖지만, 신경계가 발달하지 않은 부류의 동물을 포섭하지 못한다는 한계가 있다. 당장은 해석에 맡겨진 이 문제는, 법원의 하급심 판결과 헌법재판소의 반달가슴곰 사건 판결에서 최소한의 내용을 발견하는 것부터 시작하는 편이 좋을 것이다. 판결문에 따르면, 반려동물의 경우 "감정을 지니고 인간과 공감하는 능력이 있는 생명체"이며 그 소유자와

69　Anne Peters, "Die Rechtsstellung von Tieren. Status quo und Weiterentwicklung," Eike Diehl & Jens Tuider(Hrsg.), *Haben Tiere Rechte? Aspekte und Dimensionen der Mensch-Tier-Beziehung*, BPB, 2019, S. 127 참조. "Das wird im spanischen Reformvorschlag klar ausgedrückt: Die Vorschriften über Sachen sollen nur insoweit auf Tiere anwendbar sein, wie es mit ihrer Natur als empfindungsfäige Wesen vereinbar ist."(같은 곳)

는 "정신적인 유대감과 애정을 나눈다"는 점이 일반 물건과는 다른 점으로서 고려되어야 한다. 반려동물이 아닌 때에도 헌법재판소의 판시 사항을 참고할 수 있다. "동물은 자연환경을 구성하는 생명체로서 인류가 지속 가능한 환경을 유지하기 위하여 동물 생태계와 그 서식 환경을 보존해야 할 공동의 필요성이 있다"는 점을 헌법 제35조 제1항으로부터 해석해내고, 따라서 "동물에 대한 재산권 행사는 사회적 연관성과 사회적 기능이 매우 크다"는 점을 고려해야 할 것이다. 결국 생명체라는 점이 다른 취급을 위한 핵심적 지표가 될 것이다. 또한 동물실험과 관련하여 규정한 동물보호법 제23조에서 "동물 생명의 존엄성"을 모든 영역으로 확장하여, 생명체를 존엄한 존재로 다루는 해석을 이끌어낼 필요가 있다.[70]

따라서 현 논의 단계에서 동물 관련 민법 규정이 정부안처럼 소극적으로 규정되는 것을 피하고, 쾌고 감수 능력이라는 너무 협소한 기준에 얽매이지 않으려면, 동물은 생명체로서 속성에 맞게 취급되어야 한다는 취지로 규정할 필요가 있을 것이다. 이때 다른 법에서의 동물 개념은 특별법 우선의 원칙 등 종래의 법리대로 판단함이 타당하고, 반려동물 등 추가적 개념 정의는 그때마다 필요에 따라 규정하게 될 것이다.

---

70   스위스 연방헌법에서 피조물의 존엄 조항 역시, 유전자 실험과 관련한 특정 조항이 헌법 전반으로 확장되어 해석된 것이다.

동물의 법적 지위에 관한 민법 개정 논의의 평가와 과제

동물의 권리를 위한 동물 정의

결국 이번 개정안의 긍정적 의미는 현행법에서 해석을 통해 개별적으로 인정되어오던 동물의 특별한 지위를 입법화하여 법적 안정성을 확보하는 한편, 동물은 지배 대상이 아닌 생명체로서 대해야 함을 점진적으로 주문한다는 점이다. 이때 일반 물건에 대한 소유권과는 다른 다소 특별한 권리관계는 생명체로서 동물 존중에 기반한 물권 축소로, 손해배상의 특칙이나 이혼 시 반려동물 양육, 압류 대상 배제 등 새로 규정될 다른 취급 내용과 더불어 권리객체로서 물질성을 반영한 물건 규정 준용을 통해 형성된다. 그러나 이에 그치지 않고 동물에 대한 다른 취급이 무엇인지를 지속적으로 논의할 필요가 있다. 이런 논의는 동물과 인간의 근본적인 관계 설정과 더불어 동물에게 필요한 법적 제도화를 고민하는 데 도움이 될 것이다.

동물을 달리 취급하려는 시도가 물건성 부정으로 표출되는 근저에는, 동물을 비롯한 비인간들과의 관계 맺음에 대한 인간의 고민이 깔려 있다. 오늘날 인류세, 기후위기 등 비인간 자연과의 관계와 더불어 인공지능 로봇 등 비인간 인공물과의 관계에 대한 고민은 포스트휴머니즘, 신유물론, 비유물론 등을 거점으로 계속 진행 중이며, 그런 맥락에서 지구법학이 추구하는 지구 중심적 법학의 가능성을 검토해볼 수 있다.[71] 지구법학의 관점에서는 동물의 법적 권리로시 존재할 권리, 서식지에 관한 권리, 지구 공동체가 부단히 새로워지는 과정에서 자신의 역할과 기능을 수행할 수 있는 권리가 제시될 수 있다.

앞서 각주에서 언급했듯 법무부와 농림축산식품부의 보도 자료에서 '동물권'이라는 어휘가 사용되었지만, 이것이 동물을 주체로서 인정한 결과로 보이지는 않는다. 아마도 보도자료의 독자가 될 시민사회의 공감대를 형성하기 위한 용어 선택이었을 것이다. 그렇다 해도 동물과 인간 사이의 정의로운 관계에 대한 고민이 충실히 이행된다면 주관적인 법적 권리까지는 아니더라도 동물의 입장이 잘 반영된 객관적인 법규범이 인정될 여지는 있다. 이는 물건성 부정을 말하는 개정안을 통해서도 충분히 기대할 수 있는 내용이다. 그 이행기적 논의로 필요한 것이 바로 동물 정의일 것이다. 동물 권리와 관련해서는 동물의 인간 유사적 속성이 언급되는 경향이 보이지만, 핵심은 동물이 어떤 속성을 지녔는지가 아니라 한 동물과 한 인간이 권리관계에 들어갈 수 있는지를 고민하는 것이다.[72] 이번 개정안 통과와 더불어, 아직은 물건에 관한 규정이 준용되는 영역에서 구체적 내용 형성을 위해 동물 정의에 대한 고찰이 필요하다.

---

71 지구법학에 관한 국내 연구로는 강금실 외, 『지구를 위한 법학』, 서울대학교출판문화원, 2021, 그리고 이 책의 1부에 실린 박태현과 오동석, 정준영의 글과 더불어 정혜진, 「지구법학과 유엔 '하모니 위드 네이처(HwN)'」, 『환경법과 정책』 26, 2021, pp. 37~61 등을 참조하라. 또한 이번 민법 개정안과 관련하여 인간중심주의를 넘어 한 단계 더 성숙한 논의 필요성을 주장하는 한민지, 같은 글, p. 87 이하를 참조하라.

72 도나 해러웨이, 『해러웨이 선언문』, 황희선 옮김, 책세상, 2019, p. 181.

제주 남방큰돌고래는 법인격을 가질 수 없는가
—생태법인의 창설

박태현

1. 들어가며

우리 각자는 공동의 운명을 갖고 서로 연관되며 서로 의존하는, 분리 불가능한 생명 공동체인 어머니 지구의 일부로, 서로 의존하는 생명 공동체 속에서 어머니 지구의 균형에 해를 가하지 않으면서 인류의 권리만 인정하는 것은 불가능하므로 인간의 권리를 보장하기 위해서라도 어머니 지구와 그 안에 있는 모든 존재의 권리를 인정하고 보호하는 것은 필수적이다.[1]

---

1   「어머니 지구의 권리에 관한 세계 선언분」, 2009.

자연에 법인격을 부여하거나 권리주체를 인정하는 법체계는 제한적이지만 전 세계에 존재한다. 국민 가운데 원주민의 인구 비중이 상대적으로 높고 원주민 문화와 생활양식이 살아 있으며, 소위 서구 법학의 영향에서 상대적으로 자유로운 중남미는 자연과 인간을 분리해 보지 않고 자연 안에서 인간을 본다. 여기서 자연은 인간 행위가 작용하는 피동적인 대상이 아니라 생명을 유지, 부양하는 '살아 있는 실체 또는 시스템living entity or system'이다.

자연의 행위능력의 명시적 또는 묵시적 인정을 바탕으로 자연은 권리를 갖는 주체로, 또는 법인격을 갖는 것으로 선언돼왔는데, 2022년에는 유럽 국가로서는 최초로 스페인이 법률로써 석호가 법인격을 가진다고 선언했다. 또한 2023년 파나마는 특정 생물 종인 바다거북의 권리주체성을 인정했다.

인간 사회에서 자연의 권리를 인간 중심의 법체계에 수용하려면 자연 자체와 다양한 형태의 비인간 생명 존재를 바라보는 우리의 인식을 전면적으로 전환해야 한다. 이러한 인식 전환은 근본적으로 문화의 문제인데 여기서 "법의 전환적 역할"을 기대해볼 수 있다.[2] 법이 자연 자체 또는 특정 자연물을 권

---

2   "법은 사회적 가치를 단순히 수동적으로 반영하지만은 않는다. 법 자체는 도덕과 가치, 믿음 체계 그리고 옳고 그름의 감각에 심대한 영향을 끼친다. […] 이러한 관점에서 법은 사회 변화라는 과업의 중심이 된다. 법을 전환함으로써 사회를 전환할 수 있다."(UN General Assembly, "A/73/221—Harmony with Nature: Report of the

리주체로 인정하고 선언한다는 것은, 이제 자연 또는 자연물을 단순한 자원이나 재산이 아닌 내재적 가치와 고유한 이익을 지닌 실체로 여기고 대우하겠다는 의도를 표현하는 것이다(법의 표현적 기능). 이로써 자연 또는 자연물에 대한 우리의 개별적, 집합적 인식이 달라질 수 있게 된다.

이 글에서는 자연의 가치와 이익을 존중하고 보호하기 위하여 자연 자체나 특정 종 또는 생태계에 권리주체성 또는 법인격을 부여하는 방안을 검토하고자 한다.

2. 환경보호의 새 패러다임 — 자연의 권리

생태위기의 원인

오늘날의 생태위기 원인으로 경제성장의 지속적 추구와 인구 성장, 과소비 등을 들 수 있다. 그런데 자연의 권리론과 관련해서는 현행 환경법을 떠받치는 철학이나 존재론 및 방법론에 그 원인이 있다고 보는 견해가 강력히 제기된다. 오슬로선언[3]이 이러한 인식을 대표적으로 잘 보여준다.

Secretary-General," 2018)

3   오슬로 선언에 대해서는 pp. 68~69, 각주 18을 보라.

오슬로선언에 따르면, 근대 서양 법에 바탕을 둔 환경법은 종교적으로 '인간중심주의,' 인식론적으로 데카르트의 '주체/객체 이분법,' 철학적으로는 '개인주의' 그리고 윤리적으로는 '공리주의'에 그 기원을 두고 있고, 이러한 세계관이 환경법을 인식, 해석하는 방법(론)을 계속 지배하고 있다. 이러한 세계관은 생태적 상호 의존성ecological interdependencies 및 인간-자연 간의 상호 관계성을 간과하고, 자연을 "객체화 또는 대상화"하는 데서 가장 두드러진다 한다.[4]

오슬로선언은 이러한 환경법의 결함을 극복하려면 더 많은 법이 필요한 것이 아니라 지금과는 전혀 다른 법이 필요하며, 생태중심주의ecocentrism, 전일론holism, 세대 내/세대 간 정의 그리고 종種간 정의interspecies justice에 기반한, 법에 대한 생태학적 접근법이 필요하다고 본다.[5]

---

4   박태현, 「에콰도르 헌법상 자연의 권리, 그 이상과 현실」, 『환경법연구』 41(2), 2019, pp. 25~26.

5   이러한 법은 생태적 상호 의존성을 인정하는 한편, 자연에 대한 인간의 우위 그리고 집단 책임성에 대한 개인 권리의 우위를 더는 인정하지 않는다. 본질적으로 생태법은 인간 삶의 자연적 조건을 내재화하고, 이것을 헌법과 인권법, 재산권, 기업의 권리 및 국가 주권을 포함하여 모든 법의 기초로 삼아야 한다고 주장한다.

환경보호를 위한 새 패러다임으로서 자연의 권리 모델[6]

유럽에서 자연의 권리론을 주도하는 변호사 멈타 이토 Mumta Ito는 환경보호를 위한 새로운 패러다임으로 자연의 권리를 인정하자고 주장한다. 이토에 따르면 현행 환경법은 "우리 경제 체계 자체의 근본 지향과 같은 근본 원인은 다루지 않은 채 일상 행위의 외부성externalities만을 관리하도록 설계"되었고, 그 결과 환경법은 "단지 훼손의 속도를 늦출 수 있을 뿐, 훼손 자체를 멈추거나 상황을 반전할 수 없"음을 지적한다. 현행 법 체계에 내재한 근본 결함으로 "살아 있는 존재living beings를 단순한 객체 내지 재산으로 취급하는 태도, 달리 말하면 자연을 생명의 원천으로 보지 않고 단지 인간에 대한 효용성 — 곧 자원으로, 재산으로 또는 자연 자본으로 — 에 따라 그 가치를 평가하는 태도"를 꼽는다(이것이 자연 파괴를 동반하는 무한 성장에 터 잡은 경제 패러다임을 가속화한다고 한다).[7]

이토는 그림에서 보는 바와 같이 자연과 사람, 경제의 관계에 관한 두 가지 모델, 곧 "지속 가능성 모델"과 "자연의 권리 모델"을 제시한다. 지속 가능성 모델은 각 원이 다른 것과 독립하여 존재할 수 있다고 가정하는데, 현실에서 다른 것에 의지

---

6   박태현, 같은 글, pp. 23~24.

7   Mumta Ito, "Nature's rights: a new paradigm for environmental protection," *Ecologist*, 2017. 5. 9.

하지 않고 존재할 수 있는 것은 오직 자연뿐이므로 결국 자연의 권리 모델이 실재에 부합하는 더 적확한 것이라고 본다(이를 "자연 없이는 사람도 없고, 사람 없이는 경제도 없다"는 말로 간결하게 표현한다).

이토는 자연의 생태적 한계 내에서 인간의 경제와 사회 발전을 추구하는 전략에 기반해 자연의 권리 모델을 따라야 한다고 주장한다. 이 자연의 권리 모델의 핵심은 자연을 고유한 이익을 가진 이해 당사자로서 우리 인간의 법체계 내로 받아들이는 것인데, 이를 위한 핵심 장치가 바로 "자연의 권리"[8]이다.[9]

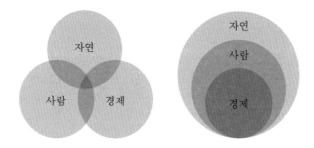

《그림3-2》 지속 가능성 모델과 자연의 권리 모델. 자료: Ito, 같은 글.

---

8   그녀는 기본적으로 권리를 힘의 불균형을 교정하는 도구로 본다. 이러한 측면에서 인간의 전제專制에 대한 강력한 균형 조절 장치로 자연의 권리를 제시하고, 미래 세대를 포함하여 우리 경제와 삶의 기본 토대인 자연의 이익을 대변할 권한을 인간과 정부에 부여하고자 한다.

9   그녀는 이러한 자연의 권리 모델에서 "가장 근본적인 권리는 자연의 권리이고, 자연의 권리의 하부 시스템으로서 인간의 권리, 인간의 하부 시스템으로서 재산 내지 기업의 권리라는 권리의 자연적 위계가 성립한다"는 명제를 도출한다(같은 글).

3. 자연물과 법인격

법에서 사람 — 권리능력 보유 실체

인人에 관한 일반 이론[10]

민법은 자연인(제3조) 이외에 일정한 사람 또는 재산의 조
직체(사단 또는 재단)를 법인(제34조)이라 하여 권리의 주체로
인정한다(따라서 민법에서 '인人,' 곧 사람은 자연인과 법인을 포
괄하는 개념이다). 이처럼 권리의 주체가 될 수 있는 지위 또는
자격을 권리능력이라 하는데 이 권리능력을 갖는 실체를 우리
는 법률상의 인격, 곧 **법인격**을 갖는다고 말한다.[11]

한편 권리능력에는 소송에 투영된 개념으로서 소송법상
개념인 '당사자능력'(민사소송의 당사자가 될 수 있는 자격)이 있
다. 민법상의 권리능력자는 당사자능력을 가진다(민사소송법
제51조).[12]

---

10   제3조(권리능력의 존속 기간) 사람은 생존한 동안 권리와 의무의 주체가 된다. 제34
조(법인의 권리능력) 법인은 법률의 규정에 좇아 정관으로 정한 목적의 범위 내에서
권리와 의무의 주체가 된다. 제31조(법인 성립의 준칙) 법인은 법률의 규정에 의함이
아니면 성립하지 못한다.

11   김용덕, 『주석 민법』, 한국사법행정학회, 2019, 제3조(권리능력의 존속기간).

12   한편 소송능력은 소송당사자로 유효하게 소송행위를 할 수 있는 소송상 행위능력이
며 민법상 행위능력에 해당한다(민사소송법 제51조).

법인法人에 관한 일반 이론

법은 '자연인'과 '자연인 아닌 어떤 것'(실체)에 권리능력 (법인격)을 인정하고 있다. 자연인이 아니면서 권리능력을 갖는 법 실체를 총칭하여 '법률에 따른 사람'이라는 뜻의 법인legal person이라 한다. 법인은 한마디로 권리능력을 갖는(다만 법률의 규정에 따라 일정한 목적 범위에서) 비자연인 실체를 말한다.

민법은 법인으로서 '사람의 집합'(사단) 또는 '재산의 집합'(재단)을 상정한다(기존 법학자와 실무가는 이것으로 법인 관념을 형성한다). 민법은 다음과 같은 목적에서 법인을 인정하고 있다. 첫째, 구성원과 별개로 단체 자체에 법인격이 인정되기 때문에 권리·의무를 법인의 것으로 귀속시킴으로써 법률관계를 단순화할 수 있다. 둘째, 단체 자체에 독립된 법인격이 인정됨으로써 단체에 귀속하는 재산과 구성원 개인에게 귀속하는 재산을 구별할 수 있다.[13]

사단-재단법인과 생태법인의 구분

민법은 권리주체로서 자연인(제2장)과 법인(제3장)을 인정하고 있다. 법인에 있어서는 민법이 상정하는 사단법인이나 재단법인 이외의 조직적 실체도 법률에 따라 얼마든지 권리주체가 될 수 있다.[14] 생태법인도 그러한 것에 속한다.

---

13   김용덕, 같은 책, 제3장 법인 총설.

생태법인eco legal person은 특정 생물 종이나 생태계 등 이른바 자연물에 권리능력(법인격)을 인정하는 것이다. 이는 자연인이 아니면서 법률에 의해 자연인과 마찬가지로 권리능력(법인격)을 갖는다는 의미에서, 민법 제3장이 상정하는 법인(사단 내지 재단)과 같은 법적 장치다.

그러나 생태법인은 자연인과 재산 관계의 구분 처리 등 실용적인 의도에 따라 법률관계를 간명하게 처리하기 위해 구상된 법 기술적 개념이 아니다. 오히려 살아 있는 자연물의 실체성을 인정하며, 그 보호를 위해 그 실체성에 부합하는 적정한 법적 지위를 부여하고자 창출한 새 유형의 법인이다. 법인은 생태 연관성을 갖는다는 의미에서 생태법인이라 부를 수 있다. 이러한 생태법인은 민법상 법인과는 다른 법목적 및 법철학적 원리에 기반한다.

자연물에 법인격(또는 권리주체성)을 부여하는 해외 입법례

일반적으로 자연의 권리에 관한 법은 세 가지 범주로 구분할 수 있다. 모든 자연을 보호하는 법, 특정 자연 형상features 또는는 생태계를 보호하는 법, 그리고 개별 식물 또는 동물 종을 보

---

14   같은 곳.

호하는 법[15]이다.

범주		대상
자연 전체	**권리주체**	• **자연 또는 파차마마(에콰도르, 2008)** 생명이 존재하고 재생되는 곳 • **어머니 지구(볼리비아, 2010)** 모든 살아 있는 시스템과 유기체의 불가분적 공동체로 구성된 **살아 있는 역동적 시스템** • **자연(파나마, 2022)** 상호 관련된 요소, 생물 다양성 및 생태계로 구성된 **집합적이고, 불가분적인 자기 규율적 실체**
특정 생태계	**법인격**	• **숲(뉴질랜드, 2014)** • **강(뉴질랜드, 2017)** • **석호(스페인, 2022)**
특정 종	**권리주체**	• **바다거북(파나마, 2023)**

«그림3-3» 법인격 부여 또는 권리주체 인정 법체계.

---

15 White Earth Band of Ojibwe 부족민은 야생 벼(핵심 종)의 권리를 인정받았다. 인도의 몇몇 주 법원은 동물을 법인으로 보호한다. 인신 보호 청구habeas corpus petitions를 통해 감금 상태인 동물의 권리를 인정하려는 비슷한 노력은 몇몇 동물을 비인간 사람non-human persons으로 인정하는 결과를 가져왔다.

자연 전체에 권리주체성을 인정하는 입법례

(1) 에콰도르(2008)

2008년 에콰도르는 근대 국민국가의 헌법으로서는 최초로 파차마마Pachamama 또는 어머니 지구로 지칭된 자연을 권리주체로 포용하는 내용의 새 헌법을 채택했다. 에콰도르 헌법은 국가와 시민들에게 "자연과 조화하면서 자연의 권리를 인정하는 방식"으로 안녕well-being을 추구할 것을 명하고 있다. 헌법 전문前文에서 "자연의 다양성과 자연과의 조화 속에서 시민들을 위한 새로운 양식의 공존 질서"를 정립함으로써 '좋은 삶의 방식Buen Vivir'[16]을 성취하고자 하는 에콰도르 국민의 의도를 뚜렷하게 드러내고 있다. 자연의 권리는 헌법 제7장에서 규정하고 있다.

---

16 원주민 언어로는 '수막 카우사이Sumak Kawsay'라 한다. 수막 카우사이는 원주민의 세계관에서 유래한 것으로, 공동체적 체계로서 자연과 인간, 인간과 인간 사이의 공생의 가치를 중시한다. 이러한 원주민 철학은 사람과 동식물 그리고 무생물을 포함하여 모든 존재가 관계로 연결되어 있고 상호 영향을 미친다는 '우주적 윤리'의 관점에 서 있다는 점에서 근대성이 갖는 '인본주의'의 틀을 넘어서는 철학이다(구경모 외, 『라틴아메리카 원주민의 어제와 오늘』, 산지니, 2016). 상세히는 조영현·김달관, 「에콰도르 원주민 사상과 세계관의 복원 — 수막 카우사이에 대한 이론적 고찰」, 『중남미연구』 31(2), 2012, pp. 127~60. 한편 수막 카우사이가 서구의 경제성장 중심의 발전 패러다임에 대한 대안 패러다임이 될 가능성이 있는지에 관해서는 같은 글, pp. 151~55; 김은중, 「발전 담론과 수막 카우사이」, 『중남미연구』 32(2), 2013, pp. 99~105를 참조하라.

에콰도르 헌법에 따르면 자연은 크게 두 가지의 권리를 갖는다. 하나는 "존재 자체와 생명의 순환과 구조, 기능 및 진화 과정을 유지하고 재생을 존중받을 권리"이고, 나머지 하나는 "원상회복될 권리"이다.[17]

> 제71조 생명이 재창조되고 존재하는 곳인 자연 또는 파차마마는 존재와 생명의 순환과 구조, 기능 및 진화 과정을 유지하고 재생을 존중받을 불가결한 권리를 가진다. 모든 개인과 공동체, 인민과 민족은 당국에 청원을 통해 자연의 권리를 집행할 수 있다.
>
> 제72조 자연환경이 침해된 경우 그 침해된 자연에 의지해 살아가는 개인과 공동체에 대한 보상 의무와 별도로 자연 자체도 원상회복될 권리를 갖는다.
>
> 제73조 국가는 종의 절멸이나 생태계 훼손 또는 자연 순환의 영구적 변경을 초래할 수 있는 활동을 미리

---

17 박태현, 같은 글, pp. 9~10. 우리가 에콰도르 헌법에서 각별히 주목해야 할 점은 단순히 자연의 권리를 명문화했을 뿐 아니라 자연의 보호, 자연의 권리 인정, 그리고 자연과 조화하는 삶을 인간의 좋은 삶의 방식으로 규정했다는 데서 찾을 수 있다. 자연과 조화하는 삶이 당위 명제가 아니라 그냥 그것이 좋은 삶의 방식이라는, 선조들로부터 전승되어온, 그러나 현재와 같은 생태위기 시대에 이르러 더 각별한 의미를 갖게 된 인생관 내지 세계관을 에콰도르 헌법은 담대하게 선언하고 있다(홍성태·최현·박태현,「공동자원론, 생태헌법을 제안한다」, 진인진, 2017 참조).

방지할 수 있는 제한 조치를 취해야 한다.

제74조 개인과 공동체, 인민과 민족은 환경이 주는 혜택과 좋은 삶의 방식의 향유를 가능케 하는 자연의 부에 대한 권리를 가져야 한다.

참고로 2019년 스웨덴 국회의원 레베카 레 모이네Rebecka Le Moine는 자연의 "존재하고, 번영하고 재생하며 진화할" 권리를 인정하는 헌법 개정안을 발의했다. 모이네는 "우리 사회의 기본 가치는 우리가 이 세계의 지배자라는 것, 그리고 자연은 단지 우리가 사용하는 자원에 불과하다는 것이다. 우리는 자연과의 관계를 다시 생각할 수 있다. 이 경우 자연은 권리를 가짐을 인정하는 것에서 시작할 수 있다. 아직 개정에 성공한 것은 아니지만, 이 개정안은 자연의 권리를 인정했다는 점에서 유럽 최초"라고 언급했다.

(2) 볼리비아(2010)

2010년 볼리비아는 전 세계 최초로 자연에 권리를 부여하는 법률인 '어머니 지구의 권리에 관한 법률'을 제정했다. 이 법률은 자연이 아니라 어머니 지구라는 표현을 채택하면서 어머니 지구를 "모든 살아 있는 시스템과 유기체의 불가분적 공동체로 살아 있는 역동적 시스템"으로 정의하고(제3조),[18] 그 법적 지위를 다음과 같이 설정한다(제5조).

어머니 지구는 집합적 공익collective public interest의 특성을 갖는다. 어머니 지구와 인간 공동체를 포함한 어머니 지구의 모든 구성 요소는 이 법에서 인정하는 내재적 권리를 갖는다. 어머니 지구의 권리 행사에서 다양한 구성 요소의 개별 구체성과 특정성을 고려한다.

이 법률은 어머니 지구의 권리를 일곱 가지로 특정한다.

1. 생명에 대한 권리: 살아 있는 시스템과 이를 지탱하는 자연 과정의 통합성 및 재생 능력과 조건을 유지할 권리.
2. 생명의 다양성에 대한 권리: 인위적 방식으로 유전적 또는 구조적 변경 없이 그들의 존재와 기능 내지 미래 잠재력이 위협받지 않고 어머니 지구를 구성하는 다양화differentiation와 다양한 존재의 보전에 대한 권리.
3. 물에 대한 권리: 어머니 지구와 모든 구성 요소의 생명 재생을 위하여 물 순환의 기능성과 살아 있는 시스템의 지탱에 필요한 양과 질이 보전되고 또 오염되지 아

---

18   Mother Earth is regarded by the law as a dynamic living system comprising an indivisible community of all living systems and organisms, which are interrelated, interdependent, and complementary, and which share a common destiny.

니할 권리.

4. 깨끗한 공기에 대한 권리: 어머니 지구와 모든 구성 요소의 생명 재생을 위하여 살아 있는 시스템의 지탱을 위한 공기의 질과 구성이 보전되고 또 오염되지 아니할 권리.

5. 평형을 유지할 권리: 핵심적인 자연의 순환과정과 상호작용의 지속적인 재생을 위해 균형 잡힌 방식으로 어머니 지구를 이루는 요소의 상호 관계성, 의존성, 보완성 및 기능성을 유지 또는 복원할 권리.

6. 복원의 권리: 인간 활동으로 직간접적 영향을 받은 살아 있는 시스템이 제때 효과적으로 복원될 권리.

7. 오염되지 아니할 권리: 어머니 지구의 구성 요소가 유독성/방사능 폐기물과 오염으로부터 보전될 권리.

(3) 파나마(2022)[19]

파나마는 2022년 2월 24일 '자연의 권리 법Rights of Nature Law'(Panamanian Law No. 287)을 공포했다. 이로써 파나마는 전

---

19 CDER, "Press Release—Eng/Span: PANAMA ENACTS LAW THAT RECOGNIZES RIGHTS of NATURE," https://www.centerforenvironmentalrights. org/news/press-release-panama-enacts-law-that-recognizes-rights-of-nature; Katie Surma, "Panama Enacts a Rights of Nature Law, Guaranteeing the Natural World's 'Right to Exist, Persist and Regenerate,' *Inside Climate News* 2022. 2. 25.(https://perma.cc/V6CD-AULM)

체론적 세계관을 포용한 것이다. 이 세계관은 자연이 그 자체로 내재적 가치를 가진다는 것을 인정하며, 인간과 자연적 실체natural entity를 상호 의존적이고 연결된 존재로 본다. 파나마는 자연의 권리 인정을 통해 자연과의 관계에 관한 집단적 의식에서 전환을 촉진하고, 법체계와 거버넌스 그리고 경제 체계에 깔린 윤리, 가치 및 믿음을 전환하려 한다.

이 법은 자연을 "자기 규율적인 불가분의 집합적 실체a collective, indivisible and self-regulated entity"로 보고 자연의 내재적 가치에 기반하여(제3조) 자연을 존재하고 지속하며 재생할 권리를 가진 주체rights holder로 선언한다(제1조). 이 법률에서 인정한 자연의 권리는 세 가지다. "존재하고, 지속하며, 생명 순환을 재생할 권리" "생물 다양성 보전에 대한 권리" "인간 활동으로 직간접적으로 영향을 받은 경우 복원될 권리."(제10조)

제1조 이 법은 자연을 권리주체로 인정하고, 국가와 모든 사람에게 자연의 권리를 존중하고 보호할 것을 보장할 의무를 인정함을 목적으로 한다. 국가는 법체계와 공공 정책 및 프로그램을 통해 자연의 환경적 혜택의 지속 가능한 이용과 환경 훼손 요인의 예방 및 통제, 환경 피해에 대한 제재 부과 및 복원을 보장하여야 한다. 국가는 환경문제에서 시민과 기업의 정보 접근권 및 사법 접근권

과 함께 참여 및 책임을 증진하여야 한다.

제3조 국가는 자연을 본래 가치와 현세대 및 미래 세대의 향유를 위하여 현 모습대로 존중하여야 한다. 이 법에서 자연은 상호 관련된 요소, 생물 다양성 및 생태계로 구성된 자기 규율적인 불가분의 집합적 실체다.

제10조 국가는 최소한 다음과 같은 자연의 권리를 인정한다. 이는 자연을 구성하는 살아 있는 모든 존재, 요소 및 생태계에 확장된다.

1. 존재할 권리 및 자신의 핵심 순환을 지속하고 재생할 권리.

2. 자신을 구성하는 생명 존재와 요소 및 생태계의 다양성에 대한 권리.

3. 물 순환의 기능성을 보존하고 생명 시스템을 유지, 부양하는 데 필요한 양과 질의 상태를 보전할 권리.

4. 생명 시스템을 유지하고 오염으로부터 보호할 수 있는 대기의 질과 구성을 보존할 권리.

5. 인간 활동으로 직간접적으로 영향을 받은 생명 시스템을 제때 효과적으로 복원할 권리.

6. 인간 활동으로 발생하는 유독성 및 방사성 폐기물(그 구성 요소 포함)에 의하여 오염되지

아니할 권리.

참고로 2019년 리사 혼티베로스Risa Hontiveros 필리핀 상원 의원은 자연의 권리 법Rights of Nature Act of 2019을 발의했다. 이 법은 자연 생태계의 권리를 인정하고 필리핀 주민 누구나 자연의 권리를 집행하는 소를 제기할 수 있도록 한다.[20]

특정 생태계에 법인격을 인정하는 입법례

(1) 뉴질랜드 테우레웨라법 Te Urewera Act 2014 — 숲
테우레웨라는 다듬어지지 않은 아름다움, 외딴 원시림, 푸른 호수 덕분에 1954년 국립공원으로 지정됐다. 그러다 2014년 '테우레웨라법'이 제정되었다. 이 법에 따라 테우레웨라 지역은 이제 영연방 국가 뉴질랜드의 토지도 아니고 국립공원도 아니다. 법인으로서 테우레웨라는 영구 보유지freehold land가 되었다.
테우레웨라법 섹션 4는 이 법의 목적을 다음과 같이 정한다.

이 법은 **테우레웨라의 법적 정체성**과 그 보호 지위를 영

20　Erin Ryan, Holly Curry & Hayes Rule, "Environmental Rights for the 21st Century: A Comprehensive Analysis of the Public Trust Doctrine and Rights of Nature Movement," *Cardozo Law Review* 42(6), 2021, pp. 2447~2576.

구적으로 확립하고 보전하는 것이다. 테우레웨라의 본래 가치와 독특한 자연적·문화적 가치, 그러한 가치의 온전성, 국가적 중요성과 함께 특히

 (a) 투호에Tūhoe족과 테우레웨라 간의 유대를 유지·강화하고,

 (b) 테우레웨라의 자연적 특성과 아름다움, 토착 생태계와 생물 다양성의 온전성, 그리고 역사적·문화적 유산을 가능한 한 보전하고,

 (c) 공공의 이용과 향유, 오락과 학습 및 영적 성찰을 위한 장소 그리고 모두를 위한 영감의 공간으로 제공되어야 한다.

이 법률에 따라 테우레웨라는 '법인'으로서 모든 권리와 권한, 의무 및 책임을 갖는다[제11조(1)].

테우레웨라는 이 법 제16조에 따라 설치되는 테우레웨라 위원회Te Urewera Board가 관리한다. 위원회는 관습적 가치와 법을 반영하고, 의사 결정 시 테우레웨라와 함께 형성된 마오리의 문화와 전통을 고려해야 한다. 위원회의 의사 결정 방식은 만장일치(제33조), 콘센서스(제34조), 조정인의 조정(제35조), 그리고 투표(제36조)다. 다만 만장일치 또는 콘센서스로 의사결정을 하도록 노력해야 한다(제20조).

(2) 뉴질랜드 테아와투푸아법 Te Awa Tupua Act 2017 — 강

뉴질랜드에서 셋째로 긴 왕거누이강은 마오리족이 신성시하는 수로로, 북섬 중부 지역에서 바다까지 290킬로미터를 흐른다. 뉴질랜드 북섬의 산들로 둘러싸인 중심부에서 솟아오른 이 강은 4세기 동안 마오리족에게 영적으로 매우 중요한 무역과 교통의 주요 루트였다.

이 강의 인정과 보호를 보장받으려는 마오리족의 노력은 1870년대로 거슬러간다. 당시 유럽인들의 정주와 채광, 농업, 산림 벌채 등의 행위는 강의 건강에 영향을 미쳤다. 왕거누이강 주변의 마오리족 공동체는 1873년 이래 이 강과의 특별한 관계를 인정받고자 정부를 상대로 싸워왔다. 왕거누이강은 불가분의 살아 있는 유기체로서 북섬 중앙의 산에서부터 바다에 이르기까지 모든 물질적·정신적 요소들을 포용하고 있다고 마오리족 공동체는 믿는다.

뉴질랜드 의회는 2017년 3월 15일 뉴질랜드 북섬에 있는 왕거누이강에 법인격을 부여하는 내용의 왕거누이강 분쟁 해결법을 통과시켰다. 이로써 뉴질랜드 원주민인 마오리족은 약 150년의 긴 싸움 끝에 자신들이 신성하게 여기는 강이 법인격의 지위를 인정받음으로써 강을 둘러싼 고유한 전통을 유지할 수 있게 됐다. 이 법에 따라 왕거누이강은 권리와 의무, 책임 등 인간이 가진 것과 같은 법 지위를 갖게 되며, 마오리족 공동체가 임명한 대표자 1인과 정부가 임명한 대리인 1인으로 구성된

보호자(즉 테포우투푸아Te Pou Tupua)가 강의 건강과 안녕의 이익을 대변하게 된다.

테아와투푸아Te Awa Tupua는 산에서 발원하여 바다에 이르는 왕거누이강을 구성하며, 그것의 모든 물리적, 초물리적 요소를 포함하는 불가분적이고 살아 있는 전체다(제12조). 테아와투푸아의 본래 가치는 다음 네 가지를 표상한다(제13조).

1) 코테카와투아타히Ko Te Kawa Tuatahi : 강은 영적-물리적 자립 지속성sustenance의 원천이다.

2) 코테카와투아루아Ko Te Kawa Tuarua : 위대한 강은 산에서 발원하여 바다에 이른다.

3) 코테카와투아토루Ko Te Kawa Tuatoru : 내가 강이고 강이 곧 나다.

4) 코테카와투아후아Ko Te Kawa Tuawhā : 작고 큰 지류들은 서로에 흘러들어 하나의 강을 이룬다.

(3) 스페인 마르메노르법 ─석호

스페인 마르메노르법은 지중해에 면한 연안 석호 가운데 스페인에서 가장 크고, 지중해 서부에서도 큰 축에 드는 135제곱킬로미터 면적의 마르메노르 전체 해양 석호 생태계에 관한 법이다. 마르메노르법은 마르메노르와 주변 지방자치단체 주민들이 겪는 심각한 사회환경적, 생태적, 인도주의적 위기와 지난 25년 동안의 영향력 있는 수치와 수단에 따른 규제에도 불충분한 현재의 법적 시스템이 법 제정의 이유임을 밝히고 있다. 따라서 이 법의 목적은 마르메노르 석호의 생태계에 고유한 생태적 가치와 세대 간 연대를 기반으로, 자신의 권리를 갖는 법적 주체로서 마르메노르에 법인격을 부여하여 미래 세대 보호를 보장하는 데 있다. 즉 마르메노르 자연 실체에 권리를 부여하는 것은 동시에 생태 파괴로 위협받는 석호 지역 인근 사람들의 권리, 즉 생물문화적 권리derechos bioculturales를 강화·확장하는 것임을 이 법은 명시하고 있다. 마르메노르와 그 유역의 법인 인정은 그 자체로 보호할 가치가 있는 생태계로 이해되어 이제까지 주어진 처우를 한층 더 강화하는 새로운 법적 사건이다. 이는 연안 석호의 자주적 거버넌스를 허용하는데, 석호가 단지 보호, 복구 및 개발의 객체를 넘어 불가분성의 생물학적·환경적·문화적·영적 주체가 된다는 의미다.

스페인 마르메노르법 제1조는 마르메노르와 그 유역에 법인격이 부여되며 공식적인 법적 주체로서 인정된다고 선언한다. 제2조는 마르메노르와 그 유역 역시 중앙정부 등에 생태계의 보호, 보전 및 유지를 요구할 권리를 갖는 법적 실체임을 확인한다. 생태계로서 존재하고 자연적으로 진화할 권리를 갖는 마르메노르를 포함하는 대상의 범위는 마르메노르 석호 및 그 유역은 물론, 그들을 형성하는 물, 유기체, 군집, 토양, 육상·수상 하부 시스템의 모든 자연적 특성을 포함한다.

법 주체로서 마르메노르가 갖는 구체적인 권리는 존재할 권리와 자연적으로 진화할 권리, 생태계에 해를 입히는 활동을 제한, 중지하거나 승인하지 않는 것을 의미하는 보호에 관한 권리, 육상 및 해양 종과 그들의 서식지를 보호하고 해당 자연보호구역을 관리하는 조치를 요구할 보전에 관한 권리, 피해가 발생할 경우 석호 및 집수 구역의 자연의 힘과 복원성을 회복하는 구체적 조치뿐 아니라 관련 생태계 서비스를 복원하는 개선 조치도 포함하는 복원에 관한 권리이다.

특정 종의 권리주체성을 인정하는 입법례: 바다거북(파나마, 2023)

파나마는 2023년 '바다거북과 그 서식지의 보전·보호에 관한 법률'을 제정했다. 이 법은 파나마 국토에 존재하는 모든 종의 바다거북을 보호, 보전하는 동시에 바다거북의 서식지를 복원하고 오염과 훼손을 방지하고자 한다. 아울러 바다거북의 회복력과 생존을 보장하는 데 필요한 조치와 대책을 수립하는 것이 목적이다.

또한 이 법은 바다거북 종의 완전한 보호와 보전을 위해 지역사회와 토착민, 고등교육 및 과학 연구기관, 비정부 사회단체의 노력을 통합하고, 공공 행정 당국 및 관련 지방자치단체와 조율(조정)이 필요하다고 말한다. 아울러 파나마 환경부가 보호구역과 특별 관리 구역, 보호 유보 구역을 설정하고 바다거북과 그 알, 부화 장소와 서식지를 보호하는 데 필요한 기타 보전 및 회복 조치를 법령으로 수립할 때에는 특히 토착민의 세계관 및 전통에 따라야 한다. 건강한 환경에서 생존과 생활을 영위하며, 기후변화, 오염, 혼획, 연안 개발, 무분별한 관광 등 피해를 끼치는 인간 활동에 영향받지 않을 바다거북의 권리와 서식지를 자연인과 법인이 보호하도록 보장해야 한다.

파나마 국토 전체에서 바다거북의 포획, 학대, 감금, 고의적 어획, 가공 내지 고의적 살해는 금지된다. 바다거북의 알, 신체 일부, 부산물과 파생물, 바다거북으로 만든 제품의 국내외 거래 또한 예외 없이 금지된다. 비추출적 이용은 바다거북에게 의존하는 공동체를 경제적으로 부양하는 데 도움이 되는 경우에만 허용되는데, 다만 이 법과 함께 바다거북의 보호 및 보전에 관한 미주 협약, 그 밖에 파나마가 발효한 국내외 법적 문서의 목적을 달성하려는 노력을 저해하지 않는 이용이어야 한다.

4. 제주 남방큰돌고래를 생태법인으로 창설하는 방안

현행법 아래에서 법인을 설립하는 방안

현행 법체계에서 법인으로 설립하는 데는 두 가지 방안이 있다. 하나는, 법률 자체 또는 법률의 개별 조항에 법인을 설립할 수 있는 근거를 규정하는 것이다. 각기 협동조합기본법과 새마을금고법에 근거를 둔 협동조합과 새마을금고는 전자(법률 자체)에, 사회복지사업법에 근거를 둔 사회복지법인이나 의료법에 근거를 둔 의료법인은 후자(법률의 개별 조항)에 속한다.

둘째, 법률 또는 법률의 개별 조항으로써 직접 해당 법인을 설립하는 경우다. 한국환경공단법에 따른 한국환경공단, 한국에너지공과대학교법에 따른 한국에너지공과대학교(이상 법률에 의한 법인의 설립), 해양환경 보전 및 활용에 관한 법률에 따른 해양환경보전협회, 제주특별법에 따른 제주국제자유도시개발센터(이상 법률의 특정 조항에 의한 법인 설립) 등을 예로 들 수 있다.

1안	법률	협동조합 기본법, 새마을금고법 등.
법률에 법인 설립 근거 규정을 두는 방안	개별 조항	사회복지사업법 제16조에 따른 사회복지법인 설립 근거 마련.
2안	법률	한국환경공단법에 따른 한국환경공단 설립.
법률로 법인을 설립하는 방안	개별 조항	제주특별법 제166조에 따른 제주국제자유도시 개발센터 설립.

«그림3-4» 현행법상 법인 설립 방안.

생태법인으로서 제주 남방큰돌고래의 창설

그렇다면 생태법인은 '법률에 따라 특정 생물 종 또는 생태계가 고유한 생태적 습성 또는 특성에 따라 자연에서 존재하고 재생할 이익을 방위하고 실현하는 목적 범위에서 권리능력을 가지는 경우'로 정의할 수 있다. 물론 이와 다른 식으로도 정의할 수 있지만, 어떤 식으로든 누락할 수 없는 핵심 요소는 실체의 어떠한 고유한 이익을 유지, 실현하기 위해 "권리능력"을 가진다(곧 권리주체가 될 수 있다)는 것이다.

현행법상 법인 설립 방안을 고려하면 제주 남방큰돌고래를 생태법인으로 창설하는 방안도 두 가지 안을 상정할 수 있다.

첫째, 법률에 생태법인을 창설할 수 있는 근거 규정 마련
(이후 해당 법률에 따라 제주 남방큰돌고래 등 특
정 종 또는 생태계에 법인격 부여)

둘째, 제주 남방큰돌고래에 법인격을 부여하는 법률 제정

따라서 남방큰돌고래의 법인격을 창설하기 위한 입법 구상은 이론상 네 가지 방안이 있을 수 있다.

입법 구상	제주특별법 개정안	특별법 제정안
생태법인 창설안[21]	1안: 제00조(**핵심종 또는 생태계의 지정 및 생태법인의 성립**) 신설	3안: 가칭 '**생태법인**의 창설 및 후견위원회 설치 등에 관한 법률'
특정 자연물 법인격안[22]	2안: 제00조(**남방큰돌고래의 법인격**) 신설	4안: 가칭 '**남방큰돌고래**의 법인격 및 후견위원회 설치 등에 관한 법률'

«그림3-5» 생태법인 창설 방안.

---

21   특정 종 또는 생태계를 법인으로 할 수 있는 신유형의 법인 법제(생태법인) 창설안.
22   특정 종 또는 생태계에 직접 법인격을 부여하는 방안.

〈그림 3-5〉의 각 안을 간략히 설명하면 다음과 같다. 우선 1안은 제주특별자치도의 자연환경과 도민의 생활 및 안녕에 특별히 중요하다고 인정되는 특정 종 또는 생태계를 핵심 종 또는 생태계로 지정하면, 법률에 따라 이 핵심 종 또는 생태계는 생태법인이 되는 방식이다. 한편 2안은 제주 남방큰돌고래가 개체로서, 또 종으로서 고유한 생태적 습성에 따라 자연에서 존재하고 재생할 이익을 가지며, 이 이익을 방위하고 실현하는 목적 범위에서 다음과 같은 권리를 가지는 권리주체라고 선언하는 방식이다. ① 자연에서 존재하고 재생할 권리, ② 종 또는 서식지 보호에 대한 권리, ③ 종 또는 서식지 회복에 대한 권리 등의 권리를 가진다고 선언하는 방식이다.

3안과 4안도 제주 남방큰돌고래를 생태법인으로 창설하는 기본 방식은 같다. 다만 이를 특별법에 따라 창설한다는 점에서 차이가 있을 뿐이다(물론 단행법이므로 생태법인에 관해 더 풍부하게 규율할 여지는 있다).

누가 자연의 권리를 대표하는가

한편 자연의 권리를 인정한다면, 자연 자체는 행위능력, 곧 권리행사 능력이 없으므로 누가 자연의 권리를 행사할 것인가에 대한 이른바 대표representation의 문제가 발생한다. 이러한 대표 문제는 후견 제도로 나타난다. 즉 자연의 권리는 현실에서 후견인guardian에 의해 행사되는 것이다. 이러한 후견 제도는 크게 두 가지 모델, 곧 에콰도르 모델('전체로서 자연 모델')과 뉴질랜드 모델('특정 생태계 모델')로 나뉜다.

	에콰도르 모델	뉴질랜드 모델
국가	① 에콰도르: 헌법 ② 볼리비아, 파나마: 법률	① 뉴질랜드, 스페인: 법률
보호 범위	**모든 자연**이 (광범한) 법적 권리 보유: 존재할 권리, 생태계 기능을 유지할 권리, 침해 시 회복할 권리	**특정 생태계** 또는 종의 권리가 인정
법적 권리	**자연의 권리**를 명확히 상세 기술	특정 생태계에 **법인격** 부여(자연의 권리 기술 하는 경우 있음)
법적 대표자	**누구나** 자연을 대표할 수 있음	**특정 후견인**이 생태계 대변할 권한과 의무 있음
시정	자연의 권리가 침해되었거나 침해될 우려가 있다고 보고될 경우: 주로 **법원**에서 다뤄짐	후견인은 **통합된 생태계 관리 체제(거버넌스)** 내 제도화

«그림3-6» 후견 제도의 두 유형(모델).[23]

23　Anthony Zelle et al., *Earth Law: Emerging Ecocentric Law—A Guide for Practitioners*, Wolters Kluwer, 2021, p. 163.

여기에서는 뉴질랜드 모델—테아와투푸아와 그 인간 모습human face인 테포우투푸아—을 소개한다. 테아와투푸아는 법인으로서 모든 권리와 권능, 의무 그리고 책임을 갖는다. 이러한 권리 등은 테포우투푸아가 제2절과 테마나오테아와투푸아Te Mana o Te Awa Tupua 문서에서 정한 방식에 따라 테아와투푸아의 이익을 위하여 그 이름으로 행사 또는 이행한다(제14조, 제18조 제2항).

테포우투푸아는 테아와투푸아의 인간 모습이자 목소리다.[24] 법인으로서 테아와투푸아는 테아와투푸아의 지위를 유지하고, 그 건강과 안녕을 보호하기 위하여 테아와투푸아의 이름으로, 테아와투푸아의 이익을 위하여 필요한 조치를 취할 수 있는 인간 행위(대리)주체human agent를 요구한다. 이 법은 이러한 역할을 수행하고 테아와투푸아의 인간 형상으로 활동할 테포우투푸아의 지위를 정하고 있다.

테포우투푸아는 왕거누이강에 이해관계를 갖는 이위iwi 족 1인과 정부 1인으로 공동 임명된다. 이는 이위족과 정부 사이 조약에 따른 동반자 관계와 함께 테아와투푸아를 유지uphold 해야 할 정부의 항구적 책임을 상징한다. 테포우투푸아의 주요 기능은 다음과 같다(제19조 제1항).

---

24   https://www.ngatangatatiaki.co.nz/our-story/ruruku-whakatupua/te-pou-tupua/

① 테아와투푸아의 이익을 위하여 활동하고 발언한다.

② 테아와투푸아의 지위와 본래 가치를 지킨다.

③ 테아와투푸아의 건강과 안녕을 증진하고 보호한다.

④ 테아와투푸아의 이익을 위하여 테아와투푸아에 부여된 토지에 토지 소유자의 역할을 수행한다.

⑤ 그 밖에 테포우투푸아의 목적을 달성하고 그 기능을 수행하기 위하여 합리적으로 필요한 조치를 취할 수 있다.

테포우투푸아는 3인의 위원—왕거누이 이위족 1인, 왕거누이강에 이해관계를 갖는 다른 이위족 1인 그리고 지방정부가 지명하는 1인—으로 구성되는 자문위원회 테카레와오Te Karewao[25]의 도움을 받는다(강의 구분되는 부분에 영향을 미치는 사안에서 자문이 필요한 경우 그 특정 부분에 이해관계를 갖는 이위를 추가 임명할 수 있다). 테카레와오의 역할은 테포우투푸아가 기능을 수행할 때 조언하고 지지하는 것이다. 테포우투푸아는 테 카레와오에 일부 기능을 위임할 수 있다.

---

25   같은 글.

5. 나가며

권리는 더 이상 인간 존재의 보호에 배타적일 수 없다. 이제 모든 형태의 생명에 보호를 부여하는 방향으로 나아가야 한다. 모든 생명은 '법의 주체'가 될 필요가 있다. 자연의 권리를 법체계에 반영·포용한다는 것은 자연이 단순히 사용(종종 남용)되는 인간 재산에 불과하다는 관념을 거부하고 대신 자연이 (우리와 마찬가지로) 존재하고 번영하며 진화할 권리를 가진다는 것을 인정하는 것이다.[26]

자연의 권리 인정은 다음과 같은 의의를 가진다. "의사 결정에서 자연을 독립적인 이해 당사자로 인정하고, 자연의 이익과 권리를 대표할 후견 체제guardianship system를 창설하는 것, 그리고 특정인 또는 지역사회의 당사자 지위standing를 통해 실질적으로 대표하게 할 것."[27]

자연은 정당한 이해 당사자로서 그 존재와 안녕에 관한 이익과 권리를 인정하고, 각종 의사 결정에서 이를 존중하고 적

---

26   Emma Hynek, "Earth Law Center Partners with The Leatherback Project to Support Sea Turtle Conservation Efforts in Panama," Earth Law Center, 2022. 3. 2. https://www.earthlawcenter.org/blog-entries/2022/3/earth-law-center-partners-with-the-leatherback-project-to-support-sea-turtle-conservation-efforts-in-panama.

27   같은 글.

절히 고려하여야 한다. 이러한 자연의 이익과 권리는 후견 체제를 통해 효과적으로 대표되어야 한다.

인류세에 우리의 인식은 지역 공동체, 세계 공동체에서 지구 공동체로 확장되어야 하고 그 속에서 우리 인간은 지구 공동체의 책임 있는 한 성원으로서 다른 다양한 생명 존재와 공동 존재하고 공동 번영해야 한다. 특정 자연물에 생태법인으로서 법적 지위를 부여하자는 제안은 이러한 인식과 윤리에 바탕을 두고 있다.

나가며

과제와 전망

김왕배

시대 전환에 즈음하여

인간 너머 비인간 자연의 권리와 거버넌스 논의가 주목받고 있다. 이 논의들은 지구온난화와 기후위기, 인공지능과 사이보그의 출현 등 급변하는 시대, 이른바 '포스트휴먼 시대' 혹은 '인류세' 시대의 '존재'에 대한 근본적인 성찰과 맞물려 있다. 그동안 인간중심주의적 시각에서 논의되던 '법적인 것'이나 '사회적인 것' '정치적인 것'에 대한 대안 논의 역시 이러한 시대 상황적인 증후들을 반영한다. 즉 인간들의 삶과 법, 정치체제는 인간 너머 비인간 존재와의 관계망 속에서 중층적으로 파악되고 정립되어야 한다는 것이다. 지구법학과 바이오크라시를 지향하는 움직임은 이러한 맥락 속에 있다.

비인간 자연에도 도덕적 권리는 물론 법적 권리가 주어질 수 있는가? 인간들이 모여 이룩한 민주주의 정치체제는 비인간 자연의 주체들, 예컨대 동식물과 강, 숲 등을 참여시키는 바이오크라시 체제로 이행되어야 하는가? 이 같은 다소 '당혹스럽고 시험적인' 도전이 과연 타당하고 또 가능한 일인가? 지구법학과 바이오크라시는 기존의 질서와 사유에 혁신적인 질문을 던지면서 이에 대해 다양한 응답을 제기하고 있다. 이러한 급진적 패러다임은 지구온난화로 인해 인간을 비롯한 생명체가 사라질지도 모른다는 절박한 파국의 서사와 기존 민주주의의 위기론과도 밀접히 연결되어 있다.

비인간 주체들에게 권리를 부여하든, 인간 너머 존재들과 새로운 정치 계약을 체결하여 신新거버넌스 체제를 만들든, 비인간을 법적 권리와 정치 주체로 삼자는 주장은 현실성과 적합성, 타당성과 가능성 문제 등 많은 논쟁을 유발한다. 탈脫인간중심주의적으로 사유한다는 것은 모든 생물체와 무생물체, 준準객체 등의 존재 가치를 보다 높은 수준에서 인정한다는 것을 의미한다. 그렇다면 그들과의 새로운 동맹, 새로운 계약, 새로운 연대를 위한 법적·사회적·정치적 사유와 실험을 시도해보는 것 또한 의미 있는 일이다. 이 새로운 질서야말로 자연에 대한 인간의 무분별한 지배와 폭력을 단절시키고, 인류세 파국의 운명을 막을 수 있으리라는 희망을 준다. 이 책의 저자들 또한 이 같은 문제의식에서 새로운 시대 전환의 가능성을 두루 살펴보고 있다.

시대 전환은 새로운 발상과 상상, 도전, 실험이 지속될 때 가능하다. 한때 관상용으로 다량 수입되었던 붉은가재에게 법인격이 부여된다면, 인간은 과연 그들을 쉽게 유해 물질로 낙인찍어 간단하게 폐기 처분할 수 있을까? 그들의 의지와 상관없이 평화의 상징이란 기호를 부여하고 인류의 축제를 위해 동원했던 수만 마리의 비둘기를, 축제가 끝난 뒤 도시 미관과 위생을 해친다는 이유로 유해 동물로 규정하는 것이 과연 타당한 일일까?[1] 질병을 옮긴다는 이유로 아직 멀쩡하게 살아 있는 수천수만 마리의 닭과 돼지를 살처분 하는 것이 과연 정당한 일일까? 인간의 관점에서만 비인간 존재의 지위와 가치를 평가하고 판단할 수 있을까? 비록 원고 적격성이 결여되어 있다는 이유로 소송은 기각되었지만, 법원 앞에서 '도롱뇽의 재심을 허하라!'라고 외칠 수는 없을까? 다양한 생명이 서식·번식하는 산과 들, 강이 인간과 21세기의 새로운 사회계약, 아니 지구적 차원의 자연 계약을 체결할 수는 없을까? 기존 인간 중심의 민주주의 체제를 넘어 비인간 자연의 대표들도 함께 참여하고 협의하는 바이오크라시의 구축은 과연 현실적으로 가능할까? 아직 현

---

1   비둘기의 사례에 대해서는 김준수, 「한국의 발전주의 도시화와 '국가-자연' 관계의 재조정—감응의 통치를 통해 바라본 도시 비둘기」, 『공간과 사회』 63, 2018, pp. 55~100을 보라.

존하지는 않지만 '부재'로서 존재하는[2] 미래 세대를 위해서, '미래부'라는 새로운 조직을 기존 사법부, 입법부, 행정부의 3부제에 더해 4부제의 정치 구조를 만들 수는 없을까?

비인간 주체들에 대한 종種횡단적 사유를 통해 인간과의 존재론적 동등성을 주창하는 신유물론적 사유,[3] 비인간 주체에게 법적 권리를 부여하고자 시도하는 지구법학, 그리고 이들을 포괄하는 새로운 생명 중심주의 정치체제로서의 바이오크라시는 삼각 구도 속에서 서로 밀접히 상호작용을 할 수밖에 없다. 물론 여전히 이 삼각 구도가 던지는 기초적인 물음과 내용의 타당성과 정당성, 현실성과 실천 가능성 등에 답하는 일은 갈 길이 멀다. 그렇지만 이 책의 저자들은 각개격파식으로 이를 통합해보려는 시도를 하고 있으며, 이 책은 삼각 구도를 완성 짓기 위해 꿰어낸 첫 단추이다. 몇 가지 과제를 던지며, 이 책을 일단락 지어보고자 한다.

비인간론에 대하여

관계론적 실재론, 객체 지향의 존재론, '이질성의 현상학'

---

2   부재는 없음이 아니다. 지금 '없는 형태로 존재하는 것'이다.

3   나는 신유물론을 사변적 실재론, 객체 지향 존재론, 신실재론 등의 조류를 모두 포함하는 용어로 쓸 것이다.

등으로 불리는 신유물론 패러다임은 인간과 비인간 존재를 '물질성'의 차원에서 바라보며 인간과 타 種종 간의 수평적이고 횡단적인 사유, 존재론적 평면성 등을 주장한다. 기존 인간 중심 패러다임의 전복을 꾀하는 것이다. 이들 논의는 특히 지구온난화로 인해 다가올 생명, 생태 환경의 파국을 막아내기 위한 대안으로 제기되기도 한다. 신유물론의 다양한 사조들은 인간/사회, 문명/자연, 인간/비인간 등의 이분법적 세계관을 극복하고, 인간 너머의 세계에서 행위주체성을 갖는 다양한 비인간 존재들을 사회적이고 정치적인 관계 속으로 포섭함으로써 현대 인류 사회가 직면하고 있는 생태위기를 진단하고 대안의 지평을 확장하는 데 큰 기여를 하고 있다.

　　다만 몇 가지 여전히 고민해야 할 과제들을 남기고 있다. 첫째는 인간과 비인간의 비대칭적 관계 문제이다. 패러다임의 혁명을 위해서는 기존의 것을 전복할 수 있는 매우 정교한 논리적 틀과 윤리적 주장뿐 아니라 현실적으로 적용 가능한 대안이 함께 제시되어야 한다. 아무리 인간 너머의 존재가 인간과 동등한 가치를 갖는다는 대명제를 수용한다 해도, 즉 인간과 비인간의 수평적 존재론, 종-횡단적 사유, 존재론적 평면성의 논리가 주장하는 전제들을 받아들인다 해도, 현실적으로 인간과 비인간의 이질적이고 비대칭적인 관계는 어쩔 수 없다. 이러한 인식은 사실판단과 윤리적 가치판단, 인간과 비인간의 차이와 유사, 생태환경에 대한 인간의 책임 문제로 귀결된다.

김왕배　　　　　　　　　　　　　　　　　　　　　　　　431

인간만큼 다양한 의지와 사고력, 언어, 법과 제도, 과학과 기술, 예술과 문명을 발전시킨 존재가 또 있을까? 인간만큼 도덕적 책임을 져야 할 존재가 있을 수 있을까? 자칫 비인간론이 가질 수 있는 냉소주의나 허무주의, 회피주의, 낭만주의, 혹은 허구성과 인간 혐오주의의 가능성에 대한 경계가 필요하다.

결국 인간과 비인간이 존재론적으로 평등하다고 하더라도, 생태환경에 대한 인간의 '책임 우선성'은 변하지 않는다는 것이다. 탈인간중심주의 선언은 지구 행성의 위기에 대해 인간이 다른 존재들과 책임을 나누는 것이 아니라, 다른 존재들과의 공존의식 속에서 더 무거운 책임을 지니는 것을 뜻한다. 탈인간중심주의를 선언하는 이유 중 하나는, 비인간 자연을 배려하는 태도와 이들에 대한 겸양적 자세를 보임으로써 인류세 시대의 파국을 그나마 막을 수 있을 것이라는 기대가 있기 때문이다. 그러나 타자 성찰과 배려의 의식적 행위를 수행할 수 있는 것은 사실상 인간이다. 탈인간중심주의는 인간의 일방적인 자연 해석과 개입, 탐욕과 지배, 폭력을 버리자는 것이지, 인간이 '형편없는' 주체라거나, 책임을 회피하자거나, 다른 종들과 차이가 없다는 것을 의미하지는 않는다.

이 지점에서 해밀턴의 논의가 매우 큰 시사점을 던져준다. 그는 인간이 고도로 발전된 문명, 특히 과학기술을 통해 지구 행성을 지배하고 괴롭혀왔지만, 지구가 그저 수동적으로 견뎌온 것만은 아니라고 주장한다. 지구 역시 강렬한 저항 반응(가뭄, 기근, 폭풍, 오염 등)을 통해 인류에게 공격을 가하고 있다. 즉, 기후위기를 비롯한 자연의 재난은 인간의 폭력을 참고 견디던 지구의 '용트림' 현상이라는 것이다. 해밀턴에 따르면, 인류세의 위기를 해결하는 것은 결국 인간, 문제를 파악하고 진지하게 해결하려는 책임과 역량을 지닌 신新인간이다. 그는 포스트휴먼(비인간론자)들이 비인간 존재들과의 연맹 혹은 수평적 관계를 강조함으로써 오히려 교묘하게 책임을 회피하고 있다고 비판한다.[4] 물론 이것이 신유물론에 대한 비판으로서 얼마나 적합한지는 모르겠지만, 새겨볼 만한 주장이라고 볼 수 있다.

둘째는 인간과 비인간의 소통 가능성 문제이다. '사회적인 것'에 물질적 주체들을 포함한다면, 그리고 일부 논자들이 그들과의 정치 통치 체제까지 고려한다면 어떤 형태로든, 설령 비대칭적이라 하더라도 그들과의 소통이 필요하다. 그것이 어떻게 가능할까?

한 가지 흥미로운 것은 아마존강 숲속에서 재규어와 인간, 즉 인간과 비인간의 소통 가능성을 탐색한 인류학자 에두아르도 콘Eduardo Kohn의 연구이다. 콘에 의하면, 굳이 인간이 사용하는 언어와 상징이 아니더라도 인간은 아이콘이나 인덱스 같은 기호학적 표상에 입각하여 숲의 영령이나 비인간들과 교류 가

---

4   클라이브 해밀턴, 『인류세』, 정서진 옮김, 이상북스, 2018.

능하다.[5] 인간과 동물은 차이점이나 유사성이 아니라 '혼동'을 통해서도 소통 가능하다는 것인데, 콘의 의견에 일부 동의한다 하더라도 '차이'와 비대칭성, 때로 이로 인한 종 간 위계 문제와 보다 온전한 소통의 문제는 여전히 존재론적으로나 실천적으로 풀어내야 할 과제로 남는다.

물론 소통의 노력은 지속되어야 하고, 이를 위해 인간은 비인간의 세계에 주목할 필요가 있다. 즉, 인간은 세계를 바라보는 비인간의 시각을 취해볼 필요가 있다는 것이다. 이언 보고스트Ian Bogost는 비인간과의 관계성을 파악하고자 하는 자신의 입장을 '이질성의 현상학'이라 부른다. 잘 알려진 바와 같이 현상학은 의식의 학문이며, 의식은 대상에 대한 지향성을 가진다. 이 지향성이 대상의 의미를 구성한다. 그런데 이질성의 현상학은 의식의 지향성이 인간뿐만 아니라 비인간들에게도 있다는 점을 강조한다. 인간을 넘어 이질적이고 이방인인 것들, 우리와 친숙한 동식물을 넘어 '다소 괴이한 것들,' 징그럽거나 포비아적인 것들, 벌레, 파충류 등의 의식도 대상을 지향한다는 것이다. 따라서 우리의 과제는 인간이 이질적인 비인간을 어떻게 의식하느냐가 아니라, 비인간들 앞에 나타나는 세계의 모습을 그들이 어떻게 의식하느냐를 이해하는 것이다.[6] 『숲은 생각

---

5   에두아르도 콘, 『숲은 생각한다』, 차은정 옮김, 사월의책, 2018.

6   Ian Bogost, *Alien Phenomenology, or What It's Like to Be a Thing*, University of Minnesota Press, 2012.

한다』의 저자 콘이 주장한 바와 같이, 인간이 숲을 어떻게 생각하는지가 아니라 숲이 어떻게 스스로의 세계를 생각하는지를 해석해내야 하는 것이다.[7]

지구법학과 바이오크라시에 대하여

지구법학은 인간의 관점에서 해석된 자연이 아니라 지구적 차원의 시각에서 비인간을 바라보고, 인간과 비인간의 권리를 함께 체계화한다. 따라서 환경 보존을 위해 지속 가능성을 담보하려는 '인간 복리 중심'의 기존 환경법과는 차원이 다를 수밖에 없다. 그러나 기존 환경법의 급진화를 통해 지구법학의 의미를 한발씩 구현해보자는 '실용주의적' 접근은 지구법학에 많은 시사점을 던져준다. 기존 환경법이 개발의 상한선을 제시해줌으로써 오히려 자연을 파괴하는 데 일조한다는 비판에도 불구하고, 최근 자연 생태에 대한 사법부의 판결이 매우 의미 있게 변하고 있다는 점도 눈여겨볼 만하다. 오래전 스톤 교수가 거대 기업의 삼림 파괴를 저지하기 위해 나무를 원고로 내세워 시작한 소송이 '당사자 적격성'이 없다는 이유로 기각

---

7   이상의 내용은 김왕배, 「'사회적인 것의 재구성'과 '비인간' 존재에 대한 사유」, 『사회와 이론』 40, 2021, pp. 34~39를 요약한 것이다.

당하긴 했지만, 이후 비인간 자연을 보호하기 위한 많은 판결들이 나오고 있다. 동물권을 적극 인정하는 판결 사례가 늘어나고 있고,[8] 자연의 권리를 헌법이나 법률 체계에 담은 남미 일부 국가에서는 이를 적용한 판결이 내려지기도 했다. 기후위기로 인해 환경 이슈에 대한 판결이 진일보하고 있는 것이다.[9] 한국에서도 2021년 '동물은 물건이 아니다'라는 입법 예고를 비롯해,[10] 파충류 서식지의 개발 금지, 환경 운동가들에 의해 발생한 재산권 침해에 대한 관용적 판결 등 비인간 생명과 환경을 보호하려는 진보적 움직임이 법조계에서도 활발히 번져가고 있다.[11] 또한 생태법인의 이름으로 제주 남방큰돌고래의 법인화에 대한 지방자치와 시민운동이 가속화되고 있다.[12] 이러

---

8   Anthony R. Zelle, Grant Wilson, Rachelle Adam & Herman Greene, *Earth Law: Emerging Ecocentric Law—A Guide for Practitioners*, Aspen Publishing, 2020에 실린 다양한 사례를 참조하라.

9   지구온난화로 인해 법원 판단이 바뀌고 있다(「"기후변화, 심각한 위협" 세계의 법원들, 변화 시작됐다」, 『국민일보』 2023. 4. 25). 한편 기후 소송 역시 전 세계적으로 확산되고 있다. 세계적 기후 소송 급증에 대해서는 「기후 위기 속 세상 바꾸는 판결 잇따라… 한국서도 승소 나올까」, 『한겨레』 2022. 8. 1.

10   동물의 반려견 지위 향상과 학대 금지, 그리고 생명을 존중하기 위해 그동안 동물을 물건으로 취급하고 있는 현행 민법을 수정하기 위해 법무부는 2021년 7월 19일 입법 예고를 한 바 있다.

11   포스코가 주최한 한 국제 행사의 단상에 올라가 탄소 배출에 항의하며 행사를 방해했다는 이유로 기소된 사건이다. https://blog.naver.com/heemf/222991828221

12   제주 남방큰돌고래 생태법인 추진에 대해서는 「멸종위기 제주남방큰돌고래에 법적 권리 부여… '생태법인 제도화' 속도」, 『뉴스1』 2023. 8. 8.

한 현상이 아직은 지구법적 전환을 의미하지는 않는다 하더라도, 환경법의 급진적 확장과 시민운동의 새로운 시도들을 통해 지구법학적 의미가 점차 구현될 가능성을 보이고 있다.

그러나 여전히 지구법학이 해결해야 할 다양한 과제가 존재하는데, 그중에서도 가장 핵심적인 것은 권리에 대한 쟁점일 것이다. 법을 구성하는 핵심 요소는 '권리'라고 해도 과언이 아니다. 권리는 크게 계율이나 관습, 도덕적 차원에서 행사되는 권리, 그리고 실정법에서 행사되는 법적 차원의 권리로 나누어 볼 수 있다. 이 양자는 밀접한 관련을 맺기도 하고, 가끔 충돌을 빚기도 한다. 권리 중에서도 무엇보다 인간에게 주어진 보편적이면서도 우선순위를 갖는 것이 기본권으로서, 기본권은 인간의 삶과 생존, 행복을 추구하기 위한 일반적 목표를 설정한다. 그러나 기존의 법과 시스템은 '인간을 위한, 인간에 의한, 인간의 것'으로서, 법인격은 원칙적으로 인간에게만 부여되어왔다. 일부 기업, 조직과 같은 집단에 부여된 법인격 역시 인간이 추구하는 특정 이해관계를 실현하기 위한 산물이었다.

반복되는 말이지만, 지구법학은 인간과 비인간 할 것 없이 모두 지구 행성의 피조물이라는 인식하에 비인간에게도 생존과 서식, 번영의 권리를 부여하고 주장한다. 인간도 자연의 하나일 뿐이다. 인간뿐 아니라 '인간 너머 비인간 자연'에게도 권리가 존재하며, 따라서 이들에게 도덕적 권리는 물론 나아가 실정법상의 법인격을 부여함으로써 그들의 존재적 가치를 보장하자는 것이다(물론 자연의 도덕적 권리와 법적 권리에 대한 논쟁은 여전하다). 그렇다면 그 권리의 근거는 무엇인가?

권리의 근거로서 '모두가 신의 피조물'이라는 서구 기독교 사상, 우주 삼라만상이 '이理'를 소유한다는 유교의 '이일분수론理一分殊論,' 혹은 인간뿐 아니라 미생물, 심지어 무정물無情物이라 불리는 무생물에 이르기까지 '불성佛性'이 존재한다는 불교적 사유 등 신학적·형이상학적 사상에 기댈 수도 있다. 아니면 인간은 태어날 때부터 양도할 수 없는 자유와 생존의 권리를 갖고 태어났다는 자연법사상이나, 합리적 이성의 소유자라고 하는 형이상학적인 철학적 사유를 비인간에게도 적용할 수 있을 것이다. 토마스 베리 신부에 의해 제기된 지구법학적 사유 역시 자연법사상으로 거슬러 올라가는 경향이 있다. 그러나 자연법적 접근만으로 권리의 논거를 뒷받침하기에는 여전히 부족한 점이 많다. 특히 실정법을 도모하는 지구법학자들에게 자연법은 오히려 비판의 대상이 되기도 하기 때문에, 권리 근거의 논의에 갈등을 느끼지 않을 수 없다.[13] 물론 자연의 권리 근거에 대해서도 기존 인간을 중심으로 이어져 내려온 자연법적 사상이나 내재적 가치론, 이해관계설(이익설), 기업 유추설, 후견인론, 신학 이론 등 매우 다양하지만 여전히 가설적 차원의

---

13   자연법사상은 실증주의 법사상에 의해 크게 도전을 받으며 오랫동안 주변화되어온 것이 사실이다. 그러나 자연법사상은 그 한계에도 불구하고 다시 재조명을 받고 있고, 나 역시 동서양의 자연법적 관점을 적극 수용할 필요가 있다고 본다.

논의에 그치고 있다(이 책의 「서문」을 보라). 비인간 자연의 권리 근거에 대한 논의는 여전히 숙제인 것이다. 아울러 지구법학이 추구하는 비인간 자연의 권리에 대한 문제는 매우 이질적인 인간–비인간 이해 당사자 모두에게 적정한 지점에서의 권리 균형을 어떻게 유지할 수 있을까 하는 문제와도 연계된다. 성장과 보존, 먹고 먹히는 다양한 종種들의 먹이사슬에 대한 인식과 판단, 조절과 균형 등에 대한 인식과 판단의 문제 역시 이와 연결된다.

*

자연의 도덕적 권리가 곧 법적 권리와 등치되는 것은 아니다. 법으로의 이행은 내용적으로 매우 복잡하고, 형식적으로 엄격한 과정과 절차, 협의와 동의가 필요하다. 그뿐 아니라 지구법학은 기존의 인간 중심 법 체제와는 전격적으로 다른 사상과 접근 방식을 요구한다. 그렇기 때문에 '현실 가능성' 또한 중요한 과제로 등장한다. 인간과 비인간 자연에 존재론적인 동등성, 수평적 횡단성을 부여한다 해도, 앞에서 말한 '차이'와 비대칭성의 문제가 엄연히 존재한다.

'차이'를 담아내는 법적 장치를 포괄하는 정치체제가 가능할까? 법적 장치를 비롯하여 정치와 시민사회의 공론장을 모두 접합시킨 거버넌스 시스템을 바이오크라시라 했을 때 이것이 어떻게 가능할까? 종교적 가치 체계나 이데올로기처럼 법은 전체 사회 체계를 하나의 형식으로 틀 지워주는 핵심적 역할을 하지만, 실정법과 같은 협의의 법은 전체 사회 시스템의 한 하위 영역으로서 정치와 경제, 시민사회 영역과 유기적 관계를 맺을 때 비로소 효과성effectivity을 발휘한다. 법은 자신의 세계 속에서 합리성을 갖고 다른 영역(정치나 윤리 등)에서는 작용하는 원리로 환원될 수 없는 법 세계만의 코드를 갖지만, 정치와 시민사회와의 개방적인 상호작용 속에서 그 효과성이 입증되기도, 변화하기도 한다. 공적 영역에서 의제화된 시민사회의 요구들이 소통 절차를 법으로 제정하기도 하고, 제정된 법은 다시 정치와 시민사회의 활동에 영향을 미친다. 법은 루만이 말한 대로 재귀적 코드를 갖지만, 정치 영역과 시민사회와의 개방적 소통을 통해 움직인다는 점에서 보면 지구법학을 구축해가는 중요한 관건은 시민사회와의 개방적 소통과 시민운동, 새로운 생활 방식이 뒷받침되어야 한다는 것이다.[14]

민주주의의 정신은 이질성을 배제하는 것이 아니라 포섭하는 것이다. 인간들끼리 맺어온 사회계약은 비인간들과의 관계를 고려하고, 이들을 참여시키며, 이들의 목소리를 담아내는

---

14 최근 전 세계적으로 확산되고 있는 청년 기후 운동은 미래 세대 논의와 일맥상통한다. "UK students sue government over human rights impact of climate crisis," *The Guardian* 2021. 4. 30.

새로운 사회계약으로 전환될 필요가 있다. 인간만이 지구 최상의 피조물이라는 사고를 벗어나, 인간은 지구 행성의 하나의 피조물(에 지나지 않는다)이라는 생각과 비인간과의 수평적 존재론에 대한 사유가 필요하다. 즉, 행성적 사유planet thought가 요청되는 것이다.

　지구법학과 바이오크라시는 단순히 제도와 정책만으로 작동하는 것이 아니다. 인간의 생명뿐 아니라 지구상 모든 생명들을 존중하고 생명주의를 지향하는 시민들의 관습적 사유와 행위가 바탕에 깔려 있어야 한다. 지구법학과 바이오크라시의 핵심에는 '생명'이 놓여 있고, 생명적 사유를 위해서는 협소한 과학적 지식이나 공리주의적 세계관을 넘어서는 영성과 초월성에 대한 감각이 요구된다. 물론 영성과 초월성을 주장한다고 해서 과학 지식을 비난하거나 냉소주의적 시각으로 바라보자는 것은 아니다. 오히려 베리는 '네 겹의 지혜' 중 하나로 과학 지식을 안내한다. '상처를 내는 손이 곧 상처를 아물게 하는 손'이라는 말이 있듯, 그동안 과학기술을 앞장세워 자연을 '닦달'함으로써 인간이 생명/생태 위기를 자초했다면 이러한 위기를 극복하기 위한 하나의 대안으로 우리는 다시 과학기술의 지혜를 불러볼 것이다. 다만 성장 지향의 산업주의, 생명을 자본화하는 시장주의, 생명을 통제하고 억압하는 기술 관료주의에 봉사하는 과학기술, 과학을 맹종하는 과학주의를 철저히 경계할 것이다(이 책의 2부에 실린 김왕배의 글을 보라). 그동안 실증주의 과학의 이름으로 배제해온 목적론적 사유와 사변speculation, 미학적 감성은 비인간 자연과 소통하고 이들과 새로운 사회계약을 맺기 위해서라도 다시 초빙되어야 한다. 과학 자체도 불완전함과 한계를 안고 있다. 과학적 패러다임의 인과론만을 진리로 믿어오면서 윤리와 미적 가치를 배제해온 협소한 과학주의를 극복할 필요가 있다.

또한 우리는 기후위기를 대변하는 인류세 시대의 종말론을 주장하지 않을 것이다. 지구법학과 바이오크라시는 항간에 떠도는 인류세 시대의 파국 서사와 종말론에 대해 불안과 두려움, 무기력을 떨쳐내기 위한 노력의 일환이다. 다만 요나스가 말한 대로 '공포의 발견술'을 통해 인간과 비인간의 관계, 그리고 아직 도래하지 않았으나 훗날 이 땅의 주인이 될 미래 세대를 위한 책임 윤리를 갖출 것을 주문한다.

'생명'은 그 어떠한 과학적 접근을 시도한다고 해서 그 비밀이 밝혀지는 것이 아니고, 심지어 형이상학적 철학이나 신학적 사변을 더한다고 해서 그 비밀이 풀리는 것도 아니다. 어쩌면 우리에게 필요한 것은 밝히는 작업이기보다, 이미 현존하고 있는 그리고 미래 생명의 가치와 의미를 살리고 풍요롭게 하는 것이다. 인간과 비인간을 포함한 지구 공동체의 모든 성원들과의 친교를 바탕으로, 황폐화된 지구를 살리는 길이 곧 우리 모두의 생명을 살게 하는 길이다. 베리는 이를 위해 종교적 회심에 가까운 영적 성찰과 샤머니즘적 감성을 발달시키라고 권고한 바 있다. 이는 인간 중심의 이해관계를 도모해왔던 도구적 이성에 대한 저항이며 반론이다. 이질적인 생명에 대한 존중과 즐거운 친교가 당장은 현실성 없는 낭만의 소리로 들릴지 모르나, 이러한 실험과 도전의 에너지가 발현될 때 지구 행성의 여정이 지속될 것이다.

'생명'은 해방이고, 해방은 자유를 내포한다. 생명의 해방은 억압의 굴레로부터 벗어나는 동시에 '무언가를 할 수 있다'라는 삶의 충동과 자유의지가 분출되는 것을 의미한다. 순환은 바로 이러한 생명의 자유의지가 발현되는 유기적인 과정이다. 순환이 막히면 생명은 죽음에 이른다. 먹음과 먹힘, 부패와 영양분으로의 회귀, 인간과 비인간의 조응, 대지와 바다, 대기의 연쇄적인 환류. 이 모든 순환이야말로 생명의 존재 조건이다. 기존의 억압과 통제의 장벽을 깨기 위한 제도적 장치로서 지구법학과 바이오크라시가 생명의 해방을 추구하기 위한 '순환'의 철학을 내장內藏하고 있다면, 아예 비非통치를 의미하는 '조에아나키zoe-anarchy'로의 용어 전환도 상상해볼 수 있을 것이다.

참고문헌

서문
김왕배, 「'인간 너머' 자연의 권리와 지구법학」

강금실 외, 『지구를 위한 법학 ─ 인간중심주의를 넘어 지구중심주의로』, 서울대학교출판문화원, 2020.

─── , 『지구를 위한 변론』, 김영사, 2021.

강정혜, 『기업법의 도전 ─ 협동조합』, 서울시립대학교출판부, 2021.

구도완, 『생태민주주의』, 도서출판 한티재, 2018.

김도균, 『권리의 문법 ─ 도덕적 권리·인권·법적 권리』. 박영사, 2008.

김민정, 「인간과 자연 관계에 관한 생태 마르크스 이론」, 『환경사회학연구 ECO』 20(2), 2016, pp. 165~94.

김상민·김성윤, 「물질의 귀환 ─ 인류세 담론의 철학적 기초로서의 신유물론」, 『문화과학』 97, 2019, pp. 55~80.

김왕배, 「'사회적인 것'의 재구성과 '비인간 존재'에 대한 사유」, 『사회와 이론』 40, 2021, pp. 7~46.

김종환, 「마르크스와 생태학」, 『마르크스21』 11, 2011, pp. 276~301.

김준수, 「한국의 발전주의 도시화와 '국가-자연' 관계의 재조정 ─ 감응의 통치를 통해 바라본 도시 비둘기」, 『공간과 사회』 63, 2018, pp. 55~100.

─── , 「한국의 외래 생명정치와 인간 너머의 생명안보 ─ 붉은가재 *Procambarus clarkii*를 통해 바라본 생태계 교란종의 존재론적 정치」, 『경제와 사회』 132, 2021, pp. 208~49.

김홍중, 「코로나19와 사회이론: 바이러스, 사회적 거리두기, 비말을 중심으로」, 『한국사회학』 54(3), 2020, pp. 163~87.

김환석, 「새로운 사회학의 모색(1) ─ 탈인간중심주의」, 『경제와 사회』 117, 2018, pp. 236~61.

녹색전환연구소, 『녹색 헌법 ─ 개헌에 신중한 당신에게 띄우는 서른 통의 편지』, 이매진, 2018.

다윈, 찰스, 『지렁이의 활동과 분변토의 형성』, 최훈군 옮김, 지식을만드는지식, 2014.

데란다, 마누엘, 『새로운 사회철학 ─ 배치 이론과 사회적 복합성』, 김영범 옮김, 그린비, 2019.

데이비스, 마이크, 『인류세 시대의 맑스 ─ 불평등과 생태위기에 관하여』, 안민석 옮김, 창비, 2020.

데자르댕, 조제프 R., 『환경윤리』, 김명식·김완구 옮김, 연암서가, 2017.

라투르, 브뤼노 외, 『인간·사물·동맹 ─ 행위자네트워크 이론과 테크노사이언스』, 홍성욱 엮음, 이음, 2010.

랑시에르, 자크, 『불화 ─ 정치와 철학』, 진태원 옮김, 길, 2015.

마굴리스, 린·도리언 세이건, 『생명이란 무엇인가』, 김영 옮김, 리수, 2016.

메이야수, 퀑탱, 『유한성 이후 ─ 우연성의 필연성에 관한 시론』, 정지은 옮김, 도서출판b, 2010.

무어, 제이슨 W., 『생명의 그물 속 자본주의』, 김효진 옮김, 갈무리, 2020.

문순홍, 『생태학의 담론』, 아르케, 2006.

박규환, 「생태주의, 생태민주주의, 법치주의 변화하는 정치·사회질서의 입법정책적 의미」, 『법제논단』 2015, pp. 56~85.

박순열, 「'사회'는 코로나 19에 대처할 수 있는가? 사회의 가능성과 변화에 대한 관찰」, 『공간과 사회』 30(3), 2020, pp. 62~98.

───, 「생태시티즌십 ecological citizenship 논의의 쟁점과 한국적 함의」, 『환경사회학 연구 ECO』 14(1), 2010, pp. 167~94.

박태현, 「인류세에서 지구공동체를 위한 지구법학」, 『환경법과 정책』 26(0), 2021, pp. 1~35.

베넷, 제인, 『생동하는 물질』, 문성재 옮김, 현실문화, 2020.

베리, 토마스, 『토마스 베리의 위대한 과업』, 이영숙 옮김, 대화문화아카데미, 2008.

───, 『황혼의 사색 ─ 성스러운 공동체인 지구에 대한 성찰』, 박만 옮김, 한국기독교연구소, 2015.

백, 울리히, 『위험사회 ─ 새로운 근대(성)을 향하여』, 홍성태 옮김, 새물결, 1997.

보이드, 데이비드, 『자연의 권리 —세계의 운명이 걸린 법률혁명』, 이지원 옮김, 교유서가, 2020.

북친, 머레이, 『머레이 북친의 사회적 생태론과 코뮌주의』, 서유석 옮김, 메이데이, 2012.

브라이언트, 레비 R., 『존재의 지도 —기계와 매체의 존재론』, 김효진 옮김, 갈무리, 2020.

샤비로, 스티븐, 『사물들의 우주』, 안호성 옮김, 갈무리, 2021.

서영표, 「영국의 생태마르크스주의 논쟁 —테드 벤튼과 케이트 소퍼를 중심으로」, 『동향과 전망』 77, 2009, pp. 318~51.

손기웅, 『'그린 데탕트' 실천전략 —환경공동체 형성과 접경지역·DMZ 평화생태적 이용방안』, 통일연구원, 2014.

스톤, 크리스토퍼 D., 『법정에 선 나무들』, 허범 옮김, 아르케, 2003.

싱어, 피터, 『동물 해방』, 김성한 옮김, 연암서가, 2012.

양해림, 『한스 요나스의 생태학적 사유 읽기』, 충남대학교출판문화원, 2017.

엘리스, 얼 C., 『인류세』, 김용진·박범순 옮김, 교유서가, 2021.

오동석, 「지구법학 관점에서 한국헌법의 해석론」, 『환경법과 정책』 26, 2021, pp. 63~85.

요나스, 한스, 『책임의 원칙 —기술 시대의 생태학적 윤리』, 이진우 옮김, 서광사, 1994.

———, 『물질·정신·창조 —우주의 기원과 진화에 관한 철학적 성찰』, 소병철·김종국 옮김, 철학과현실사, 2007.

울렌브럭, 샬럿, 『동물과의 대화』, 양은모 옮김, 문학세계사, 2005.

웍스킬, 야콥 V., 『동물들의 세계와 인간의 세계 —보이지 않는 세계의 그림책』, 정지은 옮김, 도서출판b, 2012.

이상헌, 『생태주의』, 책세상, 2017.

이계수, 「한국환경법의 역사와 과제」, 『민주법학』 51(0), 2013, pp. 135~76.

정세근, 「노장과 그 주석가들의 자연개념의 형성과 변천」, 『도교문화연구』 13, 1999, pp. 187~212.

정영신, 「엘리너 호스트롬의 자원관리론을 넘어서 —커먼즈에 대한 정치생태학적 접근을 위하여」, 『환경사회학연구 ECO』 20(1), 2016, pp. 399~442.

정준영, 「지구법학의 원리와 사유재산권」, 『환경법과 정책』 26, 2021, pp. 87~114.

조효제,『탄소사회의 종말—인권의 눈으로 기후위기와 팬데믹을 읽다』, 21세기 북스, 2020.

조천수,「자연법과 사물의 본성」,『저스티스』 77, 2004, pp. 157~75.

진희종,「생태민주주의를 위한 '생태법인' 제도의 필요성」,『대동철학』 90, 2020, pp. 111~27.

추장민,「한반도「그린데탕트」추진방안에 관한 연구」, 한국환경연구원 연구보고서, 2013.

최명애·박범순,「인류세 연구와 한국 환경사회학—새로운 질문들」,『환경사회학연구 ECO』 23(2), 2019, pp. 7~41.

최선호,「자연의 권리소송에 관한 비교법적 고찰—천성산 도롱뇽 사건을 중심으로」, 제1회 가톨릭대학교 생명대학원 학술세미나 발표문, 2013.

최정호,「자연의 권리의 형법적 예방과 규제」, (재)지구와사람 6차 연례 콘퍼런스 발표문, 2022.

최현,「공동자원론 개념과 제주의 공동목장—공동자원으로서의 특징」,『경제와 사회』 98, 2013, pp. 12~39.

카프라, 프리초프·우고 마테이,『최후의 전환—지속 가능한 미래를 위한 커먼즈와 생태법』, 박태현·김영준 옮김, 경희대학교출판문화원, 2019.

컬리넌, 코막,『야생의 법—지구법 선언』, 박태현 옮김, 포럼 지구와사람 기획, 로도스, 2016.

테일러, 폴 W.,『자연에 대한 존중—생명 중심주의 환경 윤리론』, 김영 옮김, 박종무 감수, 리수, 2020.

하먼, 그레이엄,『네트워크의 군주—브리노 라투르의 객체지향 철학』, 김효진 옮김, 갈무리, 2019.

하트만, 톰,『기업은 어떻게 인간이 되었는가?』, 이시은 옮김, 어마마마, 2014.

해밀턴, 클라이브,『인류세』, 정서진 옮김, 이상북스, 2020.

홍정근,『호락논변의 전개와 현대적 가치』, 학고방, 2020.

Bell, Mike, "Thomas Berry and an Earth jurisprudence," *The Trumpeter* 19(1), 2003, pp. 69~96.

Benton, Ted, "Biology and Social Science: Why the Return of the Repressed should be given (Cautious) Welcome," *SAGE journals* 25(1), 1991, pp. 1~29.

Bhattarai, Ananda M., "Earthquake and Earth Justice: Emergence of the Environmental Justice Movement and Its Relevance in Addressing Unanticipated Events," Jorn H. Kruhl, Rameshwar Adhikari & Uwe E. Dorka(eds), *Living Under the Threat of Earthquakes*, Springer Natural Hazards, 2017, pp. 285~92.

Bogost, Ian, *Alien Phenomenology, or What It's Like to Be a Thing*, University of Minnesota Press, 2012.

Burdon, Peter, "Wild law: the philosophy of earth jurisprudence," *Alternative Law Journal* 35(2), 2010, pp. 62~65.

Burkett, Paul, "Marxism and Natural Limits: A Rejoinder," *Historical Materialism* 8(1), 2001, pp. 333~54.

Dobson, Andrew, *Citizenship and the Environment*, Oxford University Press, 2003.

Gabardi, Wayne, *The Next Social Contract: Animals, the Anthropocene, and Biopolitics*, Temple University Press, 2017.

Hailwood, Simon, "Environmental citizenship as reasonable citizenship," *Environmental Politics*, 14(2), 2005, pp. 195~210.

Hardin, Garrett, "The Tragedy of the Commons: The population problem has no technical solution: it requires a fundamental extention in morality," *Science* 162, 1968, pp. 1243~48.

Ioris, Antonio A. R., *The Political Ecology of the State: The basis and the evolution of environmental statehood*, Routledge, 2014.

Koons, Judith E., "What is Earth Jurisprudence: Key Principles to Transform Law for the Health of the Planet," *Penn State Environmental Law Review* 18, 2009.

Lorimer, Jamie, "Nonhuman charisma," *Environment and Planning D: Society and Space* 25(5), 2007, pp. 911~32.

Naess, Arne, "The shallow and the deep, long-range ecology movement: A summary," *Inquiry* 16(1-4), 1973, pp. 95~100.

Podolinsky, Sergei, "Socialism and the Unity of Physical Forces," *Organization & Environment* 17(1), 2004, pp. 61~75.

Ratnapala, Suri, *Jurisprudence*, Cambridge University Press, 2009.

Whatmore, Sarah, "Materialist returns: practising cultural geography in and for a more-than-human world," *Cultural Geographies* 13(4), 2006, pp. 600~609.

Whitehead, Mark, Rhye Jones & Martin Jones, *The Nature of the State: Excavating the Political Ecologies of the Modern State*, Oxford University Press, 2007.

Youatt, Rafi, *Interspecies Politics: Nature, Borders, States(Configurations: Critical Studies of the World Politics)*, University of Michigan Press, 2020.

Zelle, Anthony R., Grant Wilson & Rachelle Adam, *Earth Law: Emerging Ecocentric Law—A Guide for Practioners*, Wolters Kluwer, 2020.

1부 지구법학의 이론과 전개

박태현, 「인류세에서 지구 공동체를 위한 지구법학」

강금실 외, 『지구를 위한 법학—인간중심주의를 넘어 지구중심주의로』, 서울대학교출판문화원, 2020.

김도균, 「권리담론의 세 차원—개념분석, 정당화, 제도화」, 『법철학연구』 7(1), 2004, pp. 181~210.

김상민·김성윤, 「물질의 귀환—인류세 담론의 철학적 기초로서의 신유물론」, 『문화과학』 97, 2019, pp. 55~80.

김연미, 「권리의 본질에 관한 세 가지 시험적 고찰」, 『법학논총』 26(4), 2009, pp. 21~47.

김준수·최명애·박범순, 「팬데믹과 인류세 자연—사회적 거리두기와 '인간 너머'의 생명정치」, 『공간과 사회』 30(4), 2020, pp. 51~84.

김현준, 「환경생태유량의 법적 문제」, 『토지공법연구』 68, 2015, pp. 363~87.

박태현, 「에콰도르 헌법상 자연의 권리, 그 이상과 현실」, 『환경법연구』 41(2), 2019, pp. 107~41.

베리, 토마스·브라이언 스윔, 『우주 이야기』, 맹영선 옮김, 대화문화아카데미, 2010.

———, 『황혼의 사색—성스러운 공동체인 지구에 대한 성찰』, 박만 옮김, 한국기독교연구소, 2015.

보이드, 데이비드, 『자연의 권리』, 이지원 옮김, 교유서가, 2020.

449

송정은,「동물의 법적 지위와 권리」, 강원대학교 박사학위 논문, 2020.

―――,「자연의 권리와 동물의 권리 담론의 법적 고찰」,『환경법과 정책』25, 2020, pp. 1~34.

신진환·김진선·홍용희,「인류세Anthropocene와 지속 가능한 생존」,『윤리연구』 124, 2019, pp. 159~80.

신치재,「토마스 아퀴나스의 자연법과 정의 사상―그의 법사상의 신학적·철학적 기초와 관련하여」,『중앙법학』16(3), 2014, pp. 413~48.

심효원,「인류세와 21세기 간학제적 접근론―차크라바르티, 파리카, 해러웨이를 중심으로」,『비교문학』80, 2020, pp. 237~66.

최병두,「인류세를 위한 녹색전환」,『공간과 사회』30(1), 2020, pp. 10~47.

컬리넌, 코막,『야생의 법』, 박태현 옮김, 로도스, 2016.

해밀턴, 클라이브,『인류세』, 정서진 옮김, 이상북스, 2018.

―――,『황혼의 사색―성스러운 공동체인 지구에 대한 성찰』, 박만 옮김, 한국기독교연구소, 2015.

Bell, Mike, "Thomas Berry and an Earth jurisprudence," *The Trumpeter* 19(1), 2003, pp. 69~96.

Burdon, Peter D., *Earth Jurisprudence: Private Property and the Environment*, Routledge, 2017.

Cullinan, Cormac, "A History of Wild Law," Peter Burdon (ed.), *Exploring Wild Law: The Philosophy of Earth Jurisprudence*, Wakefield Press, 2011.

Koons, Judith E., "At the Tipping Point: Defining an Earth Jurisprudence for Social and Ecological Justice," *Loyola Law Review* 58(2), 2012, pp. 349~390.

Maloney, Michelle, "Rights of Nature, Earth Democracy and the Future of Environmental Governance," *Rebalancing Rights: Communities, Corporations and Nature*, Green Institute, 2019.

Steffen, Will, Jacques Grinevald, Paul Crutzen & John Mcneill, "The Anthropocene: conceptual and historical perspectives," *Philosophical Transactions of the Royal Society A* 369, 2011, pp. 842~67.

오동석, 「지구법학 관점에서 한국 헌법의 해석론」

강금실 외,『지구를 위한 법학―인간중심주의를 넘어 지구중심주의로』, 서울대
학교출판문화원, 2020.

강호정,『다양성을 엮다―파국 앞에 선 인간을 위한 생태계 가이드』, 이음, 2020.

구승회,「환경윤리학에서 미래세대의 문제」,『윤리연구』47(1), 2001, pp. 63~81.

권혜령,「헌법해석론으로서 "살아 있는 헌법The Living Constitution" 개념의 전개와 의
의―미국의 두 가지 해석론의 발전을 중심으로」,『헌법학연구』21(2),
2015, pp. 71~115.

김명식,「심의민주주의와 미래세대」,『환경철학』1, 2002, pp. 11~44.

김문현 외,『2016 새헌법안』, 대화문화아카데미, 2016.

김상민·김성윤,「물질의 귀환―인류세 담론의 철학적 기초로서의 신유물론」,
『문화과학』97, 2019, pp. 55~80.

김선택,「헌법적 대화에 있어서 헌법재판소의 역할―한국 헌법재판, 제3의 길, 가
능한가?」,『공법연구』41(4), 2013, pp. 33~63.

김성수,「미래세대 보호를 위한 법리적, 헌법적 기초」,『법학연구』29(4), 2019, pp.
1~33.

───,「미래세대 보호를 위한 법제 설계」,『경희법학』54(4), 2019, pp. 333~59.

김준수,「인류세 시대의 국가공간 다시 읽기」,『문화과학』97, 2019, pp. 81~102.

김지성·남욱현·임현수,「인류세Anthropocene의 시점과 의미」,『지질학회지』52(2),
2016, pp. 163~71.

김창석,『국토계획의 법적 체계 개선방안 연구』, 전국시도지사협의회, 2007.

멘케, 크리스토프·아른트 폴만,『인권 철학 입문』, 정미라·주정립 옮김, 21세기북
스, 2012.

박규환,「생태적 기본권 도입에 관한 연구―지배에서 공존으로」,『공법학연
구』19(1), 2018, pp. 109~31.

박병도,「신기후변화체제의 국제법적 쟁점―준수 메커니즘을 중심으로」,『국제
법학회논총』62(1), 2017, pp. 37~61.

박상수·이슬아,『국토보유세 도입 쟁점 검토』, 한국지방세연구원, 2019.

박수혁,「행정법에 있어서의 협력의 원칙―하나의 새로운 법원칙으로서의 확립
을 제안하며」,『한독법학』8, 1990.

박시원·박태현, 「기후변화와 국가의 책임」, 『환경법과 정책』 15, 2015, pp. 167~207.

박진완, 「미래세대를 위한 세대 간 정의실현의 문제로서 지속성의 원칙 ―독일에서의 논의를 중심으로」, 『법과정책』 24(2), 2018, pp. 115~52.

박태현, 「생태헌법의 제안」, '헌법, 환경을 어떻게 담을 것인가?' 토론 발표문, 2017.

배건이, 「미래세대 환경권에 관한 헌법적 연구」, 『비교법연구』 11(3), 2011.

────, 「국가의 미래세대보호의무 실현을 위한 입법론적 연구」, 『국가법연구』 10(1), 2014.

베리, 토마스, 『황혼의 사색 ―성스러운 공동체인 지구에 대한 성찰』, 박만 옮김, 한국기독교연구소, 2015.

변순용, 「자연과 미래세대에 대한 책임의 정당화에 대한 연구」, 『철학연구』 62, 2003, pp. 245~68.

변종필, 「법규칙과 법원리 구별의 유용성과 한계」, 『강원법학』 34, 2011, pp. 295~324.

변필성, 『국토에 대한 권리 보장을 위한 시론적 연구』, 국토연구원, 2019.

보셀만, 클라우스, 『법에 갇힌 자연 vs 정치에 갇힌 인간』, 진재운·박선영 옮김, 도요새, 2011.

보이드, 데이비드, 『자연의 권리 ―세계의 운명이 걸린 법률 혁명』, 이지원 옮김, 교유서가, 2020.

브라이도티, 로지, 『포스트휴먼』, 이경란 옮김, 아카넷, 2017.

세계국제화포럼, 『더 나은 세계는 가능하다』, 필맥, 2008.

슈미트, 칼, 『대지의 노모스』, 최재훈 옮김, 민음사, 1995.

────, 『땅과 바다』, 김남시 옮김, 꾸리에, 2016.

솔론, 파블로 외, 『다른 세상을 위한 7가지 대안』, 김신양·허남혁·김현우 옮김, 착한책가게, 2018.

안재원, 「해제 ―키케로 수사학, 서양 인문학의 새로운 지평」, 마르쿠스 툴리우스 키케로, 『수사학 ―말하기의 규칙과 체계』, 안재원 엮고 옮김, 길, 2009.

양혜림, 『한스 요나스Hans Jonas의 생태학적 사유 읽기』, 충남대학교출판문화원, 2013.

이계일, 「법관의 법형성의 체계구성에 관한 탐구」, 『법과사회』 56, 2017, pp.

297~350.

이광윤, 「프랑스 환경법전에 관한 연구」, 『환경법연구』 31(1), 2009, pp. 227~53.

이국운, 「'국토에 대한 권리'의 헌법적 정당화를 위하여」, 국토연구원·한국공간환경학회·서울대학교 아시아도시사회센터 주최·주관, 『"국토에 대한 권리" 세미나 자료집』, 2020.

이덕연, 「헌법명제로서 "살림"의 패러다임과 경제와 재정의 "지속가능성"—"녹색성장" 개념의 외연확장과 심화를 위하여」, 『법학연구』 21(4), 2011, pp. 199~232.

———, 「환경정의 개념의 외연과 내포—헌법해석론 및 환경법적 함의」, 『환경법연구』 35(2), 2013, pp. 133~76.

이부하, 「비교헌법학의 기능과 방법」, 『법학연구』 26(3), 2016, pp. 85~107.

이상헌, 「신생기술들에 대한 사전예방원칙 적용의 윤리적 근거 연구—생명과 환경에 대한 위험 이해를 중심으로」, 『생명연구』 35, 2015, pp. 177~214.

임미원, 「법관의 법형성에 관한 일고찰—〈구 조세감면규제법〉 한정위헌 결정과 관련하여」, 『공법연구』 41(1), 2012, pp. 165~96.

정극원, 「국토의 이용·개발과 토지재산권 간의 관계에 관한 일고찰」, 『토지공법연구』 75, 한국토지공법학회, 2016, pp.177~96.

조효제, 『탄소 사회의 종말—인권의 눈으로 기후위기와 팬데믹을 읽다』, 21세기북스, 2020.

진종헌, 「포용적 국토발전을 위한 국토기본법 개정방향—유엔 지속가능발전목표 SDGs와 관련하여」, 『대한지리학회지』 52(6), 2017, pp. 683~99.

진희종, 「생태민주주의를 위한 '생태법인' 제도의 필요성」, 『대동철학』 90, 2020, pp. 111~27.

차수봉, 「인간존엄의 법사상사적 고찰」, 『법학연구』 16(2), 2016, pp. 1~22.

카프라, 프리초프·우고 마테이, 『최후의 전환—지속 가능한 미래를 위한 커먼즈와 생태법』, 박태현·김영준 옮김, 경희대학교출판문화원, 2019.

코셰, 이브, 『불온한 생태학—지구를 지키는 새로운 생각』, 배영란 옮김, 사계절, 2012.

컬리넌, 코막, 『야생의 법』, 박태현 옮김, 로도스, 2016.

키케로, 마르쿠스 툴리우스, 『수사학—말하기의 규칙과 체계』, 안재원 엮고 옮김, 길, 2009.

표명렬,「포스트코로나, 국가안보의 개념부터 바꿔가야」,『한겨레』 2021. 1. 19.

함재학,「헌법재판의 정치성에 대하여 —"헌법적 대화" 모델을 위한 제언」,『헌법학연구』 16(3), 2010, pp. 613~51.

황진태·박배균,「한국의 국가와 자연의 관계에 대한 정치생태학적 연구를 위한 시론」,『대한지리학회지』 48(3), 2013, pp. 348~65.

Morton, Timothy, *Hyperobjects: Philosophy and Ecology after the End of the World*, University of Minnesota Press, 2013.

정준영,「지구법학과 사유재산권」

강금실 외,『지구를 위한 법학』, 서울대학교출판문화원, 2020.

김도균,「공정으로서의 정의관에서 본 남녀평등」,『법철학연구』 5(2), 2002, pp. 233~60.

———,「법적 권리에 대한 연구(1)」,『서울대학교 법학』 43(4), 2002, pp. 171~228.

———,『권리의 문법』, 박영사, 2008.

베리, 토마스,『황혼의 사색 —성스러운 공동체인 지구에 대한 성찰』, 박만 옮김, 한국기독교연구소, 2015.

송정은,「자연의 권리와 동물의 권리 담론의 법적 고찰」,『환경법과 정책』 25, 2020, pp. 1~34.

샤피로, 이언,『정치의 도덕적 기초』, 노승영 옮김, 문학동네, 2017.

아렌트, 한나,『인간의 조건』, 이진우 옮김, 한길사, 2017.

이상영·김도균,『법철학』, 한국방송통신대학교출판문화원, 2006.

카프라, 프리초프·우고 마테이,『최후의 전환』, 박태현·김영준 옮김, 경희대학교출판문화원, 2019.

컬리넌, 코막,『야생의 법』, 박태현 옮김, 로도스, 2016.

헌법재판소 2013. 10. 24. 선고 2012헌바431 결정.

Becker, Lawrence C., "The Moral Basis of Property Rights," J. Roland Pennock & John W. Chapman(eds.), *Property: Nomos XXII*, New York University Press, 1980, pp.

187~220.

Burdon, Peter D., *Earth Jurisprudence: Private Property and the Environment*, Routledge, 2015.

──, "The Great Jurisprudence," Peter D. Burdon(ed.), *Exploring Wild Law: The Philosophy of Earth Jurisprudence*, Wakefield Press, 2012, pp. 59~75.

Dworkin, Ronald, *Life's Dominion*, Alfred A. Knopf, 1993.

Feinberg, Joel, "The Rights of Animals and Unborn Generations," *Rights, Justice, and the Bounds of Liberty*, Princeton University Press, 1980, pp. 159~84.

Hart, Herbert L. A., *The Concept of Law*, 3rd ed., Oxford University Press, 2012.

Locke, John, *Second Treatise of Government and A Letter Concerning Toleration*, Mark Goldie(ed.), Oxford University Press, 2016.

Munzer, Stephen R., "Property," Routledge Encyclopedia of Philosophy, 1998.

Waldron, Jeremy, *The Rule of Law and the Measure of Property*, Cambridge University Press, 2012.

──, "Property and Ownership," *The Stanford Encyclopedia of Philosophy*(Winter 2016 Edition), Edward N. Zalta(ed.), 2016.

Warren, M. A., *Moral Status*: *Obligations to Persons and Other Living Things*, Oxford University Press, 1997.

2부 인간 너머의 정치, 바이오크라시를 향하여

김왕배, 「'비인간 존재'에 대한 사유와 정치의 재구성」

구도완, 『생태민주주의』, 한티재, 2018.

기든스, 앤서니, 『현대성과 자아정체성 ─후기 현대의 자아와 사회』, 권기돈 옮김, 새물결, 1997.

기든스, 앤서니·울리히 벡·스콧 래쉬, 『성찰적 근대화』, 임현진·정일준 옮김, 한울, 1998.

김명식, 『숙의민주주의와 환경』, 철학과현실사, 2009.

김상민·김성윤,「물질의 귀환—인류세 담론의 철학적 기초로서의 신유물론」, 『문화과학』 97, 2019, pp. 55~80.

김왕배,『감정과 사회』, 도서출판 한울, 2019.

김홍중,「인류세의 사회이론 1—파국과 페이션시patiency」,『과학기술연구』 19(3), 2019, pp. 1~49.

──,「코로나19와 사회이론—바이러스, 사회적 거리두기, 비말을 중심으로」, 『한국사회학』 54(3), 2020, pp. 163~87.

김환석,「사회과학의 '물질적 전환material turn'을 위하여」,『경제와사회』 112, 2016, pp. 208~31.

──,「새로운 사회학의 모색(1)—탈인간중심주의」,『경제와 사회』 117, 2018, pp. 236~61.

권택영,「몸의 물질성과 패러다임의 유형」,『인문학연구』 17(0), 2010, pp. 293~327.

데란다, 마누엘,『새로운 사회철학—배치 이론과 사회적 복합성』, 김영범 옮김, 그린비, 2019.

데이비스, 마이크,『인류세 시대의 맑스—불평등과 생태위기에 관하여』, 안민석 옮김, 창비, 2020.

데자르댕, 조제프 R.,『환경윤리』, 김명식·김완구 옮김, 연암서가, 2017.

드라이젝, 존 S.,『지구환경정치학 담론』, 정승진 옮김, 에코리브르, 2005.

들뢰즈, 질·펠릭스 가타리,『천 개의 고원』, 김재인 옮김, 새물결, 2001.

라투르, 브뤼노,『우리는 결코 근대인이었던 적이 없다』, 홍철기 옮김, 갈무리, 2009.

──,『판도라의 희망』, 장하원·홍성욱 옮김, 휴머니스트, 2018.

──, 외.『인간·사물·동맹—행위자네트워크 이론과 테크노사이언스』, 홍성욱 엮음, 이음, 2010.

모리슨, 로이,『생태민주주의』, 노상우·오성근 옮김, 교육과학사, 2005.

루만, 니클라스,『사회체계이론 1』, 박여성 옮김, 한길사, 2007.

루크레티우스,『사물의 본성에 관하여』, 강대진 옮김, 아카넷, 2012.

마굴리스, 린·도리언 세이건,『생명이란 무엇인가』, 김영 옮김, 리수, 2008.

무어, 제이슨 W.,『생명의 그물 속 자본주의』, 김효진 옮김, 갈무리, 2020.

문순홍,『정치생태학과 녹색국가』, 아르케, 2006.

———,『생태학의 담론』, 아르케, 2006.

백승욱, 「마르크스와 사회적인 것 ―사회적인 것의 기원 밖에 놓인 사회적인 것의 자리」,『한국사회학』49(5), 2015, pp. 219~66.

베넷, 제인,『생동하는 물질』, 문성재 옮김, 현실문화, 2020.

베리, 토마스,『토마스 베리의 위대한 과업』, 이영숙 옮김, 대화문화아카데미, 2008.

———,『황혼의 사색 ―성스러운 공동체인 지구에 대한 성찰』, 박만 옮김, 한국기독교연구소, 2015.

북친, 머레이,『머레이 북친의 사회적 생태론과 코뮌주의』, 서유석 옮김, 메이데이, 2012.

브라이도티, 로지,『포스트휴먼』, 이경란 옮김, 아카넷, 2015.

브라이언트, 레비 R.,『존재의 지도 ―기계와 매체의 존재론』, 김효진 옮김, 갈무리, 2020.

비에이라, 모니카·데이비드 런시먼,『대표 ―역사, 논리, 정치』, 노시내 옮김, 후마니타스, 2020.

서영표, 「영국의 생태마르크스주의 논쟁 ―테드 벤튼과 케이트 소퍼를 중심으로」,『동향과 전망』77, 2009, pp. 318~51.

스탠필드, J. R.,『칼 폴라니의 경제사상』, 원용찬 옮김, 한울, 1997.

아감벤, 조르조,『호모 사케르 ―주권 권력과 벌거벗은 생명』, 박진우 옮김, 새물결, 2008.

아리기, 조반니,『장기 20세기 ―화폐, 권력, 그리고 우리 시대의 기원』, 백승욱 옮김, 그린비, 2010.

양해림, 「생태민주주의와 생태공동체적 사유」,『환경철학』10(0), 2010, pp. 103~35.

에스포지토, 로베르토,『임무니타스 ―생명의 보호와 부정』, 윤병언 옮김, 크리티카, 2022.

엘리스, 얼 C.,『인류세』, 김용진·박범순 옮김, 교유서가, 2021.

엘리엇, 앤서니·브라이언 터너,『사회론 ―구조, 연대, 창조』, 김정환 옮김, 이학사, 2015.

장동진,『심의민주주의 ―공적 이성과 공동선』, 박영사, 2012.

장입문,『기의 철학』, 김교빈 옮김, 예문서원, 2004.

최명애·박범순, 「인류세 연구와 한국 환경사회학—새로운 질문들」, 『환경사회학 연구 ECO』 23(2), 2019, pp. 7~41.

최창조, 『한국의 풍수사상』, 민음사, 1984.

푸코, 미셸, 『권력과 지식—미셸 푸코와의 대담』, 홍성민 옮김, 나남, 1991.

──────, 『감시와 처벌—감옥의 탄생』, 오생근 옮김, 나남, 2020.

Bell, Daniel, *The Coming of Post-industrial Society: a venture in social forecasting*, Basic Books, 1976.

Benton, Ted, "Biology and Social Science: Why the Return of the Repressed should be given (Cautious) Welcome," *SAGE journals* 25(1), 1991, pp. 1~29.

Bogost, Ian, *Alien Phenomenology, or What It's Like to Be a Thing*, University of Minnesota Press, 2012.

Burkett, Paul, "Marxism and Natural Limits: A Rejoinder," *Historical Materialism* 8(1), 2001, pp. 333~54.

Butler, Judith, *Bodies That Matter: On the Discursive Limits of Sex*, Routledge, 2011.

Caldwell, Lynton K., "Biocracy and Democracy: Science, Ethics, and the Law," *Politics and the Life Sciences* 3(2), 1985, pp. 137~49.

Coole, Diana & Samantha Frost, *New Materialism: Ontology, Agency and Politics*, Duke University Press, 2010.

Corrigan, Daniel P. & Markku Oksanen, *Rights of Nature: A Re-examination*. Routledge, 2021.

Dant, Tim, *Materiality and Society*, Open University Press, 2004.

Diefenbach, Thomas & Rune Todnem By(eds.), *Reinventing Hierarchy and Bureaucracy: From the Bureau to Network Organizations*, Emerald Publishing Limited, 2012.

Dobson, Andrew, "Representative Democracy and the Environment," William M. Lafferty & J. Meadowcroft(eds.), *Democracy and the Environment*, Edward Elgar, 1998.

Dolphijn, Rick & Iris van der Tuin, *New Materialism: Interviews & Cartographies*, Open Humanities Press, 2012.

Driesch, Hans, "Philosophy of Vitalism," *Nature* 92, 1913, p. 400.

Dryzek, John S., *Deliberative Democracy and Beyond: Liberals, Critics, Contestations*, Oxford University Press, 2000.

Dunlap, Riley E. & Robert J. Brulle(eds.), *Climate Change and Society: Sociological Perspectives*, Oxford University Press, 2015.

Emerson, Alfred E., "Dynamic homeostasis: A Unifying Principle in Organic, Social, and Ethical Evolution," *The Scientific Monthly* 78(2), 1954, pp. 67~85.

Fox, Warwick, "The Meanings of 'Deep Ecology,'" *Island Magazine* 38, 1989, pp. 32~35.

Gabardi, Wayne, *The Next Social Contract: Animals, the Anthropocene, and Biopolitics*, Temple University Press, 2017.

Habermas, Jürgen, *Between Facts and Norms: Contribution to a Discourse Theory of Law and Democracy*, William Rehg(trans.), The MIT Press, 1996.

Hudson, Mark J., "Placing Asia in the Anthropocene: Histories, Vulnerabilities, Responses," *The Journal of Asian Studies* 73(4), 2014, pp. 941~62.

Ioris, Antonio A. R., *The Political Ecology of the State*, Routledge, 2020.

Klinenberg, Eric, Malcolm Araos & Liz Koslov, "Sociology and the Climate Crisis," *Annual Review of Sociology* 46, 2020, pp. 649~69.

Law, John & Annemarie Mol, "Notes on Materiality and Sociality," *Sociological Review* 43(2), 1995, pp. 274~94.

Lefebvre, Henri, *The Production of Space*, Oxford University Press, 1991.

Martin, W. Thomson, *From Democracy to Biocracy: Finding the River of Life*, Friesen Books, 2016.

Naess, Arne, "The shallow and the deep, long-range ecology movement: A summary," *Inquiry* 16(1-4), 1973, pp. 95~100.

Parsons, Talcott, *The Social System*, Free Press, 1951.

Podolinsky, Sergei, "Socialism and the Unity of Physical Forces," *Organization & Environment* 17(1), 2004, pp. 61~75.

Rawls, John, *Political Liberalism*, Columbia University Press, 1996.

Turner, Jonathan H. & Jan E. Stets, *The Sociology of Emotions*, Cambridge University Press, 2005.

Urry, John, *Sociology beyond Societies*, Routledge, 2000.

459

Wainwright, Joel & Geoff Mann, *Climate Leviathan: A Political Theory of Our Planetary Future*, Verso Books, 2020.

Whatmore, Sarah, "Materialist returns: practising cultural geography in and for a more-than-human world," *Cultural Geographies* 13(4), 2006, pp. 600~609.

Youatt, Rafi, *Interspecies Politics*, University of Michigan Press, 2020.

안병진, 「민주주의의 실패를 넘어 바이오크라시로」

가댓, 모, 『AI 쇼크, 다가올 미래 ─ 초대형 AI와 어떻게 공존해야 하는가』, 강주헌 옮김, 한국경제신문, 2023.

강금실 외, 『지구를 위한 법학 ─ 인간중심주의를 넘어 지구중심주의로』, 서울대학교출판문화원, 2020.

김상준, 『미지의 민주주의 ─ 신자유주의 이후의 사회를 구상하다』, 아카넷, 2009.

김예슬, 『촛불혁명』, 느린걸음, 2017.

라투르, 브뤼노, 『지구와 충돌하지 않고 착륙하는 방법 ─ 신기후체제의 정치』, 박범순 옮김, 이음, 2021.

라투르, 브뤼노·니콜라이 슐츠, 『녹색계급의 출현』, 이규현 옮김, 이음, 2022.

랑시에르, 자크, 『정치적인 것의 가장자리에서』, 양창렬 옮김, 도서출판 길, 2008.

마넹, 버나드, 『선거는 민주적인가? ─ 현대 대의 민주주의의 원칙에 대한 비판적 고찰』, 곽준혁 옮김, 후마니타스, 2004.

베리, 토마스·토마스 클락, 『신생대를 넘어 생태대로 ─ 인간과 지구의 화해를 위한 대화』, 김준우 옮김, 에코조익, 2006.

───, 『토마스 베리의 위대한 과업』, 이영숙 옮김, 대화문화아카데미, 2008.

─── ·브라이언 스웜, 『우주 이야기』, 맹영선 옮김, 대화문화아카데미, 2010.

───, 『지구의 꿈』, 맹영선 옮김, 대화문화아카데미, 2013.

───, 『황혼의 사색 ─ 성스러운 공동체인 지구에 대한 성찰』, 박만 옮김, 한국기독교연구소, 2015.

비에이라, 모니카·데이비드 런시먼, 『대표 ─ 역사, 논리, 정치』, 노시내 옮김, 후마니타스, 2020.

아렌트, 한나, 『책임과 판단』, 서유경 옮김, 필로소픽, 2019.

안병진,『민주화 이후 민주주의와 보수주의 위기의 뿌리』, 풀빛, 2008.

———,『미국의 주인이 바뀐다』, 메디치, 2016.

———,『예정된 위기―북한은 제2의 쿠바가 될 것인가』, 모던아카이브, 2018.

———,『트럼프, 붕괴를 완성하다』, 스리체어스, 2019.

오레스케스, 나오미·에릭 M. 콘웨이,『다가올 역사, 서양문명의 몰락』, 홍한별 옮김, 갈라파고스, 2015.

윌커슨, 이저벨,『카스트―가장 민주적인 나라의 위선적 신분제』, 이경남 옮김, 알에이치코리아, 2020.

요나스, 한스,『책임의 원칙―기술 시대의 생태학적 윤리』, 서광사, 1994.

임소희,『나누는 사람들』1~2월 호, 나눔문화, 2019.

컬리넌, 코막,『야생의 법―지구법 선언』, 포럼 지구와사람 기획, 박태현 옮김, 로도스, 2016.

터커, 메리 에벌린,『토마스 베리 평전』, 파스카, 2023.

하먼, 그레이엄,『네트워크의 군주』, 김효진 옮김, 갈무리, 2019.

하벨, 바츨라프,『불가능의 예술』, 이택광 옮김, 경희대학교출판문화원, 2016.

Ackerman, Bruce, *We the People, Vol 1: Foundations*, Harvard University Press, 1994.

Ahn, Byong Jin, "The Fourth Branch of Government," *Athens Democracy Forum* 2023. 9. 27.

Bauer, Bob & Jack Goldsmith, *After Trump: Reconstructing the Presidency*, Lawfare Press, 2020.

Bennet, Jane, *Vibrant Matter: A Political Ecology of Thing*, Duke University Press, 2010.

Block, Fred, *Capitalism: The Future of an Illusion*, University of California Press, 2018.

Curry, James, *The Limits of Party: Congress and Lawmaking in a Polarized Era*, Chicago University Press, 2020.

Drutman, Lee, *Breaking the Two-Party Doom Loop: The Case for Multiparty Democracy in America*, Oxford University Press, 2022.

Eisen, Norman, *Overcoming Trumpery: How to Restore Ethics, the Rule of Law, and Democracy*, Brooking Institute, 2022.

Ezrahi, Yaron, *Imagined Democracies: Necessary Political Fiction*, Cambridge University Press, 2012.

Fotopoulos, Takis, *Towards an Inclusive Democracy: The Crisis of the Growth Economy and the Need for a New Liberatory Project*, Continuum Publisher, 1998.

Fraser, Nancy & Rahel Jaeggi, *Capitalism: A Conversation in Critical Theory*. Polity, 2018.

Gabardi, Wayne, *The Next Social Contract: Animals, the Anthropocene, and Biopolitics*, Temple University Press, 2017.

Glennon, Michael J., *National Security and Double Government*, Oxford University Press, 2015.

Goldstein, Judith, *Ideas, interests, and American Trade Policy*, Cornell University Press, 1993.

───── & Robert O. Keohane, "Ideas and Foreign Policy: An Analytical Framework," Judith Goldstein & Robert O. Keohane(eds.), *Ideas and Foreign Policy: Beliefs, Institutions, and Political Change*, Cornell University Press, 1993.

Gourevitch. Peter A., "Keynesian Politics: The Political Sources of Economic Policy Choices," Peter A. Hall(ed.), *The Political Power of Economic Ideas: Keynesianism across Nations*, Princeton University Press, 1989.

───── , *Politics in Hard Times*, Cornell University Press, 1986.

Hall, Peter A., *Governing the Economy: The Politics of State Intervention in Britain and France*, Oxford University Press. 1986.

Hirschman, Albert O., *Shifting Involvement*, Blackwell, 1982.

───── , "How the Keynsian Revolution Was Exported from the US, and Other Comments," Peter A. Hall(ed.), *The Political Power of Economic Ideas: Keynesianism across Nations*, Princeton University Press, 1989.

Leib, Ethan, *Deliberative Democracy in America: A Proposal for a Popular Branch of Government*, PennState University Press, 2004.

Levinson, Sanford & Jack M. *Balkin, Democracy and Dysfunction*, University of Chicago Press, 2019.

Martin, W. Thomson, *From Democracy to Biocracy: Finding the River of Life*, Friesen Books, 2016.

Nedelski, Jennifer, *Law's Relations: A Relational Theory of Self, Autonomy, and Law*, Oxford University Press, 2011.

Norris, Pippa & Ronald Inglehart, *Cultural Backlash: Trump, Brexit, and Authoritarian Populism*, Cambridge University Press, 2019.

Nusbaum, Martha, *Justice for Animals: Our Collective Responsibility*, Simon & Schuster, 2023.

Persily, Nathaniel, *Solution to Political Polarization in America*, Cambridge University Press, 2015.

Rosenfeld, Sam, *The Polarizers: Postwar Architects of Our Partisan Era*, University of Chicago Press, 2018.

Schattschneider, E. E., *The Semi-sovereign People: A Realist View of Democracy in America*, Harcourt Brace Jovanovich College Publishers, 1975.

Schlesinger Jr., Arthur, *The Vital Center: Politics of Freedom*, Routledge, 2017.

Skowronek, Stephen, John A. Dearborn & Desmond King, *Phantoms of a Beleaguered Republic: The Deep State and the Unitary Executive*, Oxford University Press, 2021.

Speth, James Gustave, *They Knew: The US Federal Government's Fifty-Year Role In Causing the Climate Crisis*, MIT Press, 2022.

Suri, Jeremi, *The Impossible Presidency: The Rise and Fall of America's Highest Office*, Basic Books, 2017.

3부 한국 사회의 사례들

김준수, 「한국의 외래종 관리와 존재론적 질문들」

김대영·강종호·김수진, 『고부가가치 관상어 산업의 육성을 위한 정책 방향』, 한국해양수산개발원 연구보고서, 2010.

김수환 외, 『미국가재의 국내 수계 서식현황 파악』, 국립생태원, 2019.

김종민 외, 『생태계위해성이 높은 외래종 정밀조사 및 선진외국의 생태계교란종 지정현황 연구』, 국립환경과학원, 2006.

김준수, 「돼지 전쟁 — 아프리카돼지열병African swine fever을 통해 바라본 인간 너머의 영토성」,『문화역사지리』 31(3), 2019, pp. 41~60.

동아일보,「서울에 미국산 슈퍼 가재 출현」, 1997. 8. 31.

송해룡 외,『외래생물 정밀조사(V)』, 국립생태원, 2018.

이도훈 외,「외래거북의 국내 현황 및 관리방안」,『환경영향평가』 25(5), 2016, pp. 319~32.

이효혜미 외,『외래생물 정밀조사(Ⅰ)』, 국립생태원, 2014.

정재호·김민섭·안동하·민기식,「한국산 가재Cambaroides similis 자연 개체군의 성장률, 암수비율, 연령구조 및 교미시기」,『한국양식학회지』 21(1), 2009, pp. 16~22.

최명애,「재야생화—인류세의 자연보전을 위한 실험」,『환경사회학연구 ECO』, 25(1), 2021, pp. 213~55.

환경부,「야생생물법 시행규칙」, 환경부령 제457호, 2012.

———,『제2차 외래생물 관리계획(2019-2023)』, 2019.

———,「생태계교란 생물 지정고시」, 제2020-285호, 2020.

황진태·김민영·배예진·윤찬희·장아련,「리슈만편모충은 어떻게 '하나의 유럽'에 균열을 가했는가?—'인간 너머의 위험경관'의 시각에서 바라본 코스모폴리타니즘의 한계」,『대한지리학회지』 54(3), 2019, pp. 321~41.

Ackefors, Hans, "The positive effects of established crayfish introductions in Europe," Francesca Gherardi(ed.), *Crayfish in Europe as Alien Species*, Routledge, 2017.

Ali, S. Harris & Roger Keil(eds.), *Networked Disease: Emerging Infections in the Global City*, Wiley-Blackwell, 2008.

Angeler, David G., Salvador Sánchez-Carrillo, Gregorio García & Miguel Alvarez-Cobelas, "The influence of *Procambarus clarkii*(Cambaridae, Decapoda) on water quality and sediment characteristics in a Spanish floodplain wetland," *Hydrobiologia* 464, 2001, pp. 89~98.

Aquiloni, Laura, María P. Martín, Francesca Gherardi & Javier Diéguez-Uribeondo, "The North American crayfish *Procambarus clarkii* is the carrier of the oomycete *Aphanomyces astaci* in Italy," *Biological Invasions* 13(2), 2011, pp. 359~67.

Barbaresi, Silvia & Francesca Gherardi, "The Invasion of the Alien Crayfish *Procambarus clarkii* in Europe, with Particular Reference to Italy," *Biological Invasions* 2(1),

2000, pp. 259~64.

Barker, Kezia, "Flexible boundaries in biosecurity: Accommodating Gorse in Aotearoa New Zealand," *Environment and Planning A* 40(7), 2008. pp. 1598~1614.

Biermann, Christine, "Securing forests from the scourge of chestnut blight: The biopolitics of nature and nation," *Geoforum* 75, 2016, pp. 210~19.

———— & Robert M. Anderson, "Conservation, biopolitics, and the governance of life and death," *Geography Compass* 11(10), 2017, e12329.

———— & Becky Mansfield, "Biodiversity, Purity, and Death: Conservation Biology as Biopolitics," *Environment and Planning D: Society and Space* 32(2), 2014, pp. 257~73.

Braun, Bruce, "Biopolitics and the molecularization of life," *Cultural Geographies* 14(1), 2007, pp. 6~28.

————, "Thinking the City through SARS: Bodies, Topologies, Politics," S. Harris Ali & Roger Keil(eds.), *Networked Disease: Emerging Infections in the Global City*, Wiley-Blackwell, 2008.

Briggs, John C., "Rise of Invasive Species Denialism? A Response to Russell and Blackburn," *Trends in Ecology & Evolution* 32(4), 2017, pp. 231~32.

Campbell, Lisa M. & Matthew H. Godfrey, "Geo-political genetics: Claiming the commons through species mapping," *Geoforum* 41(6), 2010, pp. 897~907.

Castonguay, Stéphane, *The Government of Natural Resources: Science, Territory, and State Power in Quebec* 1867–1939, Käthe Roth(trans.), UBC Press, 2021.

Champion, Paul D., "Knowledge to action on aquatic invasive species: Island biosecurity–the New Zealand and South Pacific story," *Management of Biological Invasions* 9(4), 2018, pp. 383~94.

Choi, Myung Ae, "The whale multiple: Spatial formations of whale tourism in Jangsaengpo, South Korea," *Environment and Planning A: Economy and Space* 49(11), 2017, pp. 2536~57.

Clark, Nigel & Bronislaw Szerszynski, *Planetary Social Thought: The Anthropocene Challenge to the Social Sciences*, Polity, 2020.

Collier, Stephen, Andrew Lakoff & Paul Rabinow, "Biosecurity: towards an anthropology of the contemporary," *Anthropology Today* 20(5), 2004, pp. 3~7.

Crowley, Sarah L., Steve Hinchliffe, Steve M. Redpath & Robbie A. McDonald, "Disagreement About Invasive Species Does Not Equate to Denialism: A Response to Russell and Blackburn," *Trends in Ecology & Evolution* 32(4), 2017, pp. 228~29.

———, Steve Hinchliffe, Steve M. Redpath & Robbie A. McDonald, "Nonhuman citizens on trial: the ecological politics of a beaver reintroduction," *Environment and Planning A: Economy and Space* 49(8), 2017, pp. 1846~66.

Dalby, Simon, *Anthropocene Geopolitics: Globalization, Security, Sustainability*, University of Ottawa Press, 2020.

Davis, Mark A. & Matthew K. Chew, "'The Denialists Are Coming!' Well, Not Exactly: A Response to Russell and Blackburn," *Trends in Ecology & Evolution* 32(4), 2017, pp. 229~30.

Dillon, Michael & Luis Lobo-Guerrero, "The biopolitical Imaginary of Species-being," *Theory, Culture & Society* 26(1), 2009, pp. 1~23.

Doi, Hideyuki, Ryutei Inui, Yoshihisa Akamatsu et al., "Environmental DNA analysis for estimating the abundance and biomass of stream fish," *Freshwater Biology* 62(1), 2017, pp. 30~39.

Domínguez, L. M. & Á. S. Botella, "An Overview of Marine Ornamental Fish Breeding as a Potential Support to the Aquarium Trade and to the Conservation of Natural Fish Populations," *International Journal of Sustainable Development and Planning* 9(4), 2014, pp. 608~32.

Enticott, Gareth, Alex Franklin & Steven Van Winden, "Biosecurity and food security: spatial strategies for combating bovine tuberculosis in the UK," *The Geographical Journal* 178(4), 2012, pp. 327~37.

EU, "EU Regulation 1143/2014," 2014.

Everts, Jonathan & Karl Benediktsson, "Pangaea's return: towards an ontology of invasive life," *Geografiska Annaler: Series B, Human Geography* 97(2), 2015, pp. 131~38.

Fall, Juliet J., "What is an Invasive Alien Species?: Discord, Dissent and Denialism," Kezia Barker & Robert A. Francis(eds.), *Routledge Handbook of Biosecurity and Invasive Species*, Routledge, pp. 40~54.

Fish, Robert, Zoe Austin, Robert Christley, Philip M. Haygarth et al., "Uncertainties in the governance of animal disease: an interdisciplinary framework for analysis," *Philosophical Transactions of the Royal Society B: Biological Sciences* 366(1573), 2011, pp. 2023~34.

Gherardi, Francesca, Silvia Barbaresi & Gabriele Salvi, "Spatial and temporal patterns in the movement of *Procambarus clarkii*, an invasive crayfish," *Aquatic Sciences* 62(2), 2000, pp. 179~93.

Guan, Rui-Zhang, "Burrowing behaviour of signal crayfish, *Pacifastacus leniusculus*(Dana), in the River Great Ouse, England," *Freshwater Forum* 4(3), 1994, pp. 155~68.

Gui, Jian-Fang, Qisheng Tang, Zhongjie Li, Jiashou Liu & Sena S. De Silva(eds.), *Aquaculture in China: Success Stories and Modern Trends*, Wiley Blackwell, 2018.

Haubrock, Phillip J., Alberto F. Inghilesi, Giuseppe Mazza, Michele Bendoni, Luca Solari & Elena Tricarico, "Burrowing activity of *Procambarus clarkii* on levees: analysing behaviour and burrow structure," *Wetlands Ecology and Management* 27(4), 2019, pp. 497~511.

Hill, Avery P. & Elizabeth A. Hadly, "Rethinking "native" in the Anthropocene," *Frontiers in Earth Science* 6(96), 2018, pp. 1~4.

Hinchliffe, Steve, "Indeterminacy in-decisions—science, policy and politics in the BSE(Bovine Spongiform Encephalopathy) crisis," *Transactions of the Institute of British Geographers* 26(2), 2001, pp. 182~204.

———, "More than one world, more than one health: re-configuring interspecies health," *Social Science & Medicine* 129, 2015, pp. 28~35.

Hodgetts, Timothy & Jamie Lorimer, "Rewilding and Invasion," Kezia Barker & Robert A. Francis(eds.), *Routledge Handbook of Biosecurity and Invasive Species*, Routledge, 2021, pp. 326~41.

IUCN, "IUCN Guidelines for the Prevention of Biodiversity Loss Caused by Alien Invasive Species," Invasive Species Specialist Group, 2000.

Jørgensen, Dolly, Finn Arne Jørgensen & Sara B. Pritchard(eds.), *New Natures: Joining Environmental History with Science and Technology Studies*, University of

Pittsburgh Press, 2013.

Kirksey, Eben, "Living with Parasites in Palo Verde National Park," *Environmental Humanities* 1(1), 2012, pp. 23~55.

Kouba, Antonín, Jan Tíkal, Petr Císař et al., "The significance of droughts for hyporheic dwellers: evidence from freshwater crayfish," *Scientific Reports* 6, 2016, 26569.

Lodge, David M., Andrew Deines, Francesca Gherardi et al., "Global Introductions of Crayfishes: Evaluating the Impact of Species Invasions on Ecosystem Services," *Annual Review of Ecology, Evolution and Systematics* 43, 2012, pp. 449~72.

Lorimer, Jamie, Chris Sandom, Paul Jepson, Chris Doughty, Maan Barua & Keith J. Kirby, "Rewilding: Science, Practice, and Politics," *Annual Review of Environment and Resources* 40, 2015, pp. 39~62.

Marris, Emma, *Rambunctious Garden: Saving Nature in a Post-Wild World*, Bloomsbury Publishing USA, 2013.

Mazza, Giuseppe, Elena Tricarico, Piero Genovesi & Francesca Gherardi, "Biological invaders are threats to human health: an overview," *Ethology Ecology & Evolution* 26, 2015, pp. 112~29.

Noh, Gowoon, "Ecological Nationalism and the Demonization of "Invasive" Animal Species in Contemporary South Korea," 『비교문화연구』 25(1), 2019, pp. 137~74.

Novas, Carlos & Nikolas Rose, "Genetic risk and the birth of the somatic individual," *Economy and Society* 29(4), 2000, pp. 485~513.

Off the scale magazine, "Crayfish plague disease hits River Nore," 2019. 8. 15. https://www.offthescaleangling.ie/news/crayfish-plague-river-nore/

Orlandini, Stefano, Giovanni Moretti & John D. Albertson, "Evidence of an emerging levee failure mechanism causing disastrous floods in Italy," *Water Resources Research* 51(10), 2015, pp. 7995~8011.

Pan, Chuang, Xiaoling Liang, Shengjun Chen, Feiyan Tao, Xianqing Yang & Jianwei Cen, "Red color-related proteins from the shell of red swamp crayfish(*Procambarus clarkii*): Isolation, identification and bioinformatic analysis," *Food Chemistry* 327, 2020, 127079.

Park, Thomas K. & James B. Greenberg(eds.), *Terrestrial Transformations: A Political*

Ecology Approach to Society and Nature, Lexington Books, 2020.

Pearce, Fred, *The New Wild: Why Invasive Species Will Be Nature's Salvation*, Beacon Press, 2015.

Peruzza, Luca, Federica Piazza, Chiara Manfrin, Lucrezia Celeste Bonzi, Silvia Battistella & Piero Giulio Giulianini, "Reproductive plasticity of a *Procambarus clarkii* population living 10℃ below its thermal optimum," *Aquatic Invasions* 10(2), 2015, pp. 199~208.

Philo, Chris & Chris Wilbert(eds.), *Animal Spaces, Beastly Places: New geographies of human-animal relations*, Routledge, 2000, pp. 1~34.

Purdy, Jedediah, *After Nature: A Politics for the Anthropocene*, Harvard University Press, 2015.

Ramalho, Ricardo Oliveira & Pedro Manuel Anastácio, "Factors inducing overland movement of invasive crayfish(*Procambarus clarkii*) in a ricefield habitat," *Hydrobiologia* 746(1), 2015, pp. 135~46.

Rezinciuc, Svetlana, Jose Vladimir Sandoval-Sierra, Birgit Oidtmann & Javier Diéguez-Uribeondo, "The Biology of Crayfish Plague Pathogen *Aphanomyces astaci*: Current Answers to Most Frequent Questions," Tadashi Kawai, Zen Faulkes & Gerhard Scholtz(eds.), *Freshwater Crayfish: A Global Overview*, CRC Press, 2015, pp. 182~204.

Ricciardi, Anthony & Rachael Ryan, "The exponential growth of invasive species denialism," *Biological Invasions* 20(3), 2018, pp. 549~53.

――― & Rachael Ryan, "Invasive species denialism revisited: response to Sagoff," *Biological Invasions* 20(10), 2018, pp. 2731~38.

Robbins, Paul, "Comparing invasive networks: cultural and political biographies of invasive species," *Geographical Review* 94(2), 2004, pp. 139~56.

――― & Sarah A. Moore, "Ecological anxiety disorder: diagnosing the politics of the Anthropocene," *Cultural Geographies* 20(1), 2013, pp. 3~19.

Rose, Nikolas, "The Politics of Life Itself," *Theory, Culture & Society* 18(6), 2001, pp. 1~30.

Russell, James C. & Tim M. Blackburn, "The Rise of Invasive Species Denialism," *Trends in Ecology & Evolution* 32(1), 2017, pp. 3~6.

———— & Tim M. Blackburn, "Invasive alien species: denialism, disagreement, definitions, and dialogue," *Trends in Ecology & Evolution* 32(5), 2017, pp. 312~14.

Ryan, Jeffrey, *Biosecurity and Bioterrorism: Containing and Preventing Biological Threats*, Butterworth-Heinemann Elsevier, 2016.

Sagoff, Mark, "Invasive species denialism: a reply to Ricciardi and Ryan," *Biological Invasions* 20(10), 2018, pp. 2723~29.

Salerno, Reynolds M. & Jennifer Gaudioso(eds.), *Laboratory Biorisk Management: Biosafety and Biosecurity*, CRC Press, 2015.

Simberloff, Daniel, "Biological invasions: What's worth fighting and what can be won?," *Ecological Engineering* 65, 2014, pp. 112~21.

Singh, Asem Sanjit, Sagar C. Mandal & Debtanu Barman, "Selective Breeding in Ornamental Fishes: A Step Toward Development in Production of New Variety," *Aquaculture Europe* 35(4), 2010, pp. 14~16.

Souty-Grosset, Catherine, Pedro Manuel Anastácio, Laura Aquiloni, Filipe Banha, Justine Choquer, Christoph Chucholl & Elena Tricarico, "The red swamp crayfish *Procambarus clarkii* in Europe: impacts on aquatic ecosystems and human well-being," *Limnologica* 58, 2016, pp. 78~93.

Srinivasan, Krithika, "Caring for the collective: Biopower and agential subjectification in wildlife conservation," *Environment and Planning D* 32(3), 2014, pp. 501~17.

Stockley, Victoria & Helen Rees, "Environmental DNA as a new method for detecting great crested newt presence in ponds," *Innovation and New Technologies* 87, 2015, pp. 39~41.

Svoboda, J., Agata Mruga ł a, E. Kozubíková-Balcarová & Adam Petrusek, "Hosts and transmission of the crayfish plague pathogen *Aphanomyces astaci*: a review," *Journal of Fish Diseases* 40(1), 2017, pp. 127~40.

Swyngedouw, Erik, "The city as a hybrid: On nature, society and cyborg urbanization," *Capitalism Nature Socialism* 7(2), 1996, pp. 65~80.

Tassin, Jacques, Ken Thompson, Scott P. Carroll & Chris D. Thomas, "Determining Whether the Impacts of Introduced Species Are Negative Cannot Be Based Solely on Science: A Response to Russell and Blackburn," *Trends in Ecology &*

Evolution 32(4), 2017, pp. 230~31.

Tomlinson, Isobel & Clive Potter, "'Too little, too late'? Science, policy and Dutch Elm Disease in the UK," *Journal of Historical Geography* 36(2), 2010, pp. 121~31.

Tréguier, Anne, Jean-Marc Paillisson, Tony Dejean, Alice Valentini, Martin A. Schlaepfer, Jean-Marc Roussel, "Environmental DNA surveillance for invertebrate species: Advantages and technical limitations to detect invasive crayfish *Procambarus clarkii* in freshwater ponds," *Journal of Applied Ecology* 51(4), 2014, pp. 871~79.

Viljamaa-Dirks, Satu, *Epidemiology of Crayfish Plague*, Evira, 2016.

Wallace, Robert G., "Breeding Influenza: The Political Virology of Offshore Farming," *Antipode* 41(5), 2009, pp. 916~51.

Wang, Qidong, Huaiyu Ding, Zhonghu Tao & Dawen Ma, "Crayfish(*Procambarus clarkii*) Cultivation in China: A Decade of Unprecedented Development," Jian-Fang Gui, Qisheng Tang, Zhongjie Li, Jiashou Liu & Sena S. De Silva(eds.), *Aquaculture in China*, Wiley-Blackwell, 2018, pp. 363~77.

Whitehead, Mark, Rhys Jones, & Martin Jones, *The Nature of the State*, Oxford University Press, 2007.

Woods, Michael, "Representing Animals in the Hunting Debate," Chris Philo & Chris Wilbert(eds.), *Animal Spaces, Beastly Places: New Geographies of Human-animal Relations*, Routledge, 2000, pp. 182~202.

Youatt, Rafi, "Interspecies Relations, International Relations: Rethinking Anthropocentric Politics," *Millennium* 43(1), 2014, pp. 207~23.

―――, *Counting Species: Biodiversity in Global Environmental Politics*, University of Minnesota Press, 2015.

―――, *Interspecies Politics: Nature, Borders, States*, University of Michigan Press, 2020.

Zimmer, Anna, "Urban Political Ecology: Theoretical concepts, challenges, and suggested future directions," *Erdkunde* 64(4), 2010, pp. 343~54.

최정호, 「동물의 법적 지위에 관한 민법 개정 논의의 평가와 과제」

강금실 외, 『지구를 위한 법학—인간중심주의를 넘어 지구중심주의로』, 서울대
  학교출판문화원, 2020.
곽윤직·김재형, 『민법총칙』 제9판, 박영사, 2013.
국회 법제사법위원회, 「민법 일부개정법률안 검토보고—〈동물을 물건에서 제외〉
  정청래의원 대표발의(의안번호 제9106호)」, 2021.
권용수·이진홍, 「민법상 동물의 지위에 관한 예비적 고찰」, 『법조』 70(2), 2021,
  pp. 107~28.
김판기·홍진희, 「동물의 비물건화를 위한 민법개정 논의에 대한 비판적 고찰」,
  『법과 정책연구』 21(3), 2021, pp. 323~46.
농림축산식품부, 「2020~2024년 동물복지 종합계획」, 2020.
박태현, 「인류세에서 지구 공동체를 위한 지구법학」, 『환경법과 정책』 26, 2021,
  pp. 1~35.
법률신문, 「"반려동물은 물건이 아니다… 현행 민법 위헌"」, 2017. 5. 25.
법무부, 「2021년 법무부 주요업무 추진계획」, 2021.
법무부, 「친양자 입양제도 개선 방향 및 동물의 비물건화 후속 법안 논의—법무
  부 사공일가(사회적 공존을 위한 1인가구) TF 제3차 회의 결과」, 보도자료,
  2021. 9. 6.
법무부 민법개정자료발간팀 편, 『2004년 법무부 민법개정안—총칙·물권 편』, 민
  법개정총서 3, 2012.
법원행정처, 「「민법」 일부개정법률안(정부 제출, 제12764호)에 대한 검토 의견」,
  2020.
사공일가 TF, 『어쩌면 우리 모두 1인가구』, 미디어샘, 2021.
서울지방변호사회, 『동물을 위한 법률 지원 매뉴얼』, 2020.
송정은, 「동물의 법적 지위와 권리에 관한 연구」, 강원대학교 박사 학위논문,
  2021.
———, 「"동물은 물건이 아니다"의 의미—동물의 새로운 법적 지위를 위한 시론
  적 고찰」, 『사법』 59, 2022, pp. 259~87.
안소영·이계정, 「민사법적 관점에서 본 동물 관련 법제에 관한 고찰」, 『법조』
  70(2), 2021, pp. 7~49.

양천수, 「물건 개념 재검토—민법의 개정 방향과 관련하여」, 『법조』 70(2), 2021, pp. 50~79.

엥기쉬, 칼, 『법학방법론』, 안법영·윤재왕 옮김, 세창출판사, 2011.

오동석, 「지구법학 관점에서 한국헌법의 해석론」, 『환경법과 정책』 26, 2021, pp. 63~85.

윤철홍, 「애완견의 사망 시 손해배상 청구의 주체와 배상 범위」, 『법조』 63(1), 2014, pp. 239~78.

이재상·장영민·강동범, 『형법각론』 제12판, 박영사, 2021.

이재영, 「동물의 법적 지위에 관한 입법례 및 시사점」, 『NARS 현안분석』 227, 2021.

정준영, 「지구법학의 원리와 사유재산권」, 『환경법과 정책』 26, 2021, pp. 87~114.

정혜진, 「지구법학과 유엔 '하모니 위드 네이처(HwN)'」, 『환경법과 정책』 26, 2021, pp. 37~61.

젤만, 쿠르트, 『법철학』 제2판, 윤재왕 옮김, 세창출판사, 2010.

주현경, 「동물의 법적 지위 변화와 형사법의 변화 모색」, 『환경법과 정책』 28, 2022, pp. 57~81.

지원림, 『민법강의』 제19판, 홍문사, 2022.

최정호, 「동물이 법정에 선다면?」, 『자음과모음』 55, 2022, pp. 75~78.

최준규, 「동물의 법적 지위에 관한 민법 개정안의 의의와 민사법의 향후 과제, 그리고 민사법의 한계」, 『환경법과 정책』 28, 2022, pp. 1~31.

최훈, 「동물은 물건이 아니다—그 철학적 의미」, 『환경법과 정책』 28, 2022, pp. 151~79.

최희수, 「동물의 법적 지위 변화와 헌법상 동물보호국가로의 전환 모색」, 『환경법과 정책』 28, 2022, pp. 33~56.

한민정, 「동물은 무엇이고, 어떻게 받아들여지는가—'동물은 물건이 아니다'라는 법문언에 대한 고찰」, 『환경철학』 33, 2022, pp. 151~75.

한민지, 「동물의 법적 지위에 대한 민법 개정논의에 즈음하여 보는 동물보호법제 발전방향」, 『환경법과 정책』 28, 2022, pp. 83~111.

함태성, 「우리나라 동물법의 현황 및 진단, 그리고 향후 과제」, 『법과 사회』 60, 2019, pp. 317~64.

─────, 「동물의 법적 지위 변화와 동물보호법의 변화 모색」, 『환경법과 정책』 28,

2022, pp. 113~50.

해러웨이, 도나, 「반려종 선언」, 『해러웨이 선언문』, 황희선 옮김, 책세상, 2019.

Breitschmid, Peter, Alexandra Jungo(Hrsg.), *Handkommentar zum Schweizer Privatrecht: Sachenrecht*, 3. Aufl., Schulthess, 2016(zit.: CHK-Arnet ZGB).

Heidel, Thomas, Rainer Hüßtige, Heinz-Peter Mansel, Ulrich Noack(Hrsg.), *Nomos Kommentar BGB: Allgemeiner Teil, Bd. 1*, 3. Aufl., C. H. Beck, 2016(zit.: NK.BGB/Bearbeiter).

Hilgendorf, Eric, "Können Roboter schuldhaft handeln? Zur Übertragbarkeit unseres normativen Grundvokabulars auf Machinen," Susanne Beck(Hrsg.), *Jenseits von Mensch und Machine*, Nomos, 2012.

Honsell, Heinrich, Neid Vogt, Thomas Geiser(Hrsg.), *Bassler Kommentar: Zivilgesetzbuch II*, 5. Aufl., Schulthess, 2015(zit.:BSK ZGB II-Bearbeiter/in).

Jarass, Hans D., Bodo Pieroth, *Grundgesetz für die Bundesrepublik Deutschland Kommentar*, 16. Aufl., C. H. Beck, 2020.

Jauernig, Mansel, *Bürgerliches Gesetzbuch mit Allgemeinem Gleichbehandlungsgesetz Kommentar*, C. H. Beck, 2014(zit.: Jauernig/Mansel, BGB).

Kostkiewicz, Jolanta Kren, Stephan Wolf, Marc Amstutz, Roland Fankhauser(Hrsg.), *Schweizerisches Zivilgesetzbuch Kommentar*, Schulthess, 2016(zit.: OFK-VerasserIn).

Lorz, Albert, Ernst Metzger, *Tierschutzgesetz: Kommentar*, 7. Aufl., C. H. Beck, 2019(zit.: Lorz/Metzger, TSchG).

Neuner, Jörg, *Allgemeiner Teil des Bürgerlichen Rechts*, 12. Aufl., C. H. Beck, 2020(zit.: Jörg, AT).

Peters, Anne, "Die Rechtsstellung von Tieren. Status quo und Weiterentwicklung," Eike Diehl, Jens Tuider(Hrsg.), *Haben Tiere Rechte? Aspekte und Dimensionen der Mensch-Tier-Beziehung*, BPB, 2019.

Säcker, Franz Jürgen u.a.(Hrsg), *Münchener Kommentar zum Bürgerlichen Gesetzbuch: Band 1: Allgemeiner Teil §§1-240*, 7. Aufl., C. H. Beck, 2015(zit.: MüKoBGB/Berarbeiter).

Soergel, Hans-Theodor, *Bürgerliches Gesetzbuch mit Einführungsgesetz und*

Nebengesetzen: Band 1: Allgemeiner Teil 1 §§1-103, Kohlhammer, 2000(zit.: Soergel/Hadding).

Staudinger, Julius von(Begr.), *J. von Staudingers Kommentar zum Bürgerlichen Gesetzbuch mit Einführungsgesetz und Nebengesetzen, Buch 1: Allgemeiner Teil §§90–124, 130–133*, Neubearbeitung, C. H. Beck, 2017(zit.: Bearbeiter, in: Staudinger, BGB).

──── (Begr.), *J. von Staudingers Kommentar zum Bürgerlichen Gesetzbuch mit Einführungsgesetz und Nebengesetzen, Buch 3: Allgemeiner Teil §§903–924*, Neubearbeitung, C. H. Beck, 2020(zit.: Bearbeiter, in: Staudinger, BGB).

박태현,「제주 남방큰돌고래는 법인격을 가질 수 없는가」

구경모 외,『라틴아메리카 원주민의 어제와 오늘』, 산지니, 2016.

김용덕,『주석 민법』, 한국사법행정학회, 2019.

김은중,「발전 담론과 수막 카우사이」,『중남미연구』32(2), 2013, pp. 99~105.

박태현,「에콰도르 헌법상 자연의 권리, 그 이상과 현실」,『환경법연구』41(2), 2019, pp. 25~26.

조영현·김달관,「에콰도르 원주민 사상과 세계관의 복원 — 수막 카우사이에 대한 이론적 고찰」,『중남미연구』31(2), 2012, pp. 127~60.

홍성태·최현·박태현,『공동자원론, 생태헌법을 제안한다』, 진인진, 2017.

CDER, "PANAMA ENACTS LAW THAT RECOGNIZES RIGHTS of NATURE," Press Release(https://www.centerforenvironmentalrights.org/news/press-release-panama-enacts-law-that-recognizes-rights-of-nature?rq=PANAMA;).

Hynek, Emma, "Earth Law Center Partners with The Leatherback Project to Support Sea Turtle Conservation Efforts in Panama," Earth Law Center, 2022. 3. 2.

Ito, Mumta, "Nature's rights: a new paradigm for environmental protection," *Ecologist*, 2017. 5. 9.

Ryan, Erin, Holly Curry & Hayes Rule, "Environmental Rights for the 21st Century: A Comprehensive Analysis of the Public Trust Doctrine and Rights of Nature

Movement," *Cardozo Law Review* 42(6), 2021, pp. 2447~2576.

Surma, Katie, "Panama Enacts a Rights of Nature Law, Guaranteeing the Natural World's 'Right to Exist, Persist and Regenerate,' *Inside Climate News* 2022. 2. 25.(https://perma.cc/V6CD-AULM)

UN General Assembly, "A/73/221 Harmony with Nature: Report of the Secretary-General," 2018.

Zelle, Anthony R., Grant Wilson & Rachelle Adam, *Earth Law: Emerging Ecocentric Law—A Guide for Practioners*, Wolters Kluwer, 2020.

나가며
김왕배, 「과제와 전망」

김준수, 「한국의 발전주의 도시화와 '국가-자연' 관계의 재조정 —감응의 통치를 통해 바라본 도시 비둘기」, 『공간과 사회』 63, 2018, pp. 55~100.

콘, 에두아르도, 『숲은 생각한다』, 차은정 옮김, 사월의책, 2018.

클라이브, 해밀턴, 『인류세』, 정서진 옮김, 이상북스, 2018.

Bogost, Ian, *Alien Phenomenology, or What It's Like to Be a Thing*, University of Minnesota Press, 2012.

Zelle, Anthony R., Grant Wilson & Rachelle Adam, *Earth Law: Emerging Ecocentric Law—A Guide for Practioners*, Wolters Kluwer, 2020.

필자 소개

김왕배

연세대학교 사회학과 교수. 대안 사회를 위한 호혜경제, 인권, 감정사회학 등을 연구하고 있다. 연세대학교에서 사회학 박사 학위를 받았다. 캘리포니아 대학교 버클리 캠퍼스 동아시아연구소 객원연구원, 시카고 대학교 사회학과 조교수(전임초빙)를 역임했다. 지은 책으로 『산업사회의 노동과 계급의 재생산』 『도시, 공간, 생활세계』 『감정과 사회』 등이 있다.

박태현

강원대학교 법학전문대학원 교수. 2002년 사법연수원을 수료한 뒤 환경시민단체에서 환경전문변호사로 활동했으며, 2008년부터 환경법 특성화 대학원인 강원대학교 법학전문대학원에서 환경법을 강의하고 있다. 자연물에 법인격을 부여하는 외국 법제의 출현에 지적 자극을 받아 연구하며 글을 발표하고 있다. 제주 남방큰돌고래에게 법인격을 부여하는 특별법과 조례 제정 운동에 참여하고 있다.

오동석

아주대학교 법학전문대학원 교수. 지구의 평화 생태계 안에서 인권의 대지 위에 자치와 자립의 민주주의를 쌓고 그 토대 위에 입헌주의와 법치주의를 얹은 헌법 체제를 공부하는 연구자다. 지구법학, 돌봄의 헌법학, 이행기 정의, 양심적 병역거부권, 학생·아동의 인권, 사상의 자유와 국가보안법, 인권 보장 제도 등에 관심이 있다. 「인류세에서 기본권론」 「경찰의 정보활동과 법치주의」 「감염병 방역과 인권 그리고 헌법」 「지구법학과 헌법」 등의 논문을 썼다.

정준영

서울대학교 대학원 법학과에서 권리의 복합적 구조와 소유권 개념에 대한 법철학 연구로 석사 학위를 받았다. 현재 같은 대학원 박사 과정에 있으며, 법의 규범성과 사회적 사실성의 문제, 현대 영미 법철학의 지성사와 방법론에 관심을 두고 있다. 학교 바깥에서는 다양한 분야에서 연구하는 동료들과 함께 불평등과시민성연구소(iccenter.kr)에서 활동하고 있다.

안병진

경희대학교 미래문명원 교수. 미국 진보 사상의 전당으로 존 듀이가 설립한 뉴스쿨 대학교에서 미국 정치(대통령제) 연구로 정치학 박사 학위를 받았다. 박사 학위 논문으로 한나 아렌트 상을 수상했다. 현재 중앙일보 컬럼니스트 및 KBS 객원 해설위원이다. 지은 책으로 『미국은 그 미국이 아니다』 『트럼프, 붕괴를 완성하다』 등이 있다. 바이오크라시 연구로 아테네 민주주의 포럼, 유럽 평의회 등에 초대받아 발표했다.

김준수

카이스트 인류세연구센터 참여연구원. 카이스트 과학기술정책대학원에서 박사 과정을 수료했다. 정치생태학 분야에서 인간 너머의 지리학, 국가와 자연의 관계성에 관한 연구를 수행 중이다. 다양한 비인간 행위자들이 국민국가의 형태나 역량에 어떤 방식으로 개입할 수 있는지에 대해 관심을 갖고, 인간 너머의 국가론에 대한 다양한 사례 연구를 진행했다.

최정호

서강대학교에서 법학 박사 학위를 받았다. 지평법정책연구소 선임연구원을 거쳐 현재 서울대학교 빅데이터 혁신융합대학 사업단에서 연구교수로 재직 중이다. 비인간과 인간의 새로운 관계를 법적으로 고찰하고자 「동물보호법상 동물 개념에서 식용 목적인 어류 배제에 대한 비판」 「공공급식에서 윤리적 채식선택권과 인권의 도전」 등의 논문을 썼다. 옮긴 책으로 『기업과 인권』(공역)이 있다. 서울대에서 '빅데이터 윤리'를 강의하며 비인간 인공물과의 관계로 연구를 확장하는 중이다.